Künstlerische Forschung in der Kunstpädagogik

Performative Wissenspraxis im Zwischenraum von Kunst, Wissenschaft und Gesellschaft

Elena Haas

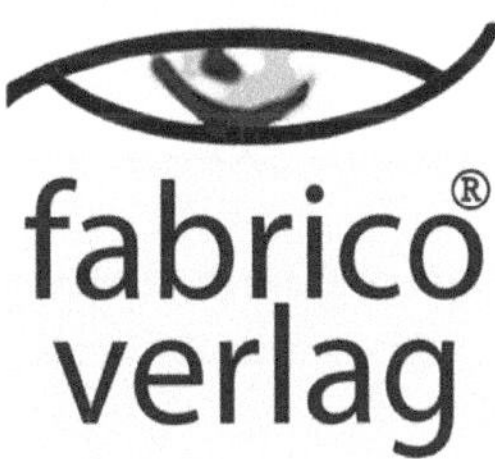

Bei dem vorliegenden Band handelt es sich um eine Dissertationsschrift am Department Kunstwissenschaften der Ludwig-Maximilians-Universität München.

www.fabrico-verlag.de
Umschlaggestaltung: Elena Haas
Lektorat: Wanda Theobald
Gestaltung und Satz: Nikk Schmitz

ISBN: 978-3-946320-14-2

Bibliografische Information der Deutschen Nationalbibliothek:
Die Deutsche Nationalbibliothek verzeichnet diese Publikation in der Deutschen Nationalbibliografie; detaillierte bibliografische Daten sind im Internet über http://dnb.d- nb.de abrufbar.

Künstlerische Forschung in der Kunstpädagogik

Teil 2

Teil 3

Die Einleitung: Vom Forschen

„Letztens bin ich mit einer Gruppe anderer Menschen raus aufs Land gefahren. Alle haben für drei Tage so getan als seien sie Naturforscher und gespielt, dass sie die Welt erkunden. — Ich frage mich: Sind sie denn keine Forscher, spielen sie nur ein Forscherspiel? Oder besser gesagt, wer hat behauptet Forscher zu sein? Wer hat diese Grenze gezogen und wie kann sie aufgebrochen werden?"[1]

Forschung als neugierige Suche

Forschung hat das Potenzial, Neugierde und Offenheit für die Erkundung der Lebenswelt[2] zu wecken und fordert gleichzeitig zur Mitgestaltung auf. Bestenfalls gibt es kein konkretes Ziel, keinen kontrollierten Plan, sondern der Ausgang ist ungewiss und die Suchbewegung nicht vorhersehbar. Dann ereignen sich auf der Suche zahlreiche Kombinationen von ungeahnten Problemen, die lebensnahe Fähigkeiten herausbilden und die Forschenden[3] herausfordern, in wechselseitiger Kommunikation mit der Lebenswelt, diese zu gestalten, sodass sie eine Bedeutung für mehrere Menschen erlangt.

In den Wissenschaften wird Forschung jedoch häufig nicht als eine unvorhersehbare Suche verstanden, sondern als eine wissenschaftliche Tätigkeit, die von spezifisch ausgebildeten Menschen ausgeführt wird und klaren Regeln folgt. Die Resultate dieser Forschungen werden öffentlich, um dem Anliegen der Erweiterung des allgemeinen Wissensstandes

---

1 | Ein alltägliches Gespräch im Bus, mit einer entscheidenden Frage.

2 | Lebenswelt meint Gesellschaft in ihrer direkten Erfahrbarkeit. Es ist zugleich eine gemeinsame Lebenswelt, die dialogisch und intersubjektiv geprägt ist. Die Formulierung in der Lebenswelt verweist ebenfalls darauf, dass der Mensch sich immer schon Teil der Lebenswelt ist und sich nicht von dieser lösen kann, um eine objektive Aufsicht zu erlangen. (Latour 2012: 42f.).

3 | In dieser Arbeit wird die sprachliche Gleichstellung von Geschlechtern vorrangig durch neutrale Formulierungen geschaffen. Ist eine neutrale Formulierung nicht möglich wird dies durch eine ausgewogene Mischung von weiblichen und männlichen Formen im Text ermöglicht.

Probleme einer objektiven Forschung

nachzukommen. Da aber gleichzeitig jene schriftlichen Darstellungen häufig für eine spezifische Leserschaft produziert werden, sind die Ergebnisse zumeist nicht für mehrere Menschen zugänglich, sie sind oft schwer nachvollziehbar und erlangen demzufolge keine lebensnahe Bedeutung. Vielmehr erwecken die komplizierten Darstellungen, Formulierungen, Graphen und Tabellen den Anschein, dass sie Wirklichkeit strukturieren, objektiv darstellen und allgemeingültige Wahrheiten geltend machen, weshalb die objektiven Darstellungen, welche eine allgemeingültige, logisch nachvollziehbare Aussage treffen, noch bis heute in der wissenschaftlichen Forschung Verwendung finden.

Gegenüber diesem skizzierten Bild von wissenschaftlicher Forschung formulieren die Diskurse der Künstlerischen Forschung[4] einen Widerstand. Sie wenden sich gegen den absoluten Wahrheitsanspruch der Wissenschaft und versuchen, Forschung als lebensweltliche Tätigkeit neu zu befragen. Künstlerische Forschung entwirft damit kein neues Feld der künstlerischen Praxis, sondern sucht nach Forschungsmodellen, die veränderte Erkenntnisse, Wissensformen und neuartige Darstellungspraxen zum Ziel haben. Von diesem Anliegen ausgehend kritisiert sie gängige wissenschaftliche Methoden in Bezug auf ihre Mittel und Verfahren und sucht nach veränderten Forschungsmethoden, Darstellungs-, Erkenntnis- und Wissensformen. Die Künstlerische Forschung reflektiert Wissen und Erkenntnis in Bezug auf ihre epistemischen Bedingungen und beachtet die gesellschaftlichen, historischen, intersubjektiven und situativen Bedingungen der Forschungsgenese. Ebenfalls verweist sie auf neue Möglichkeiten der prozessbezogenen Darstellung, die Forschungsprozesse und Darstellungen wieder zusammen denken. Dazu nimmt sie Formen des Wissens ernst, die körperliche, erfahrende, sinnliche und taktile Prozesse als Ursprung haben, und wehrt sich gegen objektive, rein theoretische Darstellungen.

Künstlerische Forschung als Widerstand

Trotz dieser verbindenden Eigenschaften zeichnen sich in den Diskursen seit der zweiten Hälfte der 90er Jahre zwei unterschiedliche Ausrichtungen der Künstlerischen Forschung ab, die sich vorrangig an den Polen von Wissenschaft und Kunst ausrichten. So wird auf der einen Seite die künst-

4 | Künstlerische Forschung wird in dieser Arbeit als feststehender Begriff verwendet, welcher unterschiedliche Orientierungen und Positionen innerhalb des Diskurses „Was ist Künstlerische Forschung" umfasst. Diese spezifischen Formen der Forschung werden in zahlreichen Texten auch als Artistic Research, Arts-based Research, Practice-led, Research in the Arts oder auch Researched-oriented Art bezeichnet. Für die vorliegende, deutschsprachig verfasste Arbeit wird der deutschsprachige Begriff verwendet.

Ausrichtungen der Künstlerischen Forschung

lerische Tätigkeit als Forschung betitelt und auf der anderen Seite ereignet sich eine voranschreitende Akademisierung der Künstlerischen Forschung. Im Zuge dieser entgegengesetzten Positionierungen lassen sich zahlreiche Versuche der Abgrenzung aufzeigen, die sich damit beschäftigen, ab wann eine Künstlerische Forschung eine künstlerische Tätigkeit ist, die nur ein individuelles Interesse der Forschenden vertritt, oder ab wann es sich um eine wissenschaftliche Forschung handelt, die ihr widerständiges Potenzial aufgegeben hat.

Kunstorientierte Künstlerische Forschung

Dabei zeichnet sich die künstlerisch orientierte Argumentation dadurch aus, dass sie Künstlerische Forschung als individuell forschende Tätigkeit versteht, die von künstlerisch schaffenden Menschen durchgeführt wird und sich mit Kunstwerken in Ausstellungskontexten äußert. Dadurch gleicht der Begriff der Künstlerischen Forschung jedoch nur einer modischen Erscheinung, welche Forschung als eine künstlerische Tätigkeit versteht und damit die traditionelle Trennung von Kunst, Gesellschaft und Wissenschaft weiterhin aufrechterhält.[5] Auf der anderen Seite formuliert die wissenschaftlich orientierte Abgrenzung das Anliegen, die Ergebnisse von Künstlerischen Forschungen mehreren Menschen zugänglich zu machen und sie in akademischen Kreisen zu etablieren. Hier wird der ursprünglich widerständige Charakter der Künstlerischen Forschung, wissenschaftliche Forschung kritisch zu hinterfragen, aufgegeben und es entwickeln sich Präsentationsformen, die wissenschaftlichen Ergebnisdarstellungen entsprechen.[6]

Wissenschaftsorientierte Künstlerische Forschung

Mit diesen entgegengesetzten Abgrenzungen werden zwar die Ränder der Orientierungen deutlich sichtbar, jedoch wird die potentielle Bewegung im Zwischenraum von Kunst und Wissenschaft verhindert, sodass erst durch einen kritischen Umgang mit diesen, der Versuch unternommen werden kann, in deren Zwischenraum zu forschen. So stellt sich die

5 | Zwar kommen häufig forschende Methoden zum Einsatz, die aus der Wissenschaft entlehnt sind und Techniken wie das Recherchieren, Sammeln, Archivieren, Konservieren oder Schreiben von Texten verwenden, jedoch äußert sich die Präsentationsform der Erkenntnis als Kunstwerk. Damit stellt Künstlerische Forschung die Produktion eines Kunstwerks dar, dessen Rezeption in einem Ausstellungsraum stattfindet, welcher zumeist nur von einem Teilbereich der Gesellschaft wahrgenommen wird.

6 | Praktiken dieser wissenschaftlichen Ergebnisdarstellung sind beispielsweise: Die Gründung von Forschungskollegen, das Formulieren von relevanten Fragestellungen, das Zusammenzutragen von Materialien und Forschungsergebnissen, das Schreiben von Forschungsberichten, die Dokumentation von Forschungsvorhaben, die schriftlichen Formulierungen von Forschungsanträgen. (Bippus (2012a), S. 8 f.)

Frage, wie jene stereotypischen Unterschiede von Kunst und Wissenschaft verworfen werden können, um eine Forschung zu entwickeln, die sich im Zwischenraum von Kunst und Wissenschaft bewegt und dabei wieder eine gesellschaftliche Bedeutung erlangt. Denn erst dann kann Künstlerische Forschung nicht nur eine singuläre Bedeutung für forschende Künstler und Künstlerinnen haben, sondern für mehrere Menschen, ohne sich dabei ausschließlich den Kriterien von Wissenschaft zu verschreiben. In Bezug auf diese Frage äußert sich das zentrale Anliegen dieser Arbeit:

Bewegung im Zwischenraum von Kunst und Wissenschaft

Wie kann Künstlerische Forschung sich als Tätigkeit der Teilhabe entwickeln, die eigenständige Formen der Darstellung findet, welche für mehrere Menschen von Bedeutung sind und die sich in einem Raum zwischen Wissenschaft, Kunst und Gesellschaft entwickelt?

Forschungsfrage der Arbeit

Im Zuge dieses Anliegens erlangen in der vorliegenden Arbeit die performativen Vollzüge von Forschung eine besondere Bedeutung. Die einseitige Vorstellung von Wissen als repräsentative Ware in Form eines Textes oder als Kunstwerk wird kritisch befragt und durch performative Prozesse der Wissensherstellung erweitert. Schlussfolgernd steht eine Forschung im Zentrum, wodurch sich ein intersubjektiv bedeutsames Wissen ensteht, das in prozesshafter Vernetzung mit der öffentlichen Lebenswelt hergestellt wird und mit künstlerischen Formen zur Darstellung kommt. Denn erst dann kann Forschung zu einer Tätigkeit in der Gesellschaft werden, die eine Teilhabe einfordert und sich als eine Handlung versteht, die auf gesellschaftliche Problemstellungen reagiert und Denk- und Handlungsräume für mehrere Menschen eröffnet.

Intersubjektiv bedeutsames Wissen

Ausgehend von diesem knapp skizzierten Anliegen, Forschungsprozess und -produkt wieder zusammen zu denken, wird in der vorliegenden Arbeit die Differenz zwischen Herstellung und Präsentation von Wissen infrage gestellt und aufgezeigt, wie diese wieder zusammenfallen können. Formen der Darstellungen, die aus diesem Verhältnis entstehen, halten Erfahrungen für mehrere Menschen bereit, die nicht in einem exklusiven Rahmen stattfinden und sich unmittelbar in der Gesellschaft und damit im öffentlichen Raum[7] ereignen. So wird die gesell-

Performative Wissenspraxis

7 | Der Öffentliche Raum kann grundlegend als ein Raum verstanden werden, der allen Menschen zugänglich ist und mit einer weitgefassten Definition umschrieben werden kann: *„Unter Öffentlichkeit verstehen wir zunächst einen Bereich unseres gesellschaftlichen Lebens, in dem sich so etwas wie öffentliche Meinung bilden kann. Der Zutritt steht grundsätzlich allen Bürgern offen."* (Habermas (1973), S. 61)

schaftliche Bedeutung von Künstlerischer Forschung in dieser Arbeit durch die Teilhabe an einem intersubjektiven Forschungsprozess in einem öffentlichen Raum, der prinzipiell jedem Menschen zugänglich ist, neu verhandelt und ein gemeinsamer Erkenntnisraum wird erfahrbar. Die intersubjektive Bedeutung von Künstlerischer Forschung ereignet sich damit nicht durch das Lesen von Texten oder das Betrachten von Kunstwerken, sondern durch den gemeinsamen Vollzug einer Forschung.

Gesellschaftliche Bedeutung

Da die Künstlerische Forschung sich von diesem Standpunkt aus nicht allein in der Theorie entwickeln kann und sich ihr Potenzial vielmehr in der Praxis äußert, wird diese im zweiten und dritten Teil der vorliegenden Arbeit in der kunstpädagogischen Praxis erprobt. Die Anwendung einer Künstlerischen Forschung, die ihren Schwerpunkt auf den performativen Vollzug der Forschung legt, wird im öffentlichen Raum konkret ausgeführt. Jedoch nicht mit dem alleinigen Anliegen, die Forschung in der Praxis zur Anwendung zu bringen, sondern mit der konkreten Frage, welches Potenzial die Künstlerische Forschung in einer Vermittlungssituation aufweist. Um diese praktische Ausführung der Forschung in dem vorliegenden schriftlichen Format einer wissenschaftlichen Arbeit zur Darstellung zu bringen, werden qualitativ-rekonstruktive Forschungsmethoden[8] herangezogen, sodass einem kunstpädagogischen Interesse folgend danach gefragt werden kann, welche Auswirkungen die forschenden Tätigkeiten auf die Forschenden haben.

Kunstpädagogische Praxis

Die qualitativ-rekonstruktive Beforschung von Künstlerischer Forschung

In der kunstpädagogischen Anwendung entwickelt sich die Künstlerische Forschung vorrangig mit dem Schwerpunkt auf die performativen Vollzüge der Forschung und wird demnach als ***Performative Künstlerische Forschung*** bezeichnet. Da die Ausführung der Forschung in der öffentlichen Gesellschaft stattfindet, gleicht sie einer Suchbewegung, die sich Phänomenen der öffentlichen Lebenswelt widmet und diese in

8 | Da die wissenschaftliche qualitativ-rekonstruktive Forschung ihren Schwerpunkt auf die Rekonstruktion von Wirklichkeit legt, die keinen objektiven Wissenschaftsanspruch vertritt, sondern einen reflexiv-subjektiven Anspruch hat, der ebenfalls weitere Bedingungen der Wissensgenese berücksichtigt, ist sie mit den Prinzipien der Künstlerischen Forschung besonders gut vereinbar. Damit zeigt sich für die empirische Beforschung der kunstpädagogischen Auswirkungen von Künstlerischer Forschung eine wissenschaftliche Möglichkeit, die den Versuch wagt, eine forschende Bewegung zu vollziehen, die in direkter Verbindung mit der Lebenswelt steht, diese jedoch nicht verkürzend, statisch, repräsentativ oder objektiv zur Darstellung bringt, sondern versucht, die Vielfältigkeit, Unübersichtlichkeit und Unterschiedlichkeit in ihrer Darstellung zu berücksichtigen.

Bezug auf ihre lebensweltlichen Strukturen[9] befragt. Davon ausgehend entwickelt sie Strategien, um die alltäglichen Strukturen zu brechen, veränderte Blickwinkel in der Öffentlichkeit zu entwickeln, Darstellung und Vollzug der Forschung gemeinsam zu praktizieren und einen intersubjektiven Handlungs- und Denkraum herzustellen. Durch ihre direkte Bewegung im öffentlichen Raum, der die Teilhabe mehrere Menschen ermöglicht, wird sie zu einer gesellschaftlich relevanten Forschung, deren Erkenntnisse in der intersubjektiven Begegnung erfahrbar sind. Denn sowohl das Verhältnis von Forschenden und Betrachtenden als auch die Verbindung von Darstellung und Rezeption wird neu gedacht. Die Betrachtenden sind nicht mehr diejenigen, die sich am Ende des Forschungsprozesses in einer Ausstellung oder mittels eines Textes die Erkenntnis der Forschung zu eigen machen, vielmehr erfahren sie sich selbst in einer wechselseitigen Verwobenheit zum Forschungsprozess und sind daran beteiligt. Das Forschungsergebnis bildet sich schlussfolgernd erst in der gemeinsamen Erfahrung heraus, die kein fassbares Produkt, sondern ein intersubjektiver Denk- und Handlungsraum ist.

Forschung als intersubjektiver Handlungs- und Denkraum

Mit diesen aufgezeigten Eigenschaften der Performativen Künstlerischen Forschung werden in der vorliegenden Arbeit direkte Anwendungsmöglichkeiten für die kunstpädagogische Praxis herausgearbeitet, sodass diese Form der Forschung in Vermittlungssituationen Verwendung finden kann. Es werden konkrete Vorschläge für die Strukturierung eines Forschungsanliegens gegeben, damit Performative Künstlerische Forschung nicht in der theoretischen Darlegung verharrt und in die kunstpädagogische Praxis übergeführt werden kann. Mit der qualitativ-rekonstruktiven Auswertung und Darstellung einzelner Fallbeispiele, in denen die intersubjektiven Reflexionen über die Erfahrung der forschenden Tätigkeit veranschaulicht werden, wird des Weiteren das kunstpädagogische Potenzial der Performativen Künstlerischen Forschung direkt für die Praxis ersichtlich.[10] Dabei kann bereits zu diesem Zeitpunkt aufge-

Kunstpädagogische Praxis

9 | Lebensweltliche Strukturen sind jene Strukturen der öffentlichen Lebenswelt, die sich durch die alltägliche Orientierung herausbilden. Strukturen der öffentlichen Lebenswelt sind beispielsweise: Gesellschaftliche Regeln, Äußerliche Erscheinungen, Rituale, Strukturierung in Beziehungen, Regeln des Sozialverhaltens, Zeiteinteilung, Kleidung, Körpersprache, Sprache, Schrift, Bilddarstellungen usw.

10 | In jenen strukturierten Einzelfällen werden die direkten wörtlichen Reflexionen aus zwei Interviews, die sich im Zeitrahmen eines Jahres ereignen, dargestellt. Diese ermöglichen es, die Auswirkungen der forschenden Tätigkeit zu zwei verschiedenen Zeitpunkten festzuhalten und damit einen langfristigen Ausblick über das kunstpädagogische Potenzial der Performativen Künstlerischen Forschung zu geben.

zeigt werden, dass die Anwendung der Performativen Künstlerischen Forschung das kunstpädagogische Potenzial entfaltet, neue Sichtweisen auf die unterschiedlichen Bedingungen von Erkenntnis herzustellen, bewusst auf ästhetische Strukturen von Erfahrung aufmerksam zu werden, eine eigene künstlerische Gestaltung als Antwort auf die Ästhetische Erfahrung hin zu finden, Forschung als gesellschaftsrelevante Tätigkeit zu vollziehen und ein intersubjektiv bedeutsames Wissen mit der Ausführung der Forschung zu erlangen.

Das kunstpädagogische Potenzial

So können abschließend zwei Schwerpunkte der Arbeit formuliert werden: Zum einen der Frage nachzugehen, wie sich Künstlerische Forschung als Tätigkeit der Teilhabe von mehreren Menschen entwickeln kann und zum anderen empirisch zu beforschen, welches kunstpädagogische Potenzial die Anwendung einer solchen Performativen Künstlerischen Forschung hat.

Zentrales Anliegen der Arbeit

DIE ORIENTIERUNG: VOM FORSCHEN IN DIESER ARBEIT

Mit der Einleitung wurden bereits die grundlegenden Motive, die Forschungsfrage und erste Ausblicke auf die Ergebnisse der qualitativ-rekonstruktiven Forschungsstudie dieser Arbeit eröffnet. Im folgenden Kapitel wird eine knappe inhaltliche Zusammenschau der einzelnen Kapitel aufgeführt, die vor allem der Orientierung dient, damit die Schwerpunkte und der gewählte Aufbau der Arbeit nachvollzogen werden können. Darüberhinaus soll diese Orientierung dazu ermutigen, eigenen Leseweisen, Reihenfolgen von Kapiteln oder Interessenschwerpunkten nachzugehen, sodass die Praxis der Lesart sich als eine Form der Mitgestaltung des Textes ereignen kann.

TEIL I

WEGE ZUR KÜNSTLERISCHEN FORSCHUNG

Künstlerische Forschung, verstanden als Bewegung zwischen Kunst, Wissenschaft und Gesellschaft, entwickelt sich auf der Basis verschiedener Blickrichtungen. Deswegen wird in diesem Kapitel ausgehend von der historischen Entwicklung das Beziehungsverhältnis von Kunst und Wissenschaft, das häufig zwischen Nähe und Distanz wechselt, beleuchtet. Erscheinen auf den ersten Blick beide Disziplinen durch Distanz geprägt, zeichnen sich bei genauerer Betrachtung Verknüpfungen ab, die sich vor

Historische Entwicklung

Wissenschafts-theoretische Positionen

Gesellschaftliche Bedeutung der Forschung

Zwei Blickweisen auf Künstlerische Forschung

allem aus kritischen Tendenzen entwickeln. Daran anknüpfend werden gegenwärtige wissenschaftstheoretische Positionen vorgestellt, die das Forschungs- und Wissensmonopol der Wissenschaft sowie kunstwissenschaftliche Positionen, die Kunst und Gesellschaft in einer direkten Verwobenheit denken, infrage stellen. Ausgehend von diesen kritischen Tendenzen werden Formen von Erkenntnis, Darstellung und Forschung neu verhandelt, damit sich Künstlerische Forschung durch den erweiterten Blick der Pluralität und Subjektivität als Suchbewegung zwischen Wissenschaft, Kunst und Gesellschaft ereignen kann. Schlussfolgernd entfaltet sich in diesem Kapitel keine Gegenposition zu einer wissenschaftlichen Forschung, viel eher erwächst aus folgenden Fragestellungen die Frage, inwiefern sich Forschung in der Verbindung zur Gesellschaft entwickeln kann. Welche veränderten Darstellungsmöglichkeiten und Erkenntnisformen sind damit verbunden? Wie kann Forschung zu einer Unternehmung von mehreren Menschen werden?

Nachdem die Künstlerische Forschung durch die unterschiedlichen Blickweisen des ersten Kapitels betrachtet wurde, ergibt sich im zweiten Kapitel ein konkreter Punkt der Benennung. Dies geschieht nicht durch eine einzelne Definition, sondern durch die vergleichende Gegenüberstellung der Kombinationsmöglichkeiten der Begriffe *Forschung* und *Kunst*. Mit diesen werden verschiedene Betrachtungsweisen auf die Künstlerische Forschung ersichtlich und es eröffnet sich ein Überblick auf ihre Anwendungen und Festlegungen in unterschiedlichen Bezugswissenschaften. Mit der vergleichenden Kombination wird anschließend ein weiterer Weg der Annäherung an die Künstlerische Forschung vollzogen. Mittels Eigenschaftsbeschreibungen, die sich in einer Liste wiederfinden, wird beschrieben, WIE sich Künstlerische Forschung ereignet. Diese Liste stellt damit greifbare, ungreifbare, konkrete und allgemeine Beschreibungen vor, die unterschiedliche Zugänge zulassen und bereits einen praxisorientierten Ausblick ermöglichen.

Teil II

Künstlerische Forschung in der Kunstpädagogik

Kunstpädagogische Praxis

Mit den konkreten Beschreibungen der Künstlerischen Forschung, die sich im ersten Teil der Arbeit ereignet haben, wird im zweiten Teil danach gefragt, inwiefern und in welcher Form Künstlerische Forschung in kunstpädagogischen Vermittlungssituationen Anwendung finden kann. Nach einer knappen Verortung der theoretischen Orientierungen in der Kunstpädagogik verdeutlicht sich ihre Ausrichtung an performativen Verfahren, weshalb Künstlerische Forschung in ihrer kunstpädagogischen Anwendung als ***Performative Künstlerische Forschung*** bezeichnet wird. Dabei wird in diesem Teil der Arbeit vorrangig danach gefragt, wie die Forschung konkret in der Praxis zur Anwendung kommen kann. Denn auf der Suche nach einer selbstbestimmten und gesellschaftlich vernetzten Annäherung an ein mögliches kunstpädagogisches Potenzial von Performativer Künstlerischer Forschung, sind Methoden, die eine praktische Umsetzung ermöglichen, von besonderer Bedeutung.

Praxis Tool

Deswegen wird zum einen ein *Praxis-Tool* entwickelt, das eine übersichtliche Darstellung der praxisbezogenen Anwendung von Performativer Künstlerischer Forschung ermöglicht, und zum anderen wird ein konkretes Beispiel der Umsetzung beschrieben. Dabei stellt dieses Beispiel bereits den Bezug zur qualitativ-rekonstruktiven Forschungsstudie her, sodass ausgehend von seiner Beschreibung das kunstpädagogische Potenzial der Performativen Forschung vorgestellt werden kann. Jedoch ist jenes Potenzial bewusst kein theoretisch entworfener Gegenstand, viel eher entwickelt es sich in direktem Zusammenhang mit den Ergebnissen der fallübergreifenden Analyse der qualitativ-rekonstruktiven Forschungsstudie.

Kunstpädagogisches Potenzial

TEIL III

DIE QUALITATIV-REKONSTRUKTIVE FORSCHUNGSSTUDIE

Zu Beginn des Forschungsteiles der Arbeit wird die qualitativ-rekonstruktive Forschungsmethode theoretisch fundiert. Als Kombination aus soziologischen und kunstpädagogischen Forschungsmethoden stellt sie übergreifende theoretische Grundlagen für Forschungsvorhaben in der Kunstpädagogik dar und kann damit auch als Orientierung für anderen Forschungsstudien genutzt werden. Das besondere Merkmal der angewandten Forschungsmethode ist, dass sie ähnliche Grundprinzipien wie die Künstlerische Forschung vertritt und ihren Schwerpunkt auf eine reflexive Subjektivität und die Pluralität der Wirklichkeitskonstruktionen legt. Sie versucht demzufolge nicht, Wirklichkeit abzubilden, sondern diese unter Beachtung der unterschiedlichen Bedingungen zu rekonstruieren.

Theoretische Methodenfundierung

Ausgehend von der allgemeinen Darstellung der qualitativ-rekonstruktiven Forschung wird eine empirische Studie, die im Zeitraum von über einem Jahr durchgeführt wurde, vorgestellt. Dabei wird die empirische An-

Qualitativ-rekonstruktive Forschungsstudie

wendung und Beforschung der Performativen Künstlerischen Forschung in einer kunstpädagogischen Vermittlungssituation in Bezug auf den Forschungsbedarf, die Forschungsfragen, das konkrete Forschungssetting und die Auswertungsmethode dargelegt.

Forschungsergebnisse

Daran anschließend erfolgt die Darstellung der fallübergreifenden Schlüsselkategorien[11] als Gesamtüberblick über die Ergebnisse der Studie. Denn durch den Vergleich der Einzelfälle ließen sich in der Forschungsstudie fallübergreifende Kategorien herausbilden, die einen Überblick über die Gemeinsamkeiten und Unterschiede der einzelnen Fallbeispiele geben. Mit ihnen wird eine übergreifende Orientierung in Bezug auf die Forschungsmethoden und die Forschungsinhalte möglich und es können daran anknüpfend die Einzelfälle dargestellt werden. Dabei wird die intersubjektive Reflexion der praktischen Forschung mit direkten Zitaten aus den transkribierten Interviews dargestellt, sodass die Lesenden die verbal formulierten Reflexionen der gemachten Erfahrungen direkt nachvollziehen können.

11 | Schlüsselkategorien sind jene Kategorien, die sich in der Analyse der Einzelfälle als zentrale Inhalte abheben.

Teil 1

I. Wege zur Künstlerischen Forschung

Definitions-
problematik

Beginnen wir direkt mit der konkreten Frage, *was Künstlerische Forschung ist*, so wird bereits bei dem Versuch der Beantwortung dieser Frage die paradoxe Eigenschaft der Künstlerischen Forschung deutlich, denn sie lässt sich nicht eindeutig definieren. Im deutschsprachigen kunstwissenschaftlichen Diskurs lassen sich zwar unterschiedliche Bemühungen aufzeigen, die versuchen die verschiedenen Schwerpunkte[12] und Ziele der Künstlerischen Forschung zu differenzieren. Die Frage, was Künstlerische Forschung ist, ist und bleibt jedoch vorerst nicht vollständig zu beantworten.[13] Dies liegt einerseits an der noch immer andauernden Gründungphase der Künstlerischen Forschung, andererseits an ihren grundlegenden Eigenschaften.

Infragestellung
von disziplinären
Abgrenzungen

Eine grundlegende Eigenschaft der Künstlerischen Forschung ist es, ihre Bewegung zwischen Kunst und Wissenschaft zu vollziehen, was einer hybriden Praxis gleicht und weder der einen noch der anderen Disziplin direkt zuzuordnen ist. Anstatt sich einer Zuordnung zu unterwerfen, bäumt sie sich vielmehr zur Infragestellung der bisherigen Grenzziehung zwischen den Disziplinen auf. So scheint die einzige Konstante der Künstlerischen Forschung eine Bewegung zu sein, die nicht mit statischen Mitteln, wie beispielsweise einer schriftlichen Definition, darstellbar ist. Künstlerische Forschung ist mehrdeutig, schwer mit sprachlichen Definitionen zu fassen, widerständig, störend, aufsässig und mit einem zwanghaften Trieb zur Reflexion ausgestattet. Aus diesem Grund gerät sie oftmals unter Verdacht, nicht konkret erfassbar oder anwendbar zu sein.

Geschieht dies, wird jedoch ihr eigentliches Potenzial übersehen, nämlich ihr Verweisen auf die Unmöglichkeit von statischen Bedeutungszuweisungen. Denn Künstlerische Forschung ist mit einer direkten

12 | Eine klassische Unterscheidung, auf die häufig verwiesen wird, ist beispielsweise der Dreischritt von Christopher Frayling (1980), den Florian Dombois (2009) weiter ausdifferenziert, der auf unterschiedliche Schwerpunkte und Motive von Künstlerischer Forschung aufmerksam macht. (vgl. Dombois (2009), S. 13 ff.) Dieser ist in vorliegender Arbeit ausführlicher nachzulesen in dem Kapitel: WAS ist Künstlerische Forschung, ab S. 73

13 | Um einige Beispiele zu nennen: Klein (2010): Was ist Künstlerische Forschung?, Dombois (2006); Dombois (2009); Borgdorff (2012); Bippus (2012b); Klein / Tröndle (2012); Bertram (2012); Haarmann (2014); Toro-Pérez (2010); Malterud (2010); Cobussen (2010); Cobussen (2010); Bippus (2011); Holert (2011): Künstlerische Forschung: Anatomie einer Konjunktur; Rey / Schöbi (2009): subTexte 03: Künstlerische Forschung. Positionen und Perspektiven; zahlreiche Artikel in der Zeitschrift Gegenworte Nr. 23 (Abrufbar unter: http://www.gegenworte.org/heft-23/gegenworteheft23.html, letztes Abrufdatum: 22.07.2014)

Aufforderung verbunden, sich auf die experimentelle und zugleich systematische Suche zu begeben, deren Ziel nicht absehbar ist, jedoch deren Bewegung; nämlich in dem Sinne, dass diese ungreifbar bleibt, genauso wie die menschliche Erfahrung selbst. Es geht schlussfolgernd, um eine Suche nach Formen der Darstellung, die nicht Erfahrungen in der Lebenswelt repräsentieren, sondern mit diesen verwickelt sind und zwar insofern, als dass sie selbst zu Erfahrungen werden.

Veränderte Darstellungsformen

Trotz dieser widerständigen Eigenschaften hat Künstlerische Forschung im Wissenschaftsbetrieb Konjunktur, sie findet Einzug in die Praxis von Kunsthochschulen, wissenschaftlichen Instituten, Studiengängen, Förderprogrammen und Universitäten. Hier wird sie oftmals als widersprüchliches Phänomen diskutiert, das nicht in jeder Wissenschaftsdisziplin auf Anerkennung stößt. Im Rahmen dieser Diskussionen deuten sich gegensätzliche Vorstellungen an, welche Methoden oder welche Themen eine Forschung zu einer Künstlerischen Forschung werden lassen, welche Unterschiede zwischen Künstlerischer Forschung und künstlerischer Praxis bestehen und welche Formen des Wissens eine Berechtigung im wissenschaftlichen Diskurs haben. Diese gegensätzlichen Vorstellungen basieren auf unterschiedlichen Sichtweisen, deren abgrenzende Darstellungen sich zumeist auf die eigene Fachwissenschaft stützen und in Interpretationen zuspitzen, bei denen die Unterschiede von Kunst und Wissenschaft erst konstruiert werden.[14]

Im Zuge dieser Anerkennung im wissenschaftlichen Diskurs lassen sich vor allem im nicht-deutschsprachigen Raum, Tendenzen aufzeigen, die versuchen, Künstlerische Forschung zu etablieren, jedoch im Sinne einer Akademisierung.[15] Die oftmals auch als *Artistic Research, Arts-based Research, Practice-led, Research in the Arts* oder auch *Researched-oriented Art* bezeichnete Forschung erhält vielerorts Einzug in die Universitäten durch Stipendienprogramme, Verankerungen in Hochschulgesetzen wie beispielsweise in Norwegen seit 1995[16] oder durch Doktorandenstipendien[17] in Großbritannien, die seit 1970 eine wissenschaftliche Plattform

Akademisierung von Künstlerischer Forschung

14 | Dabei stützen sich jene Abgrenzungen mehr auf historische, institutionelle und forschungsmethodische Unterschiede, als auf reflexive und gegenwartsbezogene Aspekte, die bereits auf die Gemeinsamkeiten von wissenschaftlicher und künstlerischer Forschungspraxis verweisen.

15 | Akademisierung meint hier eine Form der Unterordnung in Bezug auf akademische Methoden und Darstellungsweisen von Forschung. (Elkins (2011), S. 87 ff.)

16 | Malterud (2010), S. 27 f.

17 | Jedoch lässt sich hier eine deutliche Anpassung an die wissenschaftliche Forschung aufzeigen, da die Stipendiaten für jede Stufe ihrer Forschung Berichte verfassen müssen, die ebenfalls Hypothesen, Falsifizierung und Verifizierung beinhalten.

bieten.[18] Jene Künstlerische Forschung, die sich in diesem universitären institutionalisierten Rahmen bewegt, zielt jedoch zumeist auf eine Wissensgenese ab, die sich sowohl inhaltlich als auch methodisch im wissenschaftlichen Kontext beweisen muss. Dies hat zur Folge, dass Künstlerische Forschung in eine akademische Disziplin verwandelt wird, für die verschiedene Journalen und Gesellschaften gegründet, verbindliche Forschungskriterien festgelegt, regelhafte Auswahlkriterien für Forschungsstipendien aufgestellt und systematische Verfahren zur Verleihung von Doktortiteln eingerichtet werden. So wird die Künstlerische Forschung vorrangig mit dem Rekurs auf bereits bestehende wissenschaftliche Kriterien konstruiert und es werden keine eigenen Forschungsmethoden entwickelt.[19]

Ausgehend von dieser Form der Akademisierung erscheinen Diskussionen über Künstlerische Forschung im deutschsprachigen Raum noch mehr Potenzial aufzuweisen, da sie sich hier noch vorrangig in einer Entwicklungsphase befindet und bisher nur durch Institutionalisierungen strukturiert wurde. Aktuell zeichnet sich hier eine breite Landschaft an Positionen ab, die nicht an einem einheitlichen Strang ziehen oder eine direkte Ausrichtung an die Wissenschaften verfolgen. Im Diskurs um die Möglichkeiten einer eigenständigen Ausrichtung der Künstlerischen Forschung verweist im Besonderen Elke Bippus darauf, dass Künstlerische Forschung nicht um ein Herstellen von wissenschaftlich anerkanntem Wissen bemüht sein kann und es vielmehr um ihre Eigenschaften gehen muss, welche die bisherigen Formen akademischer Wissensproduktion in Bezug auf ihre materielle Bedingtheit hin reflektieren.[20]

Eigenständigkeit der Künstlerischen Forschung

Demzufolge ist es von Bedeutung, dass Künstlerische Forschung eigene Darstellungsformen findet, die sowohl das Potenzial von künstlerischen Darstellungsweisen als auch den reflexiven Umgang mit akademischer Wissensproduktion mitbedenken und den Blick von einem Interesse an direkt darstellbarem oder verständlichem Wissen verschieben, hin zu einem reflexiven und kritischen Umgang mit Wissensproduktionen von Forschung. Folglich geht es nicht mehr um reine Inhalte, sondern um Praxen der Darstellung und deren Bedingungen, welche die selbstverständlichen Rahmen der gängigen Wissensproduktionen verschieben.

Im Zuge dieses Anliegens werden im Folgenden verschiedene Wege zur Künstlerischen Forschung eingeschlagen, bevor sprachlich eingegrenzt wird, *WAS Künstlerische Forschung* ist. Diese Wege gleichen Rahmen,[21]

18 | Elkins (2011), S. 91 ff.
19 | Busch (2011), S. 71 f.
20 | Bippus (2011), S. 99
21 | Der Begriff des Rahmens findet in vielfältiger Weise Aufmerksamkeit, wie bei-

welche die zentralen Felder, in denen sich Künstlerische Forschung inhaltlich bewegt, umreißen. Gleichzeitig zeigt sich in diesen Rahmen bereits das kritische Potenzial der Künstlerischen Forschung, dichotome Gegenüberstellungen[22] kritisch zu befragen und deren Zwischenräume zu erkunden, welche sich besonders in den Bereichen der Historie (1), Wissenschaft (2), Kunst (3), Erkenntnis (4), Darstellung (5) und Forschung (6) finden. Zwar können demzufolge keine eindeutigen, allgemeingültigen oder objektiven Definitionen geleistet werden, jedoch kann auf den Beziehungsverlust der objektiven Darstellung zur Lebenswelt aufmerksam gemacht werden. Denn durch die gedachte objektive Distanz, die sich bedingt durch die grundlegende Subjektivität nicht einlösen kann, wird vorrangig in der Wissenschaft ein Wissen produziert, das den Bezug zur Lebenswelt verloren hat. Das verweist im eigentlichen Sinne mehr auf den verlorenen Bezug, als dass es ein brauchbares Wissen bereitstellt.[23] Um Wege zu Künstlerischer Forschung zu finden, werden im Folgenden die Bedingungen der Lebenswelt, in der wir unmittelbar anwesend sind, spezifisch betrachtet, sodass sich Künstlerische Forschung in einem Zwischenraum von Wissenschaft und Kunst entwickeln kann und in direktem Bezug zur Gesellschaft steht.

Wege zur Künstlerischen Forschung

Damit wird Künstlerische Forschung im Folgenden nicht durch die Abgrenzung von Disziplinen definiert, sondern es werden neue Sichtweisen auf Forschung durch das Reflektieren bestehender Strukturen eröffnet, wobei der widerständige Blick der Künstlerischen Forschung genutzt werden kann, um Prinzipien eines Forschens abzuleiten, das einer systematischen und zugleich experimentellen Suchbewegung in der sozialen Lebenswelt gleicht.

Forschung als systematische und experimentelle Suchbewegung

spielsweise bei Georg Simmel als Prinzip der Kulturentwicklung, in der Kunstwissenschaft als Bilderrahmen, in der Theaterwissenschaft als Inszenierungsrahmen oder in der Soziologie als Handlungsrahmen. Es ist erst der Rahmen, der die Fläche umreißt, in der sich Formen der Darstellung oder Repräsentation entwickeln können. (vgl. Uwe Wirth (2013), S. 15 ff.) Eine erhöhte Aufmerksamkeit des Rahmens in Bezug auf Sprache und Textproduktion ist bei poststrukturalistischen Theorien zu finden. So verweist beispielsweise Derrida darauf, dass es keinen abgeschlossenen Schriftkorpus mehr gibt und dass jede Form von Text, nur mittels Rahmen einen Inhalt fasst. (vgl. Uwe Wirth (2013), S. 15 ff.)

22 | Dichotome Gegenüberstellungen sind beispielsweise: Subjekt-Objekt, Kunstwerk-Betrachter, Wissenschaft-Kunst, Individualität-Gesellschaft, Subjektivität-Intersubjektivität, Ausschluss-Einschluss, Innen-Außen, Darstellbarkeit-Erfahrbarkeit, Experimentell-Systematisch.

23 | Latour (2012), S. 33

Aufbau des Kapitels

Spezifisch zeichnen sich dabei folgende Wege zur Künstlerischen Forschung in den nachfolgenden Kapiteln ab: Begonnen wird mit einem knappen historischen Überblick (1), der einer Form der Nacherzählung gleicht, um bereits dagewesene Verbindungen von Kunst und Wissenschaft aufzudecken. Die langfristige Tradition beider Disziplinen macht dabei schon zu Beginn auf die erschwerte Abgrenzung voneinander aufmerksam. Im zweiten Schritt wird die Wissenschaft (2) beleuchtet, jedoch nicht in Bezug auf ihre historische Entwicklung, sondern in Bezug auf gegenwärtige Positionen in den Wissenschaftstheorien. Mit Bezug auf Positionen, wie beispielsweise von Samuel Kuhn, Paul Feyerabend oder auch Bruno Latour, zeichnet sich ein veränderter Umgang mit dem ursprünglich objektiven Erkenntnisanspruch der Wissenschaft ab. Daran anknüpfend kann die Kunst (3) und ihre Vorreiterfunktion auch für die Wissenschaft in Bezug auf die Bereiche der Pluralität, der Subjektbezogenheit und des Lebensweltbezug sichtbargemacht werden. Mit diesem Potenzial, das künstlerisches Handeln bereits in sich trägt wird die Frage nach einem spezifischen Erkenntnispotenzial (4) gestellt, sodass die Ästhetische Erfahrung als Form der sinnlichen Erkenntnis im Zentrum der Betrachtung steht.

Werden mit diesen vier Rahmen die Bedingungen einer erkenntnisbezogenen Bewegung von Künstlerischer Forschung im Zwischenraum von Wissenschaft und Kunst erläutert, stellt sich unabdingbar die Frage nach möglichen Darstellungsformen (5). Wenn Darstellungen nicht als Repräsentation von Wissen gedacht werden, müssen neue Ansätze in den Bildwissenschaften, Sprachwissenschaften und vor allem in den künstlerischen Praxen gesucht werden. Mit dem Schwerpunkt auf künstlerisch partizipativen Praxen, die vor allem eine intersubjektive Bedeutsamkeit in der Gesellschaft im Auge haben, werden deswegen erste Ansätze für Darstellungsformen entwickelt, die einen gesellschaftlichen Handlungsraum im Sinn haben. Davon ausgehend können die Bedingungen von Forschung(6) beleuchtet werden, die als grundlegende Prinzipien für Künstlerische Forschung gelten.

I.I. HISTORIE: ZWISCHEN KUNST UND WISSENSCHAFT

Im abendländischen Verständnis werden in der Antike Kunst und Wissenschaft[24] nicht als Gegensätze, sondern als unterschiedliche Fertigkeiten gedeutet. Beide führen zu Erkenntnissen, die jedoch unterschiedliche Ausrichtungen haben. Kunst gilt als rationale Fähigkeit, um zu einer Erkenntnis zu gelangen, die im Unterschied zur Wissenschaft etwas Veränderliches zum Gegenstand hat. Der Umgang mit dem Veränderlichen ist herstellend (*poietisch*) und nicht wie in den Wissenschaften beobachtend (*theoretisch*). Schlussfolgernd wurde beispielsweise die Medizin[25] den Künsten und die Mathematik den Wissenschaften zugeordnet. Trotz dieser gleichwertigen und dennoch unterschiedlichen Betrachtung zweier Erkenntnisformen deutet sich bereits hier ein spannungsreiches Verhältnis an, das sich im mittelalterlichen Verständnis festigt. So wird die Unterschiedlichkeit von erfahrungsbezogenem Wissen, das immer nur für einen Einzelfall steht, auf der einen Seite und einem theoretischen Wissen, das allgemeingültig ist, auf der anderer Seite mit der Gegenüberstellung der freien und der mechanischen Künste verstärkt.[26] Dennoch dienen beide (*ars* und *scientia*) auf gleiche Weise der Erforschung des gesamten Kosmos im Sinne einer theologischen Ausrichtung.[27] Diese grundlegende Verbindung von Kunst und Wissenschaft bleibt damit bis in die frühe Neuzeit bestehen. Beide werden zwar als unterschiedliche Weisen einer Weltbetrachtung verstanden, die jeweils bestimmte Wertungen und Zuordnungen erfahren, jedoch sind beide fester Bestandteil einer Suche nach Erkenntnis.

Widerstreit von Erkenntnisformen

In der Renaissance versinnbildlicht sich diese gemeinsame Suche beider Disziplinen im Typus des forschenden Künstlers oder des künstlerischen

24 | Ist undifferenziert von Wissenschaft die Rede, wird damit ein soziales und gesellschaftlich institutionalisiertes System bezeichnet. Grobe Unterscheidungen von Wissenschaften können eine anfängliche Orientierung geben, wie die Einteilung in Realwissenschaften und Formalwissenschaften. Zu den Realwissenschaften zählen beispielsweise Bereiche wie die Naturwissenschaften, Kulturwissenschaften, Geschichte, Kunst, Sprache, Gesellschaft und Wirtschaft. Die Formalwissenschaften hingegen umfassen die Bereiche der Logik, Mathematik oder Strukturwissenschaft, die keine Erfahrungswirklichkeit als Ausgangspunkt haben. (Anzenbacher (2005), S. 23)

25 | Dennoch kann am Beispiel der Medizin aufgezeigt werden, dass Unterscheidungen zwischen einem rein herstellenden und einem theoretischen Wissen getroffen wurden. So zeigt Aristoteles auf, dass der Arzt im Gegensatz zum Heilpraktiker theoretisch weiß, was Heilung erbringt und dies nicht nur aus der Anwendung heraus deutet. (Welsch (1986), S. 126)

26 | Welsch (1986), S. 125 f.

27 | Mersch/Ott (2007a), S. 10

Forschers. Persönlichkeiten wie Leonardo, Michelangelo, Dürer oder Alberti verkörpern einen Wissenschaftskünstler,[28] der sowohl wissenschaftliche wie auch künstlerische Erkenntnisse durch seine Forschungen hervorbringt.[29] Weitere bekannte Vertreter finden sich ebenfalls in späteren Epochen wie der Klassik und Romantik mit Johann Wolfgang Goethe, Johann Gottfried Herder und Carl Gustav Carus. Diese zeichnen sich durch eine breite Kombination unterschiedlicher Forschungsfelder in den Wissenschaften und Künsten aus und verkörpern die Kombinationen beider Erkenntnisstrategien.[30] Es lässt sich nachweisen, dass mit einzelnen Persönlichkeiten die natürliche und sich gegenseitig befruchtende Bewegung zwischen Kunst und Wissenschaft durch verschiedene Epochen hindurch vollzogen wurde. Jedoch zeichneten sich bereits in der Renaissance Polaritäten einer epistemischen und einer handwerklichen Erkenntnisform ab, wie am Beispiel der Malerei verdeutlicht werden kann.

Der Typus Wissenschafts-künstler

Die Malerei galt als Handwerk, welches nicht dasselbe gesellschaftliche Ansehen wie die epistemischen Erkenntnisformen der anerkannten Wissenschaften genoss. Infolge dessen versuchte beispielsweise Leon Battista Alberti mittels zentralperspektivischer Regeln für die Darstellung von Raum — die Malerei in gleicher Weise wie die Architektur — auf eine wissenschaftliche Grundlage zu stellen. Er hoffte, durch den Rückbezug auf klare mathematische Regeln diese aus einem handwerklichen Verständnis in ein Fach der Artes Liberales, der anerkannten Wissenschaften, zu heben. Diesen Bemühungen ist ebenfalls die Gründung der ersten Kunstakademie zuzuordnen, die Accademia del Disegno in Florenz (1563), als einen der ersten Versuche, Kunst institutionell und wissenschaftlich zu verankern.[31]

Hierarchische Differenzierungen

Bereits in der Renaissance deuten sich hierarchische Differenzierungen von Kunst und Wissenschaft ab, welche mit der drastischen Infragestellung des übergreifenden Wissens- oder Wissenschaftskünstlers im 18. Jahrhundert verschärft werden. Denn durch die Aufklärung und die damit verbundenen Differenzierungen der Wissenschaftsdisziplinen wird die gegenseitige Abgrenzung von Kunst und Wissenschaft bestärkt. So betont beispielsweise Lorraine Daston in ihren wissenschaftshistorischen Studien zur Geschichte der Objektivität, dass die Unterteilung der Wissenschaftsdisziplinen eine

28 | Diese Vertreter können bereits als Wissenschaftskünstler bezeichnet werden, da zu dem Zeitpunkt bereits eine Ausdifferenzierung der Wissenschaften begonnen hatte.

29 | Kraus, S. 2

30 | Kraus, S. 2

31 | Brandstätter (2008), S. 47

Unterscheidung von Subjektivität und Objektivität mit sich zieht, welche sich vornehmlich an einem Ideal der Objektivität orientiert.[32] Verallgemeinernde Erkenntnisse, die auf der Grundlage der Vernunft erschlossen werden, genießen eine Vorrangstellung gegenüber künstlerischen und individuellen Erkenntnissen. Ebenfalls wird die Abwertung der künstlerischen Methoden und Darstellungen durch die Etablierung eines wissenschaftlichen Sprachgebrauches und Ausdruckes verstärkt. Es entwickelt sich ein Sprachduktus, der in enger Verbindung mit den mathematisch logischen und naturwissenschaftlichen Disziplinen sowie fachspezifischen Forschungsmethoden steht, und das Streben nach Wiederholbarkeit, Verlässlichkeit und Verifizierbarkeit wird zum festen Bestandteil wissenschaftlicher Formulierungen.[33] Bereits Kant forderte eine klare Begriffsschärfe in den Wissenschaften, die beispielsweise von einem Gebrauch der Metapher als poetische Sprachhandlung absieht, da sich diese durch ihre Zugehörigkeit zu einer künstlerischen Rhetorik und Poetik nicht für die wissenschaftliche Argumentation eigne.[34]

Im Gegensatz zu dieser Entwicklung verlagert die Kunst ihren Schwerpunkte auf das Subjektive sowie auf die Beschäftigung mit dem Unbewussten und führt in einer Abwendung von rationalen Argumenten eine unscharfe Suche nach einem tieferliegenden Inneren aus,[35] sodass die Kunst in der verschärften Gegenüberstellung von Kunst und Wissenschaft häufig als unwissenschaftliche Erkenntnisform gedeutet wird.

Kunst als sinnliche Erkenntnisleistung

Um diesem Verständnis entgegenzuwirken, verfasst beispielsweise Alexander Gottlieb Baumgarten mit seinem prominenten Werk Aesthetica[36] (1750) eine Schrift mit dem Ziel, die sinnliche Erkenntnisform in der Wissenschaft zu begründen. Dabei grenzt er die Ästhetik als sinnliche Erkenntnisform gegenüber dem Rationalen ab, indem er aufzeigt, dass sie sich nicht in der Abstraktheit eines Begriffes äußert, sondern eine sinnliche Fülle an Bedeutungen besitzt. Schlussfolgernd deutet Baumgarten Erkenntnis nicht mehr ausschließlich einem kartesischen Denken folgend als Verstandesleistung, sondern als Form einer sinnlichen Wahrnehmung. Dementsprechend erlangt Kunst als Vollendung einer sinnlichen Erkenntnis in der Wissenschaft wieder eine Bedeutung, jedoch nur durch eine wertende Abgrenzung zur Wissenschaft. Es kann aufgezeigt werden, dass sich mit dieser Argumentation zwar die Stär-

32 | Daston (2001); Daston (2001), S. 108 ff.
33 | Mersch/Ott (2007a), S. 15 f.
34 | Kant (1923), S. 45
35 | Mersch/Ott (2007a), S. 16
36 | Baumgarten (2007)

kung von sinnlicher Erkenntnis ereignet, jedoch das dualistische Verständnis beider trotz der bedeutenden Argumentation von Baumgarten verschärft wurde.

Kunst als wissenschaftliche Erkenntnisleistung

Hingegen ist ein anderes prominentes Beispiel der Aufwertung von Kunst als Erkenntnisform, bei der diese nicht mehr der Wissenschaft entgegengesetzt wird, bei Friedrich Nitzsche zu finden. Stellt dieser noch in seinen früheren Schriften den Unterschied zwischen Wissenschaft und Kunst zugunsten der sinnlichen Erkenntnis dar,[37] ändert dieser sich in seiner Abhandlung „Die fröhliche Wissenschaft".[38] Hier entpuppt sich die Kunst nicht mehr als ein Gegensatz zur Wissenschaft, sondern das Künstlerische wird selbst zu einem Charakteristikum der wissenschaftlichen Erkenntnissuche. Nietzsche verweist darauf, dass sowohl Kunst als auch Wissenschaft Interpretationen der Wirklichkeit sind, welche beide an ihrem Streben nach Objektivität scheitern. Während die Wissenschaft weiterhin versucht, die Wahrheit zu erkennen und objektiv herzustellen, spielt die Kunst mit der Unmöglichkeit einer solchen Erkenntnis. Beide befinden sich damit in derselben misslichen Ausgangslage, den Anspruch auf Wahrheit aufgeben zu müssen, und können sich gewinnbringend ergänzen, da der ästhetische Zustand des Erkennens sowohl eine Schaffenslust als auch einen Formwillen beinhaltet.[39]

Abgrenzungen des 20. Jahrhunderts

Mit diesen Überlegungen deuten sich bereits zu einem frühen Zeitpunkt in der Historie von Kunst und Wissenschaft die Infragestellungen von alleingültigen Erkenntnissen und objektiven Wahrheiten an. Das Werk von der „fröhlichen Wissenschaft" nimmt einen Gedanken vorweg, der sich in der Gegenwart mit Paul Feyerabend, Samuel Kuhn oder auch Bruno Latour verdeutlicht. Bevor jedoch dieser detaillierter erörtert wird, soll ein knapper Blick auf die künstlerischen Strömungen und ihre Bezüge zu den Wissenschaften im 20. Jahrhundert geworfen werden. Denn der Avantgardismus des frühen 20. Jahrhunderts, der sich häufig auf Nitzsche bezog, beäugte die inhaltliche Schwerpunktsetzung der Wissenschaften äußerst kritisch. So wenden sich die großen Strömungen des frühen 20. Jahrhunderts, sei es der Futurismus, der Dadaismus oder der Surrealismus, von den Wissenschaften ab. André Breton sucht in seiner Kritik am Rationalismus nach Formen der Wiederbelebung der Gestalt des Wahnsinns,[40] Max Ernst ironisiert in seinen Collagen und Dichtungen *Paramyths* von 1949 die Wissenschaften[41] oder Marcel

37 | Friedrich Nietzsche (1988)
38 | Nietzsche (1999)
39 | Busch (2012), S. 151 f.
40 | Breton (1993)
41 | Huber/Ernst (1996)

Duchamp stellt mit seinem Experiment *Trois stoppages etalon* von 1913[42] den Anspruch auf Beweis und Allgemeingültigkeit der Wissenschaften ironisierend infrage.[43] Entsprechend findet sich auch bei Kasimir Malewitsch, bei George Braques, Pablo Picasso, Paul Klee oder Wassily Kandinsky Bezugnahmen zu den Wissenschaften,[44] die ihren Wahrheitsanspruch grundlegend infrage stellen. Duchamp geht sogar so weit, dass er die Wissenschaften als eine Mythologie bezeichnet, der grundlos Glaube geschenkt wird. Dabei spielt er bewusst mit Laborsituationen, die nicht mittels wissenschaftlicher Methoden, sondern durch deren Analyse und Infragestellung eine künstlerische Praxis etablieren und das Medium der Darstellung selbst ins Zentrum der Forschung rückt, sodass der Rückbezug des Avantgardismus auf die Wissenschaften eine radikale Infragestellung von allgemeingültigen Erkenntnissen ist, welcher bereits zu diesem historischen Zeitpunkt die menschlichen Erkenntnismöglichkeiten grundlegend hinterfragt und eine Reflexionssteigerung mittels dekonstruktiver Methoden und Verfahren einleitet.[45]

Problematik der Abgrenzung

Scheint mit den avantgardistischen Strömungen in der Kunst nun endgültig die Trennung von Kunst und Wissenschaft erreicht zu sein, ereignet sich die Annäherung beider Disziplinen durch gegenwärtige Positionen in den einzelnen Wissenschaftsformen und den Wissenschaftstheorien. Mittels der überblickhaften und grob skizzenhaften historischen Rekonstruktion wurde weniger eine detaillierte Nacherzählung der historischen Entwicklung angestrebt, vielmehr konnte deutlich werden, dass sich das Verhältnis von Kunst und Wissenschaft in ständiger Abgrenzung verhielt und beide oftmals als unterschiedliche Disziplinen wahrgenommen wurden, die bestenfalls Rückgriffe aufeinander nahmen, um sich voneinander abzugrenzen. Jedoch deutet bereits die kritische Haltung von Nitzsche an, dass jene Abgrenzungen aufgegeben werden müssen, um nach gemeinsamen Entwicklungsmöglichkeiten zu suchen, die nicht mehr vorrangig um Anpassungsleistungen beider Disziplinen bemüht sind, sondern um einen reflexiven Umgang mit Forschungsmethoden, Darstellungsformen und Erkenntnismöglichkeiten.

42 | Steiner (2006)
43 | Mersch / Ott (2007a), S. 17 f.
44 | Dennoch bedient sich die Kunst ebenfalls häufig wissenschaftlicher Resultate, wie beispielsweise die Impressionisten die Wahrnehmungsphysiologie von Hermann von Helmholtz gebrauchen. Jedoch zeigt sich hier die Verwendung der Erkenntnisse als kontextlos und sporadisch, sodass Wissenschaft als „Material" der Kunst erscheint. (Mersch / Ott (2007a), S. 16)
45 | Mersch / Ott (2007a), S. 19 ff.

I.II. Wissenschaft: Verlust des objektiven Erkenntnisanspruches

Infragestellung der wissenschaftlichen Objektivität

Im Wissenschaftsdiskurs lässt sich bereits mit Bezug auf Wittgenstein feststellen, dass Wahrheiten immer nur in Abhängigkeit zur Sprachgemeinschaft als wahr gelten und die jeweils zugrunde liegende Weltsicht festlegt, welche Inhalte als wahr oder unwahr gelten.[46] Da jede Wahrheit in Abhängigkeit zu ihrem Kontext formuliert wird, wird der Anspruch nach Objektivität bereits zu diesem Zeitpunkt infrage gestellt. Des Weitern verweist beispielsweise David Hume darauf, dass Forschung nicht nur einem ausschließlich objektiven und theoretischen Verständnis folgen sollte und Erkenntnisse auch aus empirischen Forschungstätigkeiten gewonnen werden sollten.[47] Ausgehend von diesen frühen Versuchen, den objektiven Anspruch wissenschaftlicher Erkenntnisse infrage zu stellen, zeigen sich in der Gegenwart disziplinübergreifende Reflexionen von Erkenntnisleistungen, Forschungsmethoden und Darstellungen, die die über Jahrhunderte geltenden objektiven Wahrheitsansprüche radikal hinterfragen. Diese Praxis wird nicht nur von einzelnen Vertretern und Vertreterinnen der Wissenschaftstheorien verfolgt, viel eher zeichnet sie sich als übergreifendes Phänomen ab.

So werden in unterschiedlichen Wissenschaftsdisziplinen kritische, selbstreflexive und verändernde Überlegungen angestellt, die häufig als Turns bezeichnet werden. Mit der inzwischen unübersichtlichen Anzahl an Turns, wie beispielsweise dem *Linguistic*[48], *Spatial, Interpretive, Reflexive, Translational, Pictorial/Iconic* und dem *Performative Turn* deuten sich die zahlreichen Infragestellungen der herkömmlichen Wissenschaftspraxen an. Ihnen ist gemein, dass sie ihre Aufmerksamkeit auf die Bedingungen

46 | Die Sprachgemeinschaft stellt in diesem Beispiel jenen Rahmen dar, der es ermöglicht, eine Aussage zu treffen. Dennoch können ebenso zwei Sprachgemeinschaften dieselben Wörter benutzen und dabei unterschiedliche Weltsichten zugrunde legen. Dies führt zur gegenseitigen Infragestellung der jeweils anderen Aussage von Wahrheit.

47 | Anzenbacher (2002), S. 241

48 | Da wissenschaftliche Darstellungsform sich häufig mittels der Schriftsprache verwirklicht, steht in den Kulturwissenschaften am Anfang der *Linguistic Turn*. Dieser wird als *Megaturn* bezeichnet und gilt häufig als Bezugspunkt für ihm folgende *Turns*. Ging der *Linguistic Turn* aus der Sprachphilosophie der zweiten Hälfte des 20. Jahrhunderts hervor und verwies auf die Sprache als Grundlage jeglicher Erkenntnis, beziehen sich die weiteren Turns auf Felder, die sich nicht nur in einer theoretischen Bedeutung erschöpfen, sondern sich in handlungsbezogenen Bereichen wie Kultur, Lebenswelt, Geschichte wiederfinden. (Bachmann-Medick (2010), S. 1 ff.)

der Erkenntnismöglichkeiten von Wissenschaft richten und darauf verweisen, dass der Verlust von objektiven und überdauernden Definitionen die bedingende Ausgangslage jeder Erkenntnis ist. Im Zuge ihrer Überlegungen wird ebenfalls die Verbindung von Wissenschaft und Gesellschaft neu beachtet, damit Wissenschaft nicht nur als bloße Theorietransformation existiert, sondern mit gesellschaftlichen und politischen Prozessen in Verbindung steht. Insbesondere die Vertreter und Vertreterinnen der *Performative, Spatial* oder auch *Pictorial Turns* machen auf die notwendige gesellschaftliche Rückkoppelung der theoretischen Überlegungen aufmerksam.[49] Es zeichnet sich ab, dass Erkenntnisse nicht mehr ausschließlich aus Theorien abgeleitet werden können und dagegen erst durch Fragen entstehen, die sich direkt aus den Erfahrungen in den komplexen, pluralen, gebrochenen, globalen, gleichzeitigen Lebenswelten ergeben.

Kontextabhängigkeit von Erkenntnis

Die gegenwärtigen Turns rücken damit zusammenfassend unverzichtbare Dimensionen wie Inszenierung, Körperlichkeit, Kultur, Gesellschaft, Handeln, Selbstauslegung, soziale und interkulturelle Differenzen, Bildwahrnehmung, Kulturen des Blickes, Räumlichkeit, Soziales Handeln und die Materialität von Erfahrung und Geschichte wieder in den Mittelpunkt von theoretischen wissenschaftlichen Überlegungen.[50] Im Zuge dieser Neuorientierung geht es nicht mehr ausschließlich um ein Forschen in den Schranken der eigenen Disziplin, sondern zugleich um ein disziplinübergreifendes und vernetztes Arbeiten. Die weitgefassten Forschungsfelder bleiben damit nicht nur Objekte einer Erkenntnis, stattdessen werden sie selbst zum Erkenntnismittel oder -medium.[51] Folglich ist Wissenschaft nicht ein selbstbezügliches System, das durch Texte, Kodierungen und Konstrukte die Welt erfasst, sondern entwickelt sich erst in einem reflexiven Bewusstsein der eignen Abhängigkeit von Kontexten und forschenden Personen. Um diesen skizzierten gegenwärtigen Blick auf einen wissenschaftlichen Erkenntnisanspruch zu vertiefen, werden im Folgenden Konzepte, die den unterschiedlichen *Turns* zugrunde liegen, näher betrachtet.

Forschung als Erkenntnismedium

49 | Es zeigt sich beispielsweise, dass die gegenwärtige Bilderflut und die Übermacht der medialen Selbstinszenierung gesellschaftliche Prozesse sind, die direkten Einfluss auf die Analysekategorien des Blickes, der Performativität oder des Raumes haben und damit innerhalb theoretischer Überlegungen eine Rolle spielen. (Bachmann-Medick (2010), S. 2 ff.)
50 | Bachmann-Medick (2009), S. 2 ff.
51 | Bachmann-Medick (2011), S. 134 f.

Dass Erkenntnisse nur in Abhängigkeit zu den historischen Bedingungen und den Forschenden gewonnen werden können, deutet sich bereits schon in frühen konstruktivistischen Theorien an. Die Orientierung des Konstruktivismus kann als eine philosophische Strömung oder Geisteshaltung charakterisiert werden, die nicht eindeutig definierbar ist. Sie ist ein heterogenes Feld, das sich in unterschiedliche Richtungen entwickelt, und keine einheitliche Schule des Denkens. Dennoch wird übergreifend der Blick auf den einzelnen Menschen und seine oder ihre Erkenntnismöglichkeiten gelenkt. Grundlage dafür ist der radikale Konstruktivismus,[52] der von der Beschäftigung mit der menschlichen Wahrnehmung ausgehend die Infragestellung einer objektiven Wahrnehmung eröffnet. Denn gleichsam wie die Surrealisten in der Kunst verweist der radikale Konstruktivismus darauf, dass menschliche Wahrnehmung keine vollständige Repräsentation der Realität erschafft, sondern dass jede Repräsentation von Wirklichkeit eine individuelle Konstruktion ist.[53] So verdeutlicht sich vor allem durch Theorien des Konstruktivismus, dass jede Form der menschlichen Wahrnehmung auf Vorerfahrungen aufbaut und selektiv, fehlerhaft und ergänzend ist. Spezifisch wird diese Einsicht durch den sozialen Konstruktivismus[54] ergänzt und der Blickwinkel wird auf kulturelle Kontexte und sprachgebundene Darstellungen erweitert, sodass diese ebenfalls als Bedingungen von menschlicher Erkenntnismöglichkeit beachtet werden.[55]

Konstruktivistische Kritik der Objektivität

Wird nun durch jene konstruktivistischen Überlegungen angeregt, in den Wissenschaftstheorien die Frage nach den Bedingungen von menschlicher Wahrnehmung, Erkenntnis und Darstellung gestellt, haben diese Theorien ebenfalls Einfluss auf die Vorstellung dessen, was Wissen ist. Denn so deuten sie bereits an, dass jede Form von Wissen zeitlich und räumlich gebunden ist und Forschungsergebnisse von Deutungsmustern,

52 | Im radikalen Konstruktivismus erweist sich als problematisch, dass das Subjekt aufgrund der absoluten Subjektivität zu einer monadischen Figur wird. Hier erweisen sich Kommunikation, Austausch und die Einigung auf gemeinschaftliche Normen als erschwert. Als Hauptvertreter gelten: Ernst von Glasersfeld, Heinz von Foerster, Humberto Maturana und Francisco Varela.

53 | Vgl. Glasersfeld, Ernst von Köck, Wolfram K. (1997); Glasersfeld (2016); Glasersfeld (1987); Foerster (1985); Foerster/Ollrogge (1993); Foerster u.a. (2006)

54 | Der soziale Konstruktivismus hat unterschiedliche Vertreter, die die Herstellung von Wissen sozial-konstruktivistisch herleiten und die radikal konstruktivistischen Überlegungen kritisieren. (vgl.: Berger/Luckmann (1995); Knorr-Cetina (1981); Gergen (1991); Gergen (1997)) Die Vertreter betonen, dass Wissen nicht nur durch die subjektive Konstruktion von Wirklichkeit entsteht, sondern durch Gesellschaften und soziale Diskursgemeinschaften beeinflusst wird.

55 | Reich (2009)

Einstellungen, emotionalen Befindlichkeiten, kulturellen Einflüssen oder imaginären Bildern der Forschenden abhängig sind. Werden Forschende also als Figuren der Individualität, Flüchtigkeit und Unschärfe ernst genommen, muss zwangsläufig die Vorstellung einer objektiven Wissenschaft aufgegeben werden. Erst durch diesen Verlust kann sich Wissenschaft wieder neubestimmen und die zeitlichen, lokalen, kulturellen, räumlichen, historischen, subjektiven und intersubjektiven Beeinflussungsmechanismen reflexiv beachten. Im Sinne einer solchen Neubestimmung werden im Folgenden die kritischen Überlegungen aus den Wissenschaftstheorien von Thomas Samuel Kuhn (1922-1996) und Paul K. Feyerabend (1924-1994) vorgestellt, welche in Bezug zu Überlegungen von Bruno Latour reflektiert werden, sodass die Diskussion über die Unhaltbarkeit des Objektivitätsanspruches der Wissenschaft eröffnet wird.

Wissenschaftstheoretische Infragestellung

Thomas Samuel Kuhn macht frühzeitig mit seiner Theorie des Paradigmenwechsels darauf aufmerksam, dass Wissenschaft einem ständigen Wandel unterlegen ist, der keinen allgemeingültigen Regeln mehr folgt. Es gibt nicht mehr nur ein Konzept, das die Welt erklärt, sondern es ereignen sich immer wieder neue Erklärungsmuster, die sich im Laufe der Zeit verändern. Kuhn zeigt auf, dass Wissenschaftler immer im Rahmen eines Paradigmas[56] forschen, welches für einen bestimmten Zeitraum darüber entscheidet, welche Formen von Erkenntnis als wahr bezeichnet werden. Gültige Erklärungsmuster existieren deswegen nur temporär durch die Einigung mehrerer Menschen auf eine Form der Wahrheit.[57] Zu einem übergreifenden Paradigmenwechsel[58] kommt es jedoch erst dann, wenn das vorrangig etablierte Erklärungsmuster in die Krise gerät.[59] Dies ereignet sich beispielsweise, wenn die gültigen Strukturen eines Paradigmas nicht mehr haltbar sind, weil sich die Unvereinbarkeiten zwischen den ursprünglichen Theorien und neuen Erkenntnissen häufen. Ist dies der Fall, wird das bisher geltende Paradigma als nicht mehr gültig erachtet und die

Erkenntnis als temporäres Erklärungsmuster

56 | Kuhn bezeichnet ein Paradigma als einen Komplex von Leitvorstellungen, der die Bedingung für eine Arbeit in den Wissenschaften ermöglicht. (vgl. Kuhn (1996), S. 92)

57 | Kuhn (1976), S. 186

58 | Einen Paradigmenwechsel bezeichnet Kuhn als eine tiefgreifende Veränderung, die sich durch die Inkommensurabilität zweier Paradigmen auszeichnet. Dies meint, dass die Veränderung der Erklärungsmuster in der Wissenschaft so grundlegend ist, dass die tiefgreifende Struktur der Basis verändert wird und ein Austausch von Forschern über unterschiedliche Paradigmen hinweg kaum noch möglich ist. (vgl. Kuhn (1976))

59 | Kuhn (1976), S. 159 ff.

Grundpfeiler der geltenden Wahrheiten werden in der Wissenschaft dementsprechend verändert.[60] Wie sich bereits mit dieser Theorie des Paradigmenwechsels andeutet, unterliegt deshalb jede angenommene Wahrheit in den Wissenschaften temporären Beeinflussungen und keine Theorie kann einen letztgültigen, objektiven Wahrheitsanspruch mehr geltend machen. Alle etablierten Konzeptionen, Lehrmeinungen, Weltanschauungen oder grundsätzlichen Denkweisen, die eine Objektivität beanspruchen, erweisen sich damit als zeitlich bestimmt. Jene Übereinkommen können zwar als notwendig erachtet werden, um wissenschaftlich zu argumentieren, jedoch können sie nicht mehr als unumstößliche Wahrheiten gelten.

Bereits mit diesen Überlegungen von Kuhn geraten die Geltungs- und Wahrheitsansprüche von Wissenschaft grundlegend ins Wanken und jede Formulierung einer Wahrheit muss in Abhängigkeit zu ihren historisch geltenden Vorstellungen begriffen werden.[61] Versteht Kuhn jedoch die gültigen Wahrheiten der Wissenschaften noch in Abhängigkeit von temporär gültigen Theorien, ist es hingegen das Anliegen von Paul K. Feyerabend, der auch häufig als Anarchist der Wissenschaft bezeichnet wird, die grundlegende Stabilität der Wissenschaft ins Wanken zu bringen:

Radikale Kritik der Wissenschaft

> „Kuhn meint, daß ein Verständnis zwischen verschiedenen Paradigmen nicht möglich ist, und findet so einen zusätzlichen Grund für seine Forderung einer Normalwissenschaft. Ich sage, daß Wissenschaften aus verschiedenen Paradigmen sich sehr gut verstehen können, und schließe, daß Stabilität des Sinns zum Verständnis nicht nötig ist"[62]

Wie sich in diesem Zitat abzeichnet, geht Feyerabend von pluralen und instabilen Denkweisen aus, die sich in unterschiedlichen Paradigmen zeigen und deren gleichzeitige Existenz unproblematisch ist, da jede Form der Stabilität grundlegend konstruiert ist. Eine temporäre Einigung auf ein verbindliches Modell einer rationalen Theorie, wie sie Kuhn vertritt, ist schlussfolgernd nicht mehr notwendig. Vielmehr müssen, wie Feyerabend aufzeigt, die bisher verbindlichen Theorien der Wissenschaft als rein künstlich er-

60 | Von Kuhn angeführte Beispiele für einen Paradigmenwechsel sind unter anderem die Ablösung der Phlogistontheorie durch Lavoisiers Sauerstoffchemie, Einsteins Relativitätstheorie, die die klassische Newtonsche Physik ablöste, und die Kopernikanische Wende vom geozentrischen hin zum heliozentrischen Weltbild. (vgl. Kuhn (1976))

61 | Kuhn (1976), S. 80 ff.

62 | Feyerabend (1986), S. 375

schaffene Konstrukte entlarvt werden, damit deutlich wird, dass sie nichts weiter vermögen, als auf sich selbst zu verweisen, denn *„Wahrheit ist, was der Denkstil sagt, daß Wahrheit sei."*[63]

Wissenschaft ist damit der radikalen Forderung von Feyerabend folgend ein Pluralismus von Denkstilen, welche keine Einschränkungen in denkerischer Phantasie oder Kreativität kennt und alle Formen von subjektiven Weltentwürfen gelten lässt.[64] Was sich des Weitern mit seinem bekannten und oftmals negativ interpretierten Motto *„anything goes"*[65] zuspitzen lässt.[66] Denn Feyerabends Schlussfolgerung ist, dass das unüberschaubare Maß an Theorien und Denkstilen keine Vorgaben oder Regeln mehr für eine wissenschaftliche Forschung zulässt und damit alles möglich ist.[67] Wird jedoch diese Proklamation des anything goes in einem negativen Sinne gedacht, kann sie zu vollkommener Beliebigkeit führen, mit der im Extremfall die Unmöglichkeit einer Kommunikation aufgrund fehlender Gemeinsamkeiten einhergeht. Damit es nicht zu einem solchen beliebigen Nebeneinander ohne Austausch, sondern zu einem fruchtbaren Miteinander kommt, drängt sich die Frage auf, in welcher Art und Weise der Austausch der einzelnen Disziplinen gefördert werden kann, ohne dass diese ihren Freiraum aufgeben müssen.

Plurale Erkenntnismöglichkeiten

Um ein fruchtbares Miteinander zu stärken, wird es notwendig, zusätzlich positive Hinweise innerhalb der vorliegenden Pluralität einzufordern, damit die unterschiedlichen Disziplinen sich nicht in Indifferenzen verlaufen.[68] Hierzu zählt vorrangig die Aufgabe von Hierarchien und die Deterritorialisierung von wissenschaftlichen Disziplinen. Denn wie bereits Félix Guattari in seinen Überlegungen zu Machtausübungen in Organisationen aufzeigt, wird ein beliebiges Nebeneinander häufig durch pyramidale Strukturen

Positive Pluralität

63 | Feyerabend (1984), S. 77
64 | Feyerabend (1986), S. 84
65 | Feyerabend (1986), S. 21
66 | Zu Feyerabend gilt anzumerken, dass seine Theorien darauf aus sind zu empören und zu ironisieren. Damit bewirkt er eine befreiende Sichtweise auf Wissenschaft, jedoch sind seine Überlegungen zugleich kritisch zu betrachten.
67 | Feyerabend (1984), S. 77 ff.
68 | Wolfgang Welsch fordert deswegen in Bezug auf Feyerabend zusätzlich positive Hinweise innerhalb der vorliegenden Pluralität ein. Er spricht sich für eine Weiterentwicklung von Pluralität aus, welche sich vorrangig durch eine Deterritorialisierung von Disziplinen und Institutionen auszeichnet. (Welsch (1996b), S. 367)

von Macht gefördert.[69] Erst wenn diese durch azentrierte Strukturen, die sich wechselseitig beeinflussen, ersetzt werden, können die vertikalen (zentralisiertes, hierarchisches Baummodell) und horizontalen (gleichgültiges Nebeneinander) Modelle von Macht aufgegeben werden und eine gleichberechtigte Form des Austausches kann entstehen.[70] Dann kann Wissenschaft als ein System gedacht werden, das die Unterschiedlichkeiten von Wahrheiten, die den möglichen Erkenntnissen zugrunde liegen, nicht als ein beliebiges Nebeneinander versteht und stattdessen eine Verantwortung für den gegenseitigen Austausches trägt. Aufgrund dessen geht es nicht mehr darum, gegensätzliche Positionen zu überwinden oder Wahrheiten gegeneinander aufzuwiegen, sondern um ein kontingentes Denken, das durch Bewegung und Verbindung entsteht. Eine solche potentielle Form des wechselseitigen Austausches wird ebenfalls von Guttari gemeinsam mit Gilles Deleuz durch das Sinnbild des Rhizoms entwickelt, das sie aus der Botanik entlehnen.

Das Rhizom weist eine Struktur auf, die einem verzweigten Netzwerk ohne Hierarchien gleicht. Innerhalb dieses Netzes ist jeder Punkt mit jedem Punkt verbunden, obwohl es im eigentlichen Sinne keine Punkte mehr gibt und nur noch Linien existieren, die es nicht zulassen, dass ein Punkt als Ursprung interpretiert werden kann.[71] Ebenfalls wird der Verzicht auf einen Ursprung nicht zum Ursprung gemacht und die Elemente des Rhizoms lassen sich nur zueinander und durch sich selbst bestimmen. Es gibt demzufolge weder die Einheit noch die Vielfalt, auf die ein Ursprung zurückgeführt werden könnte.[72] So vollzieht das Rhizom Drehungen als Geflecht aus Verbindungen, die zwar keine stabilen und überdauernden Strukturen bereitstellen, jedoch nicht in einem beliebigen Nebeneinander enden und durch ihre gemeinsamen Bewegungen wachsen.

Darstellungsmodell von Pluralität

Angelehnt an dieses knapp umrissene Sinnbild des Rhizoms kann verdeutlicht werden, dass ein wechselseitiges und verantwortungsvolles Miteinander einzelner Wissenschaftsdisziplinen vor allem durch die Aufgabe von hierarchischen Machtstrukturen ermöglicht werden kann. Wenn keine

69 | Angeregt durch seine Erfahrungen in der französischen Klinik La Borde etablierte Guattari den Begriff der Transversalität, zudem er einen Aufsatz verfasst. Vorrangig geht es dort um eine Infragestellung der hierarchisch bestimmten institutionellen Praxen der Psychiatrie und um eine kritische Stellungnahme zum freudschen Übertragungsmodell zwischen Therapeuten und Patienten (Guattari (1965))

70 | Guattari (1976), S. 39

71 | Deleuze/Guattari (1977), S. 11

72 | Deleuze/Guattari (1997), S. 400

Disziplin der anderen überlegen ist, es keinen Ursprungspunkt einer allgemeingültigen Wahrheit mehr gibt oder auch keinen besseren Forschungsweg, kann die Beobachtung, die Reflexion, das Überschreiten von konstruierten Grenzen und die wechselseitige Verbindung als übergreifendes Merkmal von Wissenschaft erhalten bleiben. Wie abschließend mit Bezug zu Bruno Latour aufgezeigt werden soll, weisen die rhizomartigen Strukturen des hierarchiefreien, wechselseitigen und ständig beweglichen Austausches vorrangig ein Potenzial auf.

Infragestellung von wissenschaftlichen Hierarchien

In Bezug auf die Aufgabe von hierarchischen Machtstrukturen in den Wissenschaften macht Latour nachdrücklich darauf aufmerksam, dass die Aufgabe von disziplinarischen Sichtweisen, wenn sie gleichzeitig mit dem Verzicht einer potentiellen Versöhnung der unterschiedlichen Sichtweisen einhergeht, den Blick für das, was ursprünglich alle Wissenschaftsdisziplinen vereint, verschärfen kann: Die Lebenswelt.[73] Damit zieht er Konsequenzen aus einer Aufgabe von disziplinären Sichtweisen und fordert ein, die vereinfachte Vorstellung, dass sich Lebenswelt mittels geistiger Vorstellungen, Daten und Symbolen erfassen lässt, aufzugeben.[74] Er zeigt auf, dass sich vielmehr der wechselseitige Austausch der Wissenschaftsdisziplinen auf die gemeinsame Lebewelt beziehen muss. Dies führt nicht zu einer Beliebigkeit, sondern zu einer Rückbesinnung auf das, was in der Erfahrung gegeben ist. Findet diese Rückbesinnung statt, kann in der Gegenwart eine gemeinsame Geschichte der Wissenschaft geschrieben werden, welche die gedachte und konstruierte Kluft der Disziplinen überbrückt. Wobei es bei jener Verbindung nicht um eine Gleichmachung oder eine Anpassung der Wissenschaftsdisziplinen geht, vielmehr um eine Wendung hin zu einer angewandten Wissenschaft in der Lebenswelt.[75]

Notwendiger Rückbezug zur Lebenswelt

Abschließend lässt sich aufzeigen, dass sich vor allem drei grundlegende Tendenzen in der gegenwärtigen Reflexion der Wissenschaften abzeichnen. Zum ersten die Einsicht, dass jede Erkenntnis beobachterabhängig ist, und dadurch selbst wiederum verwurzelt ist in seiner oder ihrer intersubjektiven und historisch bedingten Gegenwart. Zum zweiten, dass sich der positive Umgang mit der unausweichlichen Pluralität der

Drei reflexive Tendenzen der Wissenschaft

73 | So ist beispielsweise eine Versöhnung von Kunst und Wissenschaft, die eine dritte neuartige Disziplin hervorbringt, schlussfolgernd nur ein weiterer Versuch einer Disziplinierung von Lebenswelt, die zu einem Abgrenzen der Wissenschaften untereinander führt.

74 | Latour (2012), S. 35

75 | Latour (2012), S. 42 f.

Wissenschaften nicht in einer Beliebigkeit, sondern in einem fruchtbaren und hierarchiefreien Miteinander gestalten kann. Und zum dritten, dass eine Verbindung von Lebenswelt und Wissenschaft unabdingbar ist, damit sie nicht bloß als theoretische Konstruktion einer Theorie auf sich selbst verweist.

Gesellschafts-bezogene Forschung

Werden diese dargestellten Überlegungen nun auf die Künstlerische Forschung bezogen, zeigt sich, dass vor allem die Disziplinierungen der Wissenschaften zu Abgrenzungen führen und ein mögliches Entwicklungspotenzial hemmen. Deswegen sollte sich Künstlerische Forschung vorrangig als eine Forschungsbewegung entwickeln, welche die grundlegende Disziplinierung von Wissenschaft und Kunst infrage stellt, sich in deren Zwischenraum bewegt, Pluralität als natürliche Grundlage versteht und die wechselseitigen Verbindungen von Theorie und Lebenswelt miteinbezieht. Dies ist mit der Konsequenz verbunden, dass sie als Forschung in der Gesellschaft zur Anwendung kommen muss. Denn erst durch eine praktische Anwendung kann sich ein Erkennen einstellen, das darauf verweist, was in der Erfahrung gegeben ist, für mehrere Menschen von Bedeutung ist, einer natürlichen Suche gleicht und Formen der Darstellung findet, die den Forschungsprozess und die Methoden sichtbar machen.[76]

I.III. Kunst: Anerkennung von Pluralität, Subjektbezogenheit und Lebenswelt

Seitdem Kunstschaffende nicht mehr in einer direkten Abhängigkeit zu ihren Aufträgen stehen, entwickeln sich neue Freiräume in der Kunst,[77] welche unterschiedliche Veränderungen mit sich bringen. Dabei wird die sogenannte Autonomie der Kunst vor allem mit der Avantgarde Bewegung der Kunst im 20. Jahrhundert begründet. Mit ihr entwickelt sich das Vorhaben, die bestehenden Verhältnissen und Normen so zu verändern, dass sich unterschiedliche künstlerische Strömungen entwi-

76 | Die praktische Anwendung der Künstlerischen Forschung entwickelt sich deswegen im dritten Teil dieser Arbeit. So entwickeln sich die Überlegungen nicht nur theoretisch, sondern ebenfalls empirisch-praktisch mit einer rekonstruktiv-qualitativen Forschungsstudie.

77 | Es sei hier angemerkt, dass mit dem singulären Begriff der Kunst nicht eine spezifische Form der Kunst gemeint ist, sondern immer die unterschiedlichen Genres und Gattungen der künstlerischen Bereiche miteingeschlossen sind.

Vorreiterfunktion der Kunst

ckeln können.[78] In der Vielzahl der neu aufkommenden Orientierungen verbinden sich damit unterschiedliche Ansätze, die vor allem zu einer Pluralität von Stilen, Techniken, Darstellungsformen und einer gleichzeitigen Entgrenzung von Kunst und Gesellschaft führen. So entwickeln sich neue Freiheiten bezüglich des Materials, der Arbeitsweisen, der Präsentationen, der Verwendung von Medien,[79] der gewählten Inhalte, der verwendeten Räume in der Verbindung zur Lebenswelt. Dieser künstlerische Freiraum, wenn er nicht als beliebige Pluralität, sondern als eine besondere Qualität verstanden wird, kann an die bisher dargestellten Diskurse der Wissenschaftstheorien Anschluss knüpfen.

Feyerabend stellt beispielsweise fest, dass sich bei genauerer Betrachtung strukturelle Ähnlichkeiten in den Bereichen von Kunst und Wissenschaft ergeben, wobei jedoch der flexible und veränderliche Charakter der Kunst mehr Potenzial für langfristige Veränderungen aufweist. In seiner Schrift *Kunst als Wissenschaft* spricht er deshalb der Kunst eine Art Vorreiterfunktion zu, die vor allem in der Tatsache begründet liegt, dass Kunst ein weitaus älteres System als Wissenschaft ist, welches bereits ein verstärktes Bewusstsein für die Beeinflussung und Mitgestaltung von sozialen Traditionen und gesellschaftlichen Konventionen herausgebildet hat.[80] Wolfgang Welsch geht in seinen Überlegungen noch einen Schritt weiter und zeigt auf, dass Kunst nicht nur ein erweitertes Bewusstsein für die Mitgestaltung von sozialer Wirklichkeit hat und bereits Formen der Darstellung gefunden hat. So schlussfolgert er, dass Kunst in der Lage ist, Heterogenität, Pluralität und Offenheit exemplarisch erfahrbar zu machen, und dass sie damit eine zeitgemäße Darstellung von moderner Wirklichkeit ist. Dies begründet er vor allem darin, dass sich künstlerische Darstellungen nicht

78 | Eine eindeutige Aufzählung der beteiligten künstlerischen Strömungen ist aufgrund der Vielfältigkeit nicht möglich, dennoch können als relevante Gruppierungen des 20. Jahrhunderts folgende genannt werden: Russische Avantgarde, Tachismus, Action Painting, Op-Art, Pop Art, Lettrismus, Situationismus, Minimal Art, der italienische Futurismus, Konstruktivismus, Suprematismus, Dadaismus, Kubismus, Vortizismus, Surrealismus, Expressionismus, Fluxus, Happening, Wiener Aktionismus und Konzeptkunst.

79 | In Bezug auf die Medien ist vor allem auf die gegenwärtige Unmöglichkeit einer Unterscheidung von Massenmedien und spezifischen Medien der Kunst hinzuweisen. Die Grenzen zwischen individuellen künstlerischen und Massenmedien ist unscharf geworden. Denn die interaktiven und digitalen Medien werden zugleich für individuelle künstlerische Tätigkeiten sowie für die Massen verwendet und können damit nicht mehr als Qualitätsmerkmal gelten.

80 | Feyerabend (1984), S. 44

Darstellungsmöglichkeiten der Kunst

in einer objektiven oder verallgemeinernden Repräsentation versuchen, sondern Darstellungen als beobachterabhängig, beeinflusst von subjektiven und intersubjektiven Faktoren und in einem direkten Bezug zur Lebenswelt verstehen. Damit verkörpern sie ein modernes Verständnis von Wirklichkeit, was Kunst zu einer Form Elementarschule von Pluralität werden lässt, die auch eine soziale Modellfunktion für die Wissenschaften bereit hält.[81]

Bereits mit diesen Tendenzen kündigt sich an, dass bestimmte Eigenschaften von Kunst in einem direkten Zusammenhang zu den Überlegungen der Wissenschaftstheorien gedacht werden können und damit für eine Künstlerische Forschung von Interesse sind.[82] Wurde bereits in Bezug auf die Wissenschaft aufgezeigt, dass die positive Pluralität der unterschiedlichen Stile(1), die subjektiven und intersubjektiven Bedingungen einer Erkenntnis(2) und die notwendige Verbindung von Lebenswelt und Theorie(3) von Bedeutung sind, wird im folgenden Kapitel die Frage gestellt, inwiefern diese Merkmale sich ebenfalls in der Kunst finden, um damit der Suche nach strukturellen Grundlagen beider Disziplinen nachzugehen.

Umgang mit Pluralität

Besonders im 20. Jahrhundert bildet sich in der Kunst eine Pluralität von Stilen(1) heraus, die sich in unterschiedliche Richtungen entwickelt. Wie Welsch aufzeigt, wird die Unterschiedlichkeit der einzelnen Stile bereits zu dieser Zeit nicht mehr als negative Verhinderung einer Einheit verstanden, hingegen als positive Ausganslage. Die Entfaltung der Pluralität regt sogar in der postmodernen Philosophie eine veränderte Haltung an.[83] Schlussfolgernd kann zugespitzt behauptet werden, dass die postmoderne Philosophie nur jene Diskurse artikuliert, welche die moderne Kunst bereits künstlerisch vorexerziert hat.[84] Denn als eines ihrer Grundmerkmale kann festgehalten werden, dass sie nicht versucht, die unterschiedlichen künstlerischen Ausdrücke miteinander zu vereinen, sondern diese als fruchtbare Bedingung einer Pluralität von Stilen deutet und bereits mit diesen agiert.[85]

81 | Welsch (1998), S. 165
82 | Schlussfolgernd geht es nicht darum, eine Hierarchie zwischen Kunst und Wissenschaft herauszuarbeiten, sondern um jene künstlerischen Prinzipien, die eine Bedeutung für eine Bewegung zwischen Kunst und Wissenschaft haben. Dies führt zu der Konsequenz, dass es nicht um eine beispielhafte Umschreibung einer gegenwärtigen Kunstszene geht, die definiert, was Kunst ist, sondern um Prinzipien der Kunst, die für eine Künstlerische Forschung fruchtbar sind.
83 | Welsch (1996a), S. 94
84 | Welsch (1996a), S. 95
85 | Welsch (1996a), S. 111 f.

„Wirklichkeitsbezogenes Denken muss sich heute einer Wirklichkeit stellen, die einschneidender, als wir das bislang kannten, und legitimer, als wir es bisher wußten, durch Pluralität gekennzeichnet ist. (...) Die Kunst hat (...) neue Bedeutung gewonnen, sofern sie unsere Grundverfassung — eben die Pluralität- so nachhaltig zur Erfahrung bringt wie kein anderes Medium sonst."[86]

Pluralität als Potenzial

Das künstlerische Potenzial, jene Pluralität zur Erfahrung zu bringen, ereignet sich vor allem durch den Verzicht, die erfahrene Wirklichkeit zu ordnen, zu reduzieren oder zu theoretisieren, und stattdessen diese als Entwicklungsraum zu gestalten. Mit Bezug auf Feyerabend kann aufgezeigt werden, dass dieser gestaltende Umgang ebenfalls für die Wissenschaften von Bedeutung ist. Denn die Tatsache, dass *„wohin wir uns auch wenden, wir (...) nicht einen Archimedischen Punkt, sondern weitere Stile, Traditionen, Ordnungsprinzipien"*[87] finden, wird in der Kunst nicht zum negativen Merkmal verabsolutiert. Vielmehr wird durch den praxisbezogenen Umgang anerkannt, dass jede Theorie ein von Menschen erschaffenes Konstrukt ist, das keine Wahrheit abbildet. Erkennt nun ebenfalls die Wissenschaft an, dass es keine Stabilität von Erkenntnissen oder Wahrheiten mehr gibt, kann nach Feyerabend sowohl Wissenschaft und Kunst die Einsicht verbinden, dass es nicht mehr eine Wahrheit gibt und jede Form der Aussage zurückgeworfen wird auf die Bedingungen der Aussage.[88] Dann folgen sowohl Künstler als auch Wissenschaftler derselben Intention: Eine Wirklichkeit nicht darzustellen, sondern zu gestalten und sich deren Pluralität in Bezug auf die gleichzeitig existierenden Wahrheiten bewusst zu sein.

Subjektbezogenheit der Kunst

Als zweites Merkmal von Kunst, das in Beziehung zu den bisherigen Überlegungen der Wissenschaftstheorien steht, wird die grundlegende künstlerische Subjektbezogenheit(2) thematisiert. Subjektbezogenheit meint im Folgenden die Bezogenheit auf den einzelnen Menschen, aber auch die intersubjektive Verbundenheit dieser untereinander. Wird in der Wissenschaft teilweise noch erschwert anerkannt, dass jede Erkenntnis als intersubjektive Konstruktionsleistungen verstanden werden muss, welche in Abhängigkeit von den historischen Bedingungen und den angenommenen Wahrheiten steht, zeigt sich das Prinzip in der Kunst als weitläufig etabliert. Denn sie agiert bereits vorrangig im Singulären und ihr Ziel ist es nicht, übergreifende, objektive oder eindeutig lesbare Aussagen zu machen. Vielmehr stellt sie

86 | Welsch (1996a), S. 11 ff.
87 | Feyerabend (1984), S. 44
88 | Feyerabend (1984), S. 29 f.

zur Schau, dass jedes Kunstwerk in Abhängigkeit von subjektiven Darstellungen, Aussagen und Interpretationen der Kunstschaffenden entsteht und zugleich durch die Unterschiedlichkeit der Betrachtungsweisen, die ebenfalls von historischen Bedingungen geprägt sind, gedeutet werden muss.[89]

Ebenfalls verweist diese Einsicht nachdrücklich auf die Tatsache, dass Kunst immer schon in einen sozialen und kulturellen Kontext eingebettet ist, welcher sowohl die Produktion als auch die Rezeption prägt. Damit ist sie nicht nur die Konstruktion eines einzelnen Individuums, sondern bereits intersubjektiv und sozial geprägt und kann ebenfalls als ein Moment beschrieben werden, der kognitive, soziale, kommunikative und kulturelle Prozesse auslöst.[90] Dieser Moment gleicht keiner allgemeingültigen Repräsentation einer unabhängig gegebenen Realität, viel eher einem subjektiven Entwurf, der zu einer Tätigkeit in einem sozialen Kontext anregt. Als Resultat für eine Interpretation von Kunstwerken ist nicht mehr nur das individuelle Beobachten, Fühlen oder Denken bedeutsam sondern ein Austausch, eine Beobachtung oder auch eine Handlung erlangt innerhalb eines gesellschaftlichen Kommunikationssytems Bedeutung.[91] Infolgedessen kann Kunst selbst als soziales System verstanden werden, das beobachterabhängig und in einem direkten Bezug zu historischen und sozialen Normen, situativen Beeinflussungen oder auch sprachgebundenen Gewohnheiten Gesellschaft bereits mitgestaltet.

Soziale Kontexte der Kunst

Mit Bezugnahme auf die bisherigen Überlegungen aus den Wissenschaftstheorien zeigt sich damit, dass weder Kunst noch Wissenschaft einen Anspruch auf objektive Aussagen hegen können. Im Unterschied zur Wissenschaft geht die Kunst jedoch soweit, dass sie bereits den Autoritätsanspruch einer Wahrheit aufgibt und die subjektiven und intersubjektiven Bedingungen der Darstellungen sichtbar macht.[92] So stellen künstlerische Darstellun-

89 | Diese Einsicht muss sich ebenfalls in Bezug auf Möglichkeiten von Kunstbetrachtung einstellen, sodass allgemeingültige Interpretationen von Kunstwerken, die sich unabhängig von den historischen Bedingungen, gesellschaftlichen Kontexten oder subjektiven Befindlichkeiten der Beobachtenden ereignen, verworfen werden müssen. Ein illustrierendes Beispiel für die subjektive und kontextabhängige Interpretation von Kunstbetrachtung ist bei Hans Dieter Huber zu finden. (Huber (2007), S. 13 ff.)

90 | Huber (2007), S. 17 f.

91 | Dies meint jedoch nicht zwingend eine Rückbesinnung auf Sprache als einziges Kommunikationssystem, sondern vielmehr die Einsicht, dass Kunst in selber Weise kommuniziert, nur durch eine andere Form der medialen Darstellung.

92 | Im Besonderen verweist der Iconic Turn darauf, dass Bilder nicht mehr allgemeingültig interpretierbar sind, da sie kein eindeutiges Zeichen, sondern selbst

gen nicht mehr eindeutig dar, sie transportieren keine verständlichen Inhalte, sind oftmals bewusst subjektiv und lassen ambivalente Interpretationen zu. Kunst versteht sich nicht mehr nur als ein Medium, das Inhalte durch Gestaltungsprozesse äußert, sondern wird selbst zum Gestaltungsmittel von sozialen und kommunikativen Prozessen.[93] Damit verdeutlicht sich, dass Kunst zum einen auf die intersubjektiven Bedingungen von Darstellungen verweist, die vielfältige und gleichzeitige Betrachtungsweisen mitbedenkt, und zum anderen jede Darstellung gleichzeitig als Gestaltungsmittel von sozialer Wirklichkeit versteht. In Bezug auf den Wissensanspruch von Forschung kann damit festgehalten werden, dass Kunst keinen Anspruch auf ein allgemeines, abrufbares, darstellbares, verifizierbares Wissen erhebt und stattdessen intersubjektive Handlungsräume schafft.

Positive Doppeldeutigkeit künstlerischer Darstellungen

Als dritte strukturelle Eigenschaft von Kunst wird die Beziehung von Kunst und Lebenswelt(3) genauer betrachtet. Denn wie sich bereits mit den Überlegungen von Latour zeigte, ist die wissenschaftliche Vorstellung, dass die erfahrene Lebenswelt mittels geistiger Vorstellungen, Daten und Symbole erklärt werden kann, unhaltbar und der notwendige Rückbezug der Wissenschaft zu Lebenswelt muss wieder aktiviert werden. Latour stellt im Zuge dieser Überlegungen die entscheidende Frage, wie es überhaupt zu der Annahme kommen konnte, dass Wissenschaft die erfahrene Lebenswelt abbilden kann:

Suche nach Darstellungsformen

> „die Frage ist vielmehr, wie es kommt, dass wir dreihundert Jahre lang unberücksichtigt gelassen haben, was uns durch die Erfahrung gegeben ist, und es durch etwas ersetzt haben, das nie erfahren wird (…) Wie haben wir es nur geschafft, so zu tun, als hätte sich die Natur in primäre und sekundäre Qualitäten entzweit?"[94]

Bezieht Latour diese Frage auf die Wissenschaft, stellt sich diese Frage gleichsam für die Kunst. Ist Kunst durch den erweiterten Kunstbegriff und die prominente Forderung von Joseph Beuys, *„die Grenzen zwischen*

eine Art des Denkens darstellen. Der Iconic Turn, oftmals auch als ikonische Wende bezeichnet, wird vor allem vorangetrieben durch W. J. T. Mitchell und Gottfried Boehm. (Bachmann-Medick (2008), S. 10)

93 | Wie Gottfied Boehm aufzeigt, sind Bilder nicht mehr der Untersuchungsgegenstand einer objektiven kunsthistorischen Wahrheitsfindung, sondern sie sind selbst Analysekategorien innerhalb der Interpretation. Demnach wird der Anspruch einer rein sprachlichen Wahrheitsfindung infragestellt und es werden neue Analysemethoden in der eigenen Medialität entdeckt. (Bachmann-Medick (2008), S. 11 ff.)

94 | Latour (2012), S. 33

den Künsten, zwischen Kunst und Leben einzureißen",[95] bereits mit der Lebenswelt verbunden oder sind Kunstwerke weiterhin in sich geschlossene Werke, die durch ihren Objektcharakter eine Welt für sich beanspruchen? In welchen künstlerischen Darstellungsformen finden sich die beschriebenen gesellschaftlichen Kräfte der Kunst, die keine Inhalte distanziert darstellen und sich hingegen als künstlerisch, soziale und kulturelle Prozesse verstehen?

Ästhetische Differenz

Aus historischer Sicht zeigt sich, dass Kunst lange Zeit, ebenso wie Wissenschaft versuchte, Wirklichkeit darstellend zu vermitteln. Mit der Annahme einer ästhetische Differenz,[96] welche die Trennung von Kunst und Wirklichkeit meint, wird Kunst für lange Zeit als repräsentative Darstellungsform gedeutet.[97] Begründet wird dies vorrangig, durch die klare Trennung von Kunst und Wirklichkeit, die sich spezifisch in den Formen des Repräsentationalismus[98] und des Fiktionalismus[99] zeigen, und ein allgemeingültiges Sprechen von und über Kunst ermöglichen.[100] Wie Welsch aufzeigt, ereignen sich erst durch Hinwendungen zu prozessorientierten Darstellungsformen im 20. Jahrhundert neue Sichtweisen auf potentielle Verknüpfungen von Kunst und Lebenswelt. Diese aufkommenden prozessorientierten Tendenzen meinen jedoch nicht automatisch eine Verknüpfung mit der Lebenswelt, da sich auch hier unterschiedliche Ausrichtungen entwickeln. So gibt es zum einen pro-

Tendenzen künstlerischer Darstellungen

95 | Stachelhaus (1973), S. 41, zitiert bei: Brenne (2004), S. 42

96 | Welsch bezeichnet die ästhetische Differenz als grundlegende Unterscheidung von Kunst und Wirklichkeit. Diese Unterscheidung ist für Kunstwerke essentiell, denn sie kennzeichnet damit Kunst im Generellen. (Welsch (2015), S. 184)

97 | Welsch zählt unterschiedliche Verfahren auf, die eine Entgrenzung von Lebenswelt und Kunst proklamieren, jedoch weiterhin an der harten Grenze zwischen Lebenswelt und Kunst durch den grundlegenden Werkcharakter festhalten. Vertreter dieser Unterscheidung aus unterschiedlichen Epochen, die er nennt, sind: Leon Battista Alberti, Ernst Haeckel, Charles Darwin, Michelangelo Buonarroti, Paul Cézanne, Emil Nolde und Max Ernst. (Welsch (2015), S. 184 ff.)

98 | Der Repräsentationalismus vertritt die Vorstellung, dass Wirklichkeit durch das Medium Kunst in seiner spezifisch ästhetischen Qualität wiedergegeben wird. Jedes Kunstwerk verweist demzufolge auf etwas, das in der Lebenswelt gegeben ist und durch den Künstler zur Darstellung kommt. (Welsch (2015), S. 185)

99 | Der Fiktionalismus versucht von vornherein nicht, etwas Wirkliches wiederzugeben, sondern erschafft bewusst Eigenwelten oder Gegenwelten aus dem Subjekt des Künstlers heraus. Diese verwirklichen sich dann in der Materialität des Kunstwerkes und stehen für sich als Objekt. (Welsch (2015), S. 185)

100 | Welsch (2015), S. 184 f.

zessorientierte Darstellungen, die sich noch immer als künstlerisches Werk verstehen, und zum anderen jene, die sich selbst bereits als Wirklichkeit verstehen. Nur Letztere weisen, wie Welsch aufzeigt, im eigentlichen Sinne das Potenzial auf, die Verbindung zwischen Lebenswelt und Kunst neu zu gestalten.[101]

Jene künstlerischen Praxen, die sich bereits selbst als Wirklichkeit verstehen, zeichnen sich sowohl im Bereich der darstellenden[102] als auch in der bilden Kunst in unterschiedlichen Weisen ab. Diesen Praxen ist gemein, dass sie ihren Fokus auf das prozesshafte Agieren in und mit der Gesellschaft legen. Vor allem Positionen, die sich in den 60er Jahren entwickeln, wie beispielsweise die Fluxus Bewegung,[103] die Situationistische Internationale, die prozesshaften Happenings[104] oder auch der Wiener Aktionismus,[105] brechen dabei auf radikale Weise die bürgerliche und institutionalisierte Kunst auf und stellen die Grenzen zwischen Kunst und Lebenswelt infrage. Alltägliche Materialien aller Art, provokative Handlungen, Körperbewegungen oder auch Aufführungen an öffentlichen Orten werden nun zum Material der künstlerischen Prozesse. Damit wird eine grundlegende Verbindung von Kunst und Gesellschaft angestrebt, sodass beispielsweise die europäischen Mitglieder der Situationistischen Internationale die Abschaffung der Warenwirtschaft, der Lohnarbeit und geltenden Hierarchien einforderderten. Vor allem durch die politische Situation in den 60er und 70er Jahren wird zu einem frühen Zeitpunkt in der Kunst die Trennung von Kunst und Gesellschaft radikal infrage gestellt und deren Grenze durch Handlungen verschoben. Kunstwerke sind nicht mehr Objekte einer Betrachtung, viel eher soziale Denkräume, die ohne klare Grenzen zwischen Kunst und Gesellschaft auskommen.

Zwischenraum von Kunst und Gesellschaft

101 | Welsch (2015), S. 198

102 | Frühe Formen der Entgrenzung im Bereich der Darstellenden Kunst deuten sich beispielsweise im lebensnahen epischen Theater von Berthold Brecht an. Hier werden beim Zuschauer durch bewusste Irritationen Emotionen geweckt, welche in einem direkten Bezug zur Lebenswelt stehen. Die Grenzziehung von Bühne und Zuschauer wird damit auf einer emotionalen Ebene verrückt, sodass beide Seiten miteinander verwickelt sind.

103 | Bekannte Vertreter: Benjamin Patterson, Yoko Ono, Nam June Paik, Georg Brecht, Dick Higgins, Robin Page, Mary Bauermeister, Wolf Vostell, Diter Roth und John Cage.

104 | Bekannte Vertreter: Allan Kaprow, Yoko Ono, Robert Rauschenberg, Robert Whitman, John Cage, Claes Oldenburg, Wolf Vostell, Nam June Paik, Robin Page, Jim Dine, Al Hansen.

105 | Bekannte Vertreter: Otto Mühl und Hermann Nitsch.

Entscheidend bei der Betrachtung jener Denkräume ist jedoch die Annahme, dass ihre Entgrenzung nicht unweigerlich zu einer vollkommenen Verschmelzung von Kunst und Gesellschaft führt und vielmehr dazu beiträgt, die Blickweise auf die konstruierte Trennung beider zu verändern.[106] Denn künstlerische Handlungen können zwar die konventionellen Grenzziehungen von Gesellschaft und Kunst überwinden, jedoch legen sie durch diese Handlungen wiederum neue Grenzen fest.[107] So kann sich erst durch die Anerkennung des andauernden Kreislaufes von Entgrenzung und Begrenzung eine neue Blickrichtung auf die wechselseitige Beziehung von Gesellschaft und Kunst ereignen.

Mit Bezug auf Latour kann aufzeigt werden, dass damit nicht die Grenze zwischen Gesellschaft und Kunst problematisch ist, sondern der bedeutungszuweisende Umgang mit dieser. Wird die Grenze nicht mehr als statische Trennung betrachtet und stattdessen als beweglich und ständig in Veränderung befindlich gedacht, entwickelt sich ein Bewusstsein für die gedankliche Konstruktion von Grenzen:

„In der letzten Vorlesung habe ich versucht, zwei Arten der Wiedergabe dessen, was in der Erfahrung gegeben ist, gegenüberzustellen. Ich habe dazu die Metapher der Flussufer benutzt: Das eine Ufer ist das Wort - beziehungsweise das soziale oder der Geist-, am anderen Ufer liegt die Welt- das Materielle oder das Natürliche. Ein Vorhaben besteht darin, den Fluss zu überbrücken, indem man das Kunststück der akkuraten Referenz fertigbringt. Ich sprach aber auch von einem anderen Vorhaben, welches darin besteht, sich mit dem Fluss zu bewegen und zu überlegen, zu welcher Art von Verständnis der Erfahrung man gelangen kann, wenn man seitwärts treibend, das praktiziert, was ich »Kajakfahren« ge-

106 | So schlussfolgert beispielsweise Welsch, dass eine Kunst, die sich in die Prozesse der Wirklichkeit hineinbegibt, notwendiger Weise verschwinden muss. Denn sie geht in den Prozessen der Lebenswelt unter, wenn sie sich an der Grenze zur sozialen Lebenswelt verliert und in eine alltägliche Tätigkeit umschlägt. (Welsch (2015), S. 200) Jedoch zeigt sich bei genauerer Betrachtung, dass die Aufgabe der Unterscheidung von Kunst und Lebenswelt auf dem Dilemma einer sprachlichen Benennung basiert und vielmehr flexible Abgrenzungen zwischen beiden gezogen werden sollten, als dass die eine in der anderen verschwindet.

107 | Als prominentes Beispiel kann hier auf Hans Peter Feldmann verwiesen werden. Dieser zog sich aus dem Kunstgeschäft zurück und eröffnete von 1975-2015 einen Laden in der Altstadt von Düsseldorf. Hier verkaufte er unterschiedliche Geschenke, Souvenir oder Spielzeug und verstand diese Handlung nicht als künstlerisch. Dennoch wird nach der Schließung sein Laden im Lenbachhaus in München als begehbares Kunstwerk ausgestellt. Damit wird durch die institutionalisierte Ausstellung jener Laden zu einem Kunstwerk erhoben und er verweist zugleich auf die Entgrenzung von Lebenswelt und Kunst und auf die Begrenzung als Kunst hin.

nannt habe. Ich schlug vor, in Betracht zu ziehen, dass das Geheimnis der Überbrückung der Kluft (...) möglicherweise nicht so tief und aufschlussreich ist wie die Erfahrung des Fließens mit dem Fluss."[108]

Mit Latours Worten zeigt sich, dass es nicht um eine Überbrückung von Kunst und Gesellschaft geht, sondern um eine veränderte Wahrnehmung der Grenzziehung. Diese kann nicht unwiderruflich aufgehoben werden, jedoch kann sich durch ein reflexives Bewusstsein der Umgang mit ihr verändern. Wird der Umgang als beweglich und ständig in Veränderung befindlich verstanden, können sich neue Versuche ereignen, die einem Balancieren auf der Grenze gleichen. Dabei deuten jene spielerischen Grenzbewegungen bereits Formen der Pluralität an, bei der vom einen Ufer zum anderen keine Entgrenzung, aber auch keine Begrenzung von längerer Beständigkeit ist.

Bewegung im Zwischenraum

Abschließend lässt sich aufzeigen, dass die strukturellen Ähnlichkeiten, die sowohl in Kunst als auch Wissenschaft aufzuweisen sind, bedeutend für Künstlerische Forschung sind. Mit den bisherigen Ausführungen zur Kunst verfestigt sich ebenfalls die Annahme, dass ihr eine Form der Vorreiterfunktion zugesprochen werden kann. So ermöglichen die vorgestellten künstlerischen Entwicklungen einen veränderten Umgang mit den Bedingungen von Forschung, die sich im Besonderen mit dem Pluralen, der Subjektbezogenheit und der Verbindung zur Gesellschaft zeigen.

Besonders seit Beginn des 20. Jahrhunderts besinnt sich Kunst nicht mehr auf die Suche nach einer verlorenen Einheit zurück und probiert sich stattdessen in einem handelnden Umgang mit der pluralen Ausgangslage. Wird in der Wissenschaft nur bedingt anerkannt, dass jede Erkenntnis eine subjektive Konstruktionsleistung ist, zeigt sich auch diese Annahme in der Kunst bereits als etabliert. Neben der Anerkennung der subjektiven Konstruktion von Darstellungen zeigt sich, dass historische Bedingungen, soziale Kontexte, ambivalente Betrachtungsmöglichkeiten und intersubjektive Kommunikationsprozesse gleichfalls Beachtung erlangen; wodurch sich Kunst nicht mehr als ein Medium versteht, das Inhalte durch Gestaltungsprozesse äußert, sondern vielmehr Gestaltungsmittel von sozialen und kommunikativen Prozessen ist. Die konstruierte Grenze zwischen Gesellschaft und Kunst verschwimmt damit unausweichlich und die künstlerische Gestaltung verweist auf das Potenzial, Gesellschaft nicht mehr als einen sich von der Kunst unterscheidenden Bereich zu verstehen.

Handelnder Umgang mit Pluralität

108 | Latour (2012), S. 32

Anliegen der Künstlerischen Forschung

Werden diese Ausführungen nun auf Künstlerische Forschung bezogen, muss Forschung ebenfalls als Gestaltung einer sozialen Lebenswelt verstanden werden, sodass sie nicht objektiv, allgemeingültig oder verkürzt darstellt, sondern mitgestaltet wird. Das plurale, subjektbezogenen Handeln bei Künstlerischer Forschung, das sich in einem Zwischenraum von Kunst, Wissenschaft und Gesellschaft bewegt, kann damit keiner theoretischen Praxis entsprechen, die sich getrennt von der Lebenswelt entwickelt.

I.IV. Erkenntnis: Ästhetische Erfahrung

Äußerte sich mit den bisherigen Überlegungen, dass Künstlerische Forschung sich spielerisch im Zwischenraum von Wissenschaft und Kunst bewegt und dabei einer Bewegung auf der Grenzlinie gleicht, stellt sich im folgenden Kapitel die Frage, welche Form der Erkenntnis sich aus einer solchen Forschung ergeben kann. Denn für jede Forschung, und damit auch für die Künstlerische Forschung, ist es von Bedeutung, ein Erkenntnisinteresse zu verfolgen und dieses ebenfalls zur Darstellung zu bringen. So wird zunächst der Frage nachgegangen, welche Formen von Erkenntnis forschende künstlerische Prozesse ermöglichen, um daran anknüpfend Darstellungsformen vorzustellen, die diese Formen der Erkenntnis sichtbar machen.

Ästhetische Erkenntnis

Wird künstlerisches Handeln selbst zur epistemischen Praxis einer Forschung, muss der Gegenstandsbereich der Ästhetik eine erhöhte Bedeutung erlangen. Denn das Anliegen der Ästhetik ist es, nach Formen von sinnlicher Erkenntnis zu fragen und das Sinnbezogene, das Aisthetische (griech. Aisthetos — sinnlich, wahrnehmbar), als zentralen Gegenstand der Erkenntnis zu betrachten. Wurde lange Zeit die Ästhetische Erfahrung[109] in direkter Nähe zu einem Kunstgegenstand verortet, so zeichnet sich in der Gegenwart ab, dass sie sich prinzipiell bei jedem Gegenstand ereignen

109 | Da der Begriff der Ästhetischen Erfahrung oftmals auf sehr unterschiedliche Weise interpretiert wird, sorgt er für eine Spannweite von Bezeichnungen für Produktions- und Rezeptionsprozesse, welche häufig sinnliche, reflektorische Momente oder auch unbewusste, imaginäre und prozesshafte Aspekte miteinschließen. Die Problematik damit, Ästhetische Erfahrung im Konkreten zu benennen, wird des Weiteren dadurch begünstigt, dass der Begriff für eine Erfahrung steht, die im eigentlichen Sinne nicht sprachlich erfassbar ist. (Sabisch (2009), S. 5 ff.) Trotz der Unmöglichkeit einer eindeutigen sprachlichen Erfassung des Begriffes der Ästhetischer Erfahrung wird im Folgenden der Versuch unternommen, mit sprachlichen Mitteln dieser näher zu kommen.

kann.[110] Diese Einsicht ist zum einen auf die bereits dargelegte Entgrenzung von Kunst und Lebenswelt zurückzuführen und zum anderen auf ein demokratisches Verständnis, das davon ausgeht, dass es jedem Menschen möglich ist, eine Ästhetische Erfahrung zu machen.

Von dieser Einsicht ausgehend wird in der nachfolgenden Suche nach potentiellen Erkenntnisformen von Künstlerischer Forschung gefragt und näher betrachtet, in welcher Weise sich die Ästhetische Erfahrung von einer alltäglichen Erfahrung unterscheidet. Bei jenem Versuch der Unterscheidung zeigt sich, dass die Grenzen zwischen der alltäglichen und der Ästhetischen Erfahrung dabei ebenfalls ins Wanken geraten.[111] Die Frage, *was eine Ästhetische Erfahrung ist*, muss umformuliert werden zu der Frage, *wie sich die Ästhetische Erfahrung strukturiert*. Auf der Basis der Beschreibung dieser Struktur wird im folgenden Kapitel genauer betrachtet, welche Merkmale eine Ästhetische Erfahrung zu einer Ästhetischen Erkenntnis machen, sodass eine Ästhetische Erkenntnis nicht eine exklusive, individuelle und limitierte Form der Erkenntnis ist und stattdessen zu einer intersubjektiven Erkenntnisform werden kann.

Fragestellung des Kapitels

Um zu Beginn die Unterschiede und Gemeinsamkeiten zwischen einer Ästhetischen und alltäglichen Erfahrung herauszuarbeiten, wird die menschliche Erfahrung[112] im Allgemeinen mit Bezug auf Bernhard Waldenfels[113] näher betrachtet. Denn dieser zeigt auf, dass menschliche Erfahrung nicht nur eine handelnde, aktive Tätigkeit ist, die der Mensch steuert, sondern dass Erfahrung ein wechselseitiges Geschehen ist. Jene Wechselseitigkeit ereignet sich zwischen den Polen des Erleidens und Gestaltens, auf die der Mensch mit einem Antwortgeschehen Bezug nimmt.[114] Antworten meint dabei nicht eine klassische Reaktion auf etwas hin, es steht vielmehr für das nachträgliche Aufmerksam-

110 | Welsch (1996a), S. 65

111 | Die Unterscheidung von Ästhetischer Erfahrung und alltäglicher Erfahrung wird nicht aufgegeben, sondern sie wird anders betrachtet. Denn beide Erfahrungen weisen dieselbe Struktur auf und werden erst durch die menschliche Wahrnehmung und Interpretation zu der einen oder zu der anderen Erfahrung.

112 | Bewusst wird hier der Begriff der Erfahrung und nicht der Wahrnehmung gewählt. Die Erfahrung hängt mit der sinnlichen Wahrnehmung zusammen, jedoch kann die sinnliche Wahrnehmung nie als solche isoliert betrachtet werden, da sie bereits durch die Betrachtung zu einer Erfahrung wird. (Waldenfels (2000), S. 160 f.)

113 | Waldenfels bezieht sich in seiner Darstellung auf phänomenologische Überlegungen zur Erfahrung, die ebenfalls auf die Wechselseitigkeit von Wahrnehmung aufmerksam machen. Hier ist auf Autoren wie Maurice Merleau-Ponty und Emmanuel Levinas als Vordenker zu verweisen.

114 | Waldenfels (2002), S. 9 f.

Brucherfahrung

werden auf die wechselseitige Erfahrung, welches sich erst mit einem zeitversetzten Bewusstwerden der gemachten Erfahrung einstellt. Schlussfolgernd versteht Waldenfels menschliches Antworten als ein Aufmerksamwerden auf den Moment, in dem sich die beiden Pole des Erleidens und Gestaltens überkreuzen. Dieser Moment kann ebenfalls als Brucherfahrung beschrieben werden, da er einen Punkt darstellt, in dem die eigene Erfahrung unscharf wird.[115] Denn sobald der Mensch versucht diesen Bruch[116] zu begreifen, ist er bereits aus der Erfahrung herausgetreten und kann diese im eigentlichen Sinne nicht mehr erfahren und nur noch nachträglich beschreiben.[117] Es deutet sich zum einen an, dass Erfahrung ungreifbar, in sich gebrochen und lückenhaft ist, und zum anderen, dass diese nur in einem nachträglichen Sinne beschreibbar ist.

Diese genannten Eigenschaften von Erfahrung verweisen schlussfolgernd auf die Unmöglichkeit einer vollkommenen Aneignung von Erfahrung und zeigen zugleich auf, dass jede Erfahrung in einer unauflösbaren Verankerung in der Lebenswelt stattfindet.[118] Damit erweist sich jede Erfahrung als Bezug im Entzug, die nicht mehr mit sprachlichen Mitteln eindeutig erfasst werden kann und nur noch durch Annäherungen umschrieben wird. Dementsprechend muss Erfahrung als ein wechselseitiger und bruchhafter Prozess verstanden werden, bei dem der Mensch nicht bloß äußere Reize wahrnimmt und diese in einen darstellbaren Sinn transformiert, sondern sich zugleich ein grundlegender Selbstentzug äußert. Mit dieser wechselseitigen Unzulänglichkeit der menschlichen Erfahrung, stellt sich nun die Frage, welche Konsequenzen diese Eigenschaften für die Ästhetische Erfahrung und damit auch für die Erkenntnisform der Künstlerischen Forschung haben.

Selbstentzug in der Erfahrung

115 | Waldenfels (2002), S. 176 ff.

116 | Der Bruch stellt bei Waldenfels den Moment dar, der auf den Menschen einbricht und auf welchen er erst nachträglich aufmerksam wird. Dennoch wird der Bruch in dieser Arbeit nicht nur als auf den Menschen einbrechenden Moment verstanden, sondern auch als aktive Gestaltungsmöglichkeit, die alltägliche Strukturen der Wahrnehmung verändert.

117 | Waldenfels (2002), S. 58 f.

118 | Mit Bezug auf den französischen Philosophen Maurice Merleau-Ponty kann aufgezeigt werden, dass das Feld der Wahrnehmung nicht da liegt und der Mensch dieses als Objekt wahrnimmt, sondern der Mensch immer schon mit dem Wahrnehmungsfeld verbunden ist und damit in ihm verankert ist. (Waldenfels (1983), S. 160 ff.)

Von einem demokratischen Verständnis ausgehend müssen die beschriebenen Eigenschaften von Erfahrung für alle Menschen gelten und es kann keinen Exklusivitätsanspruch mehr auf bestimmte Formen der Erfahrung geben. Dies bedeutet auch, dass es keine Erfahrungen mehr gibt, die nur bestimmte Menschen machen können oder die sich nur an bestimmten Objekten ereignen. Sonst müssten beispielsweise künstlerisch schaffende Menschen über eine bestimmte exklusive Fähigkeit verfügen, mit der sie auf geniale Weise Erfahrung in etwas transformieren. Demzufolge wären Künstler und Künstlerinnen Genies, die das eigentlich Unfassbare erfassen und etwas erschaffen, was anderen Menschen nicht zuteil ist. Es verdeutlicht sich, dass künstlerisch schaffende Menschen keine Menschen sind, die über mystische Fähigkeit verfügen und ebenso wie alle anderen Menschen allein von dem ausgehen, was ihnen in der Erfahrung gegeben ist. Sie transformieren ihre Erfahrung nicht zu etwas Elitärem oder Göttlichem, stattdessen werden sie auf das aufmerksam, was ihnen in der Erfahrung gegeben ist.[119]

Demokratisches Verständnis von Ästhetischer Erfahrung

So ist es eine grundlegende menschliche Fähigkeit,[120] auf das in der Erfahrung Gegebene aufmerksam zu werden und ebenfalls dessen ästhetische Struktur wahrzunehmen. Denn die Ästhetische Erfahrung unterscheidet sich nur insoweit von einer alltäglichen Erfahrung, als dass die ästhetische Struktur, die jeder Erfahrung zugrunde liegt, ins menschliche Bewusstsein tritt. Dennoch darf nicht übersehen werden, dass die Art und Weise der Zugänglichkeit, auf die ästhetische Struktur aufmerksam zu werden, variiert und sich im Laufe eines menschlichen Lebens verändern kann. Es lassen sich durchaus individuelle Qualitäten und Quantitäten benennen, die jedoch vielmehr auf die Alltagsmuster und blinden Flecken der menschlichen Aufmerksamkeit verweisen, als dass sie hierarchische Charaktereigenschaften erzeugen. Damit zeigt sich, dass die ästhetische Struktur der Erfahrung sich grundlegend von jedem Menschen in jeder alltäglichen Erfahrung auffinden lässt, sodass sich die Frage stellt, inwiefern Erfahrende ihre Aufmerksamkeit für die ästhetischen Strukturen der Erfahrung bewusst sensibilisieren können.

Ästhetische Struktur als Grundlage jeder Erfahrung

119 | Waldenfels (2010), S. 9 ff.

120 | Diese Fähigkeit entspricht ganz der Beuys'schen Aussage: Jeder Mensch ist ein Künstler oder kann ein Künstler sein: „*Jeder Mensch ist ein Künstler. (...) Damit sage ich nichts über die Qualität. Ich sage nur etwas über die prinzipielle Möglichkeit, die in jedem Menschen vorliegt [...] Das Schöpferische erkläre ich als das Künstlerische, und das ist mein Kunstbegriff.*" (Joseph Beuys: Vortrag Jeder Mensch ein Künstler — Auf dem Weg zur Freiheitsgestalt des sozialen Organismus, (Achberg [1978])

Sensibilisierung für die Ästhetische Struktur

Mit Bezug auf Welsch zeigt sich, dass für jene Sensibilisierung sowohl die Ästhetik als auch die Anästhetik beachtet werden muss, da sich Ästhetische Erfahrungen erst in deren Zwischenraum ereignen. Mit Anästhetik bezeichnet er jene Momente, die das menschliche Aufmerksamwerden auf die ästhetische Struktur der Erfahrung verhindern. Diese benennt er als einen Zustand, in dem *„die Elementarbedingungen des Ästhetischen — die Empfindungsfähigkeit — aufgehoben ist."*[121] Dabei ereignen sich jene Zustände der Betäubung potentiell in gleicher Weise wie die der Empfindungsfähigkeit und stellen damit keinen Gegensatz zur Ästhetik dar, sondern verweisen auf die grenzgängerische Struktur[122] der Ästhetischen Erfahrung. Das kann an folgendem Beispiel illustriert werden:

> „Wir sehen nicht, weil wir nicht blind sind, sondern wir sehen, weil wir für das meiste blind sind; entsprechend heißt, etwas sichtbar zu machen, im gleichen Akt etwas anderes unsichtbar zu machen.- Keine aisthesis ohne anaisthesis, nicht einmal im einfachsten Wahrnehmen."[123]

Schlussfolgernd bedingen sich beide Pole des Ästhetischen und des Anästhetischen und bilden gemeinsam einen Erfahrungsraum, der unterschiedliche Qualitäten zulässt. Eine Erfahrung ist damit auch nicht entweder Ästhetisch oder Anästhetisch, vielmehr weist sie beide Zustände potentiell auf.

Auf der Basis dieser Überlegungen kann die oben gestellte Frage nach einer möglichen Sensibilisierung für die Strukturen der Ästhetischen Erfahrung insofern beantwortet werden, als dass es keine eindeutigen Methoden gibt, die übergreifend für mehrere Menschen funktionieren, jedoch der erste Schritt zu einer Sensibilisierung jener Moment ist, in dem sich die Erfahrenden der potentiellen Möglichkeiten ihrer Erfahrung bewusst werden und beginnen, diese selbstverantwortlich zu gestalten.[124]

---

121 | Welsch (1996a), S. 10

122 | Grenzgängerisch verdeutlicht hier die Ausgangslage, dass jede Erfahrung beide Seiten, die der Ästhetik und die der Anästhetik, beinhaltet und sich beide potenziell ereignen können. Anästhetisches und Ästhetisches sind damit als zwei Gegenpole zu verstehen, die sich jedoch gegenseitig bedingen und schlussfolgernd miteinander verflochten sind. (Welsch (1998), S. 9 ff.)

123 | Welsch (1998), S. 31 f.

124 | Eine Sensibilität für diese Brüche ermöglicht jedoch keine Kontrolle über das Machen von Ästhetischen Erfahrungen, sondern allein ein individuelles Sichtbarwerden der Bruchstellen von Erfahrung. Schlussfolgernd können sich die Erfahrenden nur bewusst werden, dass sich jede Erfahrung in einem gestaltbaren Zwischenraum von Ästhetik und Anästhetik ereignet.

Erhöhte ästhetische Sensibilität

Es kann geschlussfolgert werden, dass sich die ästhetische Struktur der Erfahrung vor allem mit einer Aufmerksamkeit für die Brüche in der Erfahrung zeigt, in denen sich der grundlegende Grenzgang der Erfahrung zwischen Anästhetik und Ästhetik äußert.[125] Ein bewusster Umgang mit diesem Bruch kann zu einer erhöhten Sensibilität für Ästhetische Erfahrung führen, jedoch kann dieser nur selbstbestimmt und in eigener Verantwortung verwirklicht werden.
Ist jene Sensibilität im Individuum gestärkt, stellt sich dennoch die Frage, auf welche Weise die Aufmerksamkeit für die ästhetische Struktur der Erfahrung zu einer Ästhetischen Erkenntnis werden kann. Um diesen Schritt zu vollziehen, ist die reflexive Einordnung und Sinnzuweisung der gemachten Erfahrung notwendig. Denn erst durch diese kann die Erfahrung zu einer Form der Erkenntnis werden, die eine Bedeutung für den individuellen Sinnzusammenhang erlangt.[126] Nach Welsch ereignet sich jene individuelle, reflexive Einordnung der Ästhetischen Erfahrung in vier Schritten, welche im Folgenden knapp skizziert werden.

Vier Schritte einer Ästhetischen Erkenntnis

Am Anfang jeder Ästhetischen Erkenntnis steht die sinnliche Erfahrung, welche sich unmittelbar in alltäglichen Situationen ereignet. Aufgrund einer Bruchstelle wird die Aufmerksamkeit verschoben, hin zu einem Bewusstwerden der potenziellen ästhetischen Struktur der Erfahrung. Im zweiten Schritt folgt eine imaginative und experimentelle Expansion des Erfahrungsgehaltes, welche bereits eine Form der Sinnvermutung und Reflexion darstellt. Damit schließt das Bewusstwerden des eigenen Wahrnehmens bereits das ästhetische Potenzial einer Erkenntnis mit ein.[127] Jedoch muss das Bewusstwerden und die damit verbundene Sinnvermutung in einem dritten Schritt geprüft werden, bevor diese zu einer Form der Ästhetischen Erkenntnis werden kann. Denn erst wenn sich in dem vierten Schritt der vermutete Sinn bestätigt, erweist sich die Erkenntnis als gültig.[128]

Zeigt sich mit dieser knappen Illustration der Schritte die Notwendigkeit einer reflexiven Rückbindung von Ästhetischer Erfahrung an einen individuellen Sinnzusammenhang, so wird ebenfalls deutlich, dass mit einer

125 | Welsch (1998), S. 38 f.
126 | Findet diese reflexive Einordnung des Weiteren eine Form der Darstellung, hat sie das Potenzial zu einer intersubjektiven Erkenntnis zu werden, die für mehrere Menschen von Bedeutung ist. Überlegungen zu möglichen Formen einer solchen Darstellung finden sich im nachfolgenden Kapitel.
127 | Welsch (1998), S. 49
128 | Welsch (1998), S. 49 ff.

individuellen sinnlichen Erfahrung eine intersubjektive Erkenntnis möglich ist. Dennoch ist der entscheidende Schritt für diese Möglichkeit, dass der einzelne Mensch sich der Bruchstelle von Erfahrung bewusst wird, um davon ausgehend Sinnvermutungen anzustellen, die sich anschließend in der Welt beweisen müssen. Aufgrund dessen ist es von besonderem Interesse, die Aufmerksamkeit für Bruchstellen der Erfahrung zu schulen und ebenfalls Darstellungsformen dafür zu finden, um eine Sensibilität für Ästhetische Erfahrung herauszubilden.

Bruchstellen der Erfahrung

Mit Bezug auf die philosophischen Überlegungen zur Ästhetischen Erfahrung verdeutlicht sich, dass der Begriff der Erfahrung auf die Verankerung des Menschen in der Welt verweist. Die wechselseitige Struktur der Erfahrung deutet zugleich an, dass jede Erfahrung einen Grenzgang zwischen Ästhetik und Anästhetik beinhaltet. Die Möglichkeiten, auf die ästhetische Struktur von Erfahrung aufmerksam zu werden, stehen deswegen in engen Zusammenhang mit der Bewusstwerdung der gemachten Brucherfahrung. Schlussfolgernd kann Ästhetische Erfahrung nicht mehr als eine besondere Form der Erfahrung, sondern als ein Aufmerksamwerden auf die grundlegende ästhetische und anästhetische Struktur jeder Erfahrung bezeichnet werden.

Um zu erreichen, dass die Ästhetische Erfahrung jedoch nicht nur zu einer rein individuellen Form der Erkenntnis führt und hingegen die intersubjektiven Sichtweise auf die Welt verändert, sind zwei weitere Schritte von Bedeutung. Zum ersten die reflexive Betrachtung der ästhetischen Struktur, die mit einer Sinnvermutung einhergeht, und zum zweiten das Benennen der neuen Gesamtsicht, die sich durch Prüfung jener Sinnvermutung ereignet. Folglich wird es zu einer maßgeblichen Verantwortung, Ästhetische Erkenntnisse so darzustellen, dass sie intersubjektiv greifbar und zugänglich werden.

Suche nach intersubjektiven Erkenntnisformen

Auf die Künstlerische Forschung Bezug nehmend stellt sich deshalb die Frage, welche Formen der Darstellung jene Ästhetischen Erkenntnisse so versinnbildlichen, dass sie eine intersubjektive Bedeutung erlangen können und gleichzeitig nicht dazu führen, dass diese sich in einem wissenschaftlichen Anspruch von vollkommener Verständlichkeit auflösen. Im nachfolgenden Kapitel wird der Fokus auf Künstlerische Darstellungsmöglichkeiten gelenkt, die zum einen die Sensibilität für die ästhetische Struktur der Erfahrung begünstigen und zum anderen Sinnbilder ermöglichen, die die Ästhetischen Erkenntnisse für mehrere Menschen zugänglich machen.

I.V. Darstellung: Intersubjektiv bedeutsame Zugänge zur Wirklichkeit

Darstellungen von Ästhetischer Erkenntnis erweisen sich als ein notwendiges, aber gleichzeitig risikoreiches Vorhaben. Denn sie werden diese niemals abbilden können und sind dennoch Voraussetzung für einen gemeinsamen Zugang zu Erkenntnis. So ist es trotz dieser Problematik von Bedeutung, dass die Künstlerische Forschung Wege findet, die Ästhetischen Erkenntnisse in einer möglichst zugänglichen Weise darzustellen. Zugänglich meint jedoch nicht verständlich, repräsentativ oder allgemeingültig, sondern vielmehr eine Form der verantwortlichen Mitgestaltung.[129] Gegenwärtige Darstellungen von Künstlerischer Forschung müssen dementsprechend berücksichtigen, dass jede Form der Ästhetischen Erkenntnis von einer subjektiven Wahrnehmung der Welt ausgeht, die erst im zweiten Schritt, nachdem sie reflexiv geprüft wurde, zu einer Darstellung kommt und damit intersubjektive Denk- und Handlungsräume eröffnet, welche jedoch keine Ergebnisse fixieren und diese stattdessen zur Diskussion stellen. Damit diese Handlungsräume jedoch zu einer gemeinsamen Darstellung kommen, die für mehrere Menschen zugänglich ist, wird es zur Aufgabe der Künstlerischen Forschung, Formen des Ausdrucks zu finden, die eine Mitgestaltung zulassen.

Verantwortliche Mitgestaltung von Ästhetischer Erkenntnis

Mit Blick auf die fortschreitende Spezialisierung der wissenschaftlichen Einzeldisziplinen erweist sich jedoch die Forderung nach einer intersubjektiv zugänglichen Darstellung als äußerst schwierig. Denn die Darlegung der wissenschaftlichen Erkenntnisse führt nicht unmittelbar zu einer Erschließbarkeit oder einer Mitgestaltung durch Laien. Entsprechend argumentiert beispielsweise Bruno Latour, dass nicht nur die empirischen Beweise und die Theorie in einer verständlichen Weise intersubjektiv zugänglich werden müssen, sondern auch das gesamte Forschungsprogramm. Dazu fordert er auf, dass mehrere Menschen mit unterschiedlichen Interessen, Ausbildungen, politischen Haltungen und Anliegen in den Forschungsprozess involviert werden.[130]

Intersubjektive Zugänglichkeit zur Forschung

129 | Latour (2012), S. 43 ff.

130 | Dies geschieht beispielsweise, wenn in kunstwissenschaftlichen Forschungen neurowissenschaftliche Studien herangezogen werden, welche die jeweiligen Annahmen unterstützen, jedoch kritisiert werden, da diese isoliert betrachtet werden. Denn wenn ihr Gesamtkontext berücksichtigt wird, sind sie im eigentlichen Sinne von ihrer Grundhaltung her nicht vereinbar. (Zschocke (2012), S. 17)

Fragestellung des Kapitels

Werden diese Forderungen auf die Künstlerische Forschung bezogen, müssen ihre Darstellungsformen zum einen die subjektive und unvollständige Repräsentation der Wirklichkeit berücksichtigen und zum anderen Formen der intersubjektiven Mitgestaltung an einer Ästhetischen Erkenntnis ermöglichen. Auf der Suche nach jenen Formen wird im folgenden Kapitel mit der grundlegenden Infragestellung einer repräsentativen Wiedergabe von Wirklichkeit durch Darstellungen begonnen. Erste Kritikpunkte bezüglich der Darstellungsformen, die vorgeben, Forschungsergebnisse verständlich wiederzugeben, finden sich bereits in den Naturwissenschaften. Diese spitzen sich jedoch bei künstlerischen Darstellungsformen erheblich zu, da sie bereits in ihren Darstellungen ihre mediale Bedingung nachvollziehbar selbst reflektieren. Werden darüber hinaus künstlerische Darstellungen gesucht, die der Forderung von Latour entsprechend einen intersubjektiv erfahrbaren und bedeutsamen Denk- und Handlungsraum eröffnen, muss die Frage nach künstlerischen Darstellungsformen noch weiter geöffnet werden für Formen, die mehrere Menschen in den Forschungsprozess involvieren. Denn erst dadurch kann die Ästhetische Erkenntnis eine Form der Darstellung finden, welche die Formen der Repräsentation aufgibt und Versuche der intersubjektiven Mitgestaltung ermöglicht. Im Zuge dieses Anliegens werden sich deswegen in den folgenden Überlegungen vor allem performative und partizipative künstlerische Praxen als richtungsweisend auszeichnen, damit die Künstlerische Forschung Denk- und Handlungsräume eröffnen kann, welche das Potenzial einer intersubjektiven Nachvollziehbarkeit und Bedeutung bereitstellen.

Veränderte Darstellungsformen der Wissenschaften

Begonnen wird mit der Ausgangslage, dass jede Darstellungsform von Wirklichkeit, die bereits schon auf die subjektive Konstruktion der Darstellung verweist, unvollständig ist. Dass dieses Problem jedoch nicht nur künstlerische Darstellungsformen, sondern auch wissenschaftliche betrifft, kann mit einem knappen Blick auf die Veränderungen in den Naturwissenschaften verdeutlicht werden. Denn es deutet sich in den gegenwärtigen Erkenntnissen der naturwissenschaftlichen Forschung ab, dass die häufig mit stereotypischen Repräsentationsmustern arbeitenden Darstellungen nicht mehr auf der Basis eines exakten mathematischen Erfassens der Welt basieren und stattdessen oft auf subjektiven Wahrnehmungen aufbauen. Naturwissenschaftler wie Max Plank, Peter Galison oder Niels Bohr verweisen mit ihren Arbeiten auf die Grenzen exakter Erkenntnisse oder Darstellungen in den Naturwissenschaften.[131]

131 | Galison (2002), S. 300

Sie machen darauf aufmerksam, dass jede Darstellung unscharf[132] ist, da es bereits eine medial vermittelte Darstellung ist, die dem Anspruch einer lückenfreien Abbildung nicht mehr genügt.

Jene Ausgangslage verdeutlicht sich zurzeit besonders im Bereich der Quantenphysik, da sich diese nur noch mit abstrakten Modellen beschäftigt und ihre Erkenntnisse nicht mehr durch natürliche Darstellung zur Anschauung bringen kann. Darstellungen, die nur noch mit Formen von Wahrscheinlichkeit arbeiten und einen realen Lebensweltbezug aufgeben, verweisen damit in spezifischer Weise darauf, dass es keine wirklichkeitsgetreue Veranschaulichung von Forschungsergebnissen mehr gibt.[133] Davon ausgehend werden seit Mitte des 20. Jahrhunderts auch in der Wissenschaft die Möglichkeiten der Wirklichkeitsdarstellung grundlegend infrage gestellt und die Einsicht, dass jede Form der Darstellung in Abhängigkeit zu den Beobachtenden steht, stellt sich ein.[134] Schlussfolgernd können Darstellungen, die vorgeben, sich auf der Ebene der analytischen Repräsentation von Sachverhalten zu bewegen, keinen Anspruch mehr auf Gültigkeit erheben, denn sie vermögen es nicht, die Lebenswelt in ihrer Komplexität darzustellen. Jenes Unvermögen verweist jedoch zugleich auf die entscheidende Herausforderung der Gegenwart, nämlich Formen der Darstellung zu finden, die sich von einem repräsentativen Anspruch verabschieden und sich der intersubjektiven Erfahrung in der Lebenswelt zuwenden.[135]

Verlust der repräsentativen Darstellung

132 | So verweist beispielsweise Werner Heisenberg mit seiner Unschärferelation darauf, dass jede Beschreibung von einem Beobachter/in abhängig ist und denselben direkten Einfluss auf das Experiment hat. Er zeigt auf, dass weder Impuls noch Ort eines Teilchens gleichzeitig genau gemessen werden können. Denn je genauer man eine der beiden Größen bestimmen möchte, umso ungenauer wird die andere der beiden. Dies führt zu der Einsicht, dass keine Darstellung mehr einen Anspruch auf vollständige Repräsentation erheben kann, sondern immer als eine subjektiv bedingte Erkenntnis verstanden werden muss, die eine konstruierte Repräsentation von Wirklichkeit ist. Heisenberg geht sogar so weit zu sagen, dass die Quantentheorie nicht mehr von den Teilchen selbst handelt, sondern nur von dem relativen Wissen darüber, welches in Abhängigkeit zu dem beobachtenden Subjekt steht. (vgl. Heisenberg (1979))

133 | Mersch/Ott (2007b), S. 21 ff.

134 | So deckt beispielsweise Niels Bohr auf, dass Licht im eigentlichen Sinne nicht medial darstellbar ist. Es verhält sich kontextabhängig und tritt entweder als Teilchen oder als Welle auf, jedoch niemals mit beiden Eigenschaften zugleich. Dennoch werden in den theoretischen Beschreibungen beide Eigenschaften gleichzeitig aufgeführt. (Bohr (1931), S. 63 f.)

135 | Latour (2010), S. 27 f.

Mit Blick auf die Künstlerische Forschung müssen deswegen Formen der Darstellung gefunden werden, die zum einen die mediale Bedingung einer Ästhetischen Erkenntnis reflektieren und dabei ebenfalls intersubjektive Erfahrung ermöglichen. In Bezug auf die Reflexion der medialen Bedingung von Ästhetischer Erkenntnis zeigt sich, dass künstlerische Darstellungen, bedingt durch ihre Medialität, bereits darauf aufmerksam machen, dass jede inhaltliche Darstellung in einer Abhängigkeit zu ihrer formalen Ausführung steht. Durch diese Eigenschaft machen sie reflexiv auf beide Seiten — die des Inhaltes und die der Medialität — aufmerksam und ermöglichen damit einen positiven Umgang mit der Uneindeutigkeit von Erkenntnisdarstellung.[136] Demzufolge sind künstlerische Darstellungen nicht nur Darstellungen von Inhalten sondern gleichzeitig deren Reflexionsmedien.[137] Neben dieser Eigenschaft stellt sich darüber hinaus die Frage, inwiefern künstlerische Darstellungsformen eine intersubjektive Erfahrung ermöglichen, die zu einer verantwortlichen Mitgestaltung einer Ästhetischen Erkenntnis beitragen.

Potential künstlerischer Darstellungen

Werden damit im Nachfolgenden künstlerische Darstellungen gesucht, die einen intersubjektiv erfahrbaren und bedeutsamen Handlungsraum eröffnen, so treten vor allem die performativen Verfahren in den Vordergrund. Der Begriff „performativ", der vor allem seine Vergegenständlichung mit den Begriffen der Performance[138], Performanz[139], Kunstperfor-

136 | Mit Bezug auf Gottfried Boehm, der von einer Differenz zwischen Repräsentation und Präsenz spricht, Erika Fischer-Lichte, die zwischen semiotischen und phänomenalen Qualitäten unterscheidet, oder auch Hans-Ulrich Gumbrecht, dessen Unterscheidung sich auf ein Oszillieren zwischen Präsenz und Bedeutung bezieht, kann übergreifend auf die Wechselseitigkeit von Inhalt und Form verwiesen werden. (Gumbrecht (2003), S. 210 ff.; Boehm (2003), S. 95 f.; Fischer-Lichte (2004), S. 150 ff. zit. bei Brandstätter (2008), S. 76)

137 | Die Gleichzeitigkeit von Darstellung und Reflexion kann verdeutlicht werden, wenn Kunst als Kommunikationsmedium betrachtet wird. Denn Kunst kommuniziert nicht nur dadurch, dass sie eine kommunizierende Darstellung ist, sondern sie bringt zugleich zur Darstellung, dass sie ein Kommunikationsmittel ist. (Baecker (2007), S. 18)

138 | Der Begriff der *Performance* stammt aus dem englischen Sprachgebrauch, wo er die Aus- oder Durchführungen von etwas bezeichnet. Für eine ausführlichere Definition des Begriffes siehe Anhang I, S. 303.

139 | Der Begriff der Performanz bezieht sich auf die Anwendung von Sprache, also das Sprechen. Dennoch zeigt sich in Bezug auf das gedachte Verhältnis von Sprache und Sprechen, dass es unterschiedliche Theorien gibt, die das Verhältnis der beiden beschreiben. Für eine ausgiebigere Darstellung siehe Anhang II, S. 303.

mance[140] erfährt, erobert ausgehend von den Sprachwissenschaften[141] und den Kulturwissenschaften die Kunstwissenschaften, die darstellende und bildende Kunst und zunehmend auch den allgemeinen Sprachgebrauch. Das Performative, das sich vor allem mit dem Veränderlichen, Beweglichen und Wechselseitigen in Bezug auf körperliches Handeln und dessen Vollzug in Räumen mit anderen Menschen bezieht, wird mit diesen Überlegungen quer durch die unterschiedlichen Disziplinen zu einem Schlüsselbegriff. So werden mit ihm vorrangig veränderter Betrachtungsweisen in Bezug auf Wirklichkeitsdarstellung erarbeitet, bei denen sich abzeichnet, dass Darstellungen keine Wirklichkeit mehr abbilden können und dass diese durch den unweigerlich intersubjektiven Darstellungsvollzug eine eigenständige Wirklichkeit konstituieren.

Performative Darstellungen

Durch die performativen Verfahren wird damit eine Hinwendung zur darstellenden Herstellung von Wirklichkeit erreicht, die intersubjektive Prozesse[142] ins Zentrum des Interesses rückt. Denn eine performative Darstellung wird nicht nur als Umsetzung der Intentionalität eines einzelnen Menschen verstanden, sondern als wechselseitige, nicht direkt steuerbare und gleichfalls intersubjektive Begegnung, die ihre Darstellung erst in der gemeinsamen Realisierung entwickelt. Bei der Suche nach künstlerischen Darstellungspraktiken, die diese intersubjektive Erfahrung zentral setzten, wird häufig schon allein aufgrund der begrifflichen Nähe die Kunstperformance[143] erwähnt. Hier muss jedoch mit einem historischen Blick[144] auf die unterschiedlichen Formen von Performance darauf verwiesen werden, dass nicht alle Formen einen intersubjektiven Handlungs-

Darstellung als intersubjektive Handlung

140 | Der Begriff Kunstperformance verweist auf den spezifischen Bereich der Kunst und kann als eine Art Sammelbegriff für künstlerische Darstellungsformen verstanden werden. Für eine ausführlichere Begriffsbestimmung siehe Anhang III, S. 304.

141 | Der Begriff des Performativen spielt auf das Hervorbringen von Wirklichkeitszuständen durch sprachliche Äußerungen an. Eine detailliertere Begriffsbestimmung findet sich im Anhang IV, S. 304.

142 | Die Bedeutung der Intersubjektivität der performativen Prozesse zeichnet sich im Besonderen in den Überlegungen von Dieter Mersch ab. Er zeigt auf, dass die performative Handlung nicht nur das Ereignis eines Vollzuges ist, das wie ein Akt in die Welt eingreift, sondern ebenfalls durch die Welt gestaltet wird. Demzufolge besitzt die performative Handlung nicht nur eine innere Seite, die sich ausgehend von der Darstellungsabsicht des Subjektes ereignet, sondern auch eine äußere Seite, die eine Wirkung und Präsenz aufweist. (Mersch (2003), S. 70 f.)

143 | Wird im Folgenden der Begriff Performance verwendet, ist damit die Kunstperformance gemeint.

144 | Die Kunstperformance entwickelte sich vorrangig in den 60er Jahren. Eine knappe Darstellung der historischen Vorläufer der Kunstperformance ist in Anhang V zu finden (S. 305).

raum ermöglichen. So zeigt sich zwar, dass künstlerische Performances ihren Schwerpunkt auf den Handlungsvollzug legen, jedoch nicht zwingend auf einen intersubjektiven. Demnach muss zwischen Performances unterschieden werden, die von einer künstlerischen Werkform[145] ausgehen und damit eine Trennung von Aufführung und Publikum erschaffen, und jenen, die eine Wendung hin zu sozialen, ökologischen, politischen und kulturellen Fragen vollziehen und diese in einer gemeinsamen Gestaltung aufführen.

Darstellung als intersubjektive Handlung

Zum Abschluss wird im Folgenden zwischen performativen Verfahren, die ihren Fokus auf die intentionale Darstellung[146] durch die Künstschaffenden legen, und Verfahren, die partizipativ arbeiten, unterschieden. Jene partizipativen Darstellungsformen sind dabei für die Künstlerischen Forschung vor allem von Interesse, da sie einen intersubjektiv bedeutsamen Zugang zu einer Ästhetischen Erkenntnis im Sinn haben. Diese Schwerpunktsetzung soll nicht als Abwertung einer intentionalen Darstellung verstanden werden, sondern sie soll vielmehr auf den Ausgangspunkt aufmerksam machen, dass sich Künstlerische Forschung von künstlerischer Praxis genau in diesem Punkt unterscheidet. Denn so hat die Künstlerische Forschung durch ihren forschenden Charakter ein konkretes Ziel vor Augen, nämlich Ästhetische Erkenntnisse intersubjektiv darstellen zu können.[147]

Damit erlangen jene performativen Strategien, die einen partizipativen Schwerpunkt haben, für die Künstlerische Forschung eine Bedeutung. Mit ihnen kann eine intersubjektive Wissenspraxis, wie sie Latour einfordert, ermöglicht oder zumindest erforscht werden. Ausgehend von dieser Orientierung stellt sich deswegen im Folgenden die Frage, wann eine künstlerische Darstellung als partizipativ gelten kann.

145 | Versteht der Künstler die Performance als Werkform, zeichnet sich trotz des Handlungsbezuges in der Darstellung die Trennung zwischen Objekt (der Performance) und Subjekt (dem Zuschauer) ab.

146 | Hier sei angemerkt, dass zwar auch intersubjektiv bedeutsame Themen in einer intentionalen Darstellung Ausdruck finden können, diese jedoch an der präsentierenden Darstellungsform nichts ändert.

147 | Die künstlerische Praxis unterscheidet sich von der Künstlerischen Forschung, da sie keinem intersubjektiven Zugang verpflichtet ist. Ansonsten würde Kunst unter der Brille des Effektes betrachtet, der eingelöst werden muss, und zwar in seiner sichtbaren Wirkung in der Gesellschaft. Durch eine solche Forderung würde langfristig nur noch eine Kunstform akzeptiert werden, und zwar jene der Partizipation. Dies hätte zur negativen Folge, dass die Grundlage der Pluralität in der Kunst verworfen wird.

Die partizipativen Darstellungen, die sich ab den 70er Jahren im deutschsprachigen Raum nach einigen Anläufen[148] entwickeln, weisen Bezüge zu den Entwicklungen der Performance auf. Von diesen unterscheiden sie sich jedoch insofern, als dass sie die Rolle der Betrachtenden hinterfragen und diese nicht mehr nur als mental Teilhabende[149] verstehen, sondern als aktiv Mitgestaltende. Gleichzeitig ist es Voraussetzung für eine partizipative Darstellung, dass sie mittels einer performativen Handlung[150] einen Beteiligungswunsch zum Ausdruck bringt. Dies kann sich entweder direkt durch den Charakter der Darstellung äußern, beispielsweise durch visuelle Provokation, oder durch eine zusätzliche Handlung, die von den Kunstschaffenden ausgeführt wird, beispielsweise eine verbale Handlungsaufforderung. Infolgedessen erweist sich eine performative künstlerische Darstellung erst als partizipativ, wenn sie eine leibliche Präsenz, physische Involvierung und körperliche Aktivität sichtbar einfordert.[151]

Differenzierung von partizipativen Darstellungsformen

Um das Anliegen der Künstlerischen Forschung voranzutreiben, Ästhetischen Erkenntnisse in einem intersubjektiv gestaltbaren Handlungsraum darzustellen, sind vorrangig die übergreifenden Prinzipien der partizipativen Darstellungen[152] von Interesse, welche mit Überlegungen von Silke Feldhoff differenziert werden können. Darin zeigt sich, dass nicht jede Form der partizipativen Dar-

148 | Beispiele für die Vorläufer der partizipativen Darstellungen im deutschsprachigen Raum, siehe Anhang VI, S. 306.

149 | Die Vorstellung, dass bereits eine Teilhabe am Kunstwerk durch die mentale Aktivierung stattfindet, findet sich beispielsweise bei Hans-Georg Gadamer, der die Rolle der Wahrnehmung des Betrachters als eine vom Geiste des Künstler-Genies untrennbaren versteht und damit bereits das Zuhören bei einem Konzert als höchste geistige Aktivität bezeichnet. Oder auch bei Roland Barthes, der die Geburt des Lesers und den Tod des Autors proklamiert. Wie auch bei Umberto Eco, der das Interpretieren eines Werkes als dessen Vollendung beschreibt. (Spohn (2016), S. 39 ff.)

150 | Die partizipative Darstellung ist insofern performativ zu verstehen, da sie sich erst in der Durchführung, die nun spezifisch intersubjektiv gedacht wird, vollzieht. Sie ist damit eine entstehende Darstellung, die erst durch die Teilhabe von mehreren Menschen sichtbar wird. Womit der ursprüngliche Betrachter zu einem Handelnden, einem Mitgestaltenden und einem Performer wird, der eine sichtbare Spur hinterlässt.

151 | Feldhoff (2011), S. 34

152 | Lassen sich zwar einzelne künstlerische Ansätze und Persönlichkeiten aufzeigen, die sowohl in der historischen Entwicklung als auch in der Gegenwart mit partizipativen Strategien arbeiten, werden diese im Folgenden nicht explizit vorgestellt. Da für eine Suche nach Darstellungsformen der künstlerischen Forschung, welche einen intersubjektiven Zugang ermöglichen, nicht einzelne beispielhafte Künstlerpersönlichkeiten von Bedeutung sind, sondern vielmehr übergreifende Prinzipien eines partizipativen Darstellens, welche jedoch nachfolgend implizit durch Beispiele von künstlerischen Arbeiten veranschaulicht werden.

stellung für eine Künstlerische Forschung geeignet ist. Feldhoff unterscheidet zum Ersten, die **Individual-Partizipation**[153], die mit schriftlichen oder zeichnerischen Handlungsanweisungen, ausgestellten Objekten oder sozialen Praxen die Rezipienten durch direktive Aufforderungen in aktive Handlungen verwickelt. Zentrales Moment ist die ausgelöste Selbsterfahrung der Betrachtenden, die ausschließlich als Reaktion verstanden wird und damit körperliche, physisch-räumliche und reflexive Momente auslöst, die jedoch nur individuell emanzipative Effekte zur Folge hat.[154] Als zweite Form benennt Feldhoff die **Systemische Partizipation**,[155] mit welcher ebenfalls Handlungsanweisungen, ausgestellte Objekte sowie soziale Praxen zum Einsatz kommen, jedoch mit einem erweiterten Anliegen, nämlich diese inhaltlich auf einen erweiterten Kunstbegriff zu beziehen.[156] Diese potentiellen Beteiligungen zeichnen sich vorrangig in individuellen körperlichen, physisch-räumlichen und reflexiven Reaktionen ab, die sich inhaltlich auf kritische Überlegungen zum Kunstbegriff beziehen. Als dritte Form der Differenzierung verweist Feldhoff auf die **Konjunktivische Partizipation**, deren Formate sich im Feld des Als-ob und Was-wäre-Wenn bewegen und nur den Gedanken einer Partizipation andeuten, welcher jedoch zumeist nicht ausgeführt wird.[157]

Orientierung an klassischen Werkformen

Mit diesen drei Formen der Partizipation, denen gemein ist, dass sie partizipatorische Momente mit einschließen, jedoch weiterhin von einem Kunstwerk als Darstellungsobjekt ausgehen, ist im Besonderen die vierte Form für die Künstlerische Forschung von Interesse ist. Denn jene, die Feldhoff als **Sozietäre Partizipation** bezeichnet, stellt vorrangig die Soziale Praxis und die Gruppenarbeit und nicht ein Kunstwerk[158] in das Zentrum der Darstellung.[159] Sie verabschiedet sich von Prinzipien einer monologischen Kommunikationsstruktur, die auf das hierarchische Verhältnis zwischen Künstler, Werk und Rezipient verweist, und sucht nach dialogischen und lebensnahen

Orientierung an sozialer Praxis

153 | Künstlerische Beispiele für das Format der Individual-Partizipation finden sich im Anhang VII, S. 306.

154 | Feldhoff (2011), S. 230

155 | Künstlerische Beispiele für das Format der Systemischen Partizipation, siehe Anhang VIII, S. 307.

156 | Wodurch diese Formate die geltenden Vorstellungen von künstlerisch Schaffenden als aktive Rezipienten vs. passive Beteiligte kritisch hinterfragen. (Feldhoff (2011), S. 230 f.)

157 | Künstlerische Beispiele für das Format der Konjunktivischen Partizipation, siehe Anhang IX, S. 307.

158 | Zwar werden die Ergebnisse des gemeinsamen Arbeitsprozesses zumeist im Kunstbetrieb ausgestellt, jedoch sind es nicht jene Kunstwerke, sondern die praktischen Umsetzungen, die die zentralen partizipativen Momente beinhalten. (Feldhoff (2011), S. 120 f.)

159 | Künstlerische Beispiel für das Format der Sozietären, siehe Anhang X, S. 308.

Darstellung.[160] Um dies zu ermöglichen, werden häufig Personen außerhalb des Kunstbetriebes adressiert, mit denen gemeinschaftlich an unterschiedlichen Themen gearbeitet wird, sodass die Formate der Sozietären Partizipation direkt in der Gesellschaft wirken. Ziel ist es, Veränderung von politischen, sozialen, ökologischen und institutionellen Zusammenhängen durch die gemeinsame künstlerische Darstellung zu erlangen. Der Wirkungsraum der künstlerischen Arbeit verschiebt sich bewusst in einen öffentlichen Raum[161] und die künstlerische Darstellung entwickelt sich als lebensnahe Praxis, die direkt in die intersubjektiven Handlungsspielräume der Gesellschaft verwickelt ist.[162]

Mit Blick auf die Sozietäre Partizipation lässt sich damit aufzeigen, dass Formen der Darstellungen, die an einer dialogischen, demokratischen und lebensnahen Gestaltung des sozialen öffentlichen Lebensraumes beteiligt sind, bereits in der künstlerischen Praxis etabliert sind. Diese verweisen mit Bezug auf die Künstlerische Forschung speziell auf eine Möglichkeit, Forschungsergebnisse intersubjektiv zugänglich zu machen. Denn durch die intersubjektive Gestaltung in der Lebenswelt werden Formen der Darstellung ermöglicht, die sich mit Sachverhalten und Fragestellungen beschäftigen, die für mehrere Menschen von Bedeutung sind.[163] So sind es nicht mehr nur die künstlerisch Forschenden, die Inhalte zur Darstellung bringen, sondern auch jene, die durch den gemeinsamen Dialog an der Forschung beteiligt sind. Schlussfolgernd kann Künstlerische Forschung, wenn sie sich an einer Sozietären Partizipation orientiert,[164] Darstellungsformen der Ästhetischen Erkenntnis finden, die sich in einem intersubjektiven Handlungsraum ereignen.

Intersubjektive Ausrichtung

160 | Grob kann damit zwischen zwei Formen der Partizipation unterschieden werden, diejenigen, die vorrangig eine spielerische Beteiligung des Zuschauers innerhalb eines interaktiven Kunstwerkes im Rahmen einer Ausstellung beabsichtigen, und solche, die eine aktive Teilhabe und Gestaltung des Kunstwerkes im sozialen Lebensraum im Sinn haben.

161 | Öffentlicher Raum wird in Bezug auf ein erweitertes Raumverständnis nicht als Repräsentation von Gesellschaft, sondern als Gesellschaft verstanden. Dieses Verständnis entwickelt sich mit dem *Spatial Turn* und ist abzugrenzen von einem physikalischen Raumverständnis. So stellt Manuel Castell fest, dass Raum nicht nur durch die darin befindlichen Objekte bestimmt wird, sondern durch die sozialen Beziehungen und Interaktionen. Der Raum ist damit keine Repräsentation der Gesellschaft, sondern bereits Gesellschaft. (Schubert (2000), S. 11 ff.)

162 | Feldhoff (2011), S. 69 ff.

163 | Da die Beteiligung zumeist kollektiv oder kooperativ stattfindet, sind die Effekte auf die Partizipierenden häufig persönlich und betreffen direkt deren Lebensgestaltung.

164 | Diese Orientierung gilt für die Künstlerische Forschung und nicht für die Kunst im Allgemeinen und ist damit nicht als eine (Auf-)Wertung der Prinzipien der Sozietären Partizipation im Bereich der bildenden Kunst zu verstehen.

Mit diesen Überlegungen zeigt sich, dass mit den unterschiedlichen Formen der künstlerischen Darstellung die Vorstellung einer objektiven Sichtweise auf die Welt eingetauscht werden muss gegen die vielfältigen Sichtweisen in der Welt. Anknüpfend an diese Überlegungen verfestigt sich der Blick, dass Darstellungen nicht nur auf die Darstellungsabsicht des Subjektes zurückzuführen sind und vielmehr auf ihre wechselseitige Entwicklung im intersubjektiven Raum verweisen. Deutet sich diese Einsicht bereits zaghaft in den Wissenschaften an, ist sie im Besonderen in der künstlerischen Darstellungspraxis zu finden. Denn so ist es eine Eigenschaft von künstlerischen Darstellungen, die positive Uneindeutigkeit der Repräsentationen sichtbar zu machen, womit jene Differenz, die sich zwischen Inhalt und Repräsentation ereignet, nicht übergangen, sondern offenkundig preisgegeben wird. Künstlerische Darstellungen kommunizieren schlussfolgernd nicht nur dadurch, dass sie kommunizierendes Medium sind, hingegen zeigen sie zugleich auf, dass sie ein kommunizierendes Medium sind.

Neben dieser Eigenschaft zeigt sich des Weiteren, dass es künstlerische Darstellungen gibt, die die klassische Trennung zwischen Subjekt (Betrachtender) und Objekt (Darstellung) aufbrechen und durch den performativen Handlungsvollzug neu denken. Vor allem mit den partizipativen Darstellungsformen, die sich bereits in den künstlerischen Darstellungen etabliert haben, ereignen sich Formen, die einen intersubjektiv erfahrbaren und bedeutsamen Handlungsraum ermöglichen. Diese sind für die Künstlerische Forschung, deren Anliegen es ist, eine Ästhetische Erkenntnis für mehrere Menschen zugänglich zu machen, von besonderer Bedeutung, da sie Forschung als intersubjektiven Handlungsraum verstehen und diesen in einem gemeinsamen Prozess gestalten. Spezifisch verweisen dabei die Darstellungsformen der Sozietären Partizipation auf das Potenzial, Erkenntnisse als dialogische, demokratische und lebensnahe Prozesse zu verstehen, die sich in einem sozialen und öffentlichen Lebensraum entwickeln. Mit ihnen können mehrere Menschen mit unterschiedlichen Interessen, Ausbildungen und politischen Haltungen in den Forschungsprozess involviert werden, wobei sich die daraus resultierenden Erkenntnisse im Vollzug des gemeinsamen Forschungsprozess ereignen.

Potenzial der partizipativen Darstellung

I.VI. Forschung: Intersubjektive Erfahrung des Forschungsgegenstandes

Aufbau des Kapitels

Ausgehend von den bisherigen Überlegungen zu den Möglichkeiten von intersubjektiv bedeutsamen Darstellungen soll abschließend danach gefragt werden, welche spezifischen Prinzipien für die Künstlerische Forschung von Bedeutung sein können. Wird oftmals die Tätigkeit des Forschens vorrangig der Wissenschaft zugeordnet, führt dies zu der Vermutung, dass sie ausschließlich eine wissenschaftliche Tätigkeit ist, die sich durch bestimmte Gesetzmäßigkeiten wiederholen und nachprüfen lässt. Zwar deuten sich gegenwärtig in der Wissenschaft veränderte Sichtweisen auf Forschung an,[165] dennoch folgen die meisten wissenschaftlichen Erhebungen immer noch klaren Regeln, bei denen die resultierenden Ergebnisse mathematischer Logik entsprechen und häufig das Ziel verfolgen, ihr Wissen ökonomisch zu verwerten.[166]

Zwei Orientierungen in der Künstlerischen Forschung

Formuliert sich in Bezug auf diese Ausgangssituation der Wunsch, Prinzipien für die Künstlerische Forschung herauszuarbeiten, die sich nicht an jene profitorientierten, wissenschaftlichen Techniken anpassen, lassen sich zwei Orientierungen aufzeigen. Zum einen jene, die sich an der Kunst ausrichten, und zum anderen solche, die sich an die bestehenden Methoden der Wissenschaft anpassen. Letztere machen darauf aufmerksam, dass sich Künstlerische Forschung an die Wissenschaft annähern muss, damit sie sich von einer rein künstlerischen Praxis unterscheidet und Forschungsergebnisse bereitstellt, die nachvollziehbar in den Wissenschaftskontext einfließen. Diese Forderungen sind jedoch mit der Gefahr verbunden, dass Künstlerische Forschung in einer Form der Akademisierung endet, bei der sie, orientiert an den klassischen Wissenschaften, zu einer deduktiven, hypothesengeleiteten und verallgemeinernden Tätig-

165 | Wie bereits aufgezeigt wurde, kann der Blick auf wissenschaftliche Forschung nicht an einer naturwissenschaftlichen Oberfläche verharren. Vielmehr gilt es, die Vorurteile in Bezug auf Wissenschaft zu befragen und nach Methoden zu suchen, die ebenfalls induktiv, singulär, subjektiv, improvisierend, reflexiv, kontextbezogen und situativ arbeiten. Wie mit den anfänglichen Überlegungen zur Wissenschaft in dieser Arbeit bereits verdeutlicht wurde, gibt es bereits in den Wissenschaften Positionen, die ebenfalls jene objektiven, ökonomischen und institutionalisierten Forschungspraxen kritisieren und versuchen neue Wege einzuleiten.

166 | In Bezug auf die spezifische Institution der Universität macht Stephan Dillemuth besonders auf die Problematik der Bologna-Reform aufmerksam, durch welche Forschung an den Universitäten zur Pflichtübung innerhalb eines curricularen Masterplanes wurde. (vgl. Dillemuth (2011))

keit wird.[167] Dennoch können jene Forderungen zugleich als Reaktion auf die entgegengesetzten Positionierungen der rein künstlerischen Ausrichtungen gedeutet werden. Denn diese vertreten häufig die Ansicht, dass kunstschaffende Menschen immer schon forschende Tätigkeiten vollziehen und demzufolge bereits Künstlerische Forschungen ausführen.[168]

Suche nach Forschungsprinzipien

Mit diesen beiden entgegengesetzten Ausrichtungen stellt sich schlussfolgernd die Frage, inwiefern Künstlerische Forschung Prinzipien entwickeln kann, die ein intersubjektives Erkenntnisinteresse verfolgen, ohne sich dabei den Wissenschaften anzupassen? Um dieser Suche nachzugehen, werden, anstatt den Dualismus von Kunst und Wissenschaft zu stärken, auf der Basis der bereits dargestellten veränderten Blickweisen auf Wissenschaft, Kunst und Gesellschaft mögliche Forschungsprinzipien herausgearbeitet. Denn es deuten sich sowohl in der Wissenschaft als auch in der Kunst Prinzipien an, die sich nicht mehr an Begriffen wie: Objektivität, Logik, Gesetz, Reduktion, Eindeutigkeit, oder Wiederholbarkeit, orientieren; sondern an Begriffen wie: Reflexive Subjektivität, Experiment, intersubjektive Erfahrung, Vieldeutigkeit oder auch Lebenswelt. Damit wird auf Basis dieser Orientierungen im folgenden Kapitel nach theoretischen Prinzipien[169] der Künstlerischen Forschung gesucht. Dabei unterscheiden sich diese insoweit von künstlerischen Methoden,[170] als dass sie die theoretische Grundlage für ein intersubjektives ästhetisches Erkenntnisinteresse bilden

167 | Eine solche Akademisierung ist beispielsweise bei dem Forschungsprojekt eMotion von Martin Tröndle aufzuweisen. (vgl. Von den Berg, Karin u.a. (2012)) In der Forschung wird ein Forschungsgegenstand („Präsenzeffekt" von Kunstwerken), der deduktiv aus der wissenschaftlichen Theorien stammt, beforscht. Ebenfalls werden herkömmliche statistische Forschungsmethoden und Formeln, die einem quantitativen Verfahren entsprechen, angewandt.

168 | Problematisch ist es, wenn klassische Produktionsprozesse von Kunstschaffenden plötzlich im Sinne einer modischen Erscheinung als Forschungen verstanden werden. Zwar weisen jene Tätigkeiten forschende Züge auf, jedoch haben künstlerische Produktionen zumeist das Ziel, ihre Werke in Ausstellungen zu präsentieren. (Peters (2014b), S. 11) Im Falle einer Präsentation in Ausstellungen bemerken die Rezipienten oftmals nicht den Unterschied zu einem klassisch künstlerischen Werk. (Caduff/Wälchli (2010), S. 12)

169 | Prinzipien unterscheiden sich insofern von Methoden, als dass sie deren theoretische Grundlage sind und der praktischen und methodischen Ausführung zugrunde liegen.

170 | Wie bereits mit den Überlegungen zu partizipativen künstlerischen Darstellungsformen ausgeführt wurde, lassen sich künstlerische Methoden aufweisen, die ebenfalls intersubjektiv bedeutsame Darstellungen ermöglichen und im kunstpädagogischen Teil der Arbeit vorgestellt werden, siehe Kapitel: Die performative Forschungsmethode, S. 115)

und damit nicht als direkte Ausführungswerkzeuge zu verstehen sind. Jene methodischen Ausführungswerkzeuge werden erst auf der Grundlage der theoretischen Prinzipien im nachfolgenden kunstpädagogischen Teil der Arbeit entwickelt.

Auf der Suche nach den theoretischen Forschungsprinzipien der Künstlerischen Forschung erscheint es ratsam, danach zu fragen, welche theoretischen Formulierungen bereits existieren, die Aspekte der reflexiven Subjektivität, der intersubjektiven Zugänglichkeit zur Erkenntnis, der Erforschung von Lebenswelt, der offenen Methodenwahl und der Pluralität von Interpretationsmöglichkeiten beachten. Dabei erweist es sich als sinnvoll, nach theoretischen Prinzipien zu suchen, die bereits in der forschenden Praxis erprobt wurden. Weshalb zu Beginn der Blick auf etablierte wissenschaftliche Forschungsprinzipien eröffnet wird, die sich an einem erweiterten Blickwinkel von Forschung[171] orientieren. Im Zuge dieses Vorgehens erweisen sich die Prinzipien der qualitativ-rekonstruktiven Sozialforschung als besonders geeignet, da sie zum einen einem erweiterten Verständnis von Wissenschaft folgen und zum anderen in der empirischen kunstpädagogischen Forschung dieser Arbeit Verwendung finden. Auf Grundlage dieser Prinzipien werden im folgenden Kapitel eigenständige Prinzipien der Künstlerischen Forschung entwickelt.

Erprobte Forschungsprinzipien

Auf der Suche nach künstlerischen Forschungsprinzipien, die ein intersubjektives Erkenntnisinteresse verfolgen, können mit spezifischem Blick auf die Prinzipien der qualitativ-rekonstruktiven Sozialforschung[172] Tendenzen ausgewiesen werden, die bereits veränderte Forschungsmethoden in den Wissenschaften praktizieren. Als zentraler Unterschied zu den Quantitativen Forschungsmethoden[173] zeichnet sich ab, dass die qualitativ-rekonstruktiven Methoden nicht mit einem theoretisch vorab

Qualitativ-rekonstruktive Forschung

171 | Eine weitgefasste Definition: Forschung ist: *„jede kreative systematische Betätigung zum Zweck, den Wissensstand zu erweitern, einschließlich des Wissens der Menschheit, Kultur und Gesellschaft, sowie die Verwendung dieses Wissens in der Entwicklung neuer Anwendungen"* (OECD Glossary of Statistical Terms (2001)); Die Definition lautet im originalen Wortlaut: *„Any creative systematic activity undertaken in order to increase the stock of knowledge, including knowledge of man, culture and society, and the use of this knowledge to devise new applications."*

172 | Da das Feld der unterschiedlichen Forschungsmethoden in der Sozialforschung groß ist, soll es im Folgenden nicht um einzelne Methoden gehen, sondern vielmehr um grundlegende Prinzipien, die jenen Methoden zugrunde liegen.

173 | Quantitative Forschungen sind vorrangig an Häufigkeitsverteilungen, statistische Zusammenhänge oder einer flächendeckenden Überprüfung der Theorie in der Empirie interessiert.

ausgearbeiteten Konzept in die Forschung einsteigen, sondern sich ohne gefestigte Vorannahmen in den Forschungsprozess hineinbegeben und anschließend versuchen, die Forschungsgenstände möglichst offen in Bezug auf ihre Bedingungen hin zu rekonstruieren.[174] Trotz vielfältiger Ausprägungen und Stile können grundlegende Prinzipien der qualitativ-rekonstruktiven Forschung festgehalten werden, die im Folgenden knapp vorgestellt werden, um daran anschließend Methoden für die Künstlerische Forschung abzuleiten.

Die rekonstruktive Sozialforschung geht davon aus, dass Wirklichkeit[175] sozial konstruiert wird und durch sprachliche und nicht sprachliche Symbole zur Darstellung kommt. Damit wird die Tätigkeit des Forschens, bei der sich intersubjektive Begegnungen mit anderen Menschen oder auch Gegenständen ereignen, als intersubjektive Konstruktion von Wirklichkeit verstanden.[176] Diesen Vorgängen kann sich Forschung nur sinnverstehend annähern, ohne allerdings die ihr zugrunde liegende Wirklichkeit abzubilden. Wodurch sich die Rolle der Forschenden radikal ändert, da diese nun nicht mehr ausschließlich die sozialkonstruierten Vorgänge in der Lebenswelt beobachten, sondern sich ihrer Mitgestaltung bewusst werden. Die mit diesem Bewusstsein einhergehende erhöhte Reflexion[177] macht darauf aufmerksam, dass jene sozialen Konstruktionen, die sich im Forschungsprozess ereignen, auch in der Forschungsdarstellung berücksichtigt werden müssen. Dementsprechend ereignet sich die Herausforderung, die ausgeführten Forschungsprozesse möglichst transparent und nachvollziehbar für andere Menschen darzustellen.

Intersubjektive Wirklichkeits-konstruktion

Reflexive Rekonstruktion

174 | Kruse (2011), S. 13

175 | Jene Wirklichkeit äußert sich vorrangig durch Sprache, welche sich immer in Abhängigkeit zu situativen und historischen Bedingungen entwickelt. Diese Abhängigkeit wird in der qualitativen Forschung mit dem Begriff der Indexikalität benannt, der darauf hinweist, dass die Bedeutung eines Begriffs immer nur in seinem konkreten Gebrauch, in Relation zu anderen Begriffen und situativ-kontextuellen Beeinflussungen zu verstehen ist. (Kruse (2011), S. 30)

176 | Durch die Annahme der direkten Beteiligung des Forschers an der Herstellung von Wirklichkeit kann die rekonstruktive Sozialforschung auch als ein empirisch angewandter Konstruktivismus verstanden werden. Denn ihre Basisannahme ist, dass Wirklichkeit immer als sozial konstruiert verstanden werden muss. (Kruse (2011), S. 10 f.)

177 | Die erhöhte Reflexivität wird im späteren Methodenkapitel der empirischen Forschungsstudie dieser Arbeit ausführlicher erläutert. Eine kurze Übersicht dient bereits an dieser Stelle zur Orientierung, siehe dazu Anhang XI: Die erhöhte Reflexivität, S. 303

Um neben diesem Anliegen einen möglichst direkten Zugang zur Wirklichkeit zu ermöglichen, wird des Weiteren darauf geachtet, dass so wenig methodische Vorentscheidungen wie möglich getroffen werden. Im Forschungsprozess werden deswegen Methoden angewandt, die einen unmittelbaren Zugang zur Lebenswelt fördern. Hierzu zählen die Offenheit dem Forschungsgegenstand[178] gegenüber, der ein spontanes und teilweise nicht-planbares Vorgehen einfordert. Ebenso wie eine bewusste Verlangsamung[179] der eigenen Wahrnehmung, um ein möglichst vielfältiges Bild des Forschungsgegenstandes zu gewinnen und potenzielle Vorurteile zu vermeiden. Außerdem die Selbstüberraschung, welche Momente der Störung des Forschungsprozesses als besonders förderlich versteht. Und die systematische Kontrolle des Forschungsvorgehens, um zu überprüfen, ob spontane Veränderungen der Forschungsmethoden vorgenommen werden müssen.[180]

Offene Methodenwahl

Mit diesem zweifachen Fokus der offenen Methodenwahl und der reflexiven Rekonstruktion von intersubjektiver Wirklichkeit zeigt sich, dass die qualitativ-rekonstruktive Forschung ihren Schwerpunkt auf eine zugängliche Darstellung von intersubjektiver Erkenntnis legt und dabei jedoch keine logisch verkürzenden, deduktiven, regelgeleiteten Methoden anwendet. Vielmehr wird die Interpretation des Forschungsprozesses möglichst offen gehalten, um vielfältige Blicke auf die Erkenntnis über den Forschungsgegenstand zu ermöglichen. Ihre Eigenschaften können damit als sinnvolle Anregung für die Praxis der Künstlerischen Forschung verstanden werden, jedoch nicht im Sinne einer Übernahme der Methoden, viel eher im Sinne einer Orientierung an den theoretischen Prinzipien.

Potenzial der qualitativ-rekonstruktiven Forschung

Im Folgenden werden die abgeleiteten Prinzipien[181] der Künstlerischen Forschung vorgestellt, deren grundlegender Maßstab es ist, keine direk-

178 | So ist es eines der Hauptanliegen von rekonstruktiver Forschung, einen Sinn induktiv aus den erhobenen Daten herauszuarbeiten und diesen nicht deduktiv in das Material hineinzulegen. Dennoch ist sie sich zugleich bewusst, dass ein vollkommen induktiver Zugang zum Material nicht möglich ist. (vgl. Meinefeld (2008))

179 | Speziell die Eigenschaft der bewussten Verlangsamung macht auf Brüche der Erfahrung aufmerksam. Diese Brüche werden als Potenzial verstanden, da sie auf Differenzen, Unstimmigkeiten, Grenzziehungen, Einschnitte oder Ausschlüsse hinweisen. Das Aufmerken auf jene Brüche, kann dabei in unmittelbarer Nähe zu den Forderungen verstanden werden, die Wolfgang Welsch in Bezug auf die Ästhetische Erfahrung formuliert. (vgl. Welsch (1998), S. 39)

180 | Kruse (2011), S. 12

181 | Die folgenden Prinzipien wurden in Anlehnung an die aufgestellten Prinzipien für eine qualitative Sozialforschung von Kruse entwickelt. (Kruse (2011), S. 50)

Drei Prinzipien der Künstlerischen Forschung

ten Methoden darzustellen, sondern vielmehr Prinzipien zu umreißen, die einem neugierigen, sensiblen, offenen Forschen in der intersubjektiven Lebenswelt entsprechen. Sie stellen demnach den theoretischen Rahmen für Künstlerische Forschung dar, welcher jedoch keine methodischen Vorschriften macht und stattdessen eine grundlegende Orientierung gibt. Jene drei Prinzipien betreffen die intersubjektiv zugängliche Darstellung in der gemeinsamen Lebenswelt(1), die Offenheit der subjektiven Erfahrung(2) und die Unselbstverständlichkeit des Forschungsverlaufs(3).

Die intersubjektiv zugängliche Darstellung in der Lebenswelt

Das erste Prinzip betrifft die intersubjektiv zugängliche Darstellung in der gemeinsamen Lebenswelt und bezieht sich auf die Ausganglage einer intersubjektiven Konstruktion von Wirklichkeit, die einen reflexiven Wechsel zwischen einer subjektiven und intersubjektiven Perspektive in der Forschung einfordert. Denn damit Künstlerische Forschung nicht nur eine subjektive Erkenntnis für eine Person bereithält, sondern sich ebenfalls als intersubjektiv zugängliche Darstellung erweist, muss sie einen nachvollziehbaren Zugang zum Forschungsgegenstand ermöglichen. Jener nachvollziehbare Zugang ereignet sich jedoch nicht wie in den Wissenschaften mit schriftlich strukturierten, statischen oder repräsentativen Darstellungen, sondern mit einer gemeinsamen Erfahrung in der Lebenswelt. Jene Erfahrung ereignet sich im öffentlichen Raum der Gesellschaft, und ermöglicht damit einen direkten intersubjektiven Zugang zum Forschungsgegenstand. Dementsprechend ist der performative Vollzug der Forschung gleichzeitig die Darstellung. Sie äußert sich nicht mehr mit statischen repräsentativen Mitteln und zeigt sich stattdessen mit der gemeinsamen Erfahrung in der Lebenswelt.[182]

Das zweite Prinzip der Künstlerischen Forschung betrifft die Offenheit der subjektiven Erfahrung. Jene Offenheit basiert auf einer bewussten Schulung und Ausdifferenzierung der subjektiv sinnlichen Wahrnehmung der gemeinsamen Lebenswelt.[183] Dadurch werden vielfältige Blickweisen auf den Forschungsgegenstand gefördert und potenziel-

182 | Wie bereits mit partizipativen Darstellungsformen der Kunst aufgezeigt wurde, ermöglichen jene eine methodische Umsetzung, da sie gemeinsame Denk- und Handlungsräume erschaffen, deren Ziel nicht eine eindeutige Aussage, sondern eine gemeinsame Erfahrung ist.

183 | Da diese Tätigkeit bereits direkter Bestandteil von künstlerischen Prozessen ist, ermöglichen unterschiedliche künstlerische Tätigkeiten, die Offenheit der Wahrnehmung zu schulen. Mit einer bewussten Verlangsamung der eigenen Wahrnehmung können beispielsweise eigene Wahrnehmungsmuster, beobachtet und reflektiert werden.

le Vorurteile oder Hypothesen vermieden. Schlussfolgernd erlangen Momente der Selbstüberraschung, Störung, Unstimmigkeit, Andersheit oder Verschiebung im Erfahrungsverlauf eine positive Bedeutung und erhöhen damit die Aufmerksamkeit für die Ästhetische Erfahrung.[184] Dabei erweitern sie gleichzeitig das Bewusstsein dafür, dass jene Aufmerksamkeit auf die Brüche in der Erfahrung bereits reflexiver Natur ist und sie die Ästhetische Erfahrung im eigentlichen Sinne nicht erfasst.[185]

Offenheit der subjektiven Erfahrung

Als drittes Prinzip wird die Unselbstverständlichkeit des Forschungsverlaufs genannt, die darauf verweist, dass keine Tätigkeit während der Forschung selbstverständlich ist. Es können keine sicheren Annahmen oder Planungen in der Forschungsvorbereitung getroffen werden, und alles Selbstverständliche muss hinterfragt werden. Im Vorfeld kann keine konkrete Forschungsmethode, sondern nur ein Methoden-Repetitor festgelegt werden. Auch in Bezug auf die Forschungsfrage zeigt sich, dass diese nicht mehr als selbstverständlich gilt und sie nur noch in der Form einer Vorformulierung, welche sich im Forschungsverlauf verändert, gefasst werden kann.[186]

Die Unselbstverständlichkeit des Forschungsverlaufs

Mit Bezug auf diese drei Prinzipien kann damit abschließend aufgezeigt werden, dass es nicht die wissenschaftliche Forschung auf der einen Seite und die Künstlerische Forschung auf der anderen Seite gibt, sondern einen gemeinsamen Zwischenraum. Innerhalb dieses Raumes wird Forschung als eine Suche verstanden, die keinem methodischen Kanon von bestimmten Regeln folgt, da sie eine prozesshafte, erfahrungsbezogene und intersubjektive Erfahrung ist. Damit sind es nicht mehr zwingend die repräsentativen statischen Verschriftlichungen, die jene Forschungsprozesse strukturieren, sodass die performativen künstlerischen Darstellungsformen eine intersubjektive Erfahrung ermöglichen. Demnach beschäftigt sich die Künstlerische Forschung nicht mehr ausschließlich mit der Frage, was für einen inhaltlichen Gehalt der Forschungsgegenstand hat, und fragt stattdessen gleichsam danach, wie sie den Forschungsgegenstand in der

Zwischenraum von Kunst, Wissenschaft und Gesellschaft

184 | Welsch (1998), S. 38 f.

185 | Waldenfels (2002), S. 176 ff.

186 | Elke Bippus verweist darauf, dass die Methoden der Künstlerischen Forschung nicht ein klares schriftliches Formulieren von relevanten Forschungsfragen oder das verständliche Dokumentieren von Forschungsresultaten miteinschließen. Sondern diese mit ihren künstlerischen Methoden anders verfahren als die Wissenschaft und damit auch ein anderes Wissen erzielen, das nicht mittels Schrift, sondern durch Handlungen und Erfahrung zum Tragen kommt. (Bippus (2012a), S. 9 f.)

gemeinsamen Lebenswelt zur Erfahrung bringen kann.

Ebenfalls wird es mit der Künstlerischen Forschung zur Aufgabe der Forschenden, sich von dem Grundsatz zu lösen, dass das Gesuchte bereits zu Beginn der Forschung bekannt ist. Es geht nicht mehr um ein Aufdecken von kompatiblen oder deckungsgleichen Mustern, die theoretische Vorannahmen bestätigen, sondern um ein Aufmerksamwerden auf die Lebenswelt. Durch das Kombinieren verschiedener Forschungsmethoden ergeben sich dabei für die Künstlerische Forschung Möglichkeiten, überraschende Ergebnisse zu produzieren, die im Besonderen das Aufmerken auf Störungen oder Brüche der eigenen Erfahrung ermöglichen und damit den Blick für die Ästhetische Erfahrung schulen. Jenes Aufmerksamwerden gleicht dabei einer Suchbewegung, die sich erst in wechselseitiger Interaktion mit dem Forschungsgegenstand und den Mitmenschen in der öffentlichen Gesellschaft entwickeln kann.

II. Künstlerische Forschung

Eigenschaften von Künstlerischer Forschung

Im vorliegenden Kapitel wird auf der Basis der bisher vollzogenen Wege zur Künstlerischen Forschung der Versuch unternommen, diese differenziert zu beschreiben. So kann dieses Kapitel auch als eine Konklusion aus den vorherigen Überlegungen verstanden werden, bei der es sich nicht um eine Zusammenfassung handelt, sondern um ein In-Beziehung-Setzen zu den gegenwärtigen Versuchen, Künstlerische Forschung sprachlich zu fassen. Dementsprechend geht es nicht darum, eine eindeutige sprachliche Definition zu erzeugen, vielmehr werden Eigenschaften, die Künstlerische Forschung nahbar machen, beschrieben. Diese Beschreibungen ereignen sich im Folgenden mit zwei Unterscheidungen, zum einen WAS Künstlerische Forschung ist und WIE sie ist.

Aufbau des Kapitels

Im ersten Abschnitt geht es damit vorrangig um eine begriffliche Erfassung der Künstlerischen Forschung, die mit der Kombination der beiden Begriffe **Kunst** und **Forschung** vollzogen wird. Hier verdeutlicht sich, dass Künstlerische Forschung zwar nicht eindeutig definiert werden kann, sie jedoch durch eine Abgrenzung zu anderen Bereichen[187] greifbar wird. Ausgehend von diesen orientierenden Begriffskombinationen wird als zweites der Blick auf die Art und Weise, wie sich Künstlerische Forschung beschreiben lässt, geöffnet, sodass eine fokussierte Annäherung an die Künstlerische Forschung möglich wird. Im zweiten Abschnitt wird diese Annäherung durch die Beschreibung der Eigenschaften der Künstlerischen Forschung, die für die vorliegende Arbeit bedeutsam erscheinen, ausformuliert.[188]

II.I. WAS ist Künstlerische Forschung

Wurde bereits eingangs erwähnt, dass Künstlerische Forschung sich nicht mit einer sprachlichen Definition erfassen lässt, sollen in diesem Kapitel, um dennoch Formen der Orientierung zu schaffen, die Kombinationsmöglichkeiten der beiden Worte **Kunst** und **Forschung** durchgespielt werden.

187 | Diese Bereiche sind im Folgenden die kunsthistorische Forschung und die künstlerische Produktion. Denn beide sind um die Erforschung und Verbesserung von künstlerischen Darstellungsmitteln bemüht.

188 | Diese Auflistung versteht sich nicht als Anspruch, eine Vollständigkeit der Eigenschaften zu erlangen, sondern vielmehr als Anregung für die Lesenden, weitere Eigenschaften hinzuzufügen und sich selbst als Mit-Autoren dieses Textes zu verstehen.

Begriffsklärung

Dieses Spiel wird mit Bezug auf Überlegungen von Florian Dombois vollzogen, welcher sich an der klassischen und viel zitierten Unterteilung von Christopher Frayling: „Research into[189]/through[190]/for[191] art"[192] orientiert. Dombois fügt der fraylingschen Unterteilung **Forschen über/für/durch Kunst** eine zweite globale Unterteilung zu, nämlich die Unterteilung **Kunst über/für/durch Forschung.** Schlussfolgernd ergibt sich ein Spiel aus der Kombination beider Wörter, das ähnlich wie die Kombinatorik der Mathematik versucht, alle Spielarten zu bedenken.

Dass dabei nicht nur Klarheit, sondern auch Verwirrung zustande kommen, ist beabsichtigt, denn der zentrale Aspekt des kombinatorischen Spiels ist es, viel weniger auf mögliche Definitionen aufmerksam zu machen, als auf die unterschiedlichen Sichtweisen hinzuweisen, die beide Begriffe bereits in sich tragen. Diese Sichtweisen sind jene, die beispielsweise Forschung alleinig der Wissenschaft zuordnen und damit Abgrenzungen produzieren. Dennoch können diese Abgrenzungen, solange sie mit einer kritischen Haltung gelesen werden, auch eine Form der Orientierung ermöglichen, die zwar keine Definition leistet, jedoch Kombinationsmöglichkeiten eröffnet. Im Folgenden werden auf der Grundlage dieser kritischen Anmerkung sechs Kombinationsmöglichkeiten vorgestellt.

Kunst über / für / durch Forschung

Kunst über Forschung

Mit einer Kunst über Forschung können jene künstlerischen Praxen bezeichnet werden, die in ihren Darstellungen Themen und Methoden der Wissenschaften zum Ausdruck bringen. So beschäftigen sich Künstschaffende mit Texten, Erkenntnissen und Darstellungen aus der Wissenschaft

189 | Forschen über Kunst bezeichnet die traditionellen Kunstwissenschaften, Kunstgeschichte, die Kunsttheorie, Kunstsoziologie und weitere wissenschaftliche Disziplinen. Allgemein geht es damit um eine Analyse und Beobachtung von Kunst, Kunstproduktion und Kunstrezeption mit traditionellen wissenschaftlichen Methoden, wobei die Ergebnisse klassisch wissenschaftliche Texte sind. (Frayling (1993/1994), S. 5)

190 | Forschen für die Kunst meint Forschungen, die sich in den Dienst der Kunstproduktion stellen. Also in Bezug auf bestimmte Materialien und ihre Verwendung innerhalb von künstlerischen Herstellungsprozessen. Demzufolge sind hier die Forschenden auch oftmals Künstschaffende, die ihre Arbeitsprozesse vorantreiben wollen. Damit sind Ergebnisse dieser Form von Forschung klassische Kunstwerke, die in Ausstellungen präsentiert werden. (Frayling (1993/1994), S. 5)

191 | Forschen durch Kunst umreißt jenen Bereich, bei dem der Forschungsprozess und die Darstellung zusammenfallen, und zwar in einem Artefakt, das kein klassisches Kunstwerk ist, sondern eine Darstellung, die ein Wissen sichtbar macht. (Frayling (1993/1994), S. 5)

192 | Frayling (1993/1994), S. 5

und machen diese zum inhaltlichen Gegenstand ihrer künstlerischen Produktion.[193] Wie Karin Busch aufzeigt, äußert sich jenes Sujet sowohl in der klassischen Malerei[194] als auch in gegenwärtigen Darstellungen[195] und reflektiert vorrangig die Klassifikationen und Techniken von Wissenschaft durch künstlerische Darstellungen. Es kann zusammengefasst werden, dass mit dieser Kombinationsmöglichkeit von Kunst und Forschung ein künstlerisches Wissen über Wissenschaft generiert wird und dieses dabei zum Darstellungsinhalt wird.[196]

Kunst für Forschung

Als Kunst für Forschung werden die direkten Beeinflussungen von Wissenschaft durch künstlerische Prozesse bezeichnet. Hier werden häufig im Zuge von wissenschaftlichen Arbeiten Künstschaffende hinzugezogen, deren Arbeiten eine Auswirkung auf die wissenschaftliche Forschung haben. Beispielhaft kann hier die Bedeutung der Musikdose für die Uhrentechnologie, der Technologietransfer vom Konzertflügels zum Motorrad bei Yamaha oder auch die Entwicklung von neuen Medien für Prototypen der Technologie genannt werden.[197] Diese Kombination verweist darauf, dass die Erkenntnisse aus künstlerischen Arbeiten häufig bestimmte Forschungsprozesse unterstützen oder sie teilweise sogar erst ermöglichen.

Kunst durch Forschung

Kunst durch Forschung ist jene dritte Kombinationsmöglichkeit, die Prozesse bezeichnet, in denen wissenschaftliche Erkenntnisse und Arbeitstechniken in künstlerische Darstellungen überführt werden. Die wissenschaftlichen Prozesse stellen damit die Grundlage für die künstlerische Arbeit dar. Dabei können sich diese jedoch verselbstständigen und zu weiteren Prozessen führen, welche dann selbst zu Forschungsprozessen werden. Dennoch sind die Ergebnisse dieser Forschungen zumeist klassische künstlerische Arbeiten,[198] die entweder einen Impuls aus der Wissenschaft

193 | Dombois (2006), S. 14

194 | Beispiele, die Busch nennt, sind das Bild von Rembrandt „Die Anatomie des Doktor Tul" (1632) oder auch von Joseph Wright of Derbys „Experiment mit dem Vogel in der Luftpumpe" (1767/68). (Busch (2008), S. 93)

195 | Beispiele, die Busch nennt, sind Mark Dion, der Ausstellungsformate von wissenschaftlicher Forschung reflektiert, Fiona Tan, die sich mit der Kategorisierung der Ethnologie in ihren Arbeiten beschäftigt, Inez von Lamswerde, die beispielsweise mit ihren Fotografien das Thema der Genmanipulation thematisiert, oder auch Paul Etienne Lincoln, der einen Aufbau von wissenschaftlichen Versuchsanordnungen inszeniert. (Busch (2008), S. 93)

196 | Busch (2008), S. 93

197 | Dombois (2006), S. 15

198 | Beispielsweise mit dem Pointilismus, der die Abhängigkeit von Farbe und Licht zur Darstellung bringt, die Abstrakte Kunst, die die Wendung von einem Inhalt

übernehmen oder einen Impuls an jene senden. Gleichzeitig verweisen sie bereits auf einen Zwischenbereich von Kunst und Wissenschaft, der sich vorrangig in der Rezeption dieser Darstellungen[199] wiederfindet. Aufgrund dessen zeichnet sich damit bereits ab, dass Kunst selbst zu einer Form der Wissenspraxis werden kann, die sich nicht mehr nur auf bestehende wissenschaftliche Erkenntnisse bezieht, sondern eigenständige Erkenntnisse hervorbringt. Damit verwickeln sich Kunst und Forschung in dieser Kombinationsmöglichkeit insofern, als dass Methoden, Recherche und Wissensgenerierung Einzug in die Kunst erhalten.[200]

Forschung über / für / durch Kunst

Im zweiten Bereich der Kombinationsmöglichkeiten werden nun dieselben Begriffe kombiniert, jedoch von der Forschung herkommend. So heißt es nun Forschung über / für / durch Kunst.[201]

Forschung über Kunst

Begonnen wird mit der Forschung über Kunst, welche die unterschiedlichen Disziplinen der universitären Forschung über Kunst im weitesten Sinne bezeichnet. Besonders in den Geisteswissenschaften haben sich die Kunst-, Musik-, Theater-, Film-, Literatur- und Medienwissenschaften herausgebildet, die mittels klassisch wissenschaftlicher Methoden und Textproduktionen künstlerische Prozesse und Darstellungen eingehend betrachten und analysieren.[202]

Mit einer Forschung für Kunst werden vorrangig jene Forschungen bezeichnet, die vollzogen werden, um die Produktionsbedingungen von künstlerischen Arbeitsprozesses zu verbessern. Diese zeichnet sich aus durch die Entwicklungen von Farben für die Malerei, Instrumente für die Musik, Materialien für die Verbesserungen von Gusstechniken oder auch

zur Darstellung vollzieht oder auch der Surrealismus, der die Psychoanalyse in einer Form der malerischen Darstellung findet.

199 | Beispiele für Darstellungen im Zwischenraum von Kunst und Wissenschaft finden sich bei Leonardo da Vinci oder auch Galileo Galilei, welche je nach Kontext als wissenschaftliche Grafiken oder als Kunstwerke gedeutet werden, in der „Physik als Kunst" von Johann Wilhelm Ritters (1806) und in der „Wissenschaft als Kunst" von Feyerabend. (Dombois (2006), S. 15)

200 | Busch (2008), S. 94

201 | An dieser Stelle sei vermerkt, dass ein forschendes Verständnis nicht mit einem wissenschaftlichen gleichzusetzen ist, sondern dass es darum geht, wie Forschung betrachtet wird. Wird diese nicht als reine Tätigkeit der Wissenschaften betrachtet, ist diese Sichtweise auf die Verknüpfungen von Forschung und Wissenschaften nicht einer Akademisierung gleichzusetzen.

202 | Dombois (2006), S. 13 f.

Druckmaschinen für den Druck. Ebenfalls wird in diesem Bereich für eine fachgerechte Erhaltung von künstlerischen Werken geforscht, sodass Techniken der Restaurierung von historischen wie auch zeitgenössischen Werken entwickelt werden.[203]

Forschung für Kunst

Mit einer Forschung durch Kunst werden abschließend jene Prozesse bezeichnet, bei denen Kunst Forschung ist und Forschung Kunst. Die Verwicklung von beiden Seiten meint, dass Kunst innerhalb dieser Kombination als gleichwertiger Prozess einer Wissenspraxis verstanden werden kann. Jedoch nur unter der Bedingung, dass sowohl Kunst als auch Wissenschaft unter neuen Blickwinkel betrachtet werden. Aufgrund dessen ist Forschung nicht mehr ausschließlich der Wissenschaft zugehörig und Kunst nicht mehr ausschließlich dem Kunstsystem.[204] Sondern beide öffnen sich, und zwar hin zu einer gemeinsamen Lebenswelt.

Forschung durch Kunst

Mit Bezug auf diese drei Variationen zeigt sich in der Tätigkeit des Kombinierens der beiden Worte **Kunst** und **Forschung** das Wesen der Künstlerischen Forschung: Die Schwierigkeit diese klar und statisch zu definieren sowie die unaufhörliche Befragung der gedachten Grenzen. Zwar helfen jene vollzogenen Abgrenzungen, um den Begriff der Künstlerischen Forschung im Vergleich zu anderen Forschungsmöglichkeiten zu fassen, jedoch sagen sie im eigentlichen Sinne nichts über das Wesen der Künstlerischen Forschung aus. Deswegen werden im Folgenden die Eigenschaftsbeschreibungen jener Abgrenzungen wieder geöffnet und es wird versucht, Künstlerische Forschung im Sinne einer beschreibenden Annäherung nahbar zu machen.

II.II. WIE ist Künstlerische Forschung

Die positiven Eigenschaften der Künstlerischen Forschung, die im Folgenden aufgelistet werden, erheben keinen Anspruch auf Vollständigkeit, sondern verweisen auf jene Schwerpunkte, die für diese Arbeit von Bedeutung sind. Damit stellen sie zugleich die Aufforderung an die Lesenden dar, sie zu ergänzen und dadurch zu Mitgestaltenden der Beschreibung zu werden.

203 | Dombois (2006), S. 14
204 | Dombois (2006), S. 15 f.

ENTGRENZEND

Wie sich innerhalb der unterschiedlichen Eingangskapitel verdeutlicht hat, ist die Entgrenzung eines der grundlegenden Merkmale der Künstlerischen Forschung. Diese Eigenschaft kann in ihrer Anwendung wie folgt umschrieben werden: Gedachte und gezogene Grenzen werden wahrgenommen, sie werden bewusst gebrochen und in der Ausführung des Bruches gleichsam reflektiert. Es entsteht Bewegung, die, sobald sie zur Ruhe kommt, wieder neue Grenzen zieht. Dieser Stillstand wird bemerkt und lädt fortan ein, jene Grenzen selbiger Prozedur zu unterziehen. Dieser Kreislauf verspricht nicht, zu einem Ende zu kommen, zu einer abbildenden Darstellung, einer allgemeingültigen Erkenntnis oder einer definitiven Bestimmung, sondern seine Eigenschaft ist es, in Bewegung zu bleiben.

Künstlerische Forschung als kritische Denk- und Handlungsform

Künstlerische Forschung kann, wenn ihre entgrenzende Eigenschaft auf die Wissenschaftsdisziplinen angewandt wird, weder als eine Form der wissenschaftlichen Forschung, welche mit künstlerischen Mittel forscht, noch als eine Kunstproduktion, die mit wissenschaftlich forschenden Methoden[205] arbeitet, verstanden werden. Aufgrund dessen sind die Ergebnisse der Künstlerischen Forschung weder wissenschaftliche Texte noch Kunstwerke,[206] sondern Formate, die zwar einen künstlerischen Forschungsprozess aufweisen, jedoch ihre Darstellung nicht in klassischen Ausstellungen vollziehen.[207] Denn Künstlerische Forschung ist keine eindeutige Methode, sie stellt vielmehr eine kritische Denk- und Handlungsform dar, die mit den Abgrenzungen, die Kunst und Wissenschaft in gleicher Weise produzieren, spielt.[208]

---

205 | Wird Künstlerische Forschung als wissenschaftliche Forschung mit künstlerischen Mitteln dargestellt, kann auch von einer Akademisierung gesprochen werden. Wird der ursprüngliche Freiraum der Künstlerischen Forschung aufgegeben (beispielsweise bei Borgdorff (2012), S. 85) stellt sich die Frage, inwiefern sich ein eigenständiges Potenzial von Künstlerischer Forschung entwickeln kann, da die Strukturen, an die sie sich anpassen muss, von vornherein schon festgelegt sind.

206 | Kunstwerk meint hier das klassische Verständnis von künstlerischer Arbeit, das als Werk innerhalb einer kunstrelevanten Ausstellung präsentiert wird. Wird dieses Verständnis auf die Künstlerische Forschung angewandt, wird diese zu einer reinen Kunstproduktion. Diese Problematik tritt beispielsweise bei Borgdorff auf, der Künstlerische Forschung als einen Prozess beschreibt, der von Künstlern mit künstlerischen Mitteln ausgeführt wird und Kunstwerke als Produkt zur Folge hat, deren Relevanz sich in der Kunstwelt beweisen muss. (Borgdorff (2012), S. 81; Borgdorff (2009), S. 42)

207 | Klein (2015), S. 44

208 | Die Befragung der Wissensgenese nach deren materiellen Bedingung

So kann Künstlerische Forschung nicht mehr disziplinär gedacht werden. Sie ist weder direkt den Künsten noch direkt der Wissenschaft zuzuordnen und die gedachten Trennungen zwischen Subjekt / Objekt, Material / Form, Praxi / Theorie, Suche / Ergebnispräsentation, Randnotiz / Darstellung werden mit ihr verschoben. Mit ihr kann Forschung als Tätigkeit verstanden werden, die in der Lebenswelt stattfindet. Voraussetzung dafür ist es nicht mehr, Künstler, Künstlerin oder Wissenschaftler, Wissenschaftlerin zu sein, sondern entweder keines von beiden oder beides zusammen. Künstlerische Forschung ist damit eine Tätigkeit, die potentiell alle Menschen ausführen können und die dazu beiträgt, Kategorisierungen, Begrenzungen und Ausschlussmechanismen in der Lebenswelt zu hinterfragen. Sie ist dementsprechend kein exklusives Privileg der Wissenschaft, sondern wird zu einer kollektiven Aufgabe für die Gesellschaft.

Disziplinäre Entgrenzung

Als abschließendes Merkmal der Entgrenzung kann aufgezeigt werden, dass Künstlerische Forschung die Darstellungs- und Herstellungsprozesse wieder unmittelbar miteinander verknüpft, sodass die Präsentation der Forschungsergebnisse und der Prozess der Forschung erneut zueinander gebracht werden. Dies geschieht einerseits durch die konkrete Befragung der eigenen Darstellungsmittel[209] und andererseits durch die gemeinsame Realisierung der Forschung und der Ergebnispräsentation.[210] Scheinbar Unwichtiges wie Randnotizen, die im Vollzug der Forschung gemacht werden, oder auch Störungen innerhalb der Forschungen erlangen in gleichwertiger Weise Beachtung wie die Präsentation der Ergebnisse.

Verknüpfung von Forschungsprozess und -präsentation

und die Suche nach geeigneten Darstellungsformen ist nicht ausschließlich in der Künstlerischen Forschung vorzufinden, sondern ebenfalls in wissenschaftlichen Arbeiten. Als Beispiele einer reflektierenden Praxis kann J. Derrida genannt werden, der die Möglichkeiten und Bedingungen von Sprache nicht nur zum Thema seiner Texte macht, sondern diese ebenfalls in seiner Schreibweise und der grafischen Darstellung von Text beweist. (Bippus (2010b), S. 24) Oder auch Christoph Hoffmann, der die Praxis des Darstellens und Schreibens als gleichwertiges epistemisches Verfahren bezeichnet. (Bippus (2010a), S. 18) Ebenso die Transkriptionspraxis der rekonstruktive Interviewanalyse nach Jan Kruse, die in der vorliegenden empirischen Studie zur Anwendung kommt. (Kruse (2011), S. 142 ff.)

209 | Die Befragung der eigenen Darstellungsmittel ist ein wesentliches Merkmal der künstlerischen Ausdrucksweisen, die sie im Unterschied zur traditionellen wissenschaftlichen Darstellungen verkörpert. (Bippus (2010b), S. 23)

210 | Bippus (2012a), S. 18

VERBINDEND

Intersubjektive Bedeutung der Forschung

Ist Künstlerische Forschung entgrenzend, so ist sie gleichzeitig verbindend,[211] beispielsweise in Bezug auf das Forschungsfeld, seine Akteure und den Forschungsprozess. Das Operieren mit Gestaltungsprozessen, das Erfahrbarmachen von Präsentationen, das Aufführen von Darstellungen, das Öffentlichwerden durch Handlungen in der Lebenswelt und das Interagieren mit anderen Menschen ermöglicht es, den Forschungsprozess als Strategie der Wissensgenerierung für Forschende und Betrachtende erfahrbar zu machen. Damit wird die Frage, was Forschung ist, wieder gesellschaftlich verhandelbar und interdisziplinär lebensweltlich gedacht. Etablierte Forschungsmethoden werden gemeinschaftlich reflektiert und kommen in eine Form des Austausches.[212]

Handelnde Darstellungsformen

So werden Disziplinen nicht mit einem dualistischen Blick nur als Form des Gegensatzes verstanden, sondern bieten Anlass zu interdisziplinärem Austausch und Reflexion. Verbindungen entstehen zwischen Wissensweisen, Disziplinen, Forschungsmethoden und Darstellungsformen, und zwar mit dem Anliegen, Forschung in direkten Bezug zur Lebenswelt zu setzen. Dafür werden unterschiedliche Formate verwendet, die häufig Formen des Kollaborativen nutzen.[213] Im Besonderen eignen sich dabei jene intersubjektiven Formate, die sich nicht durch eine kognitive Denkleistung, sondern auch ein gemeinsames Handeln vollziehen. Dadurch werden Formen des gemeinsamen Herstellens, Agierens, Austauschens, Scheiterns, Erfreuens, Überraschtseins, Strukturierens, Suchens, Verwerfens und Andersdenkens gestärkt. Auf diese Weise wird das einseitige Bild sowohl der wissenschaftlichen Forschung im Labor als auch jenes des Künstlers im Atelier durch das gemeinsame Agieren von künstlerisch Forschenden in und mit der Lebenswelt ersetzt.[214]

Jedoch muss bei diesen Ausführungen ebenfalls erwähnt werden, dass jene gelobten Formen der interdisziplinären Forschung häufig überschätzt werden. Schnell wird von interdisziplinärem Arbeiten gesprochen, obwohl keine gemeinsame Ebene der Kommunikation oder Methodik existiert. Denn ohne eine vorangehende, zumeist zeitintensive Investition in die Erar-

211 | Dieses Miteinander ist jedoch nicht als neue Einheit zu verstehen, sondern im Sinne eines bewussten pluralen Miteinanders, das sich der ständigen und unausweichlichen Grenzziehung bewusst ist.

212 | Peters (2014a), S. 8

213 | Peters (2014b), S. 8

214 | Bippus (2010a), S. 17 f.

beitung einer gemeinsamen Kommunikation laufen jene Vorhaben Gefahr, bei einem oberflächlichen Austausch zu bleiben. Denn eine gemeinsame Ebene kann nur dann entstehen, wenn beide Disziplinen bereit sind, sich in die Denkart, Vorgehensweise und Darstellungstechniken der jeweiligen anderen einzuarbeiten. Dabei geht es nicht nur um ein Verstehen, eher um ein Anwenden der fremden Vorgehensweisen, welches Veränderungen im eigenen System auslöst.[215] Beide Disziplinen verschmelzen nicht zu einer neuen Form der Einheit,[216] vielmehr werden die gedachten Grenzen der eigenen Disziplin reflektiert.

Voraussetzungen interdisziplinären Forschens

NEUGIERIG

Künstlerische Forschung verweist darauf, dass die Tätigkeit des Forschens einer Neugierde entspricht, die zu einer Suche führt, deren Ergebnis nicht bekannt ist. Die Forschenden produzieren kein Wissen, das Theorien bestätigt oder überprüft, sie suchen ohne zu wissen.[217] Damit verweisen sie darauf, dass sich Forschung nicht einengen, bestimmen, berechnen oder konkret planen lässt, denn sie benötigen einen Entwicklungsraum, in dem sich ihre Forschung wie eine Expedition in einem unbekannten Terrain verhält und sie ihre Methoden und Strategien durch systematische Improvisation entwickeln.[218] Forschung ist nicht mehr ausschließlich für Künstler oder Wissenschaftler reserviert,[219] sondern all diejenigen, die der Tätigkeit des neugierigen Forschens nachgehen, werden ebenfalls zu Experten.[220]

Systematische Improvisation

215 | Klein (2015), S. 49

216 | Klein zeigt auf, dass der Erkenntnisgewinn eines interdisziplinären Arbeitens nicht durch das synthetischen Aufgehen beider Disziplinen zu einer gemeinsamen Disziplin entsteht, sondern durch das Indisziplin(iert)-Werden. Dies meint ein Bewusstwerden der Grenzen des eigenen Faches, seiner Kategorien und Methoden sowie der Einsicht, dass jede Erkenntnis in der Forschung nicht einen Forschungsgegenstand repräsentiert, sondern vor allem die eigenen disziplinären Bedingungen des Erkennens. (Klein / Kolesch (2009), S. 12 f.)

217 | Bippus (2011), S. 105

218 | Dillemuth (2011), S. 2

219 | Peters zeigt auf, dass ein demokratischeres Verständnis von Forschung eine neue Form der Verantwortlichkeit zur Folge haben muss. Denn wenn Forschung nicht mehr als exklusives Privileg der Wissenschaften, sondern als kollektive Aufgabe aller Mitglieder der Gesellschaft gedeutet wird, macht das diejenigen, die bislang für Forschung zuständig waren, keineswegs arbeitslos. Vielmehr fordert diese Veränderung dazu heraus, jenes Forschen, das von allen Menschen ausgeführt wird, zu ermöglichen und zu organisieren. (Peters (2014a), S. 12)

220 | Dombois (2006), S. 25

Kritik des verwertbaren Wissens

Künstlerische Forschung versteht sich auch nicht mehr als eine Forschung, die Ergebnisse im Sinne eines Outputs[221] herstellt und durch deren Anblick Betrachtende neue Erkenntnisse erlangen,[222] stattdessen schafft sie einen Raum zwischen Darstellungen und Betrachtenden, welcher auf eine gemeinsame Erfahrung neugierig macht.[223] Mit dieser Ausrichtung widersetzt sie sich einem verwertbaren Wissen und schafft keine direkten, erklärenden oder nachvollziehbaren Produkte. Sie befragt im Gegensatz dazu jene regelgeleiteten und ergebnisfixierten Forschungen, wie sie häufig in den Wissenschaften vorzufinden sind. Zwar erscheinen deren Ergebnispräsentationen auf den ersten Blick logisch und nachvollziehbar, jedoch entpuppen sie sich als ein Format, das seine Neugier bereits aufgegeben hat und durch Forschungsparameter, Hypothesen, Regeln und deduktive Schlüsse ersetzt hat.[224] Im Bestfall kann Forschung mit dem Blick auf die Forderungen jener intersubjektiv ausgerichteten Künstlerischen Forschung auch in den Wissenschaften wieder zu einer neugierigen Suche in der Lebenswelt werden.

WIDERSTÄNDIG

Darstellung als intersubjektive Erfahrung

Scheint Künstlerische Forschung keine eindeutige Definition zuzulassen, ist dieser Widerstand nicht als problematische Ungenauigkeit, sondern als Qualität zu verstehen. Denn er verweist darauf, dass die unmittelbaren Erfahrungen und nicht die nachträglich hergestellten Erklärungen von Bedeutung sind.[225] Da diese jedoch nicht mit klassischen Mitteln der Darstellung erfasst werden können, ergeben sich mit der Forschung vielmehr Fragen als eindeutige Antworten. Die Bruchhaftigkeit von Erfahrung tritt hervor. Sie gleicht einer paradoxen Bewegung, sich selbst außerhalb eines Erfahrungsfeldes zu betrachten und gleichzeitig darin einzutreten. Zwar lässt sich diese Form der Erfahrung nicht delegieren, verhandeln, darstellen oder reduzieren, sie ist jedoch erfahrbar.[226] Dabei

221 | Wie Bippus aufzeigt, ist es mehr als fraglich, ob Ergebnisse der Forschung in dem Format einer Ausstellung gezeigt werden können. Sie verweist darauf, dass vielmehr Formate gefunden werden müssen, bei denen sich Formen des Experimentierens ereignen, in denen Forscher und Betrachter gleichermaßen aktiv sind. (Bippus (2012a), S. 16 f.)
222 | Bippus (2010b), S. 23
223 | Bippus (2012a), S. 16 f.
224 | Dillemuth (2011), S. 2
225 | Latour (2012), S. 31 ff.
226 | Klein (2010), S. 25

verweist sie auf die Notwendigkeit, den erfahrenden Charakter von Darstellungen wiederzubeleben, und fordert dazu auf, nach Darstellungsformen zu suchen, die intersubjektive Erfahrungen bereits als Form der Darstellung verstehen.

REFLEXIV SUBJEKTIV

Da jede Tätigkeit des Forschens subjektiv ist, gilt es, Strategien zu finden, die diese Ausgangslage akzeptieren. Diesbezüglich zeichnen sich vor allem in der künstlerischen Praxis, aber auch in der rekonstruktiven Sozialforschung Umgangsformen aus, welche die subjektiven Bedingungen von Erkenntnis anerkennen und reflexive Praxen entwickeln. Es geht nicht mehr um die Erarbeitung eines neuen Verständnisses von Objektivität, sondern um einen reflexiven Umgang mit Subjektivität.[227] Diese wird in der Künstlerischen Forschung nicht mehr als unangenehmes Vehikel interpretiert, vielmehr als grundlegende Bedingung jeder Erkenntnis. Die Forschenden werden in der Doppeldeutigkeit der subjektiven Konstruktion und der reflexiven Gestaltung des Forschungsgegenstandes ernst genommen. Die reflexive Subjektivität der Künstlerischen Forschung äußert sich dabei in ihren Darstellungsformen, bei denen sie durch ihre reflexive Doppeldeutigkeit[228] die medialen Bedingungen der Darstellung mitbedenkt und Formen der Präsentation erfolgen, die ihre Medialität reflektieren und diese Reflexion gleichzeitig zu erkennen geben.[229]

Reflexion der subjektiven Erkenntnisbedingung

So zeigt sich mit dieser Ausrichtung, dass die Künstlerische Forschung eine Form der Suche erzeugt, die Subjektivität in der Forschung neu entfaltet und jene Kräfte, die bisher für das Aufrechterhalten der Objektivität aufgewendet wurden, für die reflexiven Praxen der Subjektivität einsetzt. Dadurch wird jede Form der Darstellung in einem direkten Bezug zur forschenden Person und zu den historischen, intersubjektiven und gesellschaftlichen Kontexten betrachtet.[230]

227 | Royo u.a. (2014), S. 30 f.

228 | Die reflexive Doppeldeutigkeit meint die Eigenschaft einer künstlerischen Darstellung, auf beide Seiten einer Darstellung hinzuweisen, welche den Inhalt und die Medialität des Inhaltes betreffen. Demzufolge sind künstlerische Darstellungen nicht nur Darstellungen von Inhalten, sondern gleichzeitig deren Reflexionsmedien. (Brandstätter (2008), S. 76) Künstlerische Forschung beachtet darüber hinaus, dass jene Reflexionen in direkter Abhängigkeit zu den Betrachtenden stehen. (Busch (2011), S. 77)

229 | Bippus (2008), S. 109 f.

230 | Dombois (2006), S. 28

INTERSUBJEKTIV

Gesellschaftlich relevante Forschung

Das ursprüngliche Bestreben der Wissenschaft, ein Wissen zu produzieren, das für mehrere Menschen von Bedeutung ist, wird in der Gegenwart zumeist nicht eingelöst. Denn die Erkenntnisse sind nur für fachspezifische Expertengruppen zugänglich und Forschungsprozesse werden allzu oft nicht nachvollziehbar dargestellt.[231] Damit Forschung dennoch für mehrere Menschen eine Bedeutung erlangt, muss sie Formen der Diskussion, Beteiligung und Mitgestaltung ermöglichen, damit neben schriftlichen Darstellung auch intersubjektive Erfahrungen Bedeutung erlangen. In Bezug auf diese Forderung erweisen sich für die Künstlerische Forschung die partizipativen Darstellungsformen der künstlerischen Praxis als besonders geeignet, da diese eine gesellschaftlich relevante Erfahrung im Sinn haben. Mit ihnen werden intersubjektive Erfahrungen im öffentlichen Raum[232] möglich, durch die Erkenntnisse in einem gemeinsamen Handlungsraum zur Darstellung kommen können, sodass eine direkte Beteiligung mehrere Menschen am Forschungsgegenstand möglich wird.

PROZESSHAFT PRODUKTIV

Performative Wissenspraxis

In der wissenschaftlichen Praxis werden häufig nur die Ergebnisse der Forschung dargestellt, wohingegen Künstlerische Forschung das Anliegen formuliert, Forschungsprodukt und -prozess wieder in gleichwertiger Weise zu beachten. Deswegen problematisiert sie die Differenz zwischen Entstehung und Präsentation von Erkenntnis und verweist darauf, dass Wissen durch seine Herstellungsprozesse bedingt ist. Dabei verwirklicht sie ihr Anliegen durch den Rückgriff auf performative künstlerische Praxen, welche die Darstellung von Erkenntnissen in Verknüpfung mit der Herstellung betrachten, sodass sich Forschung als ein intersubjektiver Gestaltungsprozess entwickeln kann, der nicht mehr versucht, eine Wirklichkeit abzubilden und diese stattdessen situativ herstellt.

Demzufolge geht es der Künstlerischen Forschung um ein Erfahrbarmachen von Erkenntnis, bei der die Performativität, Medialität, Intersubjektivität und Situiertheit von Wissen deutlich wird.[233] Durch diesen Schwerpunkt übernimmt sie die Verantwortung, Erkenntnisprozesse und Darstellungs-

231 | Latour (2012), S. 43 f.
232 | Werden jene intersubjektiven Erfahrungen im öffentlichen Raum ausgeführt, können ebenfalls die räumlichen, situativen, historischen und intersubjektiven Bedingungen im Darstellungsvollzug mitbedacht werden.
233 | Peters (2014b), S. 8

weisen von Wissen neu zu verhandeln und diese diskutierbar, kommunizierbar und nachvollziehbar zu machen.[234] Wissen wird nicht mehr als ein Produkt verstanden, sondern als Praxis, die sich mit dem Vollzug der Forschung ereignet.[235]

ÄSTHETISCH WISSEND

Künstlerische Forschung stellt kein direkt abrufbares, verifizierbares oder eindeutig darstellbares Wissen her, viel eher sucht sie nach störenden Unstimmigkeiten und Problemen im Forschungsfeld. Dementsprechend unternimmt sie keine empirischen Experimente, die theoretische Hypothesen überprüfen, sondern sucht nach Widerständen und Brüchen in der Erfahrung.[236] Denn mit diesen eröffnet sich eine andere Form des Wissens, das auf die ästhetische Struktur der Erfahrung aufmerksam macht und deren Ausschlüsse, Differenzen, Unvollkommenheit und Pluralität sichtbar macht.[237]

Brucherfahrung

Somit werden mit der Künstlerischen Forschung auch jene Formen des Wissens ernst genommen, die nicht nur auf logischen Denkleistungen aufbauen, sondern die durch prozessbezogenes Handeln in der Lebenswelt entstehen. Diese Formen des Wissens können auch als Erfahrungswissen, sinnliche-emotionales Wissen, körperliches Wissen (embodied knowledge) oder Handlungswissen bezeichnet werden.[238] Künstlerische Forschung verweist darauf, dass Wissen nicht eine logische rationale Reduzierung von Lebenswelt ist und viel eher eine Form der unstrukturierten Erfahrung in der Lebenswelt darstellt.[239] Schlussfolgernd werden Formen des Wissens, die sich nur in der selbstverant-

Ästhetische Wissensformen

234 | Royo u.a. (2014), S. 25

235 | Bei dieser Praxis erlangen ebenfalls die ursprünglich nebensächlichen Formen des Aufschreibens, Notizenmachens, Skizzieren, Zeichnen, Sammelns oder auch Protokollierens eine neue Bedeutung. Dadurch können jene Prozesse der Suche zur Darstellung kommen. (Bippus (2012a), S. 14)

236 | Royo u.a. (2014), S. 28 f.

237 | Welsch (1998), S. 38

238 | Jene Formen des Wissens sind nicht explizit, deklarativ, statisch oder objektbezogen, sondern vielmehr prozedural, verbal und implizit. (Klein (2010), S. 27)

239 | Die Form der unstrukturierten Erfahrung als Grundlage von Wissen orientiert sich an dem, was Maurice Merleau-Ponty als wildes Denken bezeichnet hat und was keiner mathematischen Rationalität folgt, sondern den chaotischen, nicht rational geordneten Strukturen, die sich in Formen der natürlichen Dezentrierung und Unüberschaubarkeit in der Lebenswelt zeigen. Diese verweisen im Besonderen auf die Wechselseitigkeit von Erfahrung, welche auf die Uneindeutigkeit von Erkenntnis verweist. (Meyer-Drawe (1986), S. 269 ff.)

worteten Erfahrung zeigen, wieder ernst genommen und die reduzierte Frage nach Inhalten verschiebt sich auch auf die Art und Weise, wie sich diese zeigen und inwiefern sie die Vorstellung von dem, was Wissen ist, beeinflussen.[240]

METHODISCH VIELFÄLTIG

Eigenständigkeit der Künstlerischen Forschung

Methoden der Künstlerischen Forschung können nicht in Anlehnung an die Wissenschaft, sondern nur mit einer eigenständigen Suche entwickelt werden.[241] Dazu nutzt die Künstlerische Forschung ein weites Spektrum von unterschiedlichen künstlerischen Praxen, zu denen unter anderem die Recherche, die Beobachtung, das Experiment, die Exploration, die Intervention, die Partizipation, die prozesshafte Dokumentation, die performative Handlung und das Sammeln zählen.[242] Dennoch erweisen sich bei jener Suche nicht nur die handelnden Forschungsstrategien als entscheidend, denn die reflexiven, systematischen, sprachlich formulierenden und ordnenden sind ebenfalls bedeutsam.[243] Es kann zusammengefasst werden, dass die Methoden der Künstlerischen Forschung sowohl öffnende wie auch strukturierende Tendenzen aufweisen, welche der Anforderung folgen müssen, dass die gewählten Forschungsmethoden zum Forschungsgegenstand passen. Denn nur so können sich Inhalt und Form in einer wechselseitigen Beziehung entwickeln.[244]

240 | Bippus (2012a), S. 7 f.

241 | Werden die Methoden aus den Wissenschaften übernommen, führt dies dazu, dass Künstlerische Forschung in einer Form der Akademisierung endet. Ein Beispiel für diese Problematik lässt sich bei Henk Borgdorff auffinden. In seinen Überlegungen zur Forschung versucht er, grundlegende Kriterien für eine Künstlerische Forschung aus den Wissenschaften abzuleiten. (Borgdorff (2009), S. 34)

242 | Peters (2014a), S. 8

243 | Klein (2010), S. 27

244 | Diese Anforderung sollte jedoch nicht zu einer einseitigen Ausrichtung der Forschungsmethoden am Forschungsgegenstand führen, sondern zu einem reflexiven Befragen der wechselseitigen Beeinflussung beider.

Teil 2

I. Künstlerische Forschung in der Kunstpädagogik

Forschung als Lernprozess

Forschende Tätigkeiten sind eng mit emanzipatorischem und selbstkritischem Denken verknüpft. Wird Forschung als Lernform verstanden, fordert sie die Verantwortung der Forschenden ein, ihre Wahl der Methoden und Inhalte zu begründen. Sie verweist darauf, dass Bildung nicht die Aneignung eines überlieferten Wissens ist und sich im Gegensatz dazu in selbstbestimmten Praxen vollzieht, die zu einem Suchen, Problematisieren, Erkennen und Darstellen führen. Damit können sich durch die Forschung Momente ereignen, bei denen die Lernenden kein propositionales Wissen vermittelt bekommen und sich stattdessen durch diese selbstverantworteten forschenden Tätigkeiten ein prozedurales Wissen aneignen.[245]

Selbstverantworteter Wissenserwerb

Findet Künstlerische Forschung eine praktische Anwendung, kann sie schlussfolgernd als selbstbestimmter Wissenserwerb verstanden werden, bei dem Phänomene der Lebenswelt erkundet werden. Wobei jene Erkundungen ein Wissen zum Ziel haben, das sich durch einen intersubjektiven Austausch entwickelt und für mehrere Menschen von Bedeutung ist. Dies ist weder objektiv noch allgemeingültig, stattdessen intersubjektiv zugänglich durch den gemeinsamen Forschungsvollzug. Dabei meint seine Zugänglichkeit keine logisch nachvollziehbare Darstellung, sondern eine performative Handlung, die durch die Beteiligung mehrerer Menschen entsteht und ein Involviertsein einfordert, das Austausch, Diskussion und Beteiligung miteinschließt.

Kunstpädagogisches Vermittlungspotenzial

Mit diesen Eigenschaften weist Künstlerische Forschung ein vielfältiges Potenzial auf, um in einer kunstpädagogischen Vermittlungssituation zur Anwendung zu kommen. Jedoch müssen sich mit dem Anliegen der Vermittlung die bisherigen Blickweisen auf die Künstlerische Forschung verändern. Der Fokus kann nicht auf der allgemeinen Anwendung einer Künstlerischen Forschung liegen und muss sich spezifisch auf die Möglichkeiten einer kunstpädagogischen Vermittlung richten. So geht es im folgenden Teil der Arbeit nicht um eine allgemeine theoretische Annäherung an Künstlerische Forschung in der Kunstpädagogik, sondern um konkrete Fragen[246] in Bezug auf die Anwendung von Künstlerischer Forschung

245 | Bippus (2016), S. 40

246 | Jene Fragen sind beispielsweise: Wie kann Künstlerische Forschung in einer kunstpädagogischen Vermittlungssituation zu Anwendung kommen? Wie kann diese Anwendung empirisch beforscht werden? Welche wissenschaftlichen Forschungsmethoden sind mit den theoretischen Ausrichtungen der Künstlerischen Forschung vereinbar? In welcher Weise kann diese Beforschung in einer wissen-

in Vermittlungssituationen. Da sich dieses Anliegen nicht in der Theorie entwickeln kann, werden die nachfolgenden Darstellungen des kunstpädagogischen Teils durch empirische Erkenntnisse einer qualitativ-rekonstruktiven Forschungsstudie gestützt. In der empirischen Forschung wurde vorrangig beachtet, welches Potenzial die Künstlerische Forschung in einer Vermittlungssituation aufweist, weshalb folgende Fragen gestellt werden müssen:

Zentrale Forschungsfragen

Welche Potenziale weist die Künstlerische Forschung in einer kunstpädagogischen Vermittlungssituation auf? Und inwiefern können dieses Potenziale durch eine empirische Forschung und deren Darstellung in dem vorliegenden wissenschaftlichen Format erprobt werden?

Die Künstlerische Forschung wird im anschließenden Teil der Arbeit nicht auf einer rein theoretischen Ebene in der Kunstpädagogik verortet oder durch ein abstraktes Theoriemodell vermittelt, sondern es werden konkrete Anregungen für die praktische Umsetzung gegeben. Der Schwerpunkt der Darstellung liegt auf einer empirisch erprobten Vermittlungssituation, von welcher ausgehend allgemeine theoretische Schlussfolgerungen gezogen werden. Nachdem diese Schlussfolgerungen in der empirischen Umsetzung durch die wissenschaftlichen Forschungsmethoden der qualitativ-rekonstruktiven Forschung methodisch gestützt wurden, können diese mit dem vorliegenden schriftlich wissenschaftlichen Format dargestellt werden.

Empirische Forschung

Bei dieser wissenschaftlichen Forschung handelt es sich bewusst nicht um die empirische Überprüfung eines theoretischen Konzeptes oder um eine regelgeleitete, hypothesenorientierte Forschung, die den Prinzipien der Künstlerischen Forschung entgegengesetzt ist, sondern um die induktive Beforschung einer praktischen Umsetzung, welche ihre theoretischen Schlussfolgerungen aus der Empirie ableitet. Denn die Prinzipien der angewandten qualitativ-rekonstruktiven Forschungsmethoden stehen in unmittelbare Nähe zu denen der Künstlerischen Forschung und ermöglichen es damit, auch im kunstpädagogischen Teil der Arbeit eine konsequente Verknüpfung von Forschungsinhalt und -methode zu verfolgen.[247] Abschließend steht die nachfolgende wissenschaftliche und

---

schaftlichen Arbeit möglichst nachvollziehbar dargestellt werden? Welche theoretischen kunstpädagogischen Potenziale können aus der praktischen Umsetzung geschlussfolgert werden?

247 | Die unmittelbare Nähe der Forschungsprinzipien wurde bereits dargestellt, siehe Kapitel: Forschung: Intersubjektive Erfahrung des Forschungsgegenstan-

damit schriftliche Darstellung in keinem Widerspruch zu den bisherigen Überlegungen, sondern zeigt vielmehr auf, wie sich eine Forschung im Zwischenraum von Kunst, Wissenschaft und Gesellschaft auch von Seiten der Wissenschaft aus ereignen kann.

Aufbau des Kapites

Um eine leserfreundliche Darstellung zu ermöglichen, die sich vom allgemeinen zum individuellen Einzelfall bewegt, eröffnet die theoretische Verortung in der Kunstpädagogik den folgenden Teil der Arbeit. Zwar ist diese Setzung dem geschilderten praktischen Vorgehen entgegengesetzt, gleichzeitig ermöglicht sie aber einen geeigneten Einstieg in das vorliegende wissenschaftliche Format. So werden die allgemeineren theoretischen Schlussfolgerungen[248] für die kunstpädagogische Vermittlungspraxis, die sich aus der empirischen Durchführung der qualitativ-rekonstruktiven Beforschung ergeben haben, an den Anfang gestellt. Sie geben einen Überblick, welchen kunstpädagogischen Positionen(1) die Künstlerische Forschung zuzuordnen ist und wie sie sich von ähnlichen Konzepten wie beispielsweise der Ästhetischen Forschung unterscheidet. Von dieser knappen, aber dennoch orientierenden Verortung aus wird die Künstlerische Forschung in einer allgemeinen Darstellung in Bezug auf ihre Forschungsmethoden und Forschungsthemen in einer Vermittlungssituation(2) vorgestellt. Wegen ihrer Ausrichtung an performativen Verfahren und dem vermittlungsbezogenen Ansatz wird sie nachfolgend in der kunstpädagogischen Anwendung als **Performative Künstlerische Forschung** bezeichnet, sodass auch auf einer sprachlichen Ebene eine Unterscheidung zwischen einer allgemeinen Anwendung und einer kunstpädagogisch vermittelten Anwendung getroffen werden kann.

Die Darstellung des Praxis-Tools(3) fasst die Überlegungen der vorherigen Kapitel zusammen und stellt die einzelnen Schritte einer kunstpädagogischen Vermittlungssituation so übersichtlich dar, dass sie als konkrete Anregung für die Praxis dienen kann. Um darüber hinaus die Praxisbezüge noch weiter zu vertiefen, wird ein konkretes Beispiel(4) der

des, S. 65. Ebenfalls kann an dieser Stelle erwähnt werden, dass die empirische Beforschung der kunstpädagogischen Anwendung von Künstlerischer Forschung der erste Schritt dieser Arbeit war, sodass erst im Nachfeld die theoretischen Kapitel, die in der Struktur der Arbeit zu Beginn stehen, entwickelt wurden. Diese induktive Vorgehensweise wurde bewusst gewählt und steht in direktem Zusammenhang zu den Prinzipien der qualitativ-rekonstruktiven Forschung, die ein induktives Vorgehen verfolgt, anstatt deduktiv theoretische Konzepte in der Empirie zu überprüfen.

248 | Mit den Auswertungen der einzelnen Fallbeispiele, welche sich im dritten Teil dieser Arbeit finden, werden diese Schlussfolgerungen direkt nachvollziehbar.

kunstpädagogischen Vermittlung vorgestellt, welches bereits der empirischen Umsetzung der vorliegenden Arbeit entspricht. Anknüpfend an diese Praxisbezüge wird in dem darauffolgenden Kapitel das kunstpädagogische Potenzial der Performativen Künstlerischen Forschung(II.) vorgestellt, mit welchem bereits die erste Verbindung zum dritten Teil der Arbeit, der differenzierten Darstellung der qualitativ-rekonstruktiven Forschungsstudie, ersichtlich wird.

I.I. Kunstpädagogische Verortung

Wird nach dem kunstpädagogischen Potenzial der Künstlerischen Forschung gefragt, verortet sich diese Frage in einem unmittelbaren Bezug zur Ästhetischen Erfahrung. Da diese zum einen die Grundlage einer potentiellen Erkenntnis der Künstlerischen Forschung ist und zum anderen einen Konsens im Fachbereich der Kunstpädagogik ermöglicht.[249] Denn trotz der unterschiedlichen kunstpädagogischen Positionen, deren Ansichten — WAS eine Ästhetische Erfahrung ist — unterschiedlich sind, wird die Ästhetische Erfahrung als übergreifendes Anliegen von Vermittlungszielen benannt. Im Zuge dieser Ausrichtung beschäftigen sich zahlreiche Veröffentlichungen mit der Frage, welche strukturellen Voraussetzungen eine Ästhetische Erfahrung fördern. Darüber hinaus wird sie in Lehrplänen verschiedener Schularten und Schulstufen als übergreifendes Leitziel genannt oder als zentrales Argument in kunst-, kultur- und bildungstheoretischen Diskursen verwendet.[250]

Ästhetische Erfahrung als kunstpädagogischer Konsens

Trotz dieser skizzierten Gemeinsamkeiten zeigt sich, dass jene kunstpädagogischen Ausrichtungen sich auf eine schwer greifbare Erfahrung stützen, die im eigentlichen Sinne sprachlich nicht fassbar ist. Denn wie bereits in dieser Arbeit mit den theoretischen Ausführungen zur Ästhetischen Erfahrung dargelegt wurde, stellt diese vorrangig eine bruchhafte[251] menschliche Erfahrung dar, die zwar sprachlich umschrieben werden kann, jedoch nicht eindeutig definierbar ist. Es müssen kunstpädagogische Konsequenzen gezogen werden, die nicht mehr die Frage danach stellen, WAS Ästhe-

Definitionsproblematik

249 | Peez (2008a), S. 26 f.
250 | Sabisch (2009), S. 5 ff.
251 | Der Bruch der Erfahrung wurde bereits in Bezug zu den Überlegungen von Waldenfels thematisiert. Dieser meint jenen Moment, in dem der Mensch erst nachträglich auf die Erfahrung aufmerksam wird. Damit deutet sich zum einen an, dass Erfahrung ungreifbar, in sich gebrochen und lückenhaft ist und zum anderen, dass sie nur in einem nachträglichen Sinne beschreibbar ist. (vgl. Waldenfels (2002), S. 58 f.)

tische Erfahrung ist, sondern WIE diese bewusst wahrgenommen werden kann.[252] Die Umformulierung dieser klassischen Frage verweigert sich dabei bewusst dem Anliegen, die Ästhetische Erfahrung durch eine repräsentative schriftliche Definition zu erfassen, und stellt stattdessen die Möglichkeit bereit, sich der Ästhetischen Erfahrung praxisbezogen anzunähern.

So werden jene Prozesse, wie über Ästhetische Erfahrung in Vermittlungssituationen kommuniziert werden kann und welche Rahmenbedingungen sie zur Anwendung bringen, zentral gesetzt. Diese Herangehensweise kann zum einen als praxisbezogene Konsequenz aus den theoretischen Überlegungen zur Ästhetischen Erfahrung verstanden werden und zum anderen ermöglicht sie es, die Bedingungen und die Kommunikationsmöglichkeiten von Ästhetischer Erfahrung zu befragen.[253] Damit orientiert sich die Verortung der Künstlerischen Forschung im kunstpädagogischen Fachbereich vorrangig an den Rahmenbedingungen einer Ästhetischen Erfahrung, die sie versucht in Bezug zu gegenwärtigen Orientierungen herauszuarbeiten. Davon ausgehend lassen sich Fragen ableiten, inwiefern die Künstlerische Forschung einen offenen, aber dennoch orientierungsgebenden Rahmen für Ästhetische Erfahrungen bereitstellt, wie sie kommunizierbar wird und welches Potenzial durch die Anwendung sichtbar wird. Deshalb wird die nachfolgende theoretische Orientierung im Fachbereich der Kunstpädagogik nur als knappe Orientierung ausgeführt, die nicht an spezifischen Einzelpositionen vollzogen wird, sondern sich an grundlegenden Orientierungen ausrichtet, welche im Folgenden die Bild-Orientierung,[254] die Kunst-Orientierung,[255] die Ästhetische Forschung als Orientierung[256] und die Performative Orientierung[257] sind.

Rahmenbedingungen für die Praxis

252 | Sabisch (2009), S. 15
253 | Sabisch (2009), S. 16 f.
254 | Die Bildorientierung kann als eine Weiterentwicklung der Position Gunter Ottos verstanden werden, bei der davon ausgegangen wird, dass Bilder ein unverzichtbares Element einer allgemeinen Bildung sind. (Grünewald (2009), S. 14 f.) Bekannte Vertretende dieser Orientierung sind: Rolf Niehoff, Johannes Kirschenmann, Kunibert Bering, Ulrich Heimann, Joachim Littke und Alarich Rooch.
255 | Die Orientierung der künstlerischen Bildung kann als Weiterentwicklung der Position von Gert Selle gedeutet werden. Bekannte Vertretende dieser Orientierung sind beispielsweise: Carl-Peter Buschkühle, Günther Regel, Joachim Kettel, Mario Urlaß, Lutz Schäfer.
256 | Die Ästhetische Forschung oder auch als Subjektorientierung bezeichnete Position bezieht sich im weitesten Sinne auf die Position von Helga Kämpf-Jansen, die sich mit ihrem Konzept der Ästhetischen Forschung vorrangig am handelnden Subjekt orientiert. (Peez (2005), S. 84 f.)
257 | Ausgehend vom *Performativen Turn*, der sich in unterschiedlichen Fachbereichen und Wissenschaftsdisziplinen zeigt, entwickeln sich ebenfalls in der Kunstpädagogik Positionen, die ihre Schwerpunkte auf Handlungsformen, Ereignisse

Orientierung Bild

Innerhalb der Bildorientierung wird dem Bild eine gesteigerte Bedeutung zugewiesen. Mit Bezug zum Bildungsauftrag des Faches Kunst wird der rezeptive, gestaltende, untersuchende, deutende und erlebende Umgang mit Bilder zum zentralen Gegenstand einer Ästhetischen Erfahrung. Denn das Bild wird nicht mehr nur als alleinige Darstellung, sondern auch als Gestaltungsmittel von Kultur verstanden.[258] Im Zentrum der Orientierung steht die konsequente Förderung einer Bildkompetenz, bei der Bilder als Kommunikation, Erkenntnismittel, Zeugnisse und als Gestaltungsmittel von Kultur verstanden und erfahren werden.

Zu diesem Zweck werden verschiedene Bilder ins Zentrum der kunstpädagogischen Praxis gesetzt, die nicht mehr wie zu Beginn bei Gunter Otto als Ästhetische Erziehung mit einer *„Praxis des Auslegens in und von Bildern"*[259] betrachtet werden und stattdessen mit ihren Bezüge zu gesellschaftlichen und kulturellen Tradition interpretiert werden. Bilder werden schlussfolgernd in ihrer Doppeldeutigkeit als spezifische Produkte einer künstlerischen Bedeutungsherstellung und als deren Gestaltungsmittel verstanden. Zwar wird das Bild noch immer als abstrakter Träger kognitiver, kommunikativer und sozialer Prozesse verstanden, jedoch muss es zugleich durch die gegenwärtigen Fragen der Darstellbarkeit auf seine Bedingungen durch andere Bildträger befragt werden.

Gesellschaftliche Doppeldeutigkeit von Bildern

Demnach machen die unterschiedlichen Positionen der Bildorientierung darauf aufmerksam, dass Bilder nicht mehr nur als kulturelle Zeugnisse verstanden werden können, sondern zugleich Werkzeuge der kulturellen Gestaltung sind.[260] Mit dem Verweis auf den *Iconic Turn* (Gottfried Boehm) und den *Pictorial Turn* (W.J.T. Mitchell) werden die produktiven Umgänge mit Bildern als Gestaltungsprozess einer Ästhetischen Erfahrung gedeutet.

Dieses knapp formulierte Anliegen der Bildorientierung, Bilder in ihren Eigenarten, Zusammenhängen und Wirkungen zu verstehen, ist ein wichtiges Anliegen, um einen spezifischen Bildungsauftrag für das Schulfach Kunst zu formulieren.[261] Jedoch zeigen sich neben diesen Positionen, die sich an Bildern als Objekte der Ästhetischen Erfahrung orientieren, weitere

---

und körperlich erfahrbare Prozesse richten. (Lange (2006), S. 9 f.) Bekannte Vertreterinnen dieser Position sind: Marie-Luise Lange, Hanne Seitz, Sybille Peters, Maria Peters und Andrea Sabisch.

258 | Niehoff, S. 2

259 | Otto / Otto (1987)

260 | Meyer (2008), S. 14

261 | Niehoff, S. 1 f.

Positionen, welche die Ästhetische Erfahrung mehr mit einem künstlerisch handelnden und forschenden Schwerpunkt beachten und damit für die Künstlerische Forschung als kunstpädagogische Methode von größerem Interesse sind. Zu ihnen zählen die bereits genannte Kunst-Orientierung, die Orientierung der Ästhetischen Forschung und die Performative Orientierung. Jene werden nachfolgend vorgestellt, um davon ausgehend die Künstlerische Forschung in der Kunstpädagogik zu verorten.

Orientierung Kunst

Die Positionen der Kunstorientierung verweisen darauf, dass neben der geforderten Basiskompetenz eines kulturell bedingten Bildumganges ebenfalls das künstlerische Handeln und Denken als gleichwertige Kompetenz beachtet werden muss. Jenes künstlerische Denken zeichnet sich durch seinen Kontrast zu einer kognitiv logisch nachvollziehbaren Leistung ab. Es ereignet sich nicht vorrangig im Umgang mit Bildern, sondern durch ein eigenständiges künstlerisches Handeln, dessen Ausführung in engem Zusammenhang mit Ästhetischer Erfahrung steht. Dadurch erlangt das Durchleben künstlerischer Prozesse in dieser Orientierung eine zentrale Bedeutung, die sich jedoch nur in der selbstverantworteten Umsetzung ereignen kann.

Ästhetische Erfahrung als künstlerisches Handeln

Die künstlerische Arbeit, die den wechselseitigen, polaren und widersprüchlichen Charakter der Kunst in der Handlung eröffnet, ist jene entscheidenden Tätigkeit, mit der sich ein künstlerisches Denken entwickelt, das die oben genannten Charakterzüge aufweist.[262] Dieses Denken erfährt nicht nur eine Anwendung in Bezug auf die Kunst, sondern ist umfassend zu verstehen — gleichsam wie Kunst in Anlehnung an Joseph Beuys als direkte Verbindung zur alltäglichen Lebenswelt. Das künstlerische Denken umschreibt vielmehr eine umfassende Haltung, die auch andere Schulfächer, die Lebenswelt und die Persönlichkeit betrifft und durch dessen Charakter jedes Denken grundlegend umstrukturiert wird.[263]

Künstlerisches Denken

Schlussfolgernd plädieren die Positionen der künstlerischen Orientierung dafür, das kunstdidaktische Handeln als analoge Praxis zu einer künstlerischen Handlung zu verstehen, deren Ziel es ist, die Theorie und die Praxis eines künstlerischen Denkens im gesamten Bildungsgeschehen zu etablieren. So wird Kunstpädagogik bewusst nicht vom Bild oder von den bildgenerierenden Medien her gedacht, sondern aus der Kunst heraus. Sie wird mit Bezug auf die Erweiterung des Kunstbegriffs in Beziehung zu anderen gesellschaftlichen Bereichen gesetzt, die in einer eigenständigen künstlerischen

262 | Buschkühle (2008), S. 18
263 | Buschkühle (2008), S. 20

Produktion intensiv erfahren werden können. Künstlerische Bildung meint damit die Erarbeitung einer künstlerischen Denkweise durch das eigenständige Praktizieren von künstlerischen Denk- und Handlungsweisen.[264]

Diese Orientierung versteht die Ästhetische Erfahrung als zentralen Ausgangspunkt, welche sie nicht an einem bestimmten Objekt festmacht und dem entgegengesetzt als grundlegende ästhetische Struktur in jeder Erfahrung hervortreten kann. Jene Erfahrungen bauen bewusst auf Irritationen, Widerständigem, Dekonstruktionen, dem Verrücken von Bekanntem sowie der Verschiebung von gedachten Grenzen auf. Es lässt sich eine unmittelbare Nähe zu den bisherigen Überlegungen zur Ästhetischen Erfahrung in dieser Arbeit aufweisen. Jedoch stellt sich zugleich die Frage, in welchen Kontexten und mit welchen Mitteln die Ästhetische Erfahrung angeregt werden kann und welche inhaltlichen Bezüge sich herstellen lassen. Denn analog zu einer Künstlerischen Forschung muss nach Modellen gesucht werden, welche die forschende Haltung und den damit verbundenen inhaltlichen Fokus als zentralen Ausgangspunkt einer künstlerischen Tätigkeit setzten. Deswegen kann das Konzept der Ästhetischen Forschung nach Helga Kämpf-Jansen als weitere Orientierung bei der kunstpädagogischen Verortung dienen. Es wird häufig der Subjektorientierung innerhalb der Kunstpädagogik zugeordnet und ist dennoch, auch für Künstlerische Forschung, die an intersubjektiven Darstellungen interessiert ist, von besonderer Bedeutung.

Die ästhetische Struktur jeder Erfahrung

Orientierung Ästhetische Forschung

Helga Kämpf-Jansen entwirft ihr Modell der Ästhetischen Forschung in Bezug auf einen erweiterten Kunstbegriff und mit einer zentralen Orientierung am Subjekt. Ihr geht es um ein handlungsbezogenes und entdeckendes Forschen, das sich in den Bereichen Alltag, Kunst und Wissenschaft entwickelt; wobei die forschende Tätigkeit einem forschenden Lernen entspricht, das selbstverantwortlich motiviert stattfindet. Gleichzeitig ist die Ästhetische Erfahrung ein zentrales Element und wird durch die forschenden Zugänge zur Welt und dem Selbst zur Erfahrung gebracht. Das Forschen gleicht dabei einer künstlerischen Suchbewegung, die individuelle Ästhetische Erfahrungen anregen kann.[265]

Ästhetische Forschung

264 | Peez (2005), S. 79 f.
265 | Kämpf-Jansen (2001), S. 22

Orientierung Lebenswelt

Durch ihren direkten Bezug zur Lebenswelt eröffnet Ästhetische Forschung die Möglichkeit, dass alles zum Gegenstand der Forschung werden kann und bei der Beforschung ebenfalls alle zur Verfügung stehenden Verfahren, Handlungsweisen und Erkenntnismöglichkeiten aus den Bereichen Alltagserfahrung, Kunst und Wissenschaft genutzt werden können:

> „Am Anfang steht eine Frage, ein Gedanke, eine Befindlichkeit; ein Gegenstand, eine Pflanze, ein Tier; ein Phänomen, ein Werk, eine Person (fiktiv oder authentisch), eine Gegebenheit oder Situation; ein literarisches Thema, ein Begriff, ein komplexer Inhalt oder etwas anderes. Ästhetische Forschung hat — wie alle Forschung — nur Sinn, wenn die Forschenden eine Frage haben, an einer Sache arbeiten wollen, die sie interessiert, einer Idee folgen oder ein ihnen wichtiges Vorhaben verwirklichen wollen. Insofern ist ästhetische Forschung immer subjektbezogen, wird selbst verantwortet und eigenständig organisiert."[266]

Orientierung Subjekt

Wie sich mit diesem Zitat zeigt, ist der Ausgangspunkt der Ästhetischen Forschung ein konkreter und inhaltlicher Bezugspunkt aus der Lebenswelt, der beforscht wird. Der gewählte Inhalt wird nicht von außen vorgegeben, sondern von den Forschenden selbst zu Beginn formuliert und im Verlauf der Forschung weiter entwickelt. Im zentralen Fokus stehen damit das Subjekt und dessen individuelle Frage, weshalb Ästhetische Forschung auch als biografisch orientierter Ansatz[267] bezeichnet werden kann, der zugleich die Lebenswelt in den Mittelpunkt rückt.[268] Ausgehend von einem erweiterten Kunstbegriff, der spezifisch die Verbindung von Lebenswelt und Kunst beachtet, kann alles, was für die Forschenden von Bedeutung ist, zum inhaltlichen Forschungsgegenstand werden, sodass alle real gegebenen wie fiktiv entworfenen Gegenstände, Objekte, Dinge, aber auch Menschen und Situationen miteingeschlossen werden können.[269]

Kämpf-Jansen geht damit von der Annahme aus, dass in den alltäglichen Wahrnehmungen, Verhaltensweisen und Handlungen bereits ästhetische Erkenntnisformen vorliegen und deshalb die Erfahrungen mit diesen alltäglichen Dingen von Bedeutung sind. Jedoch verweist sie gleichzeitig darauf, dass sich jene ästhetischen Erkenntnisse erst im richtigen Umgang mit

266 | Kämpf-Jansen (2001), S. 19

267 | Jene Bezeichnung deutet nicht an, dass mit der Ästhetischen Forschung ausschließlich Lebensläufe oder die eigene Vergangenheit beforscht werden, sondern dass alles, was die Forschenden in ihrer Identität beschäftigt, zum Gegenstand der Forschung werden kann. (Kämpf-Jansen (2001), S. 48 ff.)

268 | Kämpf-Jansen (2001), S. 48 ff.

269 | Kämpf-Jansen (2001), S. 23 ff.

den alltäglichen Dingen ereignen. Dieser Umgang zeichnet sich dadurch aus, dass die Dinge nicht mehr in ihrer funktionellen Sicht, sondern durch Formen der Irritation, der Ungewissheit, der Dekonstruktion von Bekanntem betrachtet werden.[270] Die Erfahrung der Offenheit, Entgrenzung, Unterschiedlichkeit und Unbeständigkeit wird zum zentralen Auslösemoment einer Ästhetischen Erfahrung. Das kunstpädagogische Potenzial, das sich aus diesem veränderten Umgang mit der alltäglichen Erfahrung entwickeln kann, ist dabei vielfältig:

Eigenschaften Ästhetischer Erfahrung

> „Die sich darüber ausbildenden Fähigkeiten, Erkenntnis- und Verhaltensmöglichkeiten sind vielfältig. Sie schließen — notwendigerweise — Grenzerfahrungen ein, führen dazu, Offenheiten und Unsicherheiten auszuhalten, erfordern ein ständiges Verwerfen, Sich-neu-entscheiden, Annehmen von Situationen, auf die man sich unter anderen Bedingungen nie eingelassen hätte. Sie verändern alte Denkgewohnheiten und Handlungsmuster, vergrößern das Repertoire der Zugänge ins z.T. vorher Unvorstellbare. (...) sie führen zu Erfahrungen und Erkenntnisformen, die in der Tat auch das Andere der Vernunft neben die Vernunft stellen (...)"[271]

In der Ästhetischen Forschung zeigt sich Ästhetische Erfahrung somit in ihrer konkreten Anwendung, die sich selbstbestimmt und in der Verantwortung der Forschenden ereignet. Sie kann aus kunstpädagogischer Sicht zwar angeregt werden, indem ein Forschungsrahmen gegeben wird, jedoch kann sie nicht durch spezifische Methoden oder Handlungen der Lehrpersonen garantiert werden. Wie Kämpf-Jansen treffend formuliert, stellt eine Ästhetische Erfahrung bedingt durch ihren Charakter vielmehr eine Herausforderung für die Forschenden dar. Jene Herausforderung kann allerdings nur handelnd durch die Forschenden und nicht logisch verstehend angenommen werden, wodurch sie einem Moment der Aufforderung gleicht. Ästhetische Erfahrung kann nicht vermittelt, sondern nur selbstbestimmt erfahren werden. Nichtsdestotrotz zeichnen sich innerhalb der Forschung konkrete Momente ab, in denen sich eine Ästhetische Erfahrung ereignet, nämlich immer dann, wenn die Forschenden beginnen, sich auf veränderte Blickwinkel, welche sie selbst und die Umwelt betreffen, einzulassen. Eine solche Erfahrung führt, wie es Kämpf-Jansen formuliert, zu veränderten Denk- und Handlungsmustern, die ästhetische Strukturen zur Grundlage haben.[272]

Ästhetische Erfahrung als Herausforderung

270 | Kämpf-Jansen (2001), S. 23 f.
271 | Kämpf-Jansen (2001), S. 22
272 | Kämpf-Jansen (2001), S. 27 ff.

Handlungsrahmen der Forschung

Von besonderem Interesse für eine kunstpädagogische Vermittlungspraxis ist es, dass die Ästhetische Forschung trotz dieser beschriebenen Unbestimmtheit von Ästhetischer Erfahrung einen konkreten kunstpädagogischen Handlungsrahmen anbietet, welcher eine Form der Orientierung für Anleitende und Forschende ermöglicht. Dies äußert sich zum einen im konkreten Formulieren eines Forschungsvorhabens und der damit verbundenen inhaltlichen Fokussierung der Forschenden und zum anderen mit den zahlreichen künstlerischen Strategien,[273] die Kämpf-Jansen als Forschungsmethoden vorstellt. Diese Kombination stellt eine Form der kunstpädagogischen Orientierung dar, deren zentrales Anliegen es ist, eine forschende Haltung zur Lebenswelt zu stärken, in deren Zentrum die Ästhetische Erfahrung steht. Damit wird eine Struktur für Vermittlungssituationen bereitgestellt, die eine selbstständige Beforschung der Lebenswelt innerhalb eines Rahmens ermöglicht, der sowohl Orientierung als auch Freiraum bietet.

Unterschiede zur Künstlerischen Forschung

Schlussfolgernd stellt die Ästhetische Forschung eher einen direkten Anhalt für die Künstlerische Forschung als eine Methode der Kunstpädagogik dar, dennoch unterscheidet sie sich auch in einem zentralen Aspekt. Denn jene Form der Forschung, wie sie Kämpf-Jansen versteht, stellt eine *Kunst durch Forschung*[274] dar. So geht es in der Ästhetischen Forschung vorrangig darum, wissenschaftliche Erkenntnisse und Arbeitstechniken in künstlerische Darstellungen zu überführen. Dazu werden jene künstlerischen Forschungsstrategien, die sich wissenschaftlicher Verfahren bedienen, vorrangig aus der Spurensicherung der 70er Jahre entlehnt. Diese künstlerischen Verfahren stellen Bezüge zur Wissenschaft her, indem sie mit wissenschaftlichen Methoden wie der Recherche, der Sammlung, dem Archivieren, dem Konservieren, dem Restaurieren, dem Entwerfen von

273 | Kämpf-Jansen stellt unterschiedliche Strategien vor, die sie in Bezug zu künstlerischen Positionen herausarbeitet. Dazu zählen beispielsweise: Arman, Michael Badura, Joseph Beuys, Christian Boltanski, Karsten Bott, Louise Bourgeois, Sophie Calle, Judy Chicago, Anthony Cragg, Walther Dahn, Hans-Peter Feldmann, Lili Fischer, Peter Fischli und David Weiss, Ann Hamilton, Ottmar Hörl, Rebecca Horn, Ilya Kabakov, Mike Kelley, Edward Kienholz, Nicolaus Lang, Ulrich Meister, Annette Messager, Claes Oldenburg, Anna Oppermann, Niki de Saint-Phalle, Naomi Tereza Salmon, Sigrid Sigurdsson, Daniel Spoerri, Ursula Stalder, Rosemarie Trockel, Timm Ulrichs, Raymond E. Waydelich und Dorothee v. Windheim. (Kämpf-Jansen (2001), S. 68 ff.)

274 | Die Bezeichnung *Kunst durch Forschung* ist zurückzuführen auf die bereits im ersten Teil der Arbeit vorgestellte Differenzierung von Florian Dombois. Sie bezeichnet Forschungsprozesse, die aufzeigen, dass Kunst selbst zu einer Form der Wissensproduktion werden kann, die sich nicht mehr nur auf bestehende wissenschaftliche Erkenntnisse bezieht, sondern eigenständige hervorbringt. (Dombois (2006), S. 15)

Ordnungssystemen oder dem Schreiben von Texten arbeiten.[275] Dabei verstehen sie sich jedoch als künstlerische Verfahren, die mit forschenden Mitteln Kunstwerke produzieren, die im Rahmen einer Ausstellung präsentiert werden. Für die Herstellung dieser Kunstwerke werden demnach zwar Methoden aus der Wissenschaft entlehnt, aber ihre Ergebnisse sind klassische künstlerische Arbeiten, die sich spezifisch in der Kunstwelt verorten und in Ausstellungen gezeigt werden.[276]

Kunst durch Forschung

In der Ästhetischen Forschung werden schlussfolgernd vorrangig wissenschaftliche Arbeitsstrategien entlehnt, um die künstlerische Arbeit zu fundieren und inhaltlich zu stärken, jedoch in einem anderen Sinne als in der Künstlerischen Forschung. Formen der Entgrenzung von Wissenschaft und Kunst werden verstärkt interdisziplinär gedacht und Kämpf-Jansen beschreibt die Verknüpfung der beiden Bereiche wie folgt:

> „Mit der Lust an der ästhetischen Arbeit wächst auch die Lust an den wissenschaftlichen Texten. In der Situation des Forschens will man in den bezugswissenschaftlichen Bereichen unbedingt etwas herausfinden und verstehen, für das es zuvor keine Notwendigkeit gab, dies zu tun. Indem man sich nun auf den Weg macht, werden auch sehr abstrakte Diskurse persönlich bedeutsam, erweitern sie doch den kontextuellen Rahmen, in dem man gerade arbeitet. Theoretische Arbeit bekommt so oft einen neuen, bedeutsamen Platz, wird sogar partiell zum Motor, der alle Arbeitsprozesse anschiebt."[277]

Hier zeichnet sich einerseits die Verknüpfung von wissenschaftlichen und künstlerischen Arbeiten ab, jedoch deutet sich zugleich auch deren Trennung an. Jene Trennung ist vor allem dadurch geprägt, dass das wissenschaftliche Arbeiten als Methodenerweiterung für das künstlerische Arbeiten verstanden wird. Beide werden zwar nicht additiv, sondern in ihrer Vernetzung[278] verstanden, jedoch nicht auf eine Weise, die sich in der Darstellung der Ergebnisse zeigt, sondern vor allem in der methodischen Verknüpfung von Forschungsstrategien. So werden alle Ergebnisse der vernetzten Forschungstätigkeit als primär künstlerische Arbeit verstanden, die durch ein hergestelltes Kunstwerk zur Darstellung kommen.

Orientierung Wissenschaft

275 | Kämpf-Jansen (2001), S. 67
276 | Busch (2008), S. 94
277 | Kämpf-Jansen (2001), S. 259
278 | Hierzu formuliert Kämpf-Jansen: *„Das Verknüpfen künstlerisch-praktischer Herangehensweisen mit vorwissenschaftlichen Handlungs- und Denkakten sowie mit wissenschaftlich-orientierten Methoden führt zu individuellen Erkenntnisformen, die sowohl rational sind, als auch vorrational(...)."* (Kämpf-Jansen (2001), S. 277)

Durch die Festlegung, dass das Ergebnis der Ästhetischen Forschung in einem Ausstellungsraum als klassische Kunstproduktion[279] gezeigt wird, verdeutlicht sich die gedachte Trennung von Kunst und Wissenschaft. Die Ergebnisse der Forschung werden weiterhin als repräsentative Werke verstanden, die im Format einer Ausstellung dargestellt und dem Bereich der Kunst zugeordnet werden.[280] Ästhetische Forschung erhebt folglich nicht den Anspruch auf eine Forschung, die eine Form des Wissens produziert, das gesellschaftliche Wirkmechanismen auslöst. Ihr geht es nicht vorrangig darum, Formen des Wissens zu befragen und eine andere Form der intersubjektiven Erkenntnis zu etablieren. Sie sucht ebenfalls nicht nach Möglichkeiten der performativen Darstellung, die in direkter Weise in der öffentlichen Gesellschaft agiert werden.

Subjektives Erkenntnis-interesse

Diese aufgezählten Unterschiede verweisen zwar auf eine Abgrenzung zur Ästhetischen Forschung, jedoch sind diese nicht als Form der Kritik zu verstehen. Die Berechtigung der Ästhetischen Forschung, welche eine forschende Kunstproduktion ist und in einer vernetzenden Weise wissenschaftliche, vor-wissenschaftliche und künstlerische Methoden verwendet, wird nicht infrage gestellt. Stattdessen wird ein weiterer Weg aufgezeigt, wie Forschung in der Kunstpädagogik ebenfalls zur Anwendung kommen kann, obgleich der Schwerpunkt nicht auf einer forschenden Kunstproduktion liegt, sondern auf eine Forschung, die intersubjektive Handlungsräume in der Lebenswelt im Sinn hat und diese durch eine veränderte Darstellung der Forschungsergebnisse preisgibt.

Intersubjektives Anliegen der Künstlerischen Forschung

Wie bereits ausgeführt, zeigt sich deswegen in der Künstlerischen Forschung die Darstellungen der Erkenntnis nicht mehr durch Kunstwerke, die in der Betrachtung erfasst werden, sondern durch sich darstellende Forschungsprozesse, die in Interaktion erfahren werden. Deshalb werden im Folgenden die performativen Verfahren in der Kunstpädagogik beleuchtet, um Formen der Erweiterung für die Künstlerische Forschung zu finden, die den Fokus von einer forschenden Kunstproduktion hin zu einer Forschung als intersubjektiven Handlungsraum verlegen. Denn Künstlerische Forschung in ihrer kunstpädagogischen Anwendung hat einen Forschungsgegenstand im Sinn, der nicht mehr wie ein Kunstwerk in einer Ausstellung betrachtet wird, sondern im Gegensatz dazu erfahren wird, sodass Interaktion, Kommunikation und intersubjektive Gestaltung in der Gesellschaft in den Mittelpunkt rücken.

279 | Kämpf-Jansen (2001), S. 20 f.
280 | Kämpf-Jansen (2001), S. 169 ff.

Es kann abschließend zusammengefasst werden, dass die Ästhetische Forschung einen nachhaltigen, wichtigen und vielfältigen Bezugsrahmen für die Methode der Künstlerischen Forschung darstellt, sich in ihrem Verständnis allerdings maßgeblich von der reinen Darstellung der Forschungsergebnisse unterscheidet. Diese Unterschiede werden im Folgenden mit Bezug auf die performative Orientierung der Kunstpädagogik vertieft.

Orientierung Performativität

Künstlerische Forschung formuliert ihr zentrales Anliegen damit, dass die Ergebnisse der Forschung, die sich mit einer intersubjektiv bedeutsamen Darstellung ereignen, in einem gemeinsamen Gestaltungsprozess vollzogen werden. Jene Forschungsergebnisse bilden damit keine Wirklichkeit mehr ab, viel eher konstituieren sie diese durch den Darstellungsvollzug. Künstlerische Forschung betrachtet Wissen nicht mehr als ein Produkt, sondern als eine Praxis, die sich erst mit der Realisierung der Forschung ereignet und dabei gleichzeitig zur Darstellung kommt. Entscheidender Schwerpunkt der Künstlerischen Forschung ist folglich die Sichtbarmachung von Performativität, Intersubjektivität und Situiertheit von Wissen.[281] In der Praxis zeichnen sich diese Schwerpunkte mit der performativen Darstellung ab, welche es ermöglicht, Erkenntnisse erfahrbar zu machen, und zwar sowohl für Forschende als auch für Betrachtende.

Performative Wissenspraxis

Wird Künstlerische Forschung nun zum Gegenstand einer kunstpädagogischen Vermittlungssituation, verlangen diese Eigenschaften nach einer Vernetzung mit Positionen der performativen Orientierung der Kunstpädagogik. Die performative Orientierung der Kunstpädagogik entwickelt sich nicht ausschließlich aus einer Aktions- oder Performance-Kunst heraus, sondern durch die Einflüsse des *Performativen Turns*, der vorrangig in der Linguistik,[282] Ethnologie, Philosophie und Theaterwissenschaft zu verzeichnen ist. Dieser Turn lenkt in unterschiedlichen Bereichen den Blick auf das veränderliche, bewegliche, intersubjektive und wechselseitige Herstellen von Wirklichkeit im Vollzug. Dadurch werden Darstellungen nicht mehr als Wirklichkeitsabbildungen, sondern als Wirklichkeitsherstellung verstanden.

Intersubjektive Wirklichkeitsherstellung

281 | Peters (2014b), S. 8

282 | Es wurde bereits im Kapitel: Darstellung: Intersubjektiv Bedeutsame Zugänge zur Wirklichkeit, ab S. 55 aufgezeigt, dass der Begriff performativ ursprünglich im Kontext der Sprachwissenschaft durch John Austin geprägt wurde. Vorrangig vereist Performativität in diesem Kontext darauf, dass sprachliche Äußerungen Wirklichkeit nicht nur beschreiben oder darstellen, sondern gleichzeitig hervorbringen. (Krämer (2004), S. 14 f.)

Wie Marie Luise-Lange aufzeigt, lenkt der *Performative Turn* damit auch in der Kunstpädagogik die Aufmerksamkeit auf den Aufführungs- Darstellungs- und Inszenierungsaspekt des Kulturellen und verweist zugleich auf die Gestaltungsmöglichkeiten durch kunstpädagogische Prozesse. Diese orientieren sich nicht vorrangig an Produkten, viel eher werden sie durch gestaltende Handlungen vollzogen.[283] Darstellungen, die auf Ästhetischer Erfahrung aufbauen, werden nicht mehr als repräsentative, statische Objekte gedacht, sondern als Formen des Flüchtigen, Beweglichen und Veränderlichen, welche sich in einer intersubjektiven Gestaltung entwickeln.

Die performativen Verfahren der Kunstpädagogik ermöglichen im Besonderen, ein erfahrungsbezogenes Lernen zu stärken, dessen zentraler Punkt die flüchtige Ästhetische Erfahrung ist. Denn sie machen auf die ästhetische Struktur jeder Erfahrung aufmerksam, indem sie die alltäglichen Strukturen von Erfahrungen prozessbezogen befragen und damit veränderte Blickwinkel auf die Möglichkeiten der Kommunikation über Ästhetische Erfahrung bereitstellen. Um dieses Anliegen zu verfolgen, verwenden sie häufig Strategien, die alltägliche Regeln und Strukturen von Erfahrung brechen und bewusste Grenzüberschreitungen gestalten.[284] Ästhetische Erfahrung wird damit als eine irritierende Aufforderung in der alltäglichen Lebenswelt verstanden, die wie bereits mit Kämpf-Jansen beschrieben den Bruch von Erfahrung als Potenzial versteht. Diese Erfahrung kann zwar nicht künstlich hergestellt werden, jedoch ermöglichen bestimmte Rahmenbedingungen eine förderliche Ausgangssituation. Dazu zählt zum einen die Grenzerfahrung, welche durch ihren Aufforderungscharakter die ästhetische Struktur von Erfahrung sichtbar macht und zum anderen der intersubjektive Darstellungsvollzug, der Darstellungen als flüchtig, beweglich und gestaltbar versteht.

Ästhetische Erfahrung

Um diese förderlichen Rahmenbedingungen in Bezug zu Künstlerischer Forschung zu setzten, werden im Folgenden zu Beginn die Formen der Brucherfahrung(1) mit Bezug zu der spezifischen Form der performativen Darstellung[285] veranschaulicht, woran anschließend der intersubjektive Darstellungsvollzug(2) und dessen Möglichkeiten der kunstpädagogischen Umsetzung thematisiert werden.

283 | Lange (2013), S. 29 f.

284 | Lange (2002), S. 378 f.

285 | Die performative Darstellung wird im nachfolgenden Teil der Arbeit als weitgefasste Form der Performance verstanden, die mit einer flüchtigen unwiederholbaren Aufführung verbunden ist. Diese Handlungen können sich in unterschiedlichen Bereichen zeigen und müssen nicht zwingend körpergebunden sein. Für eine Liste von Beispielen, siehe Anhang: XIII Beispiele für eine performative Darstellung, S. 310.

Erika Fischer-Lichte spricht der künstlerischen Performance das Potenzial zu, Brucherfahrungen(1) zu ermöglichen, die auf die ästhetische Struktur von Erfahrung aufmerksam machen. In ihren Überlegungen bezieht sie sich vorrangig auf Victor Turner, der den Zustand der Liminalität innerhalb der Ritualforschung benennt. Jener Zustand meint eine Erfahrung, die einen Übergang zwischen zwei Zuständen der Sozialordnung[286] symbolisiert und durch einen Bruch erzeugt wird. Durch jenen Bruch entsteht ein Zustand, in dem weder die neue noch die alte Form der Sozialordnung wirkt. Die liminale Erfahrung versetzt das Individuum auf eine Schwelle, die die Erfahrung des Nicht-Mehr und Noch-Nicht beinhaltet. Auf dieser Schwelle ereignet sich vorrangig eine Form der Strukturlosigkeit, die als Potenzial verstanden wird, welches eine veränderte Sichtweise auf gültige Sozialordnungen zulässt und auf die Ästhetische Struktur der Erfahrung aufmerksam macht.[287]

Brucherfahrung als Potenzial

Mit Bezug auf diese Überlegungen von Turner arbeitet Fischer-Lichte heraus, dass die künstlerische Performance jene liminale Erfahrung besonders begünstigen kann, da sie gezielt einen Zusammenbruch von Ordnungen erzeugt. Durch diese Eigenschaft, alltägliche Normen und Regeln außer Kraft zu setzen und Darstellende sowie Zuschauende[288] in eine Situation zu bringen, in der sie nicht mehr auf alte Verhaltensmuster zurückgreifen können, erzeugt sie eine Brucherfahrung.[289] In dieser Erfahrung gelten die bekannten Sozialordnungen nicht mehr und der Zyklus der alltäglichen Bedeutungszuweisung wird unterbrochen, sodass sich Momente ereignen, die auf die ästhetische Struktur von Erfahrung aufmerksam machen.

Bezogen auf die kunstpädagogische Praxis sind damit die Strategien performativer Darstellungen, die sich als weitgefasste künstlerische Performance verstehen, von besonderem Interesse, da es ihr Ziel ist, alltägliche Strukturen zu brechen. Dadurch können im günstigsten Fall Ästhetische Erfahrungen hervorgerufen werden, wie es Lange aufzeigt:

286 | Sozialordnung meint hier, jenen Zustand, in dem sich der Erfahrende als Teil einer Sozialordnung versteht und dadurch eine Grundlage der gemeinsamen Verbindlichkeit geschaffen ist.
287 | Fischer-Lichte (2004), S. 258 f.
288 | Der Zuschauer ist bei Erika Fischer-Lichte immer als ein gleichberechtigter Darstellender zu verstehen. Ein Zuschauer ist niemals passiv, sondern an dem Geschehen der Performance immer schon beteiligt. (Fischer-Lichte (2004), S. 58 f.)
289 | Fischer-Lichte (2004), S. 307 ff.

„Im günstigsten Fall stellen sich in performativen Prozessen ästhetische Erfahrungen ein, die einen Übergang von einem Zustand in einen anderen initiieren und dabei eingefahrene Dichotomien wie Kunst-Wirklichkeit, Subjekt-Objekt, Signifikant-Signifikat, Körper-Geist (vgl. Fischer-Lichte) durcheinanderbringen."[290]

Kunstpädagogische Vermittlung

Jene Forschungsmethoden, die Brüche in alltäglichen Erfahrungen produzieren, erlangen aus kunstpädagogischer Sicht einen besonderen Stellenwert. Denn ihr Potenzial ist es, die ästhetischen Strukturen von Erfahrung in einer handelnden Weise aufzudecken. Aufgrund dessen ermöglichen sie es, einen Orientierungspunkt in Bezug auf jene Frage zu geben, die zu Beginn des Kapitels gestellt wurde, nämlich WIE Ästhetische Erfahrung zur Anwendung gebracht werden kann. Zwar bietet jener liminale Zustand zwischen den Sozialordnungen keine Garantie für eine Ästhetische Erfahrung, da diese nur eine Form der Aufforderung darstellt, die von den Forschenden angenommen werden muss, jedoch kann das bewusste Aufbrechen von Sozialordnungen im Besonderen jene Zustände ermöglichen, deren ästhetisches Potenzial erhöht ist.

Forschung als intersubjektiver Handlungsraum

Neben diesem beschriebenen Potenzial von performativer Darstellung ist ein weiteres zu nennen, welches den Umgang mit intersubjektiven Darstellungsformen(2) betrifft. Denn der performative Umgang mit Darstellung verweist aus kunstpädagogischer Sicht auf die Möglichkeit die situative Präsenz einer Darstellung mitzudenken, aus welcher heraus intersubjektive Handlungsräume entstehen können, sodass die Inhalte der Forschung praktiziert und nicht vermittelt werden. So wird im Rahmen einer performativen Darstellung für die Forschenden der Forschungsgegenstand nicht als Objekt, Produkt oder Ergebnis zugänglich, sondern als Prozess der Mitgestaltung. Die performative Darstellung ermöglicht somit eine der Handlung vorausgegangene, wie auch eine handlungsgebundene Denkweise, die Forschungsergebnisse sinnlich zugänglich macht.[291]

Mit diesen genannten Eigenschaften verweisen performative Darstellungen im Besonderen auf das Potenzial, eigene Darstellungspraxen zu entwickeln, welche die intersubjektiven Dimensionen beachten und Darstellungen nicht mehr als repräsentative künstlerische Produkte, sondern als Formen einer gemeinsamen Praxis verstehen. Nimmt diese Praxis ebenfalls Bezug zur öffentlichen Gesellschaft und den mitmenschlichen Beziehungen, kann sie zu einer intersubjektiv bedeutsamen Darstellung werden, die einen konkreten Bezug zur gemeinsamen Lebenswelt herstellt und

290 | Lange (2013), S. 30 f.
291 | Peters (2005), S. 13

mit ihr die geltenden Sozialordnungen beobachtet, befragt und mitgestaltet. Dabei erweisen sich in der praktischen Umsetzung der Künstlerischen Forschung jene performativen Verfahren als besonders geeignet, die ihren Schwerpunkt auf eine partizipative Struktur legen.[292] Denn dadurch können sich erfahrungsbezogene Lernprozesse ereignen, deren Bedeutungsdimension nicht nur singulär, sondern intersubjektiv ist und deren Darstellungen als lebensweltliche Handlungsräume verstanden werden.

Partizipative Orientierung

Schlussfolgernd haben die performativen Formen der Darstellungen zwei bedeutsame kunstpädagogische Wirkungspotenziale. Zum einen, die eigenen künstlerischen Darstellungen als veränderlich, situativ, temporär und wechselseitig zu erfahren, und zum anderen, bekannte Formen des Wissens und deren Darstellung zu hinterfragen. Trotz dieses Potenzials muss aus kunstpädagogischer Sicht eine zentrale Herausforderung, die sich mit den performativen Verfahren ereignet, genannt werden. Denn eine künstlerische Praxis, die sich mit dem Prozesshaften und Liminalen beschäftigt, bleibt immer ungreifbar für die Handelnden. Damit wird es aus pädagogischer Sicht notwendig, Formen der Darstellung zu finden, die Anhaltspunkte für flüchtige Ästhetische Erfahrungen bereitstellen und eine Reflexion ermöglichen.[293] Diese Anhaltspunkte können zwar Ästhetische Erfahrung nicht repräsentieren, jedoch ermöglichen sie reflexive Erinnerungsmöglichkeiten an die Erfahrungen des Bruches und der liminalen Orientierungslosigkeit und stellen damit konkrete Möglichkeiten für die Kommunikation über Ästhetische Erfahrung bereit.

Kunstpädagogische Wirkungspotenziale

Ein kunstpädagogisches Darstellungsverfahren, das jene Anhaltspunkte beachtet und damit für die Praxis der Künstlerischen Forschung von Bedeutung ist, ist die Forschungsmethode der Aufzeichnung von Andrea Sabisch. Mit ihrer Methode legt sie einen Schwerpunkt auf das Erfahrbarmachen von Ästhetischer Erfahrung[294] innerhalb einer individuellen Suchbewegung in der Lebenswelt. Die Aufzeichnung wird von ihr als ein performatives Darstellungsverfahren gedeutet, das sich mit der Handlung ebenfalls in seiner brüchigen Unvollständigkeit zeigt.[295] Die Aufzeichnung

292 | Die Darstellungsverfahren der Sozietären Partizipation, die ihren Schwerpunkt auf die partizipative Struktur legen, wurden bereits im ersten Teil der Arbeit vorgestellt, S. 69 ff.) Sie eignen sich besonders für die Künstlerische Forschung, da sie um dialogische, lebensnahe und intersubjektive Darstellungen bemüht sind.
293 | Peters (2005), S. 13
294 | Sabisch (2009), S. 15 ff.
295 | Sabisch (2007b), S. 72

erhebt zwar keinen Anspruch auf allgemeine Gültigkeit, nach Möglichkeit hält sie aber für die Erfahrenden reflexive Erinnerungsmöglichkeiten bereit, die den Anspruch auf eine repräsentative Abbildung einer Ästhetischen Erfahrung abgelegt haben. Die Aufzeichnung ist dabei keine Zeichnung im klassischen Sinne, sondern eine erweiterte Form der künstlerischen Darstellung, die unterschiedliche Techniken beinhaltet und das Ziel verfolgt, eine gestaltende Antwort auf Ästhetische Erfahrung zu ermöglichen.[296]

Die Aufzeichnung

„Unter dem Begriff der »Aufzeichnung«, den ich synonym zu »Grafie« (griech. gráphein: schrieben, ritzen, zeichnen) verwende, verstehe ich lernbegleitende Notations- und Dokumentationspraktiken, die sowohl den Inhalt als auch eine mediale Weise der Darstellung (Fotografie, Videografie, Audiografie etc.) bezeichnen. Für die Anwendung solcher Grafien existieren im kunstpädagogischen Diskurs verschiedene Begrifflichkeiten: Neben den Namen für das fixierte Produkt, wie beispielsweise ästhetisches oder visuelles Tagebuch, Journal oder Portfolio, betonen Begriffe wie Mapping und Kartierung spezifische Aufzeichnungstätigkeiten. Im Unterschied zu rein textbasierten Tagebüchern, können in Aufzeichnungen nicht nur sprachliche, sondern diverse mediale Modi des Darstellens miteinander verknüpft werden."[297]

Wird die Aufzeichnung in Bezug zu den bisherigen Überlegungen der Künstlerischen Forschung gesetzt, ermöglicht sie eine Praxis, die sich begleitend zur Forschung verhält und Erinnerungs- und Reflexionsmomente der Ästhetischen Erfahrung fördert. Die Tätigkeit des Aufzeichnens wird dabei nicht als das darstellende Erfassen der Ästhetischen Erfahrung verstanden, sondern als ein wechselseitiges Antwortgeschehen auf die ästhetische Erfahrung hin.[298] Dabei ermöglicht sie im Besonderen orientierende, strukturgebende Prozesse, die ein reflexives In-Beziehung-setzen zur bruchhaften Ästhetischen Erfahrung fördern.[299] Demnach eignen sich die Strategien der

Antwort auf die Ästhetische Erfahrung

296 | Sabisch weist im Zuge ihrer Überlegungen darauf hin, dass die Aufzeichnung neben der Darstellung der gemachten Erfahrung ebenfalls eine Erfahrung darstellt, die auf die liminalen Schwellen von Aufzeichnungspraxen aufmerksam macht. Denn der nachträgliche Anblick der eigens hergestellten Aufzeichnung ermöglicht kein vollkommenes Erfassen der gemachten Erfahrung, womit diese in der Betrachtung auch für die Herstellenden bruchstückhaft bleibt. (Sabisch (2007b), S. 72 f.)

297 | Sabisch (2007b), S. 17

298 | Sabisch (2009), S. 21 f.

299 | Der Moment, in dem die Forschenden mit der Aufzeichnung beginnen, ist jener Moment, in dem sie sich fragen, wie sie auf ihre Ästhetische Erfahrung reagieren

Aufzeichnung in einem erhöhten Maße, um die flüchtigen, prozesshaften und situativen Erfahrungen, die sich in den performativen Darstellungen ereignen, greifbarer zu machen. Durch sie können die Forschenden Anhaltspunkte herausarbeiten, in denen sie Ästhetische Erfahrungen in Bezug zur eigenen Persönlichkeit stellen und sich Momente einer persönlichen Bedeutungsdimension ereignen, die im Sinne einer subjektiven Ästhetischen Erkenntnis auch im alltäglichen Leben eine Wirkungsdimension aufweisen.

Die Aufzeichnung als performative Notationspraxis

Jedoch muss mit Bezug zur Methode der Aufzeichnung und auch in gleichzeitiger Abgrenzung dazu vermerkt werden, dass die Aufzeichnung nicht als Darstellung, sondern als begleitende Praxis der Künstlerischen Forschung verstanden wird.[300] Zwar versteht Sabisch die Praxis des Aufzeichnens nicht als repräsentative Darstellung der Ästhetischen Erfahrung, allerdings ist sie das Mittel, womit die Suche zur Darstellung kommt.[301] In der Künstlerischen Forschung hingegen stellt die Aufzeichnung nicht die Darstellung der Suche dar, sie ist viel eher eine individuelle Praxis im Forschungsprozess, womit die Forschenden ihre Ästhetischen Erfahrungen reflexiv aufzeichnen können, um diese vor ihrem subjektiven Bedeutungshorizont zu verorten.[302] Die intersubjektive Darstellung der Künstlerischen Forschung zeigt sich hingegen durch die performative Realisierung der Forschungsprozesse in einem öffentlichen Raum,[303] welche damit für jeden Menschen in der Gesellschaft zugänglich ist. Denn nur mit dieser Form der Darstellungen kann sie ihr Anliegen, nämlich ein Wissen, das sich in gemeinsamen Handlungsräumen ereignet, verwirklichen. Jene

Methodenkombination

können. Dieser Moment ist zu verstehen als eine Art Übergang von der Ästhetischen Erfahrung hin zu einem reflexiven Erinnerungsmoment, der eine Verortung der Erfragung vor einem subjektiven Bedeutungshorizont zulässt. (Sabisch (2009), S. 21 f.)

300 | Diese Abgrenzung ist nicht als Kritik an der Methode der Aufzeichnung zu verstehen, sondern verweist vielmehr auf eine andere Verwendung dieser Methode hin.

301 | Sabisch (2007b), S. 72 f.

302 | Hier ist anzumerken, dass die beiden Darstellungsverfahren, Aufzeichnung und künstlerische Performance, nicht zu jedem Zeitpunkt eindeutig trennbar sind. Es kann darauf verwiesen werden, dass die Aufzeichnung ebenfalls ein Darstellungsmittel der Künstlerischen Forschung in der kunstpädagogischen Anwendung ist. Dabei versteht sie jedoch vorrangig die performative Darstellung als ihr zentrales Darstellungsmittel, da sie ihren Schwerpunkt auf die intersubjektive Darstellung legt.

303 | Öffentliche Räume sind im Allgemeinen als zugängliche Räume zu verstehen, dennoch kann die Dreiteilung von Ursula Nissen eine grundlegende Orientierung ermöglichen: Erstens öffentliche Freiräume: Grünflächen, Parks, Spielplätze, der Straßenraum; Zweitens öffentlich zugängliche, verhäuslichte Räume: Kaufhäuser, U-Bahnhöfe; Drittens institutionalisierte, öffentliche Räume: Sportanlagen, Vereine, Ballett- und Musikschulen, Schulräume, Kirchenräume und dergleichen. (Nissen (1998), S. 170)

Darstellungen weisen direkte Bezüge zu den weitgefassten Verfahren der Performance auf und inszenieren Bruchmomente in der alltäglichen Lebewelt, durch welche sich intersubjektive Begegnungen ereignen, die im gemeinsamen Austausch den Forschungsgegenstand gestalten.

Abschließend kann aufgezeigt werden, dass sich durch die Verortung der Künstlerischen Forschung innerhalb der verschiedenen kunstpädagogischen Orientierungen ein vorrangiger Schwerpunkt der performativen Darstellung in der Künstlerischen Forschung abzeichnet. Ihre Nähe zur künstlerischen Orientierung äußert sich dadurch, dass sie ebenfalls kunstpädagogisches Handeln als analoge Praxis zu einer künstlerischen Handlung versteht, wobei sich diese jedoch nur insofern von einer alltäglichen Handlung unterscheidet, als dass sie auf die ästhetischen Strukturen verweist. Die Ästhetische Erfahrung zeigt sich damit als zentrales Moment der Künstlerischen Forschung, das jedoch nicht gezielt hergestellt werden kann, sondern vielmehr durch geeignete Rahmenbedingungen gefördert wird.

Rahmenbedingungen für die kunstpädagogische Praxis

Jene Rahmenbedingungen deuten die unmittelbare Nähe zur Subjektorientierung und damit zur Ästhetischen Forschung nach Kämpf-Jansen an. Denn die Ästhetische Forschung stellt den Forschenden einen Rahmen zur Verfügung, der sowohl Orientierung als auch Freiraum bietet und eine selbstverantwortliche Beforschung der Lebenswelt ermöglicht. Mit diesem Rahmen wird eine forschende Haltung zur Lebenswelt gestärkt, in deren Zentrum die Ästhetische Erfahrung steht. Denndoch unterscheidet sich die praktische kunstpädagogische Anwendung der Künstlerischen Forschung auch von der Ästhetischen Forschung, nämlich in ihren Formen der Darstellung. Denn in der Ästhetischen Forschung werden subjektive Erkenntnisse mit künstlerischen Arbeitstechniken in Kunstwerke überführt, die im Rahmen einer Ausstellung präsentiert werden, womit diese weiterhin als repräsentative Darstellungen der subjektiven Erkenntnisse gelten. In der Künstlerischen Forschung hingegen wird der Schwerpunkt auf intersubjektive Darstellungen gelegt, welcher mit performativen Praxen umgesetzt wird.

Intersubjektive Orientierung

Mit dieser veränderten Darstellung zeigt sich in der Künstlerischen Forschung der Bezug zu den performativen Orientierungen der Kunstpädagogik. Geprägt durch die Einflüsse des *Performativen Turns* ermöglichen sie es, veränderte Darstellungsformen zu entwickeln, die sich von repräsentativen Kunstproduktionen lösen und sich als situativ, beweglich, kontextbedingt und temporär verstehen. Mit diesem Potenzial werden zwar Darstellungen als ungreifbar, flüchtig und veränderlich erfahren, jedoch stellt sich aus kunstpädagogischer Sicht die zentrale Herausforderung, konkrete Bezugspunkte in diesen Darstellungen zu finden, damit die Forschenden ihre Erfahrungen subjektiv reflektieren können.

Mit der Ausrichtung auf diese notwendigen Reflexionen erweist sich die Kombination zweier performativer Darstellungsverfahren für die kunstpädagogische Praxis der Künstlerischen Forschung als besonders sinnvoll. Dies ist zum einen die liminale Grenzerfahrung einer performativen Darstellung und zum anderen die Methode der Aufzeichnung. So ereignen sich durch den Prozess der performativen Darstellung Grenzerfahrungen in der öffentlichen Lebenswelt und mit der Aufzeichnung wird eine Reflexion und Orientierung innerhalb dieser intersubjektiven Erfahrung gestärkt.[304] Diese Kombination der beiden performativen Darstellungen macht zum einen den flüchtigen Aufforderungscharakter der Ästhetischen Erfahrung in der öffentlichen Gesellschaft erfahrbar und zum anderen regt sie deren subjektive Reflexion an.

Kombination der performativen Darstellungsverfahren

304 | Hier ist anzumerken, dass die Methode der Aufzeichnung nach Andrea Sabisch ebenfalls eine Form der liminalen Grenzerfahrung darstellt, da sie als eine Art Übergang von der Ästhetischen Erfahrung hin zu einem reflexiven Erinnerungsmoment verstanden werden kann, welcher kein vollkommenes Erfassen der Ästhetischen Erfahrung ermöglicht und selbst schon bruchhaft ist. (Sabisch (2009), S. 21 f.)

I.II. Kunstpädagogische Anwendung = Performative Künstlerische Forschung

Kunstpädagogische Praxis

Wurde bisher die Künstlerische Forschung in den unterschiedlichen Orientierungen der Kunstpädagogik verortet, wird die Künstlerische Forschung in diesem Kapitel als konkrete Anwendung in der Kunstpädagogik vorgestellt. Als Anwendung bedeutet in diesem Rahmen, dass sich die Künstlerische Forschung nicht als übergreifendes Bildungskonzept versteht, das in einem theoretischen und abstrakten Rahmen verharrt, sondern als eine praktisch methodische Umsetzung.[305] Denn auf der Suche nach Möglichkeiten einer selbstbestimmten und zugleich gesellschaftlich vernetzten Annäherung an ein mögliches Potenzial von ästhetischer Bildung[306] sind Anwendungen, die einen Praxisbezug herstellen, von besonderer Bedeutung.

Wird im Folgenden deshalb die Künstlerische Forschung in ihrer methodischen Umsetzung in der Kunstpädagogik veranschaulicht, soll der Begriff um das Adjektiv performativ ergänzt werden. Damit verweist die Bezeichnung der **Performativen Künstlerischen Forschung**[307] zum einen auf den bereits herausgearbeiteten Schwerpunkt der Anwendung und ermöglicht zum anderen eine sprachliche Differenzierung von der allgemeinen Anwendung Künstlerischer Forschung. Die kunstpädagogische Anwendung zeichnet sich im Besonderen durch ihre prozessbezogene Beforschung der Lebenswelt aus, in der performative Verfahren zum Einsatz kommen, wobei sowohl die Forschungsthemen(1) als auch die Forschungsmethoden(2) performative Strukturen aufweisen.

In Bezug auf die Forschungsthemen(1) lässt sich aufzeigen, dass die Performative Künstlerische Forschung einen veränderten Blickwinkel auf die Sozialordnung der eigenen Lebenswelt eröffnet. Zwar ist das Forschungsthema im Allgemeinen nicht benennbar, jedoch zeichnet

Forschungsthema

305 | So stellt die nachfolgende Darstellung kein übergreifendes Konzept für die Künstlerische Forschung im Allgemeinen dar, sondern versteht sich als Beispiel einer möglichen kunstpädagogischen Umsetzung, bei der das kunstpädagogische Vermittlungsanliegen eine entscheidende Rolle spielt.

306 | Ästhetische Bildung wird in Anlehnung an Andrea Sabisch als Selbstbildung in einem Übergang von einer Ästhetischen Erfahrung hin zu einer subjektiven Antwortformulierung verstanden. Ästhetische Selbstbildung ereignet sich demzufolge durch die Antwort auf eine Ästhetische Erfahrung, mittels welcher eine reflexive und individuelle Sinnerzeugung ermöglicht wird. (Sabisch 2009: 21ff.)

307 | Nähere Ausführungen zum Begriff der Performativen Künstlerischen Forschung, siehe Anhang XII, S. 309.

sich ein Rahmen für die Themenfindung ab: Die soziale Lebenswelt. Folglich ist die grundlegende Ausgangsposition der Themenfindung für die Performative Künstlerische Forschung die Gesellschaft. Ähnlich wie die Ästhetische Forschung ist sie für alle Forschungsthemen offen, jedoch mit der Prämisse, dass sich das Thema aus den Beobachtungen im öffentlichen Raum ergibt, damit es für mehrere Menschen von Bedeutung ist.

Die Forschungsmethode(2) der Performativen Künstlerischen Forschung ist die Kombination zweier performativer Praxen, die in der Gesellschaft angewandt werden. Dies sind zum einen die performative Darstellung eines Bruches und zum anderen die Methode der Aufzeichnung. Wie bereits dargestellt, ergänzen sich diese beiden Verfahren in besonderer Weise, da sie zum einen eine intersubjektive Ästhetische Erfahrung fördern und zum anderen individuelle Reflexion ermöglichen, sodass der Forschungsgegenstand im intersubjektiven Prozess der Darstellung gleichzeitig eine subjektive Bedeutung erlangen kann.

Forschungs-methode

Auf der Basis der Unterscheidung in Forschungsthema und Forschungsmethode wird im Folgenden die Performative Künstlerische Forschung auf einer allgemeinen Ebene beschrieben, um sie anschließend mit einem praktischen Beispiel in der empirischen Umsetzung exemplarisch zu erproben.

Aufbau des Kapitels

Das performative Forschungsthema

Grundlegend kann jedes Thema zum Forschungsthema werden, wodurch es keine Themenliste der Performativen Künstlerischen Forschung gibt. Dennoch kann der Prozess der Themenfindung beschrieben werden. Da jedes Thema einen lebensweltlichen Bezug hat, ist der Ausgangspunkt der Forschung die soziale Lebenswelt. So wird das Forschungsthema nicht im Vorfeld theoretisch entworfen, stattdessen wird es durch die Beobachtung von alltäglichen Strukturen gefunden,[308] die sich wiederum in performativen

Ausgangspunkt der Forschung

308 | In Bezug auf die Überlegungen von Bernhard Waldenfels kann verdeutlicht werden, dass Strukturen Formen von Gesellschaftsordnungen sind, die eine notwendige Orientierung darin ermöglichen. Dennoch ist jede Form der Strukturierung immer schon eine Grenzziehung. Grenzen entscheiden, was innerhalb und außerhalb einer gesellschaftlichen Ordnung liegt, und umschreiben damit Tätigkeiten des Differenzierens, Kontrastierens, Abgleichens und Vergleichens. Dies kann, wenn Grenzen statisch und nicht flexibel gedacht werden, zu Ausgrenzungen, Festschreibungen, Projektionen und Diskriminierungen füh-

Handlungen von Menschen der Gesellschaft finden.[309] Damit geht es nicht um die Überprüfung einer theoretischen Hypothese, sondern um ein offenes Suchen in der unmittelbaren Lebenswelt, bei dem zu Beginn die Neugierde steht, woraus sich im Forschungsprozess Fragen entwickeln.

Auffinden des Forschungsthemas

Die Beobachtung im öffentlichen Raum, der als soziale Gesellschaft verstanden wird,[310] bildet den Ausgangspunkt der Performativen Künstlerischen Forschung. Im öffentlichen Raum äußern sich die kulturellen Praxen der Gesellschaft durch Handlungsvollzüge, welche von den Forschenden wahrgenommen und durch die Beobachtung mitgestaltet werden können.[311] Die Forschung verlagert demzufolge ihren Wirkungsraum in die alltägliche Lebenswelt und versteht sich als ein Teil des gesellschaftlichen Handlungsraumes. Dabei wird der Fokus mit den anfänglichen Beobachtungen auf jene Strukturen gelegt, welche die performativen sozialen Praxen des öffentlichen Raumes gestalten. Mögliche Beispiele für diese performativen Strukturen sind:

- Das Tragen von codierter Kleidung als Repräsentation einer sozialen Statuszugehörigkeit
- Das Ausführen von Regeln und Gesetzen als Strukturierung des Sozialverhaltens
- Das Sprechen als inhaltliche Bedeutungszuweisung[312]
- Das Verwenden von Handlungsschemata als alltägliche Automa-

ren. (Waldenfels 2006)

309 | Performative Künstlerische Forschung adaptiert demzufolge keine Methoden aus der Wissenschaften, sondern verweist darauf, dass logische Schlussfolgerungen nicht deduktiv auf empirische Erfahrungen angewandt werden können, sondern induktive Vorgehensweisen notwendig sind.

310 | Der öffentliche Raum wird nicht als ein physikalisches Behältnis betrachtet, sondern bereits als soziale Praxis. Wenn der öffentliche Raum in seiner sozialräumlichen Struktur bedacht wird, kann dieser an Henri Lefebvre anknüpfend als sozial produzierter Raum verstanden werden. (vgl. Lefebvre (2006)) Damit ist der öffentliche Raum kein Abbild der Gesellschaft, sondern er ist bereits Gesellschaft. In Bezug auf die sozialen Praktiken, die sich im öffentlichen Raum ereignen, lässt sich des Weiteren mit Pierre Bourdieu aufzeigen, dass Raum bereits auf die ökonomischen und politischen Kräfte sowie auf die Herrschaftsverhältnisse hinweist. (vgl. Bourdieu (1992))

311 | Jene Beobachtungen gestalten die öffentliche Gesellschaft insofern, als dass sie mit ihrer Handlung sichtbar werden und demzufolge, an Überlegungen von Manuel Castell anknüpfend, bereits ein Teil der Gesellschaft sind. (Schubert (2000), S. 12 ff.)

312 | Sprache ist nicht nur eine inhaltliche Bedeutungszuweisung, sondern zugleich auch ein Medium, welches das Denken und Handeln eins Individuums mitgestaltet. (Meyer (2008), S. 14 f.)

tismen der Raumnutzung, das Benutzen von Objekten, Maschinen oder technischen Geräten als Gegenstände der Kommunikation

- Das Einsetzen von dichotomen Regeln als Zuschreibungen von richtig oder falsch
- Das Anwenden von Verhaltensmustern als Repräsentationen geltender Normen, das Veranstalten von Ritualen als kulturelle Bedeutungszuweisungen und als gleichzeitige problematische Abgrenzung zu anderen Kulturen[313]
- Das Ausdrücken mit Körpersprache als Phänomen eines sich Positionierens in Bezug zu anderen Menschen
- Das Inszenieren von medialer Schrift oder Bildern als Bedeutungsträger von kommerziellen[314] und kategorisierenden Botschaften

Beispiele für performative Strukturen

Diese und weitere Strukturierungen, die sich durch die performativen Handlungen der Menschen in der Öffentlichkeit zeigen, werden mit der Beobachtung im öffentlichen Raum herausgearbeitet.[315] Anschließend werden sie in der Gruppe zusammengetragen, um in einem pädagogisch angeleiteten Gespräch in einen sprachlichen Austausch zu kommen. Zu diesem Zwecke werden mittels der Anleitung unterschiedliche Tätigkeiten[316] angeregt, die vorrangig dazu dienen, die Beobachtun-

Benennung des Forschungsthemas

313 | Häufig ereignen sich problematische Strukturierungstätigkeiten in Bezug auf andere Kulturen. So findet zumeist die Aneignung einer anderen Kultur durch das Projizieren der eigenen Strukturen auf diese statt. Diese Form der Zuschreibung wird entsprechend in interkulturellen pädagogischen Fachkontexten als Othering bezeichnet. (vgl. Mecheril/Broden (2007)]).

314 | Eine kritische Sichtweise auf kommerzielle Strukturierung der Lebenswelt durch Werbung lässt sich mit dem Beispiel des Orients als Reklamemittel in der Münchner Werbegrafik um 1900 verdeutlicht. (vgl. Rebel (2003))

315 | Die Notationsmethoden der beobachteten Strukturen der Lebenswelt entwickeln sich in Abhängigkeit zu den Vorerfahrungen der Gruppe, ihrem Vorwissen, ihrer Motivation und den zeitlichen wie auch institutionellen Rahmenbedingungen.

316 | Zu den Tätigkeiten zählen: Der Austausch über die gemachten Beobachtungen, das Beschreiben der beobachteten Strukturen, die Präsentation der gemachten Notizen, das Illustrieren der Strukturen, das Benennen der Auswirkungen, das Zuspitzen und Übertreiben dieser Auswirkungen, das Diskutieren über die Einflüsse auf die alltägliche Raumnutzung, eine vorläufige Ideenfindung für einen themenspezifischen performativen Bruch, das sprachliche Abstrahieren der Strukturen, das Einigen auf eine spezifische Struktur, das vorläufige Benennen des Forschungsthemas.

Einfluss-
faktoren

gen auf einer sprachlichen Ebene zu abstrahieren,[317] sodass das Forschungsthema vorläufig benannt wird.
Dabei ist anzumerken, dass es im Zuge der Benennung entscheidend ist, bereits im Vorfeld über die Forschungsmethoden nachzudenken. Zwar werden diese erst im Nachfolgenden entwickelt und vorgestellt, jedoch ist die Forschungsmethode des performativen Bruches bereits zu diesem Zeitpunkt richtungsweisend, da sich diese in Abhängigkeit zum Forschungsthema entwickelt.[318] Die Möglichkeiten der Umsetzung der performativen Darstellung des Bruches entscheiden damit oftmals darüber, ob eine performative Struktur zum potentiellen Forschungsthema wird oder nicht. In der Praxis hat es sich erwiesen, dass jene Forschungsthemen, bei denen sich alle Beteiligten vorstellen können, den performativen Bruch im öffentlichen Raum zur Aufführung zu bringen, diejenigen sind, die auch in der Praxis zur Anwendung kommen können.

Um den Findungsprozess des Forschungsthemas als Überblick darzustellen, bevor die Forschungsmethoden vorgestellt werden, ist folgende Grafik hilfreich sein. Dabei ist anzumerken, dass der Findungsprozess oftmals mit Rückgriffen, Veränderungen und Reflexionen verbunden ist, welche in der Abbildung sichtbar gemacht werden sollen.

317 | Mögliche abstrakte Eigenschaften der Strukturen sind beispielsweise: Muster setzen, Kontraste erzeugen, Vergleiche produzieren, Festlegungen und Zuschreibungen auslösen, Abgrenzungen oder sogar Diskriminierungen sichtbar machen, Handlungen ermöglichen oder verhindern, Interessen oder hierarchische Machtsysteme widerspiegeln, Bedürfnisse schaffen oder befriedigen.
318 | Mit diesem Nachdenken über die performativen Brüche zeigt sich die direkte Verbindung von Forschungsthema und Forschungsmethoden, da die Ideensammlung sowie die Umsetzung des performativen Bruches bereits zu der Forschungsmethode zählen.

Die performative Forschungsmethode

Die Forschungsmethode der Performativen Künstlerischen Forschung kombiniert zwei performative Strategien im öffentlichen Raum, zum einen die performative Darstellung des Bruches(1) und zum anderen die Aufzeichnung(2). Durch ihre Anwendung wird das Forschungsergebnis nicht mehr als eine produktorientierte Repräsentationsform von Wissen gedacht, sondern ereignet sich in der Gesellschaft, in welcher es intersubjektiv erfahren wird. So ist es das zentrale Anliegen der Performativen Künstlerischen Forschung, aktiv in politische, soziale, ökologische und institutionelle Strukturen der Lebenswelt einzugreifen und eine intersubjektive Forschung zu vollziehen, die sich mit einem real gesellschaftlichen Gefüge beschäftigt. Deshalb regt sie dazu an, die alltäglichen Strukturen der Lebenswelt aus einem veränderten Blickwinkel[319] zu betrachten und zu erforschen, welche Auswirkungen Brüche[320] auf diese haben. Sie verändert für einen kurzen Moment die gültigen Strukturen der Lebenswelt und eröffnet neue Sichtweisen darauf, sowohl für die Forschenden als auch für die Betrachtenden. Damit verfolgt die Forschungsmethode der Performativen Künstlerischen Forschung eine Wissenspraxis, die prozessual, situativ und veränderlich ist und demzufolge nicht mehr durch ein statisches Kunstwerk repräsentiert werden kann.

Methodenkombination

Um in der kunstpädagogischen Vermittlungspraxis die Kombination der beiden performativen Praxen für die Forschungsmethode zu entwickeln, wird das vorläufig benannte Forschungsthema verwendet, welches durch die Beobachtungen in der Lebenswelt herausgearbeitet wurde. Davon ausgehend werden verschiedene Ideen zusammengetragen, welche die alltägliche Struktur der Lebenswelt mit einer performativen Darstellung des Bruches(1) sichtbar machen. Obgleich die Performance eine naheliegende Umsetzung darstellt, bieten sich jedoch weitere zahlreiche Formate der Darstellung an, die nicht ausschließlich mit dem Körper vollzogen werden, sondern beispielsweise mit Sprache, visuellen Darstellungen, Protestfor-

Vorbereitung der performativen Darstellung

319 | Der veränderte Blickwinkel betrifft vor allem: Dichotome Festschreibungen, alltägliche Regeln, verbindliche Normen, Zuschreibungen, Grenzziehungen oder auch alltägliche Trennungen wie beispielsweise von Subjekt/Objekt, Eigenem/Fremden, Drinnen/Draußen und Ich/Du.

320 | Der Bruch ist eine aktive performative Darstellung, die eine Irritation in der Öffentlichkeit erzeugt und damit ein Aufmerken auf die gesellschaftlichen Strukturen der Lebenswelt ermöglicht. Durch die Darstellung im öffentlichen Raum ruft er direkte oder indirekte Reaktionen bei den Passanten hervor und weist damit eine partizipative Struktur auf, die eine Beteiligung und Mitgestaltung am Forschungsthema fördert.

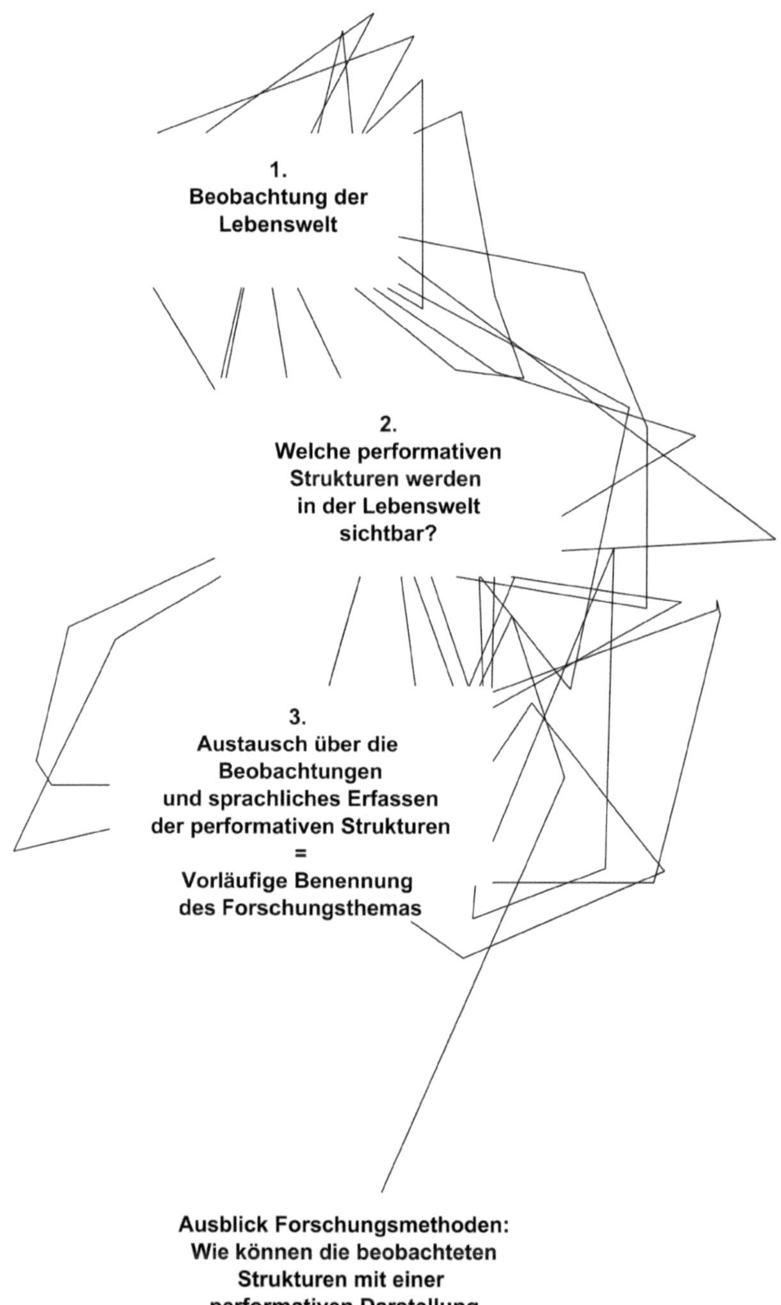

Abbildung 1: Forschungsthema der Performativen Künstlerischen Forschung

men, Objekten oder auch medial inszenierten Darstellungen arbeiten.[321] Schlussfolgernd kann in Abhängigkeit zu den Interessen der Gruppe eine geeignete Darstellung gefunden werden.

Ziel des pädagogisch angeleiteten Austausches ist es, eine gemeinschaftliche Idee für die performative Darstellung des Bruches zu entwickeln, bei der sich alle Beteiligten vorstellen können, diese gemeinsam im öffentlichen Raum durchzuführen. Mit der festgelegten Idee werden die Rahmenbedingungen für die Umsetzung geklärt, wobei diese möglichst wenige Handlungsabfolgen vorgeben, um eine größtmögliche Offenheit für den Forschungsgegenstand zu gewährleisten. Entsprechend dieser Rahmenbedingungen werden notwendige Vorbereitungen getroffen, welche möglichst selbstorganisiert und beispielsweise in Gruppenarbeit gestaltet werden können, sodass die performative Darstellung des Bruches im öffentlichen Raum umgesetzt werden kann.

Rahmenbedingungen der Darstellung

Die zweite Komponente der Forschungsmethode, die Aufzeichnung(2), wird ebenfalls im Vorfeld erarbeitet. Da zu ihr zahlreiche unterschiedliche Dokumentationspraktiken gehören, wie beispielsweise das Aufschreiben, Notizenmachen, Skizzieren, Zeichnen, Sammeln von Materialien, Protokollieren oder Fotografieren, ist es notwendig, die Formen der künstlerischen Aufzeichnungspraxis gemeinsam auszuwählen und diese im Vorfeld zu erproben. Denn nur durch ein individuell etabliertes Repertoire von Aufzeichnungsmethoden[322] kann die Aufzeichnung auch während der Forschung zu einer begleitenden Praxis werden, welche die subjektive Ausdrucksfähigkeit und die Reflexion fördert.

Vorbereitung der Aufzeichnung

Mit diesen beiden Feldern der Vorbereitung wird in der zweiten Phase der Performativen Künstlerischen Forschung die performative Darstellung des Bruches(1) im spezifisch gewählten öffentlichen Raum[323] vollzogen. Mit ihr

321 | Wie bereits angemerkt wurde, wird die performative Darstellung weit gefasst, sodass sich weitere Möglichkeiten ergeben. Für eine ausführliche Aufzählung siehe Anhang XIII, S. 310: Beispiele für eine performative Darstellung.

322 | Anregungen für Aufzeichnungsmethoden können vor allem durch das praktische Ausprobieren der Forschenden selbst gefunden werden, denn häufig stehen sie in direktem Zusammenhang mit Techniken, die sie motivieren und bereits könnend ausführen. Ebenfalls sind Übungen, die alle Sinne aktivieren und damit die Wahrnehmung schulen, als Einstieg geeignet. Des Weiteren können Anregungen für die Aufzeichnungstechniken gefunden werden bei Sabisch (2007b); Smith (2011); Leuschner/Knoke (2012), Quint (2011), Kämpf-Jansen (2012); Busse (2007); Möntmann/Dziewior (2004)

323 | Häufig ergeben sich die Ideen für die performative Darstellung aus beobachteten Strukturen in spezifischen Räumen. Diese verweisen direkt auf die Nutzung und die Eigenschaften des Raumes und sollten schlussfolgernd auch in diesen

Umsetzung der Forschung

werden die gültigen Strukturen des öffentlichen Raumes kurzzeitig außer Kraft gesetzt und es werden veränderte Verhaltensmuster sowohl bei den Darstellenden als auch Betrachtenden eingefordert. Dieses partizipative Aufmerksamwerden[324] auf die alltäglichen politischen, sozialen, ökologischen und institutionellen Strukturen der Lebenswelt ermöglicht die intersubjektive Gestaltung des Forschungsthemas. So werden durch den Austausch mit dem Körper, der Sprache und der Handlung prozesshafte Formen des Wissens möglich, die in direktem Bezug zur gemeinsamen Lebenswelt stehen.

Es ereignen sich demzufolge in der Forschung neue Formen des Wissens, die aus kunstpädagogischer Sicht reflektiert werden müssen, sodass sich eine subjektive Erkenntnis einstellen kann. Diese notwendigen Reflexionen werden im Forschungsprozess durch die Aufzeichnung(2) angeregt, wodurch die Forschenden subjektiv auf ihre Ästhetische Erfahrung aufmerksam werden, jedoch nicht im Sinne eines repräsentativen objektiven Erfassens, sondern im Sinne eines reflexiven Verortens. Mit der Aufzeichnung können vor allem die prozesshaften intersubjektiven Erfahrungen mit der eigenen Lebensgeschichte verknüpft werden und die flüchtige Ästhetische Erfahrung kann eine individuelle Bedeutung für die Forschenden erlangen.[325]

Nachbereitung der Forschung

Nach der praktischen Anwendung der wechselseitigen Strategien von performativem Bruch und Aufzeichnung im öffentlichen Raum ereignet sich in der dritten Phase der Forschung eine pädagogisch angeleitete Nachbereitung in der Gruppe. Zu Beginn werden die vielfältigen Aufzeichnungen individuell sortiert, zueinander in Beziehung gebracht, neu geordnet und ergänzend gestaltet, sodass sie in eine Form der subjektiv bedeutsamen Zusammenschau gebracht werden können. Diese subjektive Zusammenschau stellt keine Form der Ergebnispräsentation dar, da diese bereits in der Öffentlichkeit durch die Performative Künstlerische Forschung stattgefunden hat, sondern sie regt sowohl eine subjektive wie auch intersubjektive Reflexion im gemeinsamen Gespräch an. Ausgehend von den reflexiv bearbeiteten Aufzeichnungen wird ein Gespräch über die Erfahrungen, individuellen Reflexionen, Erkenntnisse und Fragen angeleitet. Dadurch werden sich die Forschenden über das prozesshafte Wissen auf sprachlich reflexiver

---

Räumen umgesetzt werden. Mögliche Beispiele für die spezifischen Eigenschaften eines Raumes sind: Das Pendeln und Fortbewegen, der Konsum, das Warten, das öffentliche Recht, die Freizeitgestaltung, der Luxus, das Spiel, die kulturelle Gestaltung, das Arbeiten usw.

324 | Die Möglichkeiten der Partizipation sind grundlegend als freiwillig zu verstehen. Demnach sollte angemerkt werden, dass die performative Darstellung des Bruches eine Form der konfrontativen Praxis ist. (vgl. Feldhoff (2011), S. 115 f.) .

325 | Sabisch (2007b), S. 17

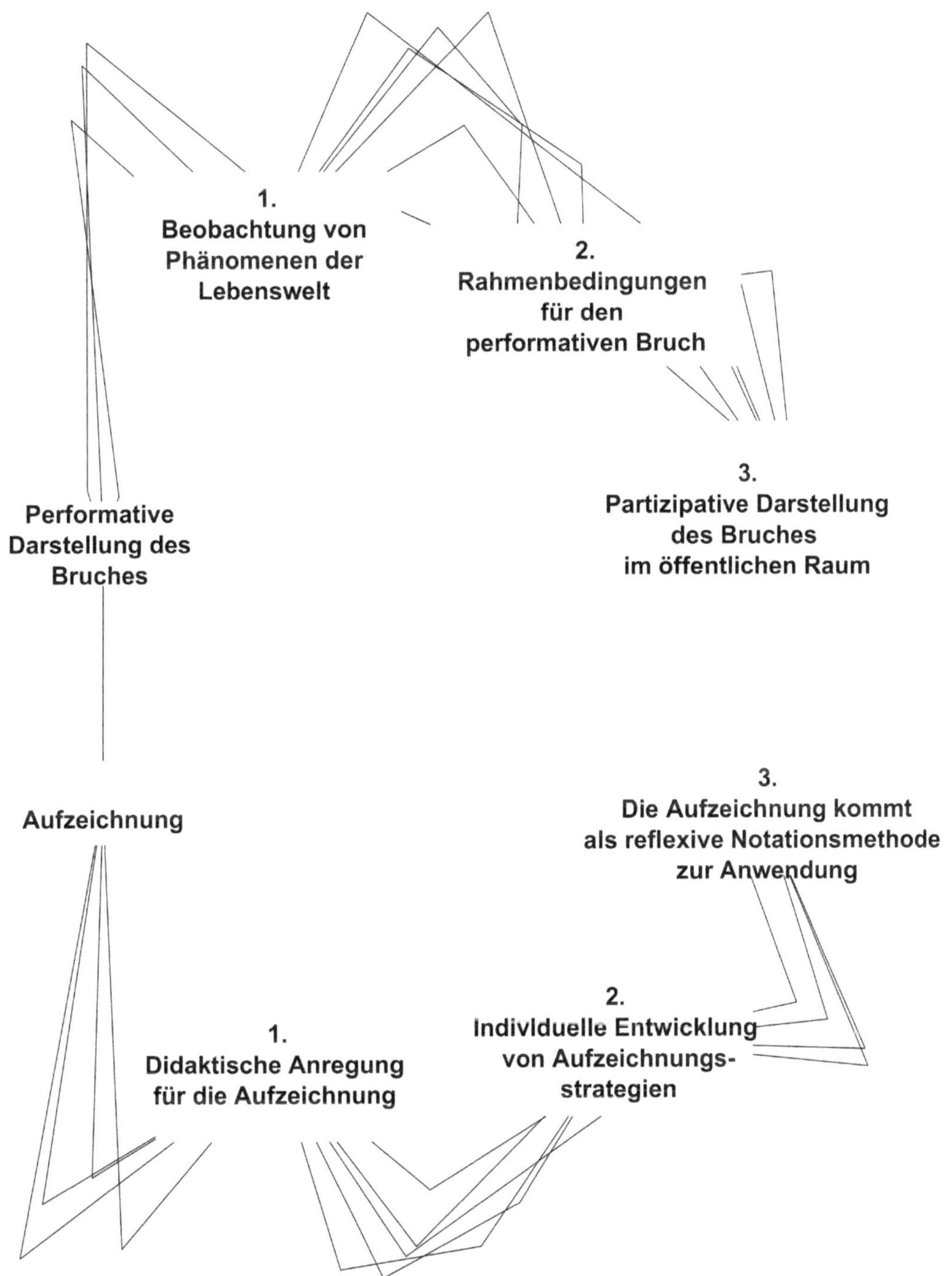

Abbildung 2: Forschungsmethode der Performativen Künstlerischen Forschung

Ebene bewusst, stellen es in Verbindung zu den eigenen Aufzeichnungen, leiten Bezüge zu anderen alltäglichen Erfahrungen ab und entwickeln konkrete Anliegen der Gestaltung in der gemeinsamen Lebenswelt.

Wie in der praktischen Umsetzung der kunstpädagogischen Vermittlung das Wechselspiel beider performativer Forschungspraktiken entwickelt werden kann, verdeutlicht die folgende Grafik nochmal als Überblick.

Abschließend lässt sich sowohl in Bezug auf das lebensweltliche Forschungsthema als auch auf die performative Forschungsmethode formulieren, dass die kunstpädagogische Umsetzung, die sich in einem räumlich sozialen Feld ereignet, auf die performativen Strukturen der Lebenswelt im Sinne der Beobachtung, Veränderung und Mitgestaltung aufmerksam macht. Dabei ist es die grundlegende Erfahrung der Forschenden, nicht mehr über das Forschungsthema zu verfügen, es festzulegen oder regelgeleitet zu untersuchen, sondern sich von Beginn an in einem intersubjektiv gestaltenden Forschungsprozess zu befinden. Die Erkenntnisse, die sich in diesem Prozess herstellen lassen, können deshalb nicht mehr durch repräsentative, statische Abbildungen zur Anschauung gebracht werden, vielmehr ereignen sie sich in den Formen des sprachlichen Austausches, der körperlichen Interaktion, des Blickes, der Mimik, der Gestik, der spontanen Diskussionen oder mittels neugieriger Fragen. Auf diese Weise wird eine veränderte Form eines prozesshaften Wissens erfahrbar, das in einem direkten Bezug zur Lebenswelt steht.

Intersubjektiver Forschungsprozess

Mit der abwechselnden forschungsmethodischen Tätigkeit des performativen Darstellens(1) und Aufzeichnens(2) wird passend zum Forschungsthema eine Kombination aus intersubjektiver Ästhetischer Erfahrung und individueller Reflexion möglich, welche trotz der ungreifbaren Performativität der Darstellung zu einer individuellen und greifbaren Erkenntnis führt. Denn speziell durch die Tätigkeit des Aufzeichnens kann die Ästhetische Erfahrung von den Forschenden individuell reflektiert und in Bezug zu ihren subjektiven Lebenskontexten gestellt werden. Neben dieser Möglichkeit können durch die pädagogisch angeleiteten Gespräche des Weiteren zahlreiche Formen der Reflexionen und des intersubjektiven Austausches angeregt werden, sodass auch auf sprachlicher Ebene eine subjektive und intersubjektive Verortung der Ästhetischen Erfahrung möglich wird.

I.III. Praxis-Tool

Wurde bisher die allgemeine Anwendung der Performativen Künstlerischen Forschung in der Aufteilung von Forschungsthema und Forschungsmethode dargestellt, soll im Folgenden der gesamte Ablauf einer kunstpädagogischen Vermittlungssituation so knapp zusammengefasst werden, dass diese Übersicht als konkretes Werkzeug für die Praxis genutzt werden kann. Die Zusammenfassung orientiert sich an drei aufeinander folgenden Schritten der Vorbereitung(1), Durchführung(2) und Nachbereitung(3), die abschließend in einer grafischen Übersicht dargestellt werden. Dabei gilt es anzumerken, dass die einzelnen Schritte nicht als feste Reihenfolge zu verstehen sind, sondern flexibel genutzt werden können und Rückgriffe erwünscht sind, da sich nur so ein dynamischer und offener Forschungsprozess entwickeln kann.

Praxisablauf der Forschung

Vorbereitung

Jedes lebensweltliche Thema kann mit der Performativen Künstlerischen Forschung beforscht werden. Um dies in der Lebenswelt zu finden, werden die sozialen Strukturen, die sich durch performative Handlungen in der öffentlichen Gesellschaft zeigen, beobachtet. Mögliche Schwerpunkte der Beobachtung können beispielsweise sein: Sprache als inhaltliche Bedeutungszuweisung, Handlungsschemata als alltägliche Automatismen der Raumnutzung, Objekte als Gegenstände der Kommunikation, Verhaltensmuster als Repräsentationen geltender Normen oder Körpersprache als Phänomen sozialer Interaktion.

Beobachtung im öffentlichen Raum

An die Beobachtung anknüpfend werden in einem pädagogisch angeleiteten Gespräch die Entdeckungen in der Gruppe zusammengetragen und auf sprachlicher Ebene so formuliert, dass ein vorläufiges Forschungsthema benannt werden kann. Davon ausgehend werden in der Gruppe die Vorbereitungen für die Forschungsmethode getroffen, welche zwei performative Strategien kombiniert, zum einen die performative Darstellung des Bruches und zum anderen die Aufzeichnung. Hinsichtlich der performativen Darstellung wird in der Vorbereitung eine gemeinschaftliche Idee entwickelt, bei der sich alle Beteiligten vorstellen können, diese im öffentlichen Raum zur Aufführung zu bringen. Mit dieser Idee werden die möglichst offenen Rahmenbedingungen abgesteckt und die notwendigen Vorbereitungen getroffen. Um ebenfalls im Vorfeld die individuellen Formen der Aufzeichnungspraxis herauszuarbeiten,

Vorbereitungen für Forschungsthema und -methode

werden Aufzeichnungsformen erprobt, sodass die Forschenden in der Durchführung individuell auf ein gemeinschaftlich etabliertes Repertoire zurückgreifen können.

Durchführung

Performative Künstlerische Forschung findet vorzugsweise in der Gruppe statt und wird in der Gesellschaft durchgeführt. Denn durch die kollektive performative Darstellung des Bruches wird zum einen der oder die Einzelne ermutigt, die Darstellung in der Öffentlichkeit zu vollziehen, und zum anderen wird die Darstellung sichtbar. Mit diesem Sichtbarwerden ereignen sich unterschiedliche Formen der Begegnung, welche die intersubjektive Gestaltung des Forschungsthemas ermöglichen und die beidseitige Aufmerksamkeit auf die politischen, sozialen, ökologischen und institutionellen Strukturen der Lebenswelt verändern. So eröffnen sich in der Ausführung der Forschung intersubjektive Denk- und Handlungsräume, in denen die Darstellung und die Herstellung des Wissens zusammenfallen.

Intersubjektive Forschung

Damit diese entstehenden Formen des intersubjektiven, prozesshaften Wissens reflektiert und im subjektiven Bedeutungshorizont verortet werden können, kommt die Aufzeichnung als begleitende Notationspraxis in der Durchführung zum Einsatz. Denn dadurch können die Forschenden ihre Erfahrung subjektiv verorten und erlangen eine individuelle Ästhetische Erkenntnis.

Nachbereitung

In der Nachbereitung der Performativen Künstlerischen Forschung sind zwei Aspekte von Bedeutung. Zum einen Tätigkeiten wie das Sortieren, das Anordnen oder das ergänzende Gestalten der Aufzeichnungen, die individuell reflexive Prozesse anregen, und zum anderen ein pädagogisch angeleitetes Gruppengespräch, das eine intersubjektive, sprachliche Reflexion der gemachten Erfahrung ermöglicht. Um in der Nachbereitung diese doppelte Reflexion umzusetzen, beschäftigen sich die Forschenden zu Beginn individuell reflexiv mit ihren Erfahrungen und formulieren gestaltend subjektive Erkenntnisse. Darüber tauschen sie sich im Anschluss in einem intersubjektiven Gruppengespräch aus, um damit auf sprachlicher Ebene ihr erlangtes Wissen über die lebensweltliche Struktur zu formulieren. Mit dieser intersubjektiven Rückkoppelung der individuellen Aufzeichnungen ereignen sich Bezüge zu anderen alltäglichen Erfahrungen, wovon ausge-

Doppelte Reflexion

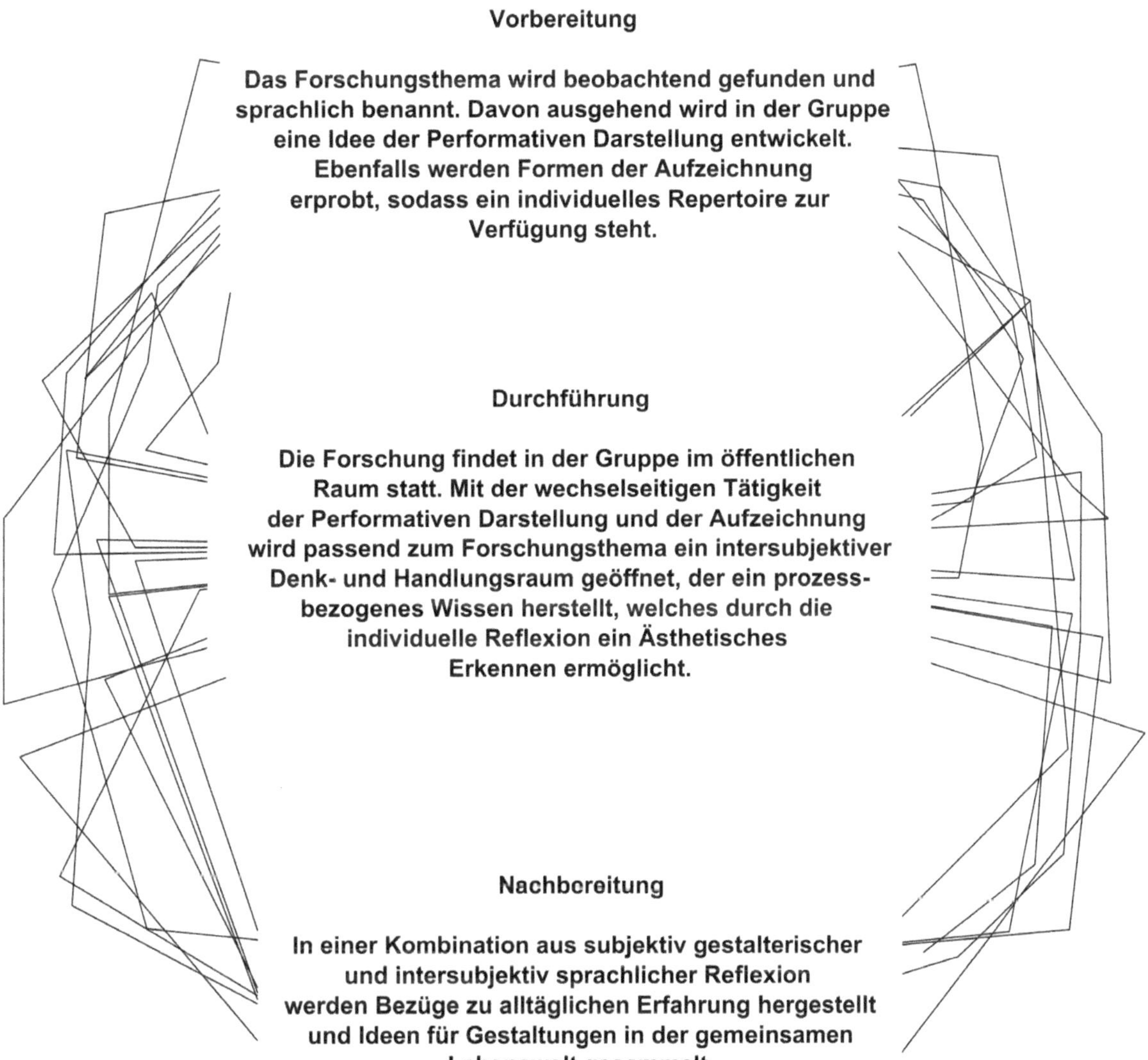

Vorbereitung

Das Forschungsthema wird beobachtend gefunden und sprachlich benannt. Davon ausgehend wird in der Gruppe eine Idee der Performativen Darstellung entwickelt. Ebenfalls werden Formen der Aufzeichnung erprobt, sodass ein individuelles Repertoire zur Verfügung steht.

Durchführung

Die Forschung findet in der Gruppe im öffentlichen Raum statt. Mit der wechselseitigen Tätigkeit der Performativen Darstellung und der Aufzeichnung wird passend zum Forschungsthema ein intersubjektiver Denk- und Handlungsraum geöffnet, der ein prozessbezogenes Wissen herstellt, welches durch die individuelle Reflexion ein Ästhetisches Erkennen ermöglicht.

Nachbereitung

In einer Kombination aus subjektiv gestalterischer und intersubjektiv sprachlicher Reflexion werden Bezüge zu alltäglichen Erfahrung hergestellt und Ideen für Gestaltungen in der gemeinsamen Lebenswelt gesammelt.

Abbildung 3: Das Praxis-Tool der Performativen Künstlerischen Forschung

hend konkrete Anliegen der Gestaltung in der gemeinsamen Lebenswelt entwickelt werden können und abschließend ebenfalls das Forschungsthema formuliert werden kann.

Wurden die einzelnen Schritte im Überblick zusammengefasst, erfolgt nun abschließend eine weitere grafische Zusammenschau, die sowohl Forschungsmethoden als auch Forschungsthemen beachtet. Sie versucht, Anregung für einen flexiblen Umgang mit der Performativen Künstlerischen Forschung in der Praxis zu ermöglichen und sie als einen Forschungsprozess zu verstehen, der Rückgriffe, Wiederholungen, Verwerfungen, Experimente und Abschweifungen enthält.

I.IV. Praxisbeispiel für Performative Künstlerische Forschung

Praxisbeispiel der empirischen Forschung

Mit dem folgenden Beispiel werden die allgemeinen Darstellungen aus den vorherigen Kapiteln veranschaulicht, sodass eine kunstpädagogische Vermittlungssituation von Performativer Künstlerischer Forschung mit einem konkreten Beispiel greifbar wird. Dabei stellt dieses Beispiel bereits jene Forschung dar, die in der qualitativ-rekonstruktiven Fallstudie untersucht wurde und im dritten Teil dieser Arbeit ausführlich vorgestellt wird. In der nachfolgenden Darstellung wird zwischen dem Forschungsthema und den Forschungsmethoden unterschieden, welche jeweils die einzelnen Schritte der Vorbereitung, Durchführung und Nachbereitung[326] beinhalten.

Forschungsthema: Der veränderte Blickwinkel auf das äusserliche Erscheinungsbild

Das Forschungsthema entwickelte sich im Laufe der Performativen Künstlerischen Forschung, welche im Rahmen eines praktisch künstlerischen Seminares an der Ludwig-Maximilians-Universität München stattfand. Dieses Seminar stand in direkter Verbindung zu dem Laboratorium des Künstlerkollektivs Klaus Erich Dietel und Stefanie Müller, welches im

326 | Spezifisch zur Nachbereitung muss angemerkt werden, dass die subjektiv-gestaltenden Reflexionen der Aufzeichnung und die intersubjektiv-sprachlichen Reflexionen des Gespräches das Auswertungsmaterial der qualitativ-rekonstruktiven Studie bilden und damit nicht in diesem Kapitel, sondern im dritten Teil der Arbeit dargestellt werden.

MaximiliansForum in München beherbergt war.[327] Im Rahmen des Laboratoriums wurden Workshops, Aktionen, Performances und Ausstellungen durchgeführt, die sich mit dem Themenkomplex der Mode- und Konsumwelt und den damit verbundenen Ausschlussmechanismen beschäftigten. So lautet die Beschreibung wie folgt:

> „Bei THE FABRIC wird Mode mit Blick auf ihre soziale, ökonomische und politische Dimension erforscht. Das Potenzial des MaximiliansForums als Keimzelle für künstlerisch experimentelle Strategien im Stadtraum wird in einem spartenübergreifenden Programm ausgelotet, das von Künstler/Innen und Musiker/Innen gleichermaßen wie von Wissenschaftler/Innen und sozialen und pädagogischen Projekten gestaltet wird."[328]

Demzufolge war im Zuge der Veranstaltung schon ein größeres Themenfeld vorgegeben, welches sich jedoch durch die anfänglichen Beobachtungen in der öffentlichen Lebenswelt differenzierte. Das Laboratorium befanden sich in unmittelbarere Nähe zu einem speziellen städtischen Umfeld, der Maximilianstraße[329] in München, wobei es sich um einen öffentlichen Raum handelt, der stark durch Konsum, Wirtschaft, Finanzen, Macht, Hierarchien und Mode geprägt war. Dort konnte beobachtet werden, dass die modischen Erscheinungen der Passanten wirtschaftliche Interessen, finanzielle Ströme und Geldverhältnisse widerspiegelten und die bewussten Stilinszenierungen der modischen Bekleidung nicht nur Selbstdarstellungen, sondern bereits Verweise auf soziale Milieus waren.[330]

Vorbereitung Forschungsthema

327 | Das Maximilansforum. Passage für interdisziplinäre Kunst. Gefördert durch die Landeshauptstadt München. (http://maximiliansforum.de/startseite/ Abrufdatum: 9.07.2014) Die damalige Ausstellung: The Fabric. Ein künstlerisches subversives Laboratorium vom 15.-28.06.2012 wurde vom Künstlerkollektiv Klaus Erich Dietel und Stefanie Müller ins Leben gerufen. Dabei fand eine Kooperation mit der LMU statt. (Weitere Informationen: http://thefabricmunich.wordpress.com/ Abrufdatum: 9.07.2014)

328 | http://thefabricmunich.wordpress.com/ Abrufdatum: 9.07.2014

329 | Die Maximilianstraße ist eine der städtebaulich bedeutenden Prachtstraßen aus dem 19. Jahrhundert in München. Da viele luxuriöse Mode- und Schmuckunternehmen in der Maximilianstraße eine Filiale haben, wurden viele traditionelle Galerien, Restaurants und Geschäfte verdrängt, und die Ladensituation zeigt sich als sehr einseitig konsumorientiert. Die Maximilianstraße kann aus sozialräumlicher Perspektive als ein Raum betrachtet werden, der vor allem von wirtschaftlichen Strukturen bestimmt ist. (Schubert (2000), S. 13 f.)

330 | Mode steht in direktem Zusammenhang mit den gesellschaftlichen, politischen und sozialen Veränderungen der Zeit, in der sie getragen wird. (Wulf/Zirfas (2007), S. 22) So weist bereits Georg Simmel der modischen Erscheinung die

So verdeutlichte sich in der empirischen Beobachtung, dass die Passanten im öffentlichen Raum mittels bestimmter Kleidungsstücke, Symbole, Embleme, Firmenlogos oder auch Accessoires eine Form der Sozialordnung herstellten, die keine Produkt des Zufalls war und viel eher eine bewusste Gestaltung von sozialen Hierarchien. Denn die modisch stilistischen Kleidungsstücke der Träger und Trägerinnen verwiesen nicht nur auf ihre modischen Vorlieben, sondern zugleich auf ihre soziale Statuszugehörigkeit. Auf der Basis von diesen ersten Beobachtungen wurde abschließend festgehalten, dass die sozialen Strukturen der Maximilianstraße stark durch die modische Auswahl der Kleidungsstücke und die damit verbundene Nutzung des Raumes[331] geprägt waren.

Beobachtung performativer Strukturen

Im Zuge einer kritischen Reflexion, dieser Beobachtungen und den damit verbundenen Rückschlüssen,[332] wurde im gemeinsamen Austausch zusammengefasst, dass die sozialen Strukturen der Maximilianstraße vor allem durch Kleidung, soziale Interaktionen, kommerzielle Symbole, exklusive Marken und Luxusprodukte bestimmt waren und die beobachteten Nutzungen in besonderer Weise auf wirtschaftliche Interessen, finanzielle Ströme, elitäre Gruppen, hierarchische Geldverhältnisse und konsumorientierte Interaktionen verwiesen. Dabei wurde festgestellt, dass die modische Auswahl der Kleidungsstücke die hierarchische Sozialordnung des öffentlichen Raumes besonders prägnant veranschaulichte, da diese nicht nur eine Form der stilistischen Individualität sichtbar machte, sondern auf Zugehörigkeiten zu sozialen Gruppen hindeuteten, welche wiederum Abgrenzungen, Hierarchien, Machtverhältnissen und Statuszuschreibungen produzierten. Wodurch im Folgenden das Forschungs-

Benennung des Forschungsthemas

Funktion zu, mit welcher sich Menschen bestimmten Gruppen zuordnen oder von diesen abgrenzen. (Simmel (1991), S. 185 f.) So symbolisiert Mode im Besonderen die subjektive Zuordnung zu einer Statusgruppe/einheit in der Gesellschaft. Sie kann demzufolge auch als visuelle Struktur verstanden werden, die Luxus ausdrückt und hierarchische Positionierungen in der Gesellschaft versinnbildlicht. (Lehnert u.a. (2014), S. 90 f.)

331 | Nutzungen des Raumes, die beobachtet werden konnten, waren folgende: Der Verkauf, der Einkauf, das Schlendern, das Schaulaufen, die Inszenierung von Luxus, die Werbung, der Konsum von Essen und Getränken im Außenraum von Restaurants, Bars und Cafés, der durch Luxusmarken geprägte automobile Verkehr, der Tourismus, das Schauspiel, der Aufenthaltsort für Menschen ohne Wohnsitz.

332 | Die subjektiven Rückschlüsse, die aufgrund der äußerlichen Erscheinung entstanden, wurden reflektiert. Denn diese stellen bereits Formen einer Zuordnung dar, die auf die subjektive Wahrnehmungsstruktur der Beobachtenden aufmerksam machte. So wurden diese als subjektive Wertung und Zuweisung verstanden und nicht als allgemeingültige, eindeutige Zuordnungen von sozialen Statuszugehörigkeiten der Passanten.

thema *„die äußerlichen Erscheinung in der Gesellschaft"*[333] zum Sinnbild der finanziellen, elitären, hierarchischen und milieuspezifischen Strukturen wurde. Ausgehend von dieser vorläufigen Formulierung des Forschungsthemas entwickelt sich die gemeinsame Idee für die performative Darstellung des Bruches in der Maximilianstraße. Die Forschenden planten, eine äußerliche, modische Veränderung des Erscheinungsbildes in der Maximilianstraße sichtbar zu machen, und entwickelten dazu das Vorhaben, einen weißen Anzug[334] über die alltägliche Kleidung zu ziehen, um damit als Gruppe der "Weißen Anzüge"[335] die alltägliche Wahrnehmung der äußerlichen Erscheinung zu brechen. Die weißen Anzüge sollten durch ihre neutrale Eigenschaft keine Rückschlüsse auf die soziale Statuszugehörigkeit zulassen und es war das Ziel, die alltägliche Wahrnehmung der äußerlichen Erscheinung in der Gesellschaft insofern zu verändern, als dass sie deren Strukturen für einen kurzen Moment in den Bereich der bewussten Wahrnehmung bringen sollte, um davon ausgehend einen intersubjektiven Austausch anzuregen. Es wurden bewusst Hypothesen zurückgehalten und keine Vorannahmen zum intersubjektiven Austausch entwickelt, um möglichst viel Handlungsspielraum für den intersubjektiven Austausch mit den Passanten zu ermöglichen. So wurde der weiße Anzug als einzige gemeinsame Rahmenbedingung festgelegt, wohingegen die Handlungen offen blieben. Dadurch sturkturierte er die Möglichkeiten der intersubjektiven Begegnungen im öffentlichen Raum möglichst wenig vor und erwies sich zudem sowohl in der Vorbereitung als auch in der Umsetzung als preisgünstige, einfache, wenig inhaltlich vorgeprägte und sichtbare Darstellung des Forschungsthemas.

Vorbereitung der performativen Darstellung

333 | Klingt das Forschungsthema zu Beginn sehr allgemein, berücksichtigt es bei genauerer Betrachtung die Unterschiedlichkeit der Erfahrung der Forschenden. So verweist der Begriff des *Blickwinkels* auf die subjektive Sichtweise, die jeder Forschung zugrunde liegt. Die *Veränderung* steht für die direkten Auswirkungen, die sich durch die Forschung sowohl für die Forschenden als auch für die Betrachtenden ergaben. *Die äußere Erscheinung* ermöglichte im Gegensatz zum Wort Mode ein viel größeres Spektrum an sichtbaren Äußerlichkeiten.

334 | Der weiße Anzug war ein handelsüblicher Einwegoverall, aus dem Material Polypropylen. Diese Art von Anzug wird im Alltag als Kleidungsschutz bei Bauarbeiten genutzt.

335 | Der „Weiße Anzug" war die performative Darstellung der Gruppe, bei der sich alle vorstellen konnten, sie im öffentlichen Raum aufzuführen. Der Anzug hatte den besonderen Vorteil, dass er keine spezifische Handlung vorbestimmte und den größtmöglichen Freiraum für ungeplante Kommunikation und Begegnung mit den Passanten bot.

FORSCHUNGSMETHODE: DIE WEISSE WESTE

Da die Gruppe der Forschenden unerfahren war,[336] wurden die performativen Strategien vor der Forschung in der Maximilianstraße durch methodisch didaktische Anleitungen erprobt. Bezüglich der performativen Darstellung des Bruches(1) wurden, um eine größtmögliche Offenheit in der Gruppe zu wahren, zwar keine Hypothesen oder theoretischen Vorannahmen formuliert, jedoch wurde als Orientierung ein phänomenologischer Forschungsauftrag festgehalten, der lautet: *„Beobachte, WIE deine Umgebung auf dich reagiert und WIE du auf diese reagierst"*. Auf Basis dieses Auftrages wurde für die performative Darstellung des Bruches außer das Tragen des weißen Anzuges keine weitere Verhaltensweise festgelegt.

Vorbereitungen der Aufzeichnung

Bezüglich der Aufzeichnungen(2) wurden im Vorfeld didaktische Anregungen[337] gegeben, die an die verschiedene Möglichkeiten der Notationspraxis heranführten, sodass die Forschenden verschiedene Aufzeichnungsstrategien erkundeten und ausprobierten, um eigenständige Formen zu finden. Durch diese Vorbereitung konnte jeder und jede ein Repertoire für die Durchführung der Forschung entwickeln, das unterschiedliche Dokumentationspraktiken beinhaltete, wie beispielsweise das Schreiben, Zeichnen, Erstellen von Hörzeichnungen, Sammeln oder auch Frottieren.

Intersubjektive Forschung im öffentlichen Raum

Im zweiten Schritt, der Durchführung der Performativen Künstlerischen Forschung, begaben sich die Forschenden als Gruppe mit ihrer veränderten Kleidung und den Materialien, die sie für die Aufzeichnung benötigten, in die Maximilianstraße. Mit ihrer Präsenz in der Maximilianstraße erzeugten sie eine sichtbare Veränderung im öffentlichen Raum und es ereigneten sich sowohl auf Seiten der Forschende, als auch auf Seiten der Beobachtenden veränderte Wahrnehmungen der äußerlichen Erscheinung. Diese führten zu zahlreichen intersubjektiven Begegnungen, in denen die Passanten aufgefordert wurden, ihre beobachtende Rolle zu verlassen. Dabei wurde im Austausch ein intersubjektives, situatives und prozessbezogenes Wissen zum Forschungsthema „äu-

336 | Die Forschenden hatten weder in performativen Darstellungen noch in der Aufzeichnungspraxis Erfahrung.

337 | Die erste didaktische Anweisung im Vorfeld betraf das Aufmerken mit allen Sinnen. Diese Übung erwies sich als hilfreich und wahrnehmungsöffnend. Die Formulierungen finden sich in ihrem genauen Wortlaut in der Darstellung des Forschungssettings der empirischen Studie dieser Arbeit, siehe Kapitel: Forschungssetting, S. 162.

ßerliche Erscheinung" herausgearbeitet, welches mit der partizipativen Mitgestaltung am Forschungsthema im gemeinsamen Denk- und Handlungsraum zur Darstellung kam.[338]

So stand die intersubjektive Erfahrung als Basis der Wissenspraxis im Zentrum der Forschung, jedoch konnten die Forschenden mit der begleitenden Aufzeichnungspraxis diese verstärkt wahrnehmen, darauf gestaltend antworten und sie subjektiv reflektieren. Denn durch die Notationen wurde zum einen ihre Aufmerksamkeit auf die ästhetische Erfahrung erhöht und zum anderen wurden individuelle Reflexionen angeregt. So war es möglich, dass die Forschenden bereits während der Forschung individuelle Erkenntnisse gestaltend formulierten, die sich im Wechselspiel mit den Erfahrungen der performativen Darstellung ereigneten. Demzufolge ergaben sich bereits im Forschungsprozess Erkenntnisse, die sich mit der Nachbereitung der Forschung verfestigten. Denn durch die individuelle Sortierung, Neuordnung und Weitergestaltung der Aufzeichnungen sowie den intersubjektiven sprachlichen Austausch über die Erfahrungen konnten weitere Reflexionen und Erkenntnisse aus der Forschung formuliert werden.[339]

Doppelte Reflexion in der Nachbereitung

Um neben dieser schriftlichen Darstellung, einen visuellen Eindruck der Performativen Künstlerischen Forschung in der Maximilianstraße zu ermöglichen, dient im Folgenden eine Auswahl von nachbearbeiteten[340] fotographischen Darstellungen.

338 | Die ausführlichen Beschreibungen der unterschiedlichen Reaktionen und Interaktionen sowie die subjektiven Reflexionen und Erkenntnisse daraus können in der Darstellung der Einzelfallbeispiele nachgelesen werden, da sie inhaltlicher Schwerpunkt der Interviews sind. Diese sind nachzulesen im Kapitel der individuellen Fallanalysen, ab S. 196. Darüber hinaus können fallübergreifende Erkenntnisse zum Forschungsthema nachgelesen werden im Kapitel: Fallübergreifende Analysen: Wirkungen des Forschungsthemas ab S. 183.

339 | Die Inhalte dieser doppelten Reflexion werden im erhobenen Material der qualitativ-rekonstruktiven Forschungsstudie ausführlich präsentiert. Sie sind nachzusehen und nachzulesen in den Darstellungen der Einzelfälle, ab S. 196.

340 | In der fotografischen Nachbearbeitung wurden ausschließlich die Gesichter unkenntlich gemacht, um die Anonymität der Beteiligten zu wahren.

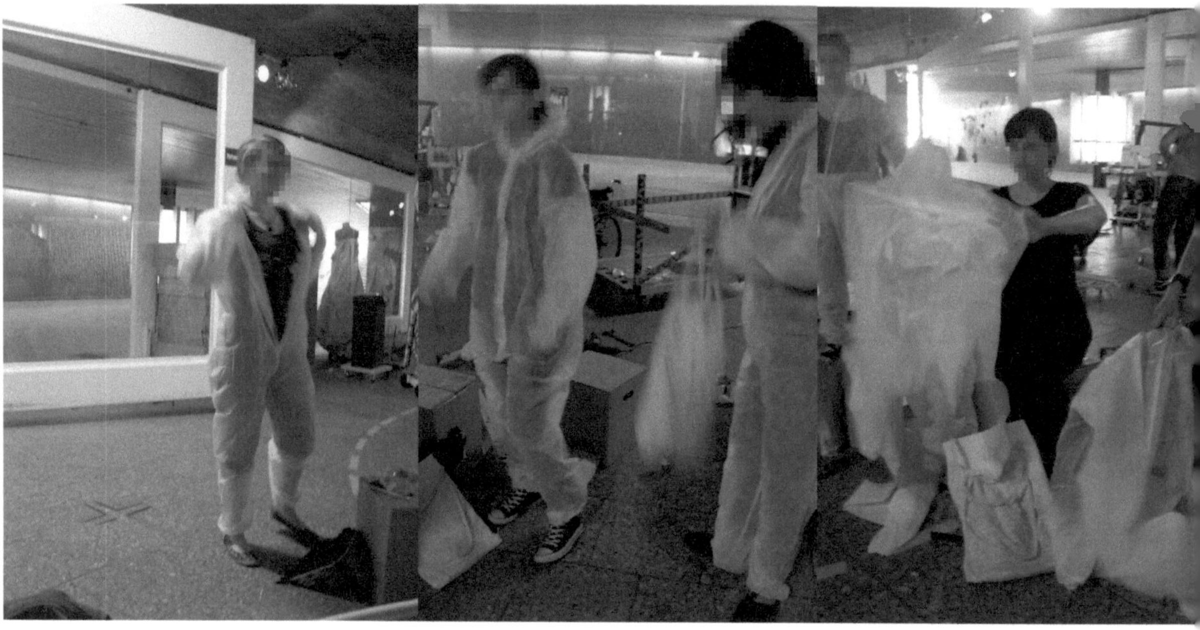

Abbildung 4: Die Anwendung 1

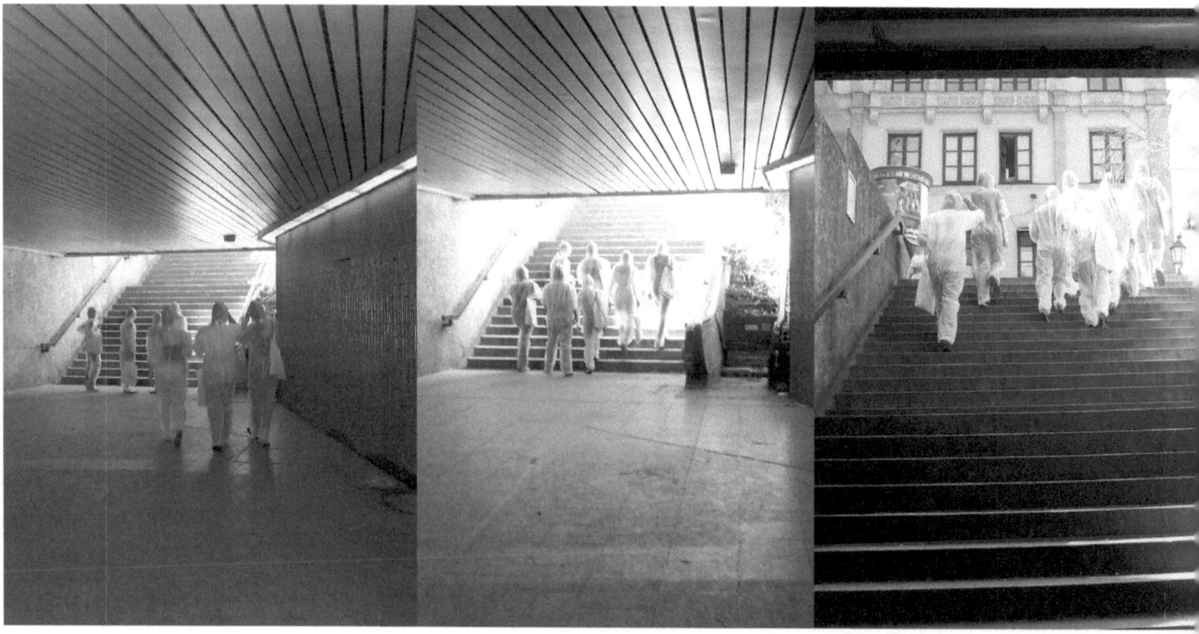

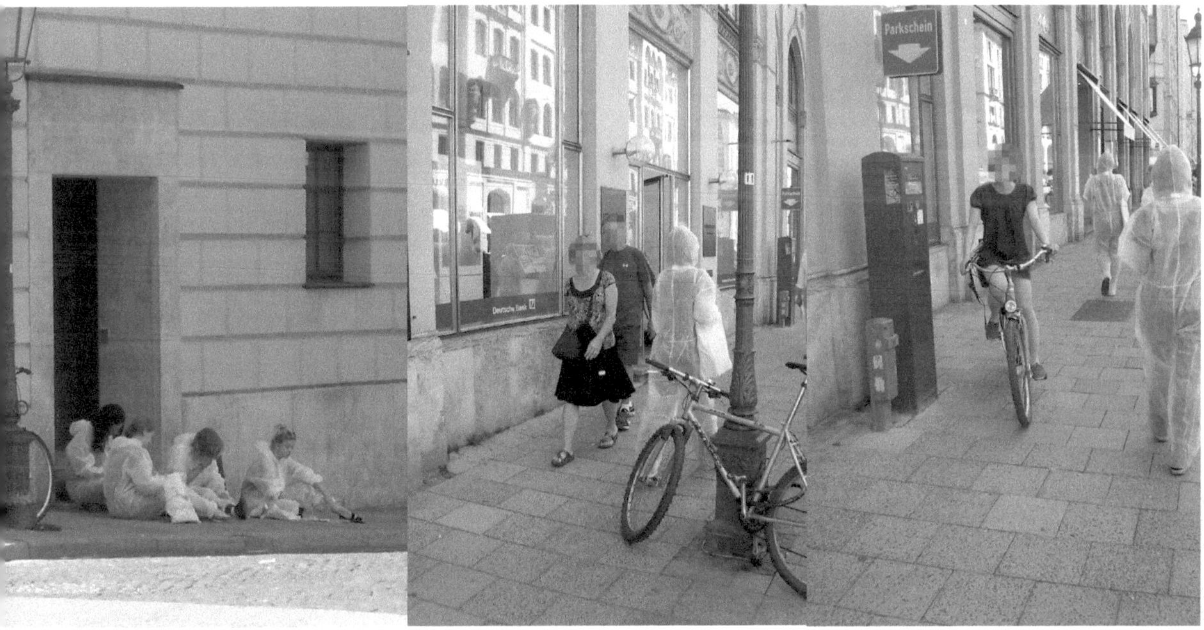

Abbildung 5: Die Anwendung 2

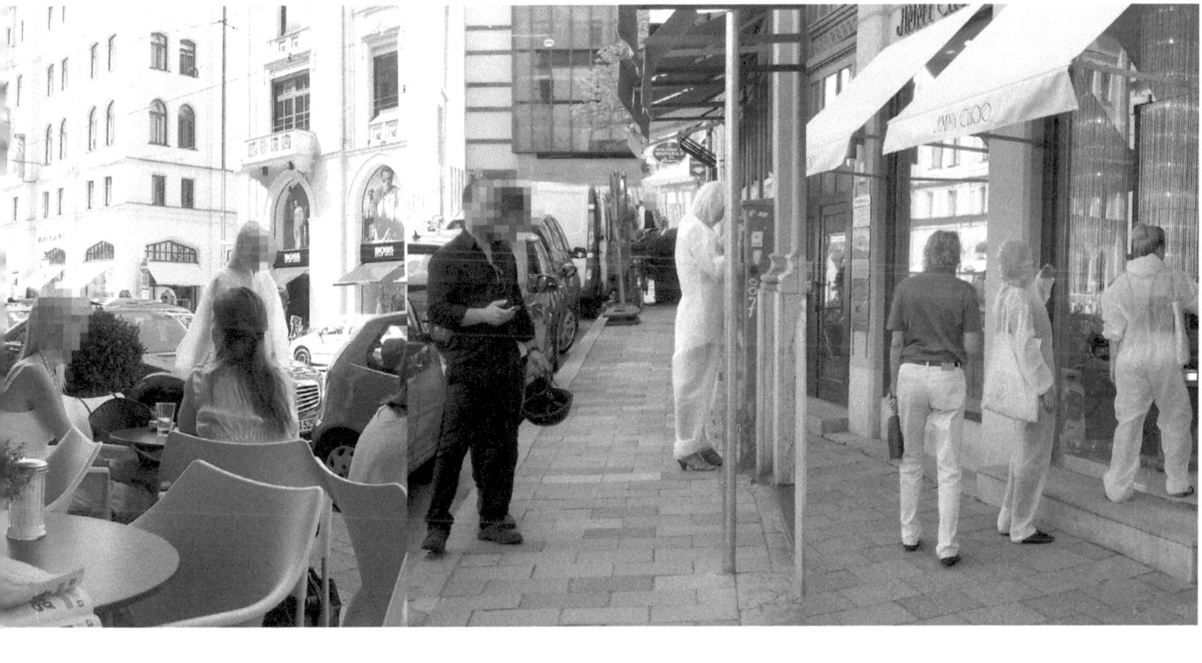

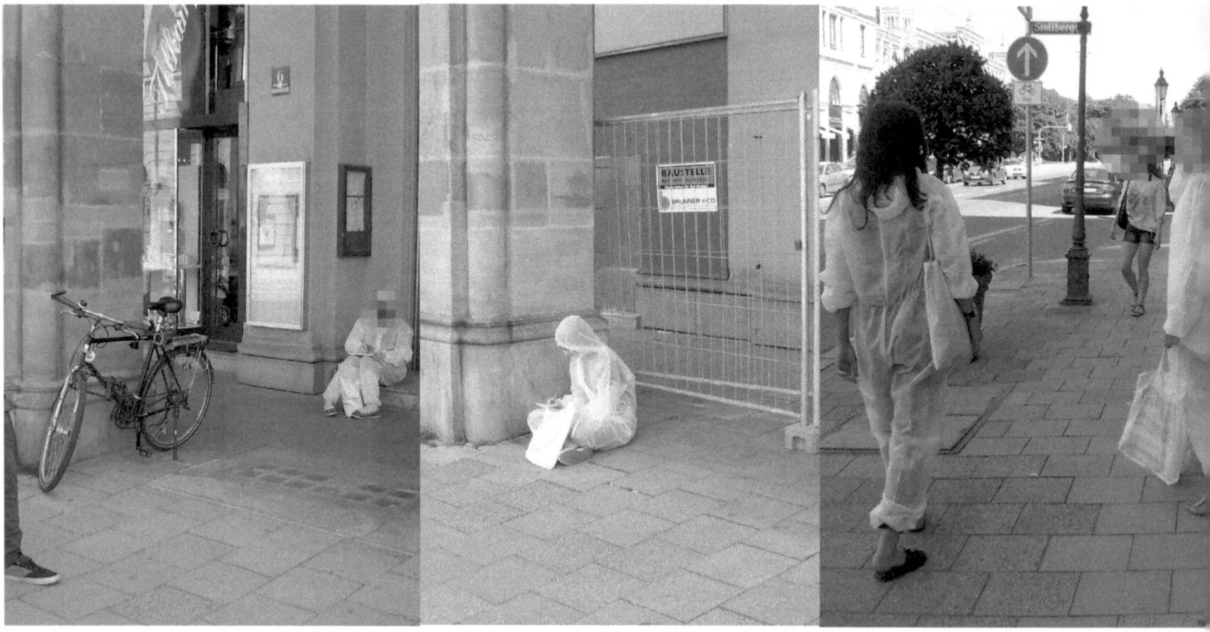

Abbildung 6: Die Anwendung 3

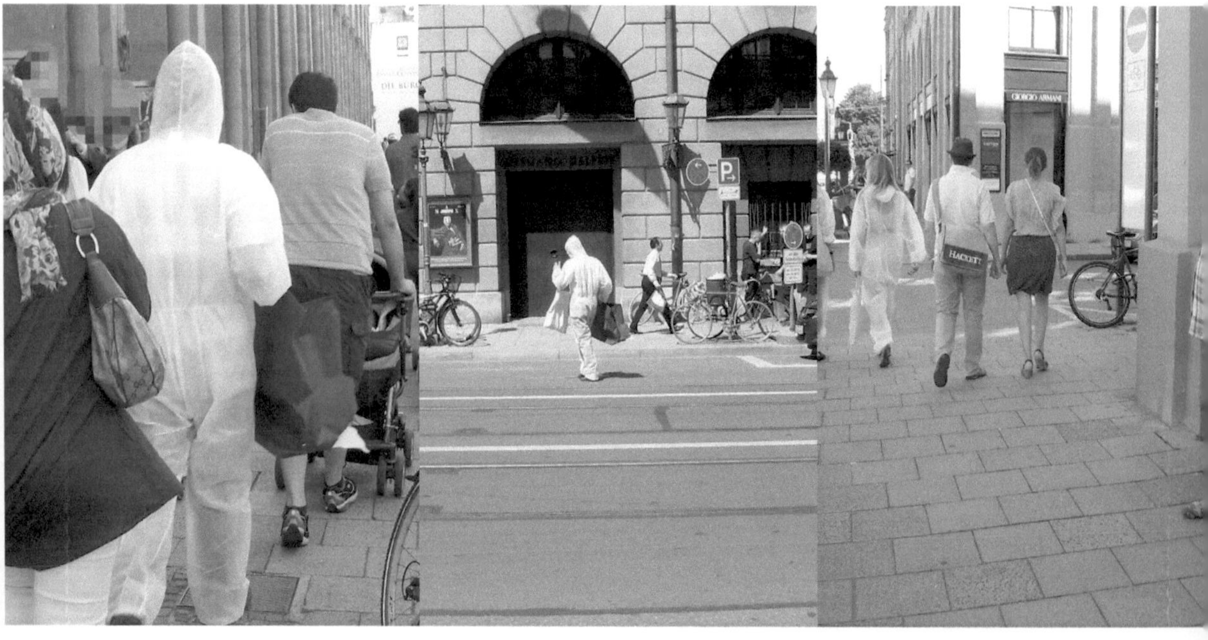

II. Kunstpädagogisches Potenzial der Performativen Künstlerischen Forschung

Nachdem die Performative Künstlerische Forschung in ihrer Anwendung sowohl theoretisch als auch praktisch dargestellt wurde, werden im Folgenden vier zentrale Aufforderungsmomente vorgestellt, welche das kunstpädagogische Potenzial der Forschung verdeutlichen. Die Momente der Aufforderung sind als Augenblicke zu verstehen, in denen die Forschenden aufgefordert werden, selbstverantwortlich zu erfahren, zu

Aufforderungs-momente

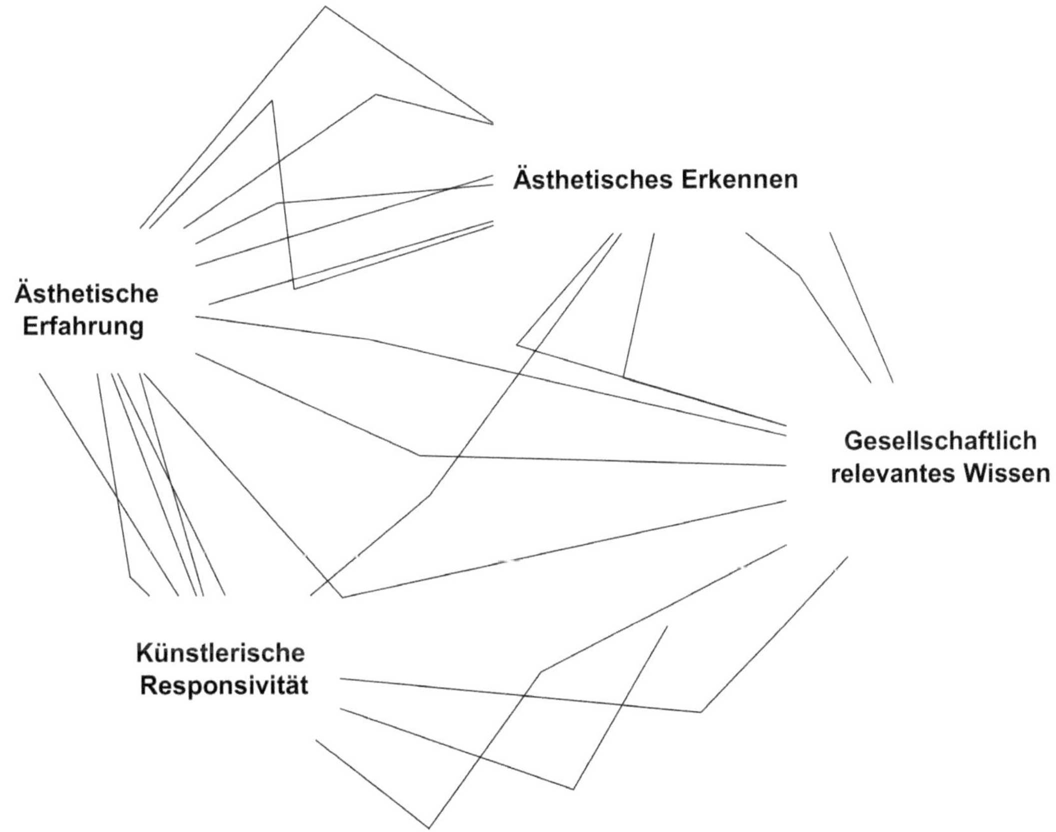

Abbildung 7: Die vier Aufforderungsmomente

forschen, zu reflektieren, zu handeln oder zu gestalten. Damit sind diese Momente kein garantiertes, sondern vielmehr ein beobachtbares Potenzial, das sich in einem Forschungsprozess ereignen kann. Weshalb die nachfolgenden Darstellungen auf differenzierten Beobachtungen der zentralen Ergebnisse der qualitativ-rekonstruktiven Forschungsstudie aufbauen und eine Form der Zusammenfassung der Ergebnisse darstellen, die in der Empirie beobachtet, reflektiert und interpretiert wurden.

II.I. Ästhetische Erfahrung

Zentrale Empirische Beobachtungen

In der doppelten Reflexion, die sich mit den subjektiven Aufzeichnungen und den intersubjektiven Interviews[341] ereignete, erwies sich die Ästhetische Erfahrung als sehr unterschiedlich.[342] Dennoch konnte übergreifend in den Reflexionen beobachtet werden, dass sich in den Forschungsprozessen eine langfristige Offenheit und ein zurückhaltender Umgang mit Bewertungen und Bedeutungszuweisungen ereigneten. Die Forschenden ließen sich auf neue, vielfältige, körperliche, sinnliche und erfahrungsbezogene Perspektiven ein und berichteten von veränderten Selbsterfahrungen, in denen sie ihre alltäglichen Erklärungsmuster zurückhielten. Spezifisch wurde diese veränderte Erfahrung durch die performative Darstellung des Bruches gefördert, welche für einen kurzen Moment die alltäglichen Sozialordnungen aufhob und damit neue Blickwinkel auf die Lebenswelt ermöglichte.[343] So konnte mithilfe der Forschung die Aufmerksamkeit der Forschenden auf die Ästhetische Erfahrung erhöht werden, jedoch im Sinne eines selbstverantwortlichen Einlassens auf die Erfahrung.

Aus diesen beschriebenen empirischen Beobachtungen können konkrete kunstpädagogische Schlüsse gezogen werden. Vor allem die Aufmerksamkeit für die Strukturen der Ästhetischen Erfahrung ermöglicht

---

341 | In der Forschungsstudie wurden zwei Interviews geführt, deren zeitlicher Abstand ein Jahr betrug. Dabei ereigneten sich sowohl im ersten als auch im zweiten Interview sprachliche Umschreibungen der Ästhetischen Erfahrung.

342 | Zwar ist die Ästhetische Erfahrung nicht direkt mit Sprache erfassbar (Waldenfels (2002), S. 58 f.), jedoch beschrieben die Forschenden in den gestaltenden und sprachlichen Reflexionen Formen von veränderter Wahrnehmung, Strukturlosigkeit und neue Sichtweisen auf gültige Sozialordnungen, die Rückschlüsse auf Ästhetische Erfahrung zulassen.

343 | Diese Umschreibungen deuten einen liminalen Zustand an, bei dem sich die Forschenden weder in der einen noch in der anderen Sozialordnung befinden. (vgl. Fischer-Lichte (2004), S. 258 f.)

einen veränderten Umgang mit Unbestimmtheiten, Unschärfen, Abgrenzungen und Unsicherheiten in der Selbst- und Weltwahrnehmung. Denn die Ästhetische Erfahrung stellt das Individuum vor die Herausforderung, bekannte Wahrnehmungsmuster und alltägliche Denkgewohnheiten zu verwerfen und dieselben Dinge, Mitmenschen, Handlungen oder Ereignisse mit einem veränderten Blick zu betrachten.[344] Ausgehend von alltäglichen Situationen, werden damit Zugänge zu den ästhetischen Strukturen der Erfahrung möglich, die ein Einlassen auf Offenheit, Unbekanntes und Veränderliches zulassen.[345] Diese Möglichkeit wird in der Performativen Künstlerischen Forschung zum einen durch die offene und wenig strukturierte Beobachtung, die zu Beginn der Forschung ausgeführt wird, gefördert. Denn hier können die eigenen alltäglichen Wahrnehmungsmuster in der Beobachtung erkannt und bereits Formen eines veränderten Umgangs mit der subjektiven Erfahrung gefunden werden. Zum anderen ereignet sich mit der Darstellung des performativen Bruches eine Situation, in der bekannte Denkgewohnheiten, Betrachtungsweisen und Handlungsmuster aufgebrochen werden, da mit dem Agieren in der rollenbezogenen Darstellung eine veränderte spielerische Selbsterfahrung[346] möglich wird. So unterstützt die performative Darstellung ein Einlassen auf Unbekanntes, Veränderliches und Widersprüchliches und fördert einen Zugang zur ästhetischen Struktur der eigenen Erfahrung. Trotz dieses Potenzials ist es aus kunstpädagogischer Perspektive von Bedeutung, geeignete Rahmenbedingungen für diese Situationen zu schaffen, damit die bruchhaften Strukturen der Ästhetischen Erfahrung vor einem subjektiven Bedeutungskontext verortet werden können.

Aufmerksamkeit für ästhetische Strukturen

Potenzial der Ästhetischen Erfahrung

Um diese notwendigen Rahmenbedingungen zu stellen, verwendet die Performative Künstlerische Forschung die gestaltende Aufzeichnung, wodurch die Ästhetische Erfahrung subjektiv reflektiert wird und ebenfalls Formen der individuellen Erkenntnis gefunden werden, die in Beziehung zum eigenen Leben stehen. Da diese jedoch die Ästhetische Erfahrung nicht repräsentieren, werden sie in der gemeinsamen

Reflexive Verortung der Ästhetischen Erfahrung

344 | Kämpf-Jansen (2001), S. 163 f.

345 | Kämpf-Jansen (2001), S. 22

346 | Die Forschenden erfahren sich zugleich in der Rolle der Darstellenden und der des alltäglichen Selbst, sodass eine veränderte Selbsterfahrung möglich wird. Mit Bezug auf Bernhard Waldenfels ereignen sich ähnliche Situationen im alltäglichen Leben, jedoch nicht in einem so deutlichen Maße wie durch die performative Darstellung des Bruches. Beispiele, die Waldenfels gibt, sind: Der Übergang vom Wachsein zum Schlafen oder vom Gesundsein zum Kranksein. (Waldenfels (1999), S. 20 ff.)

Nachbereitung zum kommunikativen Ausgangspunkt weiterer gestaltender und sprachlicher Reflexionen. Die Forschenden vollziehen durch das individuelle Gestalten, Sortieren und Neuordnen der Aufzeichnung zum einen subjektive Reflexionen der Ästhetischen Erfahrung und zum anderen werden im gemeinsamen Gruppengespräch auf sprachlicher Ebene intersubjektive Reflexionen über die Ästhetischen Erfahrungen angeregt. Damit ereignet sich eine doppelte Form der Reflexion und eine langfristige Aufmerksamkeit für die ästhetische Struktur der Erfahrung wird geschult. Des Weiteren werden Formen der Kommunikation über Ästhetische Erfahrung erprobt und Möglichkeiten entwickelt, mit denen die Forschenden auch nach der Forschung ihre individuelle Ästhetische Erfahrung selbstbestimmt gestalten können.

II.II. Ästhetisches Erkennen

Zentrale Empirische Beobachtungen

In der empirischen Durchführung der Performativen Künstlerischen Forschung zeigte sich für die Forschenden die Herausforderung, eine subjektive Ästhetische Erkenntnis auf Basis der intersubjektiven Untersuchung des Forschungsgegenstandes zu entwickeln. Denn durch die performative Darstellung des Bruches wurden sowohl die Forschenden als auch die Passanten herausgefordert, ihre alltäglichen Voreinstellungen, Erwartungen und Denkmuster abzulegen und einen veränderten Blickwinkel auf ihre subjektiven Erkenntnismuster zu werfen. Damit stellten sich vor allem bei den Forschenden Reflexionsprozesse der eigenen sinnlichen Wahrnehmung, des Empfindungsvermögens, der Affekte oder auch der Gefühle ein, die zu einem gesteigerten Bewusstsein der eigenen Erkenntnismuster beitrugen. Vor allem mit der Erfahrung der Unplanbarkeit des Forschungsprozesses wurde bei den Forschenden eine abwartende, offene Haltung für den Entstehungsprozess einer individuellen Erkenntnis gefördert und es ereigneten sich veränderte Denkformen. Dabei verdeutlichte sich, dass subjektive Erkenntnisse erst durch die erfahrenden, sinnlichen Bezüge zur Lebenswelt und den Mitmenschen möglich sind und diesen Erkenntnissen zugleich keine gradlinigen, statischen oder eindeutigen Denkstrukturen zugrunde liegen.

Aus kunstpädagogischer Perspektive können aus diesen Beobachtungen konkrete Rückschlüsse gezogen werden. So ermöglicht die forschende Erkundung der Lebenswelt ein selbstverantwortetes Lernen, welches nicht auf statische, repräsentative Erkenntnisse zurückgreift, sondern im Zuge der forschenden Erkundung ein lebensweltliches, körperbezogenes und sinnliches Erfahren aktiviert, womit die Forschenden die flexiblen, veränderlichen, situativen und ambivalenten Strukturen der subjektiven Erkenntnismuster wahrnehmen können. Dadurch wird ein lineares, kausales Denken von einem prozesshaften, offenen und widersprüchlichen abgelöst und es ereignen sich Formen des Denkens, welche auch als ästhetisches Denken bezeichnet werden können.[347] Die ästhetischen Denkprozesse, die in der Forschung eintreten, sind dabei entgegengesetzt zu den begrifflichen, strukturierten und logisch verständlichen Feststellungen. Jedoch berufen sie sich zugleich nicht nur auf sinnliche, emotionale und affektive Wahrnehmungen vielmehr entwickeln sie Reflexionsformen, die einer eigenen Logik folgen.[348] Sie ermöglichen keine allgemeingültigen, verständlichen, darstellbaren oder logisch nachvollziehbaren Formen der Erkenntnis, sondern fördern einen Umgang mit Formen der Ästhetischen Erkenntnis, die Widersprüche, Differenzen, Heterogenität und Pluralität beinhaltet.

Ästhetisches Denken

Dieses Potenzial erweist sich aus kunstpädagogischer Sicht als entscheidend, da durch die beschriebene Struktur des Ästhetischen Erkennens die Präsentationsweisen sowie die historischen und technischen Bedingungen von Erkenntnis reflektiert werden können. Es werden künstlerische Präsentationen gefunden, bei denen Erkenntnisformen ernst genommen werden, die nicht nur auf logischen Denkleistungen aufbauen und stattdessen durch ein prozessbezogenes Handeln in der Lebenswelt entstehen.[349] Jene Formen der Erkenntnis bauen auf Denkprozessen auf, die aus sinnlich emotionalen und zugleich reflexiven Erfahrungen und einem körperlichen, intersubjektiven Handeln gespeist werden. Schlussfolgernd verweisen sie darauf, dass Prozesse des Erkennens nicht auf logisch rationalen Reduzierungen der Lebenswelt aufbauen und ausgehend von einem reflexiven Umgang mit der unstrukturierten Erfahrung in der Lebenswelt die Bedingungen des Erkennens sichtbar machen.[350] So werden mit den Formen der Ästhetischen Erkenntnis, die sich in selbstverantworteten Erfahrungen der Forschung zeigen, keine logisch, regelgeleiteten und verstandesgemäßen Strukturen errichtet und es werden jene Erkenntnisformen wieder ernst genommen, die ein Interesse an der Art und Weise haben, wie sich Erkenntnisse zeigen.[351]

Ästhetische Erkenntnis

347 | Welsch (1998), S. 54 f.
348 | Welsch (1998), S. 56 f.
349 | Bippus (2010a), S. 14 ff.
350 | Peez (2003), S. 251 ff.
351 | Bippus (2012a), S. 7 f.

Potenzial des Ästhetischen Erkennens

Da die gegenwärtige Erfahrung der pluralen Lebenswelt im Besonderen darauf verweist, dass es nicht mehr nur eine Wahrheit gibt, sondern viele Ausformungen derer, kann als Herausforderung für pädagogische Kontexte ein Denken benannt werden, das beweglich, offen, situativ, imaginativ, sinnlich, körperbezogen, ambivalent und mitmenschlich ist.[352] In Bezug auf diesen Anspruch erweisen sich die soeben beschriebenen Strukturen des Ästhetischen Erkennens als besonders geeignet, da sie die Erfahrungen der Wechselseitigkeit, Ambivalenz, Diskontinuität und Widerständigkeit ermöglichen und im besonderen Maße aufzeigen, dass es nicht nur eine richtige Form der Erkenntnis gibt, sondern vielfältige Formen, die sich in Abhängigkeit zu den Erkennenden sowie zu den historischen, situativen und intersubjektiven Bedingungen verhalten. Erkenntnis kann demzufolge keinen absoluten Wahrheitsanspruch mehr einfordern, jedoch kann sie in Bezug auf ihre Bedingungen befragt werden. Damit erweist sich der reflexive Umgang mit Ästhetischer Erfahrung in der kunstpädagogischen Praxis als besonders produktiv, um auf die ästhetische Struktur von Erkenntnis hinzuweisen und die subjektiven Muster der alltäglichen Erkenntnisstruktur zu beobachten, sodass sich daran anknüpfend neue Formen des Erkennens einstellen, die beweglich, offen sinnlich und ambivalent sind.

II.III. Künstlerische Responsivität

Zentrale Empirische Beobachtungen

In der empirischen Forschung äußerten sich künstlerische und körperlich-gestaltende Handlungen, die sich als individuelle Antwortformen auf die Ästhetische Erfahrungen erwiesen und mit welchen die Forschenden ihre Erfahrung in einem subjektiven Bedeutungskontext verorteten konnten. Dabei ereigneten sich gleichzeitig Momente des Entzugs in den Darstellungen, in denen die Forschenden beschrieben, dass sie ihre gemachten Erfahrungen nicht vollständig durch die künstlerischen Handlungen abbilden konnten. Diese Erfahrungen der Darstellungsproblematik führten zu reflexiven Gedanken über Darstellungen im Allgemeinen.

Trotz dieser beschriebenen Schwierigkeit konnten die Forschenden mit der Aufzeichnung und der körperlich-gestaltenden Darstellung des Bruches klare Momente der Reflexion benennen, in denen die flüchtige und schwer greifbare Struktur der Ästhetischen Erfahrung für sie zugänglich wurde. Zwar nicht in einem allgemeingültigen Sinne, jedoch in einem subjektiv

352 | Welsch (1998), S. 59

Bedeutsamen. Speziell förderte hierbei die Tätigkeit der Aufzeichnung die vielfältigen Formen der künstlerischen Antworten auf die Ästhetische Erfahrung hin und zeigte ebenfalls eine reflexive, körperlich-gestaltendende Responsivität, in Bezug auf die performative Darstellung des Bruches. Denn durch die Reaktionen der Passanten auf die performative Darstellung des Bruches erfuhren die Forschenden ihren eigenen Körper in Handlung, Bewegung, Mimik und Sprache in konkreter Resonanz und konnten diesen als künstlerisches Ausdrucksmittel erfahren.

Mit diesen empirischen Beobachtungen verdeutlicht sich, dass die Formen einer Selbstvergewisserung im Rahmen von Ästhetischer Erfahrung aus kunstpädagogischer Perspektive von besonderer Bedeutung sind. Erst durch die Reflexionen der Prozesshaftigkeit der eigenen Erfahrung wird ein In-Beziehung-Setzen dazu möglich, welches ebenfalls künstlerische Produktionen beinhalten kann.[353] Ereignet sich eine solche künstlerische Produktion als Reflexionsform von Ästhetischer Erfahrung, kann die widersprüchliche und nicht direkt darstellbare Struktur der Ästhetischen Erfahrung auch in der Produktion der Darstellung sichtbar werden. Denn darin ereignet sich keine vollständige Abbildung der Ästhetischen Erfahrung, sondern die Brüche, Offenheiten und flüchtigen Prozesse der Darstellung werden wahrnehmbar.[354]

Ambivalenzen der Darstellung

Eine solche Form der künstlerischen Responsivität ereignet sich in der Performativen Künstlerischen Forschung mit der Notationspraxis der Aufzeichnung und der performativen Darstellung des Bruches. Die Aufzeichnung ermöglicht eine subjektive Verortung der Ästhetischen Erfahrung und zugleich eine Reflexion des eigenen künstlerischen Darstellungsrepertoires.[355] Denn sie stellt Möglichkeiten bereit, künstlerisch-gestaltende Antworten zu finden, die als ein Prozess der Selbstvergewisserung die gemachte Ästhetische Erfahrung in den subjektiven Bedeutungskontext einbettet und zugleich auf die Unvollständigkeit der Abbildung durch ihren gestaltenden Entzug der Ästhetischen Erfahrung aufmerksam macht.[356] Die performative Darstellung des Bruches ermöglicht hingegen durch die intersubjektive Mitgestaltung und den damit verbundenen Reaktionen und Handlungen der Mitmenschen eine Selbstvergewisserung der körperbezogenen, sinnlichen Darstellung und der Körper kann ebenfalls reflexiv als Darstellungsmittel erkannt

Aufzeichnung

Performative Darstellung

353 | Peez (2008b), S. 8 ff.
354 | Sabisch (2007b), S. 71 ff.
355 | Sabisch (2007b), S. 70 f.
356 | Sabisch (2007b), S. 72

werden.[357] Dabei wird ähnlich wie bei der Aufzeichnung der Körper nicht als Medium einer vollständigen Abbildbarkeit verstanden und die Darstellung zeigt sich ebenfalls als unvollständig und sich entziehend.[358]

Potenzial der künstlerischen Responsivität

Schlussfolgernd verweisen diese beiden Darstellungsformen im Besonderen auf das kunstpädagogische Potenzial, über Möglichkeiten und Unmöglichkeiten von Darstellung nachzudenken und einen reflexiven Umgang mit Formen der eigenen künstlerischen Produktionen wie auch mit jenen Produktionen, die sich in der Anschauung zeigen, zu entwickeln. So kann ausgehend von der subjektiven Erfahrung der Darstellungsproblematik, die sich mit dem Moment des Entzuges in der darstellenden Produktion zeigt, eine kritische Auseinandersetzung mit den Repräsentationsmöglichkeiten von Darstellungen im Allgemeinen gefördert werden und die Doppeldeutigkeit von Darstellungen als spezifische Produkte der künstlerischen Bedeutungsherstellung und als sich entziehendes Gestaltungsmittel kann erkannt werden.

II.IV. Gesellschaftlich relevantes Wissen

Zentrale empirische Beobachtungen

In der empirischen Forschung zeigte sich, dass die Forschenden momenthafte intersubjektive Perspektivwechsel durchführten und die performative Darstellung des Bruches zu einem spielerischen Loslassen der subjektiven Perspektive beitrug. Demnach wurden veränderte Qualitäten der intersubjektiven Begegnungen möglich und es konnte sich mit der Begegnung im öffentlichen Raum ein intersubjektives erfahrungsbezogenes Wissen entwickelten. Die Äußerungen, Handlungen, Fragen und körperlichen Bezugnahmen der Passanten trugen direkt zur Herstellung und Darstellung des Wissens über die gesellschaftliche Struktur der äußerlichen Erscheinung bei. Wobei sich durch diese veränderte Form der Wissenspraxis eine forschungsrelevante Erkenntnis ereignete, die nicht nur die subjektiven Schlussfolgerungen der Forschenden, sondern auch jene der Passanten[359] miteinbezog.

357 | Auf die Notwendigkeit von sinnlichen Erfahrungen als Ausgangslage von Bildungsprozessen in pädagogischen Kontexten macht Bäuml-Roßnagl aufmerksam. Sie zeigt auf, dass diese eine Umstrukturierungen von Lernprozessen erwirkt. (Bäuml-Roßnagl (1997), S. 190 f.)

358 | In der künstlerisch-gestaltenden Darstellung wird der Körper nicht als Medium einer vollständigen Abbildbarkeit erlebt, sondern er zeigt sich ebenfalls in seiner Uneindeutigkeit, Unplanbarkeit, Nichtdarstellbarkeit und Unbestimmbarkeit. (Fischer-Lichte (2011), S. 60 f.)

359 | Die Passanten wurden innerhalb der Forschung nicht befragt, jedoch äußerten sie ihre Reflexionen und veränderten Sichtweisen auf die äußerliche Erschei-

Bedingt durch diese Ausgangslage der Performativen Künstlerischen Forschung, dass die Forschenden ihre subjektive Erkenntnis bezüglich des Forschungsthemas nur durch die Beteiligung der Passanten entwickeln konnten, erlangte der Forschungsgegenstand für mehrere Menschen eine Bedeutung. So zeigte sich, dass sowohl die Forschenden als auch die Passanten ein neues Wissen über die Strukturen von Sozialordnungen erlangten und die partizipative Darstellung des Forschungsgegenstandes zu Reflexionen über gesellschaftlichen Strukturen auf beiden Seiten anregte. Darüber hinaus konnte durch die performative Darstellung des Bruches, ein experimenteller, selbstbestimmter und gestaltender Umgang mit gesellschaftliche Strukturen erfahren werden, der bei den Forschenden auch noch nach der Forschung einen kritischen, reflexiven Umgang mit Sozialordnungen, Regeln und Normen anregte.[360] Das erlangte Wissen verwies schlussfolgernd auf die gesellschaftliche Relevanz der Forschung, jedoch im Sinne einer selbstbestimmten Gestaltung der gemeinsamen Lebenswelt.

Auch aus diesen Beobachtungen der empirischen Umsetzung der Forschung können kunstpädagogische Rückschlüsse gezogen werden. Denn mit der intersubjektiven Gestaltung des Forschungsthemas können die Forschenden sich selbst in einem Wechselverhältnis mit ihrem alltäglichen Umfeld erfahren und ihr Bewusstsein für ihre Verwobenheit in sozialen Beziehungen stärken.[361] Dieses Bewusstsein ist vor allem für individuelle Lernprozesse von Bedeutung, da mit ihm das spannungsreiche Verhältnis von Selbst- und Fremderfahrung gestaltet werden kann.[362] Dabei erweist sich der intersubjektive Darstellungsprozess einer Perfomance als besonders geeignet, um das Bewusstsein der gesellschaftlichen Relevanz von Forschung zu stärken. Denn durch ihn wird die soziale Verwobenheit der individuellen Lernprozesse erfahrbar und eine Aufmerksamkeit für die

Potenzial der gesellschaftlichen Relevanz

nung in den Interaktionen mit den Forschenden, welche diese wiederum in den Interviews äußerten.

360 | Der langfristige kritische Umgang mit Strukturen der Gesellschaft, zeigte sich vor allem im zweiten Interview, mit einem Jahr Abstand. Hier verwiesen die Forschenden darauf, dass ihr erlangtes Wissen aus der Forschung ebenfalls in alltäglichen Situationen eine Rolle spielt und sich langfristige Reflexionen über die Sozialordnungen der Gesellschaft ergaben.

361 | Mit performativen Darstellung wird das wechselseitiges Einlassen auf ein Gegenüber gefördert,(Fischer-Lichte (2011), S. 54 f.) welches ebenfalls eine grundlegende Bedingung von selbstbestimmten Lernprozessen ist. (Meyer-Drawe (2000), S. 113 ff.)

362 | Wie sich in einer Forschung zur Lehrerkompetenz zeigte, verhält sich der Erwerb von Wissen und Fähigkeiten in direkter Abhängigkeit zu sozialen Beziehungen. (Bäuml-Roßnagl (2005), S. 167 ff.)

wechselseitigen Bedingungen von Wissen wird gestärkt, womit die individuellen Wissenspraxen zugleich als gesellschaftlich relevante Prozesse erfahren werden können.

Mit diesen Eigenschaften kann in einer kunstpädagogischen Vermittlungssituation das künstlerische Handeln als etwas gesellschaftlich Relevantes erfahren werden, bei dem die Möglichkeiten der Mitgestaltung gestärkt werden. Es können ebenfalls allgemeinere Fragen in Bezug auf die Wissenspraxis von Forschung entwickelt werden, bei denen die Herstellung und Darstellung des Wissens als intersubjektive Prozesse gedacht werden. Damit kann im Zuge dieser Reflexion ein Weiterdenken über forschende Wissenspraxen, verantwortliches Mitgestalten der gemeinsamen Lebenswelt und die gesellschaftliche Relevanz der eigenen künstlerischen Produktion angeregt werden.

Künstlerisches Handeln als gesellschaftlicher Gestaltungsprozess

Das Bewusstsein für eine Forschung als sozialkultureller Prozess wird demzufolge geschärft und die gemeinsame Gestaltung der sozialen Lebenswelt durch die Tätigkeit des Forschens wieder in den Vordergrund gerückt.[363]

363 | Wie bereits mit den Überlegungen von Bruno Latour aufgezeigt wurde, ist es von Bedeutung, Darstellungsformen von Forschung so zu wählen, dass sie möglichst vielen Menschen zugänglich sind, was nicht unbedingt zur Folge hat, dass sich die Darstellung in einer schriftlichen Form verwirklichen muss. (Latour (2012), S. 43 ff.)

Teil 3

I. Die qualitativ-rekonstruktive Forschungsstudie

Wurde bisher die Performative Künstlerische Forschung theoretisch und praxisbezogen vorgestellt, geht es im dritten Teil der Arbeit um die möglichst transparente Veranschaulichung der qualitativ-rekonstruktiven Forschungsstudie, welche den bisherigen kunstpädagogischen Schlussfolgerungen zugrunde liegt. Denn die Studie war der ursprüngliche Ausgangspunkt der vorliegenden Arbeit, von dem aus die Anwendung Performativer Künstlerischer Forschung empirisch beforscht wurde, wobei ein möglichst induktiven Zugang[364] zu den Auswirkungen der Forschung angestrebt wurde, der nicht durch Hypothesen geprägt war. So wurde mit der rekonstruktiven Forschungsmethode eine wissenschaftliche Beforschung von Performativer Künstlerischer Forschung möglich, die verdeutlicht, dass der Zwischenraum von Wissenschaft und Kunst sich auch von der Seite der Wissenschaft aus[365] denken lässt. Dabei war das entscheidende Anliegen der empirischen Forschung ein kunstpädagogisches Interesse, das nach den Potenzialen der Performativen Künstlerischen Forschung in ihrer Anwendung fragt und diese anhand von detaillierten Einzelfalldarstellungen herausarbeitet. Damit distanziert sich das Forschungsanliegen von einem rein wissenschaftstheoretischen Blick und stellt die Erprobung der kunstpädagogischen Anwendung sowie deren Wirkung auf die Forschenden in den Mittelpunkt.

Induktive Forschung

Die empirische Forschungstätigkeit erstreckte sich über den Zeitraum von über einem Jahr, damit ebenfalls langfristige Auswirkungen der kunstpädagogischen Umsetzung festgehalten werden konnten, welche sich in den Aufzeichnungen, den körperlichen Darstellungen und den sprachlichen Aussagen der Forschenden zeigten. Insbesondere die sprachlichen Äußerungen stellten die Möglichkeit bereit, einen Zugang zu den Auswirkungen zu schaffen, die im vorliegenden wissenschaftli-

Langzeit Studie

364 | Ein vollkommen induktiver Zugang zum Material ist nicht möglich. Jedoch kann der Forscher im Forschungsprozess die Abfolge des Vorgehens in Eigenverantwortung steuern und sich bewusst für einen Erstzugang zur Empirie entscheiden. (vgl. Meinefeld (2008)])

365 | Die verwendete Forschungsmethode der rekonstruktiven Forschung stellt eine Methode der Wissenschaft dar, die gleichsam wie die Künstlerische Forschung die Bedingungen und Darstellungen von Wissen befragt und nach neuen Formen sucht. Deswegen zeigt sich diese wissenschaftliche Methode nicht in einem Widerspruch zu den bisherigen Überlegungen, sondern versucht einen Forschungsweg aufzuzeigen, der das kritische Potenzial der künstlerischen Forschung versucht mitzudenken.

chen Format zur Darstellung kommen können. Es muss bereits zu diesem Zeitpunkt angemerkt werden, dass die sprachlichen Aussagen im Interview als nachträgliche, reflexive Momente verstanden werden, die die performative Umsetzung der Forschung nicht vollständig erfassen, da die intersubjektive Bedeutung der Forschung sich ausschließlich in der direkten Erfahrung ereignet.

Schlussfolgernd stellen die sprachlichen Aussagen der geführten Interviews, die sich direkt auf die künstlerischen Darstellungen beziehen, keine verallgemeinernden Darstellungen der Inhalte der Forschung dar, sondern werden als Momente der intersubjektiven Reflexion der gemachten Erfahrung verstanden. Das gemeinsame Gespräch im Interview bildet damit die Erfahrung der Forschung nicht ab, vielmehr ist es bereits eine neue Erfahrung, die eine intersubjektive Reflexion im Interviewgespräch ermöglicht. Aus welchem Grund die vorliegende Studie nicht den Anspruch erhebt, das Wissen, welches sich im Forschungsprozess geäußert hat, zur Darstellung zu bringen, stattdessen rekonstruiert sie jene Erfahrung, die sich in der intersubjektiven Reflexion durch das Interview zeigt. Der Fokus verschiebt sich von der Erfahrung der Forschung auf deren Reflexion und fragt demzufolge nicht, WAS für ein Wissen, sondern WIE jenes Wissen entstanden ist. Diese Prozesse sind aus kunstpädagogischer Sicht von besonderem Interesse, da sie aufzeigen, wie die Ästhetische Erfahrung eine subjektive Bedeutungsdimension erlangt, die Forschenden ihre Ästhetischen Erfahrungen vor ihrem subjektiven Lebenskontext verorten, subjektive Erkenntnisse formuliert werden und eine Kommunikation über Ästhetische Erfahrung möglich wird.[366]

Rekonstruktion von intersubjektiver Reflexion

Da sich mit diesem Potenzial die Unmöglichkeit der vollständigen Darstellung Ästhetischer Erkenntnisse ebenfalls auf sprachlicher Ebene zeigt, kommen in der Auswertung und der Interpretation der Interviews bewusst rekonstruktive Verfahren zum Einsatz, welche die sprachliche Interaktion nicht erfassen, sondern auf mehreren Ebenen reflektieren. Dadurch werden möglichst offene Zugänge zur im eigentlichen Sinne nicht sprachlich erfassbaren Ästhetischen Erfahrung[367] geschaffen, ohne den Anspruch ei-

366 | Die subjektiven Erkenntnisse zeigen sich in ihrer sprachlichen Ausführung im ersten Interview, das unmittelbar nach der Forschung in der Maximilianstraße stattfand. Hier äußern die Forschenden ihre ersten Erkenntnisse, die eine explizite Nähe zu den gemachten Ästhetischen Erfahrungen bieten. Im zweiten Interview, das ein Jahr später geführt wurde, zeichnen sich des Weiteren langfriste Erkenntnisse ab, die direkten Einfluss auf die Lebensgestaltung haben.

367 | In Bezug zu den bisherigen Überlegungen dieser Arbeit sei angemerkt, dass die Ästhetische Erfahrung sich niemals in einem vollständigen Maße darstellen lässt. In diesem Sinne meint Darstellen eine Form der beschreibenden Annäherung.

ner Repräsentation einzufordern, im Gegenteil wird vielmehr die Undarstellbarkeit von Ästhetischer Erfahrung bedacht. Dennoch können durch die strukturierte Auswertung und die Interpretation der sprachlichen Darstellungen übergreifende Aussagen getätigt werden, die als eine Form der Rekonstruktion einen möglichst nachvollziehbaren Zugang zur Ästhetischen Erfahrung bereiten.

Aufbau des Kapitels

Bevor diese fallübergreifenden Analysen und die Einzelfalldarstellungen vorgestellt werden, werden zu Beginn die Grundlagen, die Prinzipien und die allgemeinen Gütekriterien der qualitativ-rekonstruktiven Forschung vorgestellt. Diese verweisen im Besonderen auf den wissenschaftlichen Anspruch der Rekonstruktion, der keine Repräsentation der Forschungsdarstellung im Sinne hat, sondern ebenfalls deren Darstellung kritisch und reflexiv befragt und damit in unmittelbarer Verbindung zu den Prinzipien der Künstlerischen Forschung steht.

I.I. Grundlagen der qualitativ-rekonstruktiven Forschung

Soziologie als Bezugswissenschaft der Kunstpädagogik

Eingangs werden die Grundlagen der qualitativ-rekonstruktiven Forschung erläutert, um diese in Bezug zum kunstpädagogischen Fachkontext zu setzen. Die vorliegende empirische Studie ist dabei insbesondere um eine Verbindung qualitativ-rekonstruktiver und kunstpädagogischer Forschungsmethoden bemüht, da die Soziologie als Bezugswissenschaft der Kunstpädagogik erfahrungsbasierte Forschungsmethoden bereitstellt, die bei einer Untersuchung der langfristigen Wirkungsweisen unabdingbar sind. Wie mit Bezug zu Georg Peez aufgezeigt werden kann, orientiert sich die qualitative kunstpädagogische Forschung maßgeblich an der qualitativen Sozialforschung und ihren Methoden. Davon ausgehend versucht sie, Verfahren zu entwickeln, die einfallsreiche und innovative Erhebungsmethoden einbeziehen und neue Blickwinkel auf das Forschungsfeld begünstigen. Damit verweist die kunstpädagogische Forschung spezifisch auf den unausweichlich subjektiven Zugang[368] zum Forschungsgegenstand, der zugleich problematisch ist, da er häufig nicht das intersubjektive Anliegen von Forschung verfolgt.[369] Da vor allem in der kunstpädagogischen Forschung die transparente Darstellung der Methodenkombinatio-

368 | Es zeigt sich, dass die subjektiven Sichtweisen oftmals eine problematische Einseitigkeit erzeugen. Da diese häufig zu tagebuchähnliche Darstellungen führen, die keine etablierten Forschungs- und Auswertungsmethoden verwenden. (Peez (2000), S. 296 ff.)

369 | Peez (2000), S. 296 ff.

nen nur wenig Beachtung findet, gestaltet sich die Beschreibung der Methodenauswahl in dieser Arbeit entsprechend ausführlich, um mögliche Weiterentwicklungen voranzutreiben. Diesem Anspruch folgend werden zu Beginn die allgemeinen Gütekriterien der qualitativen Sozialforschung dargestellt, bei der sich die Formulierung von Ernst von Kardorff als erste Orientierung anbietet:

> „Der kleinste gemeinsame Nenner der qualitativen Forschungstraditionen lässt sich vielleicht wie folgt bestimmen: Qualitative Forschung hat ihren Ausgangspunkt im Versuch eines vorrangig deutenden und sinnverstehenden Zugangs zu der interaktiv »hergestellt« und in sprachlichen wie nicht sprachlichen Symbolen repräsentiert gedachten sozialen Wirklichkeit. Sie bemüht sich dabei, ein möglichst detailliertes und vollständiges Bild der zu erschließenden Wirklichkeitsausschnitte zu liefern. Dabei vermeidet sie so weit wie möglich, bereits durch rein methodische Vorentscheidungen den Bereich möglicher Erfahrung einzuschränken oder rationalistisch zu »halbieren«. Die bewusste Wahrnehmung und Einbeziehung des Forschers und der Kommunikation mit den »Beforschten« als konstitutives Element des Erkenntnisprozesses ist eine zusätzliche, allen qualitative Ansätzen gemeinsame Eigenschaft: Die Interaktion des Forschers mit seinen »Gegenständen« wird systematisch als Moment der »Herstellung« des »Gegenstandes« selbst reflektiert."[370]

Gütekriterien der qualitativen Forschung

Wie sich mit dieser Beschreibung aufzeigen lässt, ist eine der grundlegenden Annahmen der qualitativen Forschung, dass Wirklichkeit nicht statisch und objektiv abbildbar ist, sondern sozial hergestellt wird. Damit rücken die menschlichen Interaktionsformen wie Sprache, nonverbaler Austausch und Gesten in das Interessenfeld. Ziel der Forschung ist es, menschliche Ausdrucksformen zu rekonstruieren, anstatt sie bloß abzubilden, wobei das Individuum mit seinen subjektiven Sichtweisen, Einstellungen und Haltungen folglich der Ausgangspunkt der Rekonstruktion ist.[371] Demnach unterscheidet sich dieses Vorgehen deutlich von quantitativen Forschungsmethoden, die versuchen, objektive Forschungsergebnisse durch Quantität zu generieren, und theoretische Konzepte zum Ausgangspunkt der Datenerhebung nehmen.

So zeigt sich der qualitative, induktive Forschungsprozess als ein dynamisch offener und spiralförmiger Prozess, der bewusst komplexe soziale Sachverhalte rekonstruiert, sie jedoch nie eindeutig erfasst.[372] Es ist deswegen von besonderem Interesse, grundlegende Gütekriterien festzulegen, welche die wesentlichen Merkmale der vielfältigen und komplexen For-

370 | Ernst von Kardorff zit. nach Kruse (2011), S. 9
371 | Helfferich (2011), S. 22
372 | Kruse (2009a), S. 13 ff.

schung widerspiegeln. Dieses Anliegen zeigt sich als gegenwärtige Herausforderung, da sich jene qualitativen Standards nicht an den klassischen Gütekriterien[373] orientieren können.[374] Ein möglicher Ansatz wird im Folgenden verkürzt dargestellt. Er bezieht sich auf Kriterien, die durch Ines Steinke erstmalig 1999 Einzug in die deutschsprachige Diskussion fanden.[375]

Der reflexive Umgang mit Subjektivität

Subjektivität als Bedingung

Da sich die qualitative Forschung nicht wie die quantitative Forschung am Maßstab der Objektivität orientiert, gilt es, einen reflexiven Umgang mit Subjektivität zu fördern. Das Abrücken von Objektivität ist nicht als Mangel zu verstehen, sondern basiert auf der subjektiven Bedingtheit der menschlichen Erkenntnis. Weshalb sich die rekonstruktive Forschung im besonderen Maße um eine bewusste Reflexion der unumgänglichen Subjektorientierung bemüht.[376]

Empirische Verankerung der Theoriebildung und -prüfung

Reflexiver Umgang mit Vorwissen

Die Erarbeitung einer Theorie geht in der qualitativen Forschung von der Lebenswelt aus. Diese fordert Offenheit im empirischen Forschungsprozess und einen bewussten Umgang mit theoretischem Vorwissen, damit die induktiven, deduktiven und abduktiven[377] Anteile der Forschung im Prozess reflektiert werden können. Wie Anselm Strauss, einer der beiden Begründer der Grounded Theory, aufzeigt, gibt es keine Forschung ohne Vorwissen oder Voranahmen. Umso mehr ist ein reflektierter Umgang mit dem eigenen Vorwissen und den angenommenen Hypothesen von Bedeutung.[378]

---

373 | Die klassischen Gütekriterien: Validität, Reliabilität und Objektivität.
374 | Przyborski / Wohlrab-Sahr (2014), S. 21
375 | Steinke (2008), S. 319 ff.
376 | Helfferich (2011), S. 154 f.
377 | Nach Charles Sanders Peirce können drei Forschungswege benannt werden: Der deduktive, der induktive und der abduktive Weg. Die Deduktion geht von theoretischen Überlegungen aus, die sie in der Empirie überprüft. Die Induktion gewinnt von der Beobachtung eines Falles Erkenntnisse und stellt diese dann mit theoretischen Überlegungen in Verbindung. Die Abduktion versucht mit Ergebnissen umzugehen, von denen keine Theorien in der Wissenschaft existieren. (Reichertz (2011), S. 11 ff.)
378 | Kruse (2011), S. 318 ff.

Intersubjektive Nachvollziehbarkeit

Die Darlegung der Gütekriterien, die Dokumentation des Forschungsprozesses und die Beschreibung der Auswertungsmethoden sind Teil einer transparenten Darstellung und dienen in erster Linie dem intersubjektiven Verständnis. Die qualitative Forschung erhebt zwar keinen Anspruch auf eine quantitative, fallunabhängige Überprüfbarkeit, jedoch auf eine intersubjektive Nachvollziehbarkeit. So ist eine der zentralen Forschungsmethoden die Dokumentation des Forschungsprozesses, damit ihn der Leser Schritt für Schritt nachzuvollziehen kann.[379]

Intersubjektive Orientierung

I.II. Prinzipien der qualitativ-rekonstruktiven Forschung

Nachdem die Grundlagen der qualitativen Forschung eine Einführung ermöglicht haben, werden acht spezifische Forschungsprinzipien vorgestellt, die für die vorliegende Studie von Bedeutung sind. Mit nachfolgender Grafik verdeutlicht sich, dass sie auf den drei Gütekriterien aufbauen und sich sowohl in der rekonstruktiven als auch in der kunstpädagogischen Forschung verorten.

Forschungs-prinzipien

Rekonstruktive Prinzipien

In der qualitativ-rekonstruktiven Forschung zeigen sich unterschiedliche Ansätze. Mit Bezug auf Ralf Bohnsack kann veranschaulicht werden, dass jede Form der Herleitung auf der Grundlage einer Rekonstruktion von empirischer Erfahrung basiert.[380] So wendet sich die rekonstruktive Forschung gegen hypothesenprüfende Verfahren, bezieht sich auf die Phänomenologie, den symbolischen Interaktionismus und die Ethnowissenschaft.[381] Allen rekonstruktiven Ansätzen ist gemein, dass sie sich mit Wirklichkeitskonstruktionen befassen, die im Alltagshandeln unbewusst vorgenommen werden und ein implizites Wissen darstellen. Da sich dieses implizite Wissen vorrangig in sprachlichen Repräsentationen äußert, sind sie der Ausgangspunkt der Rekonstruktion, bei welcher ein reflexiver Umgang und nicht standardisierte Erhebungsverfahren angewandt werden. Trotz der Offenheit folgt die rekonstruktive Forschung bestimmten Prinzipien, um eine methodische Kontrolle zu ermöglichen.[382]

Rekonstruktion von Wirklichkeits-konstruktionen

379 | Steinke (2008), S. 324 ff.
380 | Bohnsack (2010), S. 10
381 | Bohnsack (2010), S. 14 ff.
382 | Meuser (2011), S. 140 f.

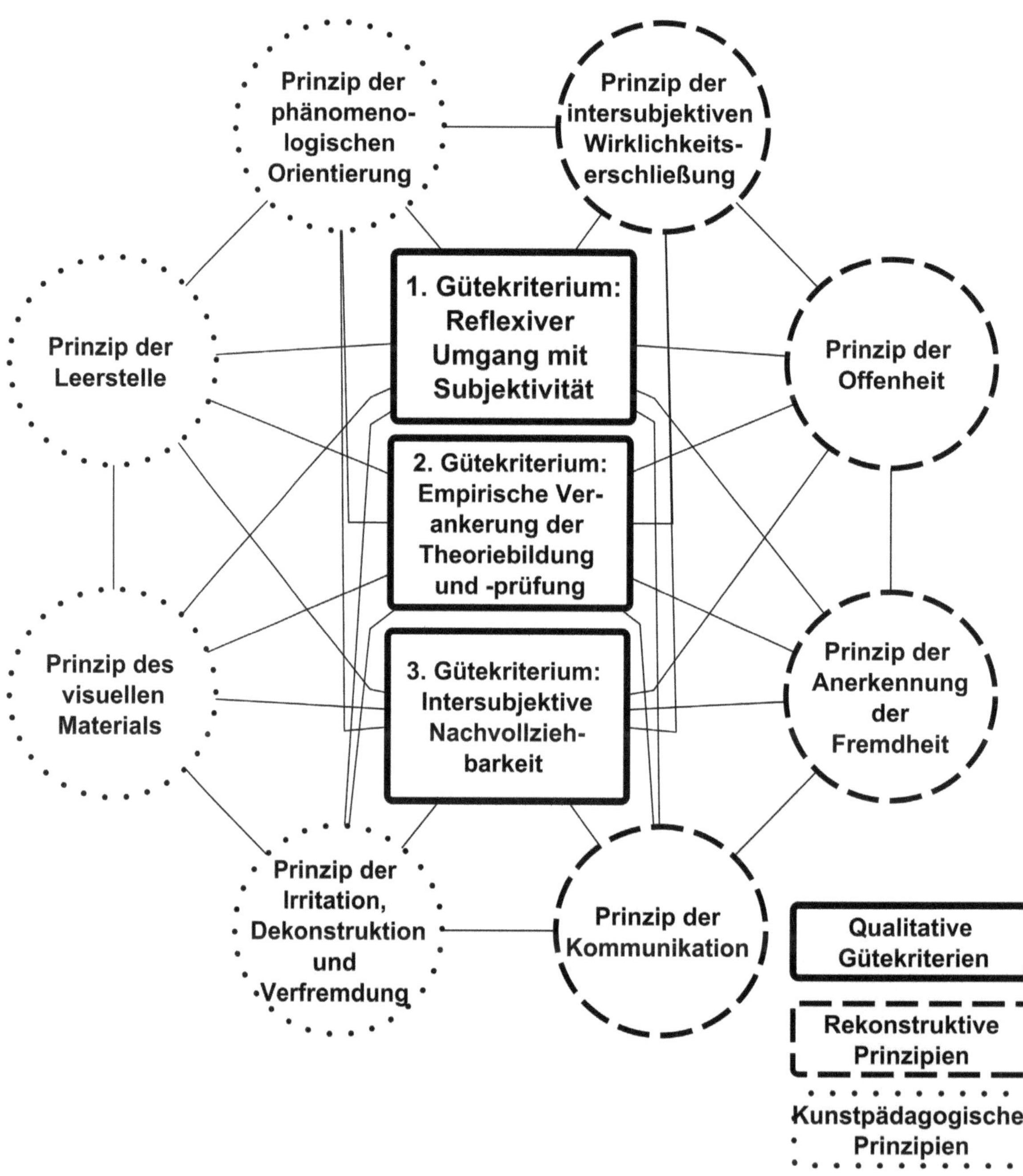

Abbildung 8: Prinzipien der qualitativ-rekonstruktiven Forschung

In Rahmen der methodischen Kontrolle zeigt sich das Prinzip der Grounded Theory (nach Glaser/Strauss) als richtungsweisend in der Literatur. Es ist anzumerken, dass die Grounded Theory nicht, wie oft angenommen, eine Analysemethode ist, sondern ein Forschungsparadigma. Sie stellt damit keine konkrete Methode zur Verfügung, viel eher dient sie als Grundlage für eine Methodenentwicklung durch die Forschenden selbst.[383] Die methodische Kontrolle zeigt sich dabei durch eine methodische Offenheit. Denn statische Regeln hindern einen flexiblen und offenen Forschungsprozess. Grundlegend orientiert sich die Grounded Theory an der kybernetischen Erkenntnistheorie[384] und versteht menschliche Erkenntnis im Sinne einer intersubjektiven, spiralförmigen Wirklichkeitserschließung. Dabei formuliert sie einen Wechsel vom WAS zum WIE, denn sie beachtet, wie sich Erkenntnis sprachlich und intersubjektiv äußert.[385] Auch die rekonstruktive Forschung untersucht Interviews nicht nur in Bezug auf die Inhalte (WAS), sondern beachtet die Art und Weise, WIE sich diese Inhalte äußern. Aufgrund dessen wird häufig davon gesprochen, dass mit der rekonstruktiven Forschung die Rekonstruktion der Rekonstruktion begründet wird, denn sie verwendet ihre Forschungsmethoden, um die sprachliche Äußerungen[386] von Lebenswelterfahrungen zu rekonstruieren.[387]

Grounded Theory als Forschungsparadigma

Im Folgenden werden zuerst die vier Prinzipien der rekonstruktiven Forschung, die für die vorliegende Arbeit von Bedeutung sind, dargestellt, um daran anknüpfend die Prinzipien der kunstpädagogischen Forschung auszuführen.

Prinzip der intersubjektiven Wirklichkeitserschließung

Das Prinzip der intersubjektiven Wirklichkeitserschließung[388] kann mit der klassischen Unterscheidung der Wirklichkeitsbetrachtung, die Alfred Schütz 1971 formulierte, verdeutlicht werden. Schütz hebt hervor, dass

383 | Glaser und Strauss veranschaulichen, dass die in der Literatur dargestellten methodischen Schritte der Forschung nur als Orientierung dienen und es die Aufgabe des Forschers ist, kreative Methoden in Abhängigkeit zu Forschungsprozess und -gegenstand zu entwickeln. (Bohnsack (2010), S. 24 ff.)

384 | Die Grounded Theory bezieht sich auf grundlegende Haltungen einer kybernetischen, kreiskausalen Epistemologie, wie sie ebenfalls im radikalen Konstruktivismus von Ernst Forster und Gregory Bateson vertreten wird. Kruse zeigt auf, dass die „rekonstruktive Sozialforschung (die) empirisch angewendete kybernetische Erkenntnistheorie" ist. (Kruse (2011), S. 347)

385 | Kruse (2011), S. 341 ff.

386 | Die sprachlichen Äußerungen in Interviews werden ebenfalls als Rekonstruktion von Alltagshandlungen und Erfahrungen verstanden.

387 | Bohnsack (2010), S. 24 f.

388 | Wirklichkeitserschließung wird nicht als eine vollständige Erschließung von Wirklichkeit verstanden, sondern Brüche sind ihr immer inhärent.

sich jedes Individuum die Wirklichkeit interpretativ aneignet. Dabei ist die erste direkte Aneignung der Wirklichkeit eine Interpretation ersten Grades. Diese wird zum Gegenstand der empirischen Forschung und äußert sich in der sozialen Interaktion des Interviews. Durch die intersubjektive Kommunikation im Interview entsteht infolge eine Interpretation zweiten Grades.[389]

Stufen der Reflexion

Von Schütz ausgehend kann mit Jan Kruse das Prinzip der intersubjektiven Wirklichkeitserschließung noch differenzierter betrachtet werden. Denn die Forschenden, die im Anschluss an das Interview versuchen, eine Interpretation der sprachlichen Äußerungen zu vollziehen, produzieren wiederum eine Interpretation, die als Interpretation dritten Grades bezeichnet wird. Denn sie interpretieren die transkribierten Interviewtexte und bringen bei dieser Tätigkeit ihre eigenen Strukturen der Wirklichkeitserschließung ein. Demzufolge lassen sich die Notwendigkeit einer Selbstreflexion und das Bewusstsein der eigenen Relevanzsysteme nicht abstreiten. Diese Selbstreflexion der Forschenden wird bei Kruse als Interpretation vierten Grades bezeichnet. Sie verweist darauf, dass die Forschenden in qualitativen Forschungsprozessen nicht nur ihre Forschungsthemen und den intersubjektiven Kommunikationsprozess untersuchen müssen, sondern auch ihre eigenen Relevanzsysteme und Forschungsmethoden.[390]

Prinzip der Offenheit

Offener Forschungsprozess

Das Prinzip der Offenheit fordert eine Grundhaltung im Forschungsprozess, die das Bewusstsein für den eigenen Forschungsfokus und für implizite Forschungsfragen verstärkt. Die eigenen Relevanzsysteme und das theoretische Wissen müssen so lange wie möglich zurückgehalten werden, denn nur so kann eine möglichst offene Grundhaltung im Forschungsprozess befördert werden. Zwar können die Forschenden ihr Vorwissen nicht gänzlich ausblenden, jedoch im Forschungsprozess mit ihm reflexiv arbeiten. Schlussfolgernd ist das Prinzip der Offenheit eng verbunden mit dem Bewusstsein und dem ständigen Hinterfragen der eigenen Strukturen und Relevanzsysteme.[391]

Prinzip der Fremdheit

Eine Fremdheit zeigt sich im Interview beispielsweise in den Unterschieden sozialer Bezugsysteme und Milieus, im Vorverständnis oder auch in Interpretationsweisen. In der rekonstruktiven Forschung wird ausgehend von Momenten einer solchen Befremdung eine Haltung angestrebt, die

389 | Knoblauch (2009), S. 309
390 | Kruse (2009a), S. 19 ff.
391 | Helfferich (2011), S. 114 ff.

versucht, die eigene Interpretation zurückzuhalten. Die angestrebte Offenheit für die Sichtweisen des Gegenübers meint neben einem Einlassen auch ein Loslassen der eigenen Relevanzsysteme. Da eine solche Haltung jedoch niemals in einem vollständigen Maße umsetzbar ist, können sich die Forschenden helfen, indem sie sich bewusst selbst befragen. Die damit verbundene Selbstbefremdung führt zu einem Hinterfragen eigener Relevanzsysteme und Deutungsmuster. So zeichnet sich mit der Selbstbefremdung[392] im Interview und in der Interviewanalyse eine spezifische Dimension der Selbstreflexion ab.[393]

Selbstbefremdung

Prinzip der Kommunikation

Im Zentrum der rekonstruktiven Forschung stehen die unterschiedlichen Formen der Kommunikation, die sich in einer Interviewsituation ereignen. Mit besonderem Fokus auf die Kommunikationsformen lässt sich eine Form der doppelten Reflexion aufzeigen. Dies spitzt Kruse folgendermaßen zu:

> „Kommunikativ konstruierte Wirklichkeit wird mit kommunikativen Instrumenten kommunikativ rekonstruiert — und genau diese Komplexität gilt es methodisch zu kontrollieren."[394]

Die rekonstruktive Forschung hat ein besonders ausgeprägtes Methodenbewusstsein für Kommunikationsprozesse, die sich im sprachlichen Ausdruck zeigen. Sie setzt sich mit der Indexikalität[395] menschlicher Sprache auseinander und verweist darauf, dass jeder Begriff durch seine Beziehung zu anderen begrifflichen Konzepten und durch situative Kontexte bestimmt wird. Demzufolge ist menschliche Sprache ein begrifflich-referenzielles und ein situativ-kontextuelles Geschehen. Auf der Basis von diesem Bewusstsein kommen Methoden zum Einsatz, die Kommunikationssituationen eröffnen, in denen der Interviewte seine subjektive Indexikalität

Doppelte Reflexion von Kommunikation

392 | Formen der Selbstbefremdung zeigen sich beispielsweise in der Interviewanalyse, wenn der Forscher sich befremdliche Fragen zu den Aussagen des Interviewten notiert, überlegt, wie der Inhalt aus einer anderen Perspektive verstanden werden könnte, oder wenn er mikrosprachliche Analysen durchführt, die den Blick auf jedes einzelne Wort lenken.

393 | Helfferich (2011), S. 130 ff.

394 | Kruse (2011), S. 12

395 | Ralf Bohnsack zeigt mit dem Verweis auf Harold Garfinkel auf, dass sprachliche Verständigungen lediglich Indikatoren für Bedeutungsgehalte sind. (Bohnsack (2010), S. 19) Denn es zeigt sich, dass die Bedeutung eines Begriffes immer nur in seinem situativen Verwendungskontext nachvollziehbar ist und dieser in einem semantischen Netzwerk mit weiteren Begriffen verwoben ist. (vgl. Kruse (2009b))

verdeutlichen kann, ihm also bestimmte Freiräume ermöglicht werden, in denen er seine verwendeten Begriffe ausführlich erläutern kann. Auch bei der Interviewauswertung werden Analysemethoden herangezogen, die eine Sensibilität für Indexikalität bei den Forschenden erhöhen.[396]

KUNSTPÄDAGOGISCHE PRINZIPIEN

Nachdem die Prinzipien der rekonstruktiven Forschung dargestellt wurden, werden diese mit den Prinzipien der kunstpädagogischen Forschung[397] komplementiert. Im Fachkontext kann insbesondere auf Georg Peez verwiesen werden, der sich bemüht, die vielfältigen Formen der kunstpädagogischen Forschung zu gliedern. Er nimmt folgende grobe Unterscheidung vor: Erstens den Bereich der Wirkungsforschung[398] (auch als Unterrichtsforschung bezeichnet), zweitens die Erforschung von Ästhetischer Praxis und Rezeption und drittens den Bereich der Professionsforschung.[399] In seinem Buch „Qualitative empirische Forschung in der Kunstpädagogik"[400] legt er eine anschauliche Bestandsaufnahme von unterschiedlichen qualitativen Methoden dar.[401] Dennoch wird bei Peez ein rekonstruktives Design, wie es in vorliegender Arbeit verwendet wird, nicht vorgestellt. Weshalb die vorliegende Forschungsstudie eine ergänzende Darstellung für rekonstruktive Forschungsmethoden im Bereich der Kunstpädagogik ist.

Rekonstruktive Forschung in der Kunstpädagogik

Die kunstpädagogische Forschung baut auf einer langen Tradition der Fallanalysen auf. Oftmals lassen sich Forschungsstudien aufzeigen, die tagebuchähnlich inhaltlich nacherzählen oder subjektiv interpretieren.[402] Sie orientieren sich zumeist an einer rein subjektiven Perspektive und verzichten auf einen differenzierten Methodenkanon, wie es bei den

396 | Kruse (2011), S. 30 ff.

397 | Es ist darauf zu verweisen, dass sich ein bedeutender Teil der empirischen Forschungsmethoden in der Kunstpädagogik an den Formen der sozialwissenschaftlichen Forschung orientiert. (Peez (2007b), S. 19)

398 | Die vorliegende Forschungsstudie kann der ersten Form, der Wirkungsforschung, zugeordnet werden, da es sich um das empirisch begründete Beforschen einer kunstpädagogischen Methode handelt.

399 | Peez (2007a), S. 8 f.

400 | Peez (2000)

401 | Da es das Anliegen von Peez ist, kein theoretisches Lehrbuch zu schreiben, sondern die Forschungsmethoden möglichst praxisnah zu erklären, stellt er verschieden Schwerpunkte (Phänomenologische Langzeitstudie, Objektive Hermeneutik, Triangulation, Irritation und Dekonstruktion) in ihrer Praxisanwendung dar.

402 | Peez (2007b), S. 306 ff.

qualitativen Analyseverfahren[403] gängig ist. Damit wird zwar der subjektive Charakter der Fallstudien gefördert, jedoch fehlen grundlegende Gütekriterien oder intersubjektiv nachvollziehbare Prinzipien, welche für jede Form der wissenschaftlichen Forschung notwendig sind. Schlussfolgernd kann als zentrales Merkmal der kunstpädagogischen Forschung der bewusste Blick auf die subjektiven Bezüge des Forschenden genannt werden, die, damit sie intersubjektiv nachvollziehbar werden, reflexiv geprüft werden müssen. Deswegen wird in der vorliegenden Arbeit ein besonderes Augenmerk auf eine reflektierte und intersubjektiv nachvollziehbare Darstellung der Forschung gelegt, deren Strukturen, nicht einer statischen Reduzierung,[404] sondern dem intersubjektiven Verständnis dienen.

Methodische Kontrolle

Prinzip der Irritation, Dekonstruktion und Verfremdung

Außergewöhnliche Verfahren, die einen einfallsreichen und befremdenden Blickwinkel fördern, kennzeichnen die kunstpädagogische Forschung. Die Prinzipien der Irritation, Dekonstruktion und Verfremdung zeigen sich als Beförderungsmittel für neue Blickwinkel. Sie werden bewusst im Forschungsprozess dieser Arbeit eingesetzt, um Kombinationen von Methoden oder veränderte Herangehensweisen zu entwickeln wie beispielsweise irritierende Interviewfragen, der Einsatz von dekonstruierenden Dokumentationsformen oder ein verfremdeter Auswertungsprozess.[405] Übergreifend lässt sich aufzeigen, dass der Forschungsprozess bewusst Störungen integriert.

Potenzial von Störungen

Prinzip des visuellen Materials

Grundlegend arbeitet die kunstpädagogische Forschung mit Interviews. Neben diesen sind visuelle künstlerische Darstellungen ebenfalls von Bedeutung. Peez zeigt auf, dass visuelles Material in der kunstpädagogischen Forschung häufig illustrativ verwendet wird.[406] Jedoch kann mit

403 | Gängige Verfahren sind: Grounded Theory (Strauss/Glaser), Inhaltsanalyse (Phillip Mayring), objektive Hermeneutik (Ulrich Overmann) oder dokumentarische Methoden (Ralf Bohnsack).

404 | Es ist kritisch anzumerken, dass in der Kunstpädagogik häufig qualitative Verfahren Anwendung finden, die sich mehr an deduktiven Methoden orientieren. Dies zeigt sich mit der häufigen Verwendung der Inhaltsanalyse nach Mayring, welche ein Programm vorgibt, das nicht den bewusst wahrnehmenden, subjektiven Blickwinkel schult, sondern ein theoriegeleitetes, deduktives und subsumtionslogisches, d.h. klassifikatorisches, Verfahren darstellt (vgl. Kruse [2011], S. 187 f).

405 | Peez (2007b), S. 297 ff.

406 | Peez (2007c), Peez/Setzkorn Sandra (2007), Sabisch (2007a)

Interpretation von visuellem Material

Verweis auf Andrea Sabisch ein sinnvollerer Umgang mit künstlerischen Aufzeichnungen gezeigt werden. Aufzeichnungen offenbaren nach Sabisch eine ästhetische Spur, die eng mit der leiblichen Erfahrung zusammenhängt und sich in der künstlerisch praktischen Ausführung ereignet.[407] Um die Aufzeichnungen für die Lesenden nachvollziehbar darzustellen, ergänzt Sabisch diese in ihrem Fallbeispiel durch verbale Aussagen der Aufzeichnenden. So sind es die inhaltlichen Äußerungen der Aufzeichnenden und nicht die formalen Analysen einer Bildsprache, die im Mittelpunkt der Interpretation stehen.[408] An dieser Herangehensweise orientiert sich die vorliegende Forschungsstudie, sodass die Aufzeichnungen der Teilnehmer durch ihre Aussagen erschlossen werden.

Prinzip der Leerstelle

Erprobter Umgang mit Leerstellen

In der Kunstpädagogik und der künstlerischen Praxis lässt sich ein spezifischer Blickwinkel auf Leerstellen aufzeigen. Die Leerstelle, die sich innerhalb einer Erfahrung auftut, wird nicht als ein Mangel, sondern als ein natürlicher Ausgangspunkt verstanden. Sie bezeichnet das *„Offene, Mögliche, nicht Vorhersehbare innerhalb einer Situation."*[409] Gerade der künstlerische Umgang mit Leerstellen verweist darauf, dass es nicht um ein Sichtbarmachen geht, sondern um ein Bezeugen. Die Form der Bezeugung folgt dabei subjektiven Kategorien und unterwirft sich keinem Regelsystem. Sie spielt mit Leerstellen und sucht nach subjektiven Antworten darauf.[410] In der kunstpädagogischen Forschung lässt sich auf diesem Verständnis aufbauend ein bewusster Umgang mit Leerstellen im Forschungsprozess aufzeigen. Denn sie fordern Offenheit und Verlangsamungen ein, die veränderte Blickwinkel für Forschungsprozesse herbeiführen.

Prinzip der phänomenologischen Orientierung

Das Prinzip der phänomenologischen Orientierung verweist auf die bewusste und selbstreflektierte Wahrnehmung von lebensweltlichen Phänomenen.[411] Es geht vorrangig um eine beschreibende Annäherung an das Forschungsfeld, bei der die eigenen Interpretationen zurückgestellt werden. Ebenfalls wird der subjektive Zugang der Beschreibun-

407 | Sabisch (2009), S. 28 f.
408 | Sabisch (2007b), S. 122 ff.
409 | Kämpf-Jansen (2012), S. 268
410 | Sabisch (2007b), S. 32 ff.
411 | Häufig wird Bezug auf die phänomenologische Forschung in den Erziehungswissenschaften genommen. Bekannte Positionen sind: Wolfgang Lippitz und Käte Meyer-Drawe. (Kron u.a. (2013), S. 349)

Beschreibende Wahrnehmung

gen in den Mittelpunkt gerückt, damit ein reflexives Bewusstsein für den subjektiven Blickwinkel geschult wird.[412] Da es mit der Beschreibung nicht um eine Wesenserfassung[413] geht, ist der reflexive Anteil des phänomenologischen Prinzips von besonderer Bedeutung.[414] Denn nur durch eine reflexive Aufbereitung und eine systemische Darstellung kann die Forschung für andere Menschen intersubjektiv nachvollziehbar werden.

Mit diesen acht Prinzipien wurden nun die methodischen Grundlagen der qualitativ-rekonstruktiven Forschung dargestellt, die als grundlegende Orientierung für die Forschungsstudie dienen, sodass im nachfolgenden Kapitel das konkrete Forschungsvorgehen beschrieben werden kann.

412 | Peez (2007c), S. 104 f.
413 | Mit dem Begriff der Wesenserfassung wird hier eine bewusste Abgrenzung zum Begriff der eidetischen Reduktion, die von Edmund Husserl geprägt ist, vorgenommen, da es nicht um den Rückgang auf eine transzendentale Subjektivität geht.
414 | Danner (2006), S. 176 ff.

II. Erklärungen zur angewandten Forschungsmethode

Transparente Darstellung des Forschungsprozesses

Ausgehend von den Grundlagen der qualitativ-rekonstruktiven Forschung wird nun das konkrete Forschungsvorgehen dargestellt. So werden in diesem Kapitel die konkreten Forschungsvorgänge beschrieben und die verwendeten Forschungsmethoden erläutert. Durch die Rekonstruktion dieser Bewegung sollen das Forschungsvorgehen und die Methoden vor allem intersubjektiv nachvollziehbar werden. Dennoch ist es unvermeidbar, bei der folgenden Rekonstruktion einzelne Schritte und Entwicklungsprozesse zu verkürzen. Demnach kann die folgende Darstellung als nachträglicher Annäherungsversuch auf der Basis von zahlreichen Aufzeichnungen und Notizen während des Forschungsprozesses verstanden werden. Trotz der unvermeidbaren Verkürzung soll also ein möglichst umfassender und übersichtlicher Einblick in den Forschungsprozess gegeben werden.

Aufbau des Kapitels

In diesem Sinne werden zunächst der grundlegende Forschungsfokus, der Forschungsbedarf und die Forschungsfragen (1) vorgestellt. Diese dienen der Orientierung im Forschungsfeld und im Fachkontext und verdeutlichen die Intentionen der Forschungsstudie. Daran knüpft das didaktische Setting (2) an, mit dem die Abfolge der didaktisch-methodischen Handlungen im Forschungsfeld beschrieben wird. Dadurch kann der Leser zum einen die Forschungspraxis nachverfolgen und zum anderen erhält er Anregungen für die eigene Praxis. Abschließend werden die angewandten Erhebung- und Auswertungsmethoden (3) erläutert, die bereits einen Einblick in die Auswertung gewähren.

II.I. Forschungsfokus, Forschungsbedarf und Forschungsfragen

Reflexiver Umgang mit Vorwissen

Zu Beginn jeder rekonstruktiven Forschung stehen eine oder mehrere Forschungsfragen, die den Blick auf einen bestimmten thematischen Bereich richten. Dabei geht diese Art der Forschung nicht von einer Hypothese aus, die in der Empirie überprüft wird, sondern nähert sich dem Forschungsfeld beobachtend an, sodass Veränderungen im Forschungsprozess selbstverständlich sind und ebenfalls die Forschungsfragen betreffen. Neben den Forschungsfragen, die den Blick bei der Forschung beeinflussen, ist das Vorwissen der Forschenden entscheidend. Dieses zeigt sich oftmals in Form eines Forschungsbedarfes, bestimmter Interessen oder Vorüberlegungen und beeinflusst die Suche. Ein reflexiver Umgang damit wird unumgänglich und verlangt nach einem bewussten Blick auf die eigenen

Interessen und die expliziten sowie impliziten Forschungsfragen. Denn nur so kann ein induktives Selbstmissverständnis[415] vermieden werden. Es werden im Folgenden der Forschungsfokus, der Forschungsbedarf und die Forschungsfragen der Studie rekonstruiert.[416]

Zweifacher Forschungsfokus

Der Forschungsfokus der vorliegenden Studie verdeutlichte sich von Beginn an in zweifachem Sinne, und zwar mit Blick auf die Forschungsmethoden (WIE) und auf das Forschungsthema (WAS).

Bei der Forschungsmethode lag das Interesse auf der Wirkung der Methodenkombination einer performativen Darstellung des Bruches und der Anwendung der Aufzeichnungsmethoden.[417] Durch Beobachtung und Erprobung sollte sich zeigen, inwiefern sich diese beiden Methoden ergänzen und welche Aufforderungsmomente sie schaffen. Bezüglich der performativen Darstellung des Bruches wurde im Speziellen auf die intersubjektiven Begegnungen, den Austausch und die Entwicklung eines gesellschaftlich relevanten Wissens bei Teilnehmern und Passanten im öffentlichen Raum geachtet. Bei der Aufzeichnung wurde beobachtet, inwiefern sie ein Aufmerksamwerden auf die Ästhetische Erfahrung sowie deren Reflexionen und künstlerische Ausdrucksweisen ermöglichen.

Auswirkungen der Forschungsmethode und des -themas

Der zweite zentrale Forschungsfokus war das Forschungsthema (WAS), welcher sich spezifisch mit dem veränderten Blickwinkel auf das äußerliche Erscheinungsbild zeigte und in einem weitgefassten Sinne durch das kritische Befragen von sichtbaren Sozialordnungen im öffentlichen Raum verdeutlichte. Ein zentraler Forschungsschwerpunkt zeigte sich mit der Frage, ob die Darstellung des performativen Bruches bei den Teilnehmern ein kritisches Befragen gesellschaftlicher Strukturen begünstigte und inwiefern dies mit den künstlerischen Aufzeichnungen zusammenhing.

415 | Wie Meinefeld aufzeigt, besagt das induktive Selbstmissverständnis, dass die idealistische Vorstellung eines rein induktiven Forschungsprozesses, bei dem der Forscher frei von bestimmten Vorannahmen oder Vorwissen ist, nicht möglich ist. Einen Forschungsprozess ohne Vorwissen gibt es schlussfolgernd nicht, denn dieses Vorwissen spiegelt sich immer schon im grundlegenden Forschungsinteresse des Forschers. (Meinefeld (2008), S. 268 ff.)

416 | Da es sich um eine Rekonstruktion der Forschungsstudie handelt, erfolgt die sprachliche Darstellung in der Vergangenheit. So spiegelt sich die Rekonstruktion auch in der sprachlichen Formulierung wieder.

417 | Da die Methode der performativen künstlerischen Forschung selbst eine Forschung ist, wird hier Forschung beforscht. Dieses Vorgehen versteht sich ganz im Sinne der rekonstruktiven Forschung, deren Anliegen die Rekonstruktion von Rekonstruiertem ist. (Kruse (2011), S. 12)

Forschungsbedarf

Differenzierung des Forschungsbedarfes

Überlegungen zum Forschungsbedarf weisen immer schon auf vorhandenes Vorwissen hin und machen auf die Notwendigkeit eines reflexiven Umganges damit aufmerksam. Da sich die Methode der Performativen Künstlerischen Forschung aus der Kombination zweier bestehender Methoden entwickelte, war offenkundig ein Vorwissen gegeben. Dazu zählte einmal das theoretische Vorwissen zu den einzelnen Methoden aus der Literatur und des Weiteren das Erfahrungswissen durch die eigene künstlerische Praxis. Im Folgenden wird deswegen eine Unterscheidung in einen *erfahrungsbezogenen* und einen *theoretischen Forschungsbedarf* vollzogen.

Erfahrungsbezogener Forschungsbedarf

Die Beachtung des eigenen Vorwissens entspricht der reflexiven Haltung der qualitativ-rekonstruktiven Forschung.[418] Durch meine langjährige, raumbezogene, künstlerische Forschung,[419] zeigt sich in diesem Bereich ein erfahrungsbezogenes Vorwissen. Aus der eigenen forschenden Tätigkeit sind vorrangig zwei didaktische Überlegungen für die Entwicklung der Performativen Künstlerischen Forschung entstanden. Zum Ersten der Anspruch einer gruppenbezogenen Forschung, die einen intersubjektiven Austausch befördert, und zum Zweiten methodische Überlegungen zur bewussten sinnliche Wahrnehmung als Beginn der Forschung. So wurde bei der didaktischen Anregungen für die künstlerische Aufzeichnung bewusst auf Techniken[420] geachtet, welche die sinnliche Wahrnehmung steigern. Das gruppenbezogene Forschen zeigte hingegen das Potenzial in der gemeinsamen Vorbereitung, Nachbereitung und dem intersubjektiven Austausch über das forschende Arbeiten. Ebenfalls stärkte das Gruppengefüge die künstlerischen Arbeitsweisen, sodass die individuellen Grenzen bewusst überschritten werden konnten.

Erfahrungsbezogenes Vorwissen

418 | Kruse (2011), S. 28 ff.

419 | Hierzu zählen eigenstätige Forschungsprojekte, aber auch Forschungsprojekte in Gruppen, die ich beispielsweise mit der Gruppe Connect 11/48 durchgeführt habe. (Rosa Quint (2011))

420 | Hier erwies sich ebenfalls der Austausch in der Künstlergruppe Connect 11/48 als förderlich für die Methodenentwicklung. So ist beispielsweise die Strategie der Hörzeichnung auf ein Konzept von Sasubrina Reinmund zurückzuführen.

Theoriebezogener Forschungsbedarf

In der kunstwissenschaftlichen Literatur finden sich vielzählige Veröffentlichungen zu künstlerischer Forschung. Diese finden häufig in kunstpädagogischen Veröffentlichungen Verwendung, dennoch liegt bisher keine ausführliche empirische Studie einer kunstpädagogischen Anwendung von künstlerischer Forschung vor. Da der Forschungsprozess in der vorliegenden Studie einem induktiven Weg folgte, wurde bewusst die empirische Studie an den Anfang der gesamten Arbeit gestellt. Dennoch konnten grob drei theoretische Bereiche aufgezeigt werden, die Einfluss auf die empirische Forschung hatten, zum Ersten Kataloge über Künstlerische Forschung, Zweitens didaktische Überlegungen zur Umsetzung und Drittens kunstwissenschaftliche Veröffentlichungen über künstlerische Forschung.[421] Dennoch war es von Beginn an das Anliegen, die theoretischen Verknüpfungen, wie sie im ersten Teil dieser Arbeit ausgearbeitet wurden, erst im Anschluss an die empirische Forschung zu vollziehen, um ein möglichst induktives Vorgehen zu ermöglichen.

Induktive Forschungsmethodik

Forschungsfragen

Im Forschungsprozess stellten sich unterschiedliche Fragen, die sich während des Forschungsprozesses häufig spezifizierten und wovon im Folgenden eine Auswahl aufgeführt wird. Dabei bleiben diese Fragen bewusst skizzenhaft, um die Offenheit der rekonstruktiven Forschung aufzuzeigen.

1. Welchen Wirkungen hat die Forschungsmethode auf die Erfahrung der Teilnehmer?
2. Wird die Forschung als gemeinsame Tätigkeit erfahren?
3. Kann Forschung eine direkte Bedeutung für mehrere Menschen erlangen?
4. Welche Auswirkungen zeigen sich bei den Forschenden durch das Zusammenfallen von Darstellung und Herstellung des Forschungsgegenstandes?
5. Welches erfahrungsbezogene Wissen mit gesellschaftlicher Bedeutung stellt die Forschung her?
6. Welche intersubjektiven Begegnungen ereignen sich während der Forschung?

Relevante Forschungsfragen

421 | Im Bereich der praktischen künstlerischen Forschung waren ebenfalls Veröffentlichungen von Interesse, die Anregungen für konkrete didaktische Methoden im Unterricht gaben. Beispielsweise: Kirchner (1999); Grütjen (1999); Smith (2011);, Leuschner / Knoke (2012), Quint (2011), Kämpf-Jansen (2012); Busse (2007); Heil (2007)

7. Zeigen sich Momente eines Aufmerkens auf die bruchhaften Strukturen von Ästhetischer Erfahrung?
8. Verändert sich die sinnliche Erfahrung durch die Tätigkeit des Forschens?
9. Welche aufzeichnenden Forschungsstrategien kommen zum Einsatz?
10. Wie wird ästhetische Struktur der Erfahrung umschrieben und sprachlich formuliert?
11. Zeigt die Forschungsmethode langfristige Wirkungen?
12. Welche reflexiven Gedanken löst die Performative Künstlerische Forschung aus?

II.II. Forschungssetting

Der folgende Abschnitt dient der Rekonstruktion des Forschungssettings. In folgender Grafik werden als Einstieg die Schritte des Forschungssettings im Überblick dargestellt.

Institutionelle Rahmenbedingungen

Wie bereits erwähnt, fand die Forschungsstudie im Rahmen eines kunstpädagogischen Seminars an der Ludwig-Maximilians-Universität in München statt.[422] Die Erhebung der Forschungsstudie wurde dabei in zwei Sitzungen[423] durchgeführt. Im restlichen Verlauf des Seminars wurden sowohl inhaltliche wie auch praktische Bezüge zur Künstlerischen Forschung im Allgemeinen erarbeitet. Zielgruppe waren Bachelorstudierende, die Kunst, Musik und Theater als Nebenfach studierten und damit Kunstpädagogik nicht als Hauptfach belegten. Im Rahmen der Studienordnung wurde das Seminar von Studierenden aus dem 3. bis 5. Fachsemester besucht. Dabei fand die Fallauswahl im Rahmen der Studierendengruppe des Seminars statt.[424] Die Ausschreibung im Vorlesungsverzeichnis der LMU München lautete wie folgt:

422 | Das Seminar wurde offiziell von einer Kollegin, Dr. Johanna Eder, geleitet. Innerhalb des Seminars wurde die Forschungsstudie durch mich als ein externes Projekt im Seminarkontext durchgeführt. Dies hatte den Vorteil, die Rolle der Forscherin nicht mit der Rolle der Anleitung zu vermischen.

423 | Zeitlich zog sich die erste Sequenz über 90 Minuten. Es handelte sich um eine gängige Seminarsitzung in den Gebäuden der LMU. Die zweite Sequenz nahm einen gesamten Nachmittag ein und dauerte ungefähr vier Stunden. Sie fand in den Räumlichkeiten der Ausstellung und im öffentlichen Raum statt.

424 | Sie wurde angelehnt an das theoretical sampling nach Glaser und Strauss, in dem sich die Begründung der Fallauswahl erst im Forschungsprozess ergibt, sodass es eine Varianz bei den einzelnen Fällen gibt, die in der vorliegenden Arbeit dargestellt werden. (Kruse (2011), S. 87)

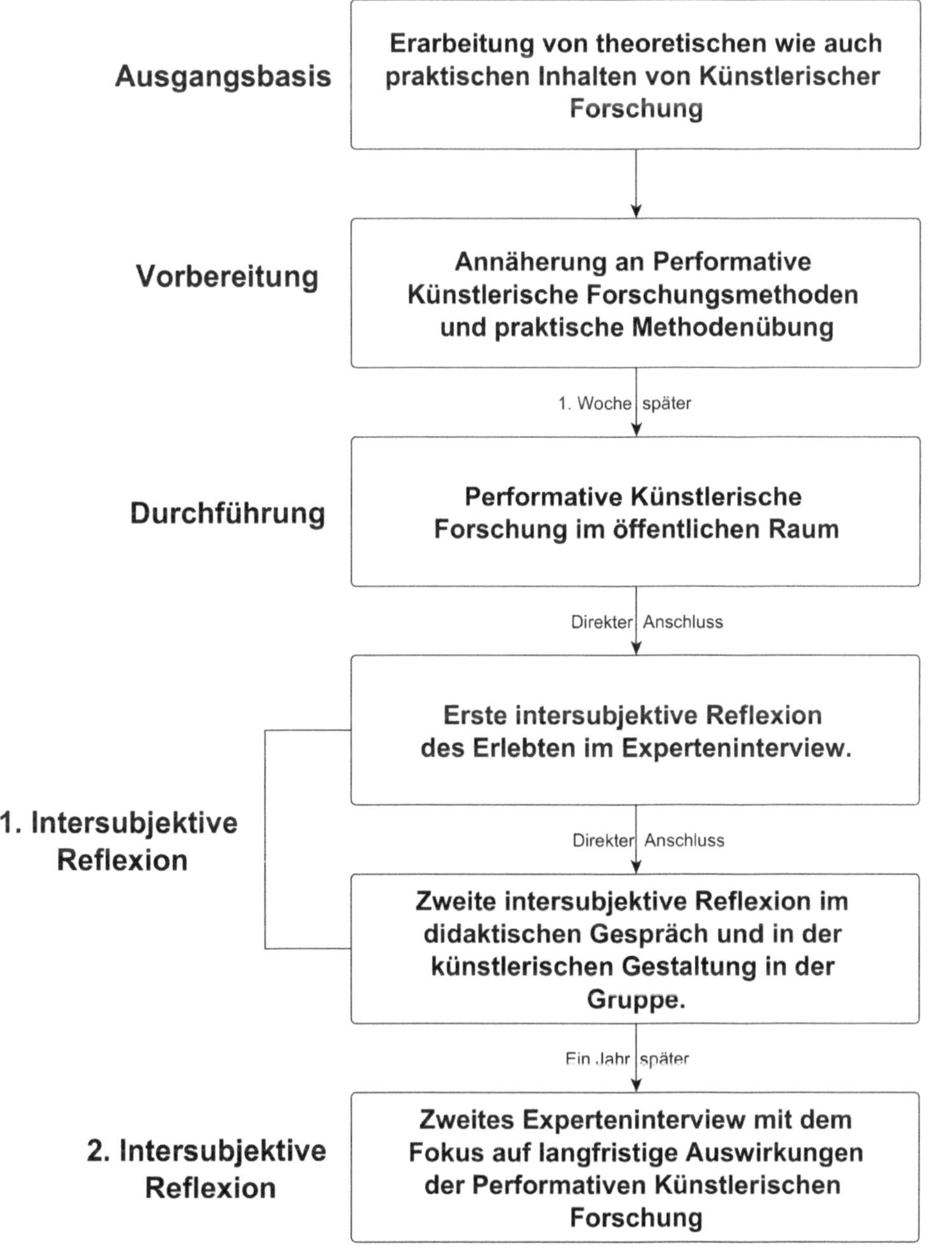

Abbildung 9: Übersicht Setting im Forschungsprozess

> „The Fabric"- ein künstlerisch-subversives Laboratorium mit Netzwerkcharakter- Die Fußgängerunterführung „"MaximiliansForum" in der Münchner Maximilianstraße hat sich in den letzten Jahren zu einem lebendigen Forum für die interdisziplinäre Szene Münchens entwickelt. Im Zeitraum von 15. bis 28. Juni 2012 wird sie im Rahmen eines künstlerisch-interdisziplinären Projekts unter dem Titel „The Fabric" zu einem künstlerisch-subversiven Laboratorium transformiert, an dem sich das Institut für Kunstpädagogik der LMU im Rahmen dieses Kurses beteiligt. Wir werden „Ästhetische Forschung im Stadtraum" betreiben zum Thema „Netz-WERK". Gemeint ist damit die Offenheit für Textiles, Oberflächen, Ver-Netz-ungen, aber auch das Werk-hafte, Ge-Werk-Schafteleien etc. Die Kursteilnehmer werden dabei zum einen selber „Stadtraum als Ästhetisches Forschungslabor" erkunden bzw. bearbeiten, zum anderen einen interaktiven, ästhetisch-forschenden Netz-WERK-shop veranstalten und mit Passanten/Interessierten/Gästen auf eine Forscher-Tour gehen. Dieser Ansatz der „Ästhetischen Forschung" entspricht einem zeitgemäß entgrenzten, kunstpädagogisch, fachwissenschaftlichen Verständnis der Bildwissenschaften.[425]

Im Folgenden werden die zwei Seminarsitzungen, in denen die Forschungsstudie erhoben wurde, knapp beschrieben. Sie stellen eine Rekonstruktion des Ablaufes dar, wobei Verkürzungen unumgänglich sind. Ebenfalls soll einen Einblick in die didaktisch-methodischen Umsetzungen gegeben werden.

TROCKENÜBUNGEN AUF DEM UNIGELÄNDE

In der ersten Sitzung wurden die Studierenden, die bis zu diesem Zeitpunkt in dem Seminar noch nicht gestaltend tätig waren, an die praktischen Techniken der Aufzeichnung herangeführt. Da die Teilnehmenden Nebenfachstudierende waren, wurde das Konzept der Bezugsgruppe angepasst, sodass anhand dieser methodischen Anleitung eine erste Orientierung für eigenständige künstlerische Aufzeichnungstechniken möglich wurde. Der Fokus lag zum einen auf der sinnlichen Wahrnehmung und zum anderen auf einer Methodenoffenheit, die zu eigenständigen Abwandlungen einladen sollte. Bewusst wurde zu diesem Zeitpunkt kein thematischer Schwerpunkt gewählt. Die Studierenden sollten sich möglichst frei in der Gestaltung ausprobieren können.

Vorbereitung der Aufzeichnungsmethoden

425 | Eder (2012)

Die Studierenden setzten innerhalb einer vollen Stunde die Techniken um und erforschten den Unicampus. Dabei standen ihnen unterschiedliche Materialien[426] zur Verfügung. Anschließend wurden die Ergebnisse in der Gruppe präsentiert und die methodische Umsetzung besprochen.

Folgende schriftliche Zusammenfassung der didaktischen Formulierungen[427] ermöglicht einen Überblick über die Methodenanregungen der ersten Sitzung:

1.	Begib dich auf den Unicampus, streife umher und lass dich dort nieder, wo du dich angesprochen fühlst oder einen Reiz verspürst.
2.	Erwecke deine Sinne durch bestimmte Methoden:
	I. Sehen — Blindzeichnung: Zeichne dein Umfeld auf, ohne von deinem Blatt aufzublicken. Konzentriere dich dabei auf die Erfassung des Raumes durch die Bewegung deiner Augen und gib dieser in der Zeichnung einen Ausdruck. Versuche dich ausgehend von diesem Experiment in weiteren Praktiken mit deinen Augen. Welche Formen der Dokumentation von Sichtbarem / Unsichtbarem sind möglich?
	II. Hören — Geräuschzeichnung: Schließe deinen Augen, konzentriere dich auf dein Gehör. Deine Hand wird zu einem Seismografen und wandelt das Gehörte in eine Linie um. Versuche Linienformen zu finden, die für dich das Gehörte repräsentieren. Welche weiteren Möglichkeiten der Gestaltung ereignen sich, wenn du hörst / weg-hörst / hin-hörst / dich ver-hörst / mit-hörst oder anders hörst als sonst?

426 | Dazu zählten: Unterschiedliche Papiersorten, Bleistifte, Kohle, Grafit, Farbstifte, Filzstifte, verschiedene Schnüre und Tüten für das Sammeln der Gegenstände.
427 | Die didaktische Aufgabenstellung wurde im Seminarkontext vorrangig mündlich formuliert.

Didaktische Anregungen

	III. Riechen — Geruchssammlung: Konzentriere dich bewusst auch die Gerüche, die du wahrnehmen kannst. Notiere stichwortartig und in einer assoziativen Schreibform, was du wahrnimmst. Sammle falls möglich Gegenstände, die für dich den wahrgenommenen Geruch repräsentieren oder auch auslösen. Was schlägt dir deine Nase noch vor, wohin treibt sie dich, was will sie endlich mal ausprobieren, wie überrascht sie dich?
	IV. Schmecken — Luftschmecken: Öffne und schließe deinen Mund, schmecke bewusst die Luft, die dich umgibt. Versuche einzelne Nuancen zu schmecken. Notiere in assoziativer Schreibform das Wahrgenommene und sammle falls möglich Gegenstände, die für dich den wahrgenommenen Geschmack repräsentieren oder auch auslösen. Versuche auch hier weitere Formen der Geschmackspraxis zu finden.
	V. Tasten — Haptischzeichnung: Schließe deine Augen und ertaste Oberflächen, konzentriere dich auf die sensible Wahrnehmung deiner Finger. Fertige entweder mit der anderen nicht-tastenden Hand eine Blindzeichnung an oder erstelle eine Frottage. Welche Form der Darstellung ermöglicht es dir, nicht das Ertastete, sondern das Ertasten darzustellen? Oder wie kannst du noch anders tasten, vielleicht nicht nur mit deinen Händen?

Tabelle 1: Eine didaktische Aufgabenstellung für die Aufzeichnungstechniken

Performative Künstlerische Forschung im öffentlichen Raum

Vorbereitung der performativen Darstellung

Die zweite Seminarsitzung fand im öffentlichen Raum in der Maximilianstraße in München statt. Die sich dort befindenden Ausstellungsräume[428] dienten als Ausgangspunkt der Performativen Künstlerischen Forschung. Das künstlerische Laboratorium *The Fabric* beschäftigte sich mit dem Themenkomplex der Mode- und Konsumwelt und den damit verbundenen Ausschlussmechanismen, weshalb die (modische) äußerliche Erscheinung in

428 | Das Maximilansforum. Passage für interdisziplinäre Kunst. Gefördert durch die Landeshauptstadt München. (http://maximiliansforum.de/startseite/ Abrufdatum: 9.07.2014)

der Maximilianstraße das Forschungsfeld von Beginn an bestimmte. Von diesem Punkt ausgehend entwickelte sich die Idee der performativen Darstellung durch einen weißen Anzug. Die didaktische Formulierung für den phänomenologischen Forschungsauftrag lautete wie folgt:

Phänomenologischer Forschungsauftrag

1.	Konzentriere dich auf deine Wahrnehmung von dir selbst und von deinem Umfeld. Was nimmst du bei dir wahr, was in deinem Umfeld?
2.	Dokumentiere deine Erfahrungen mit Strategien der Aufzeichnung.

Tabelle 2: Die didaktische Aufgabenstellung des phänomenologischen Forschungsauftrages

Wie sich in der Formulierung zeigt, wurden keine konkreten Forschungsfragen gestellt, sondern ein phänomenologischer Forschungsauftrag formuliert. So konnte sich das Forschungsthema während der Forschung in der intersubjektiven Begegnung eigenständig entwickeln. Ebenfalls waren die Rahmenbedingungen der performativen Darstellung des Bruches möglichst offen gehalten. Die Teilnehmer entschieden eigenständig, welche künstlerischen Methoden oder Materialien sie verwendeten. Es blieb offen, ob sie alleine oder zusammen forschten und welche performativen Handlungen[429] sie im Raum vollzogen. Während der Stunde, in der die Teilnehmer performativ künstlerisch forschten, wurden ihre Handlungen fotografisch festgehalten, sodass eine dokumentarische Beobachtung möglich wurde, die sich ebenfalls in der Darstellung der Einzelfallbeispiele findet.

Offenheit der Darstellung

Im direkten Anschluss an die Performative Künstlerische Forschung wurden die ersten Interviews geführt. Da der Fokus auf einem möglichst zeitnahen Interview lag, wurden die Teilnehmer direkt nach der Forschung interviewt. Ein Interview-Leitfaden für das Experteninterview[430] diente zur groben Orientierung bei der Fragestellung. Der Leitfaden wurden nach

Erste intersubjektive Reflexion im Interview

429 | Hier zeigten sich unterschiedliche Handlungen, die von aktivem Zugehen auf andere Menschen über provokatives Betreten von Geschäften oder Hotels bis hin zu Rückzugshandlungen reichten.

430 | Experten gelten als Repräsentanten für bestimmte Handlungs- oder Sichtweisen von einem Thema. Das Experteninterview ist demzufolge themen- und nicht personenbezogen. (Kruse (2011), S. 61)

dem SPSS-Prinzip,[431] wie es Cornelia Helfferich vorschlägt, entwickelt, sodass eine flexible und offene Handhabung in der Interviewsituation möglich war. Im Speziellen ging es um die Handlungs- und Sichtweisen, die durch die Performative Künstlerische Forschung zutage gebracht wurden. Diese Ausrichtung spiegelt sich in den relativ direkten Interviewfragen wider, die im Folgenden als Übersicht dargestellt werden.

Das Interview dauert ca. eine halbe Stunde. Dabei sprechen wir über deine persönliche Erfahrung bei der Forschung. Insgesamt sind es ca. fünf übergreifende Fragen, die dir gestellt werden. Falls du sie nicht verstanden hast, wiederhole ich sie gerne.

Offene Einstiegsfragen	**Nachfragen**	**Inhaltliche Aspekte**
1. Wie war dein persönliches Empfinden während der Forschung?	• Wie hast du dich beim Forschen gefühlt? • Wie hast du dich und deine Umgebung während der Forschung wahrgenommen?	• Selbst- und Umwelt-wahrnehmung • Emotionale Regung
2. Wie hat deine Umgebung auf dich reagiert?	• Gab es Reaktionen auf dich? • Hat dich jemand konkret angesprochen? • Ist dir etwas besonders aufgefallen?	• Reaktion der Umgebung • Reaktion des/der Teilnehmenden auf diese Reaktion der Umgebung

431 | SPSS-Prinzip ist eine Methode der Fragengewinnung in vier Schritten. Begonnen wird mit der quantitativen Sammlung von Fragen (S- wie Sammeln), es folgt das prüfende Selektieren (P- wie Prüfen). Als dritter Schritt werden die Fragen sortiert (S- wie Sortieren) und abschließend werden diese in strukturierte Themengebieten zusammengefasst (S- wie Subsumieren). (Helfferich (2011), S. 182 ff.)

Offene Einstiegsfragen	**Nachfragen**	**Inhaltliche Aspekte**
3. Hat sich deine Wahrnehmung von der Umgebung und den Menschen durch die Forschung verändert?	• Hat der Prozess des Forschens deine Wahrnehmung verändert? • Inwiefern genau?	• Veränderte Erfahrung durch die Forschung
4. Wie hast du die Wahrnehmung deiner Umgebung künstlerisch umgesetzt?	• Welche Strategien hast du zur Dokumentation deiner Sinneswahrnehmungen verwendet? Bsp. • Welches Sinnesorgan stand bei der Wahrnehmung für dich im Vordergrund?	• Aufzeichnung • Beispiele, die durch die Teilnehmenden erklärt werden • Fokus der Wahrnehmung
5. Fällt dir eine Situation in deinem Alltag ein, in der du einen Bruch oder eine Trennung zwischen dir und deinem Umfeld empfunden hast?	• In welchem Zusammenhang steht diese Situation für dich mit dem Forschen? • Fällt dir eine Situation ein, in der du dich ähnlich wie heute beim Forschen durch deine Kleidung von deinem Umfeld unterschieden hast?	• Alltagsbezug

Interview-Leitfaden

Offene Einstiegsfragen	**Nachfragen**	**Inhaltliche Aspekte**
Jetzt haben wir einiges besprochen. Gibt es von deiner Seite noch etwas, das nicht im Interview besprochen wurde, dir persönlich aber dennoch wichtig ist?		• offene Themen abklären
Allgemeine Nachfragen: Gibt es sonst noch etwas? Und weiter? Und dann? Kannst du das genauer beschreiben? Was meinst du damit konkret?		

Tabelle 3: Interviewfragen des 1. Interviews

Während die einzelnen Interviews geführt wurden, arbeiteten die anderen Teilnehmenden an einer gemeinsamen künstlerischen Gestaltung mit den hergestellten Aufzeichnungen und weiteren Materialien. Dabei wurden neben den hergestellten Aufzeichnungen ebenfalls die weißen Anzüge in die Gestaltung miteinbezogen. Daran anschließend wurde ein gemeinsames didaktisches Gespräch angeregt, wobei der Austausch über die Erfahrungen im Zentrum stand.[432] So konnte ein methodisch-didaktischer Abschluss gestaltet werden, der ebenfalls die gestaltenden Aspekte beachtete.[433]

Zweite intersubjektive Reflexion im Gruppengespräch

Das zweite Interview, ein Jahr später

Ein Jahr nach der Performativen Künstlerischen Forschung wurden die ausgewählten Teilnehmer zu einem zweiten Interview eingeladen. Die Interviews fanden in den Räumen der Ludwig-Maximilians-Universität in München statt und dienten dem Interesse der langfristigen Wirkungen der Performativen Künstlerischen Forschung. Sie wurden in einem Zeitraum von drei Monaten geführt (Juni-August 2013), da die Studierenden sich bereits in neuen Kontexten befanden. Im Folgenden soll der Interviewleitfaden als Orientierung für das geführte Interview dienen.

Dritte intersubjektive Reflexion im Interview

> Danke für das Erscheinen. Das Interview dauert ca. eine Stunde. Dabei sprechen wir über deine persönliche Erinnerung. Es geht dabei nicht um Vollständigkeit, sondern rein um deine subjektive Sichtweise. Das Interview ist in drei Abschnitte aufgeteilt. Zum Ersten geht es um deine Erinnerung, zum Zweiten um Wirkungen und zum Dritten um eine persönliche Wertung der Performativen Künstlerischen Forschung.

432 | Im didaktisch geleiteten Austausch fanden sich folgende Themen wieder: Veränderte Selbstwahrnehmung und Umweltwahrnehmungen, künstlerische Umsetzung, erlebte Schwierigkeiten, Wahrnehmungen in Bezug auf Handlungsweisen, Reaktionen des Umfeldes, Interpretationen, Rückschlüsse und Erkenntnisse der gemeinsam gestalteten Abschlusspräsentation. Aus Gründen der Kapazität und des Umfanges wurde das Gruppengespräch nicht aufgezeichnet und analysiert. Darüber hinaus erfordern gruppenspezifische Interviewinterpretationen anderen Formen der Auswertung und Analyse.

433 | Ergänzend ist anzumerken, dass die gemeinschaftlich hergestellte Abschlusspräsentation zusammen mit den anderen Ergebnissen der künstlerischen Forschung der Studierenden in der Ausstellung *The Fabric* (15. - 28.06.2012) ausgestellt wurde.

Interview-Leitfaden

Offene Einstiegsfrage	**Nachfragen**	**Inhaltliche Aspekte**
Erzähl mal einfach aus deiner Erinnerung heraus über das Projekt vor einem Jahr?	• Gibt es eine persönliche Erfahrung, die dir noch besonders präsent ist? • Welcher Aspekt ist für dich der zentrale Aspekt des Projektes? • Hat sich deine Selbstwahrnehmung in der damaligen Situation während des Projektes verändert? • Gab es eine persönliche Erkenntnis für dich?	Hat Performative Künstlerische Forschung eine Langzeitwirkung?
Wie ist es dir nach dem Projekt ergangen?	• Gab es persönliche Fragen, die sich durch das Projekt ergeben haben? • Gab es nach dem Projekt alltägliche Situationen, die dich an dein emotionales Erleben während des Projektes erinnert haben? • Wie würdest du deinen Blickwinkel auf Brüche nach dem Projekt beschreiben? • Hat das Forschen Einfluss auf deine Wahrnehmung nach dem Projekt gehabt? • Hat sich deine Wahrnehmung von dem Ort (Maximilianstraße) im Nachhinein verändert? • Gab es Einflüsse auf deine künstlerische Arbeit?	Hat es Veränderungen im alltäglichen Verhalten und Wahrnehmen gegeben?

Offene Einstiegsfrage	**Nachfragen**	**Inhaltliche Aspekte**
Wie würdest du das Projekt im Nachhinein für dich werten?	• Gab es einen persönlichen Lernzuwachs für dich aus dem Projekt? • Hat das Projekt Einfluss darauf gehabt, wie du mit Brüchen oder befremdlichen Situationen umgehst? • Gab es Anknüpfungspunkte aus dem Erleben im Projekt und deinem Alltag?	Lernpotenzial aus Sicht des Befragten
Gibt es etwas, das nicht im Interview vorkam, das dir wichtig ist?		

Tabelle 4: Interviewfragen des 2. Interviews

II.III. Rekonstruktive Interviewanalyse

Nachdem das Setting im Forschungsfeld einen Einblick in die Forschungspraxis gegeben hat, folgt in diesem Kapitel die Darlegung der Auswertungsmethoden. Die Auswertung betrifft vorrangig die Interviews und schließt sich in der Praxis möglichst zeitnah an. Damit verbunden ist die Transkription der aufgezeichneten Gespräche, die dazu dient, die Interviewdialoge in ein schriftliches Material zu bringen. Ausgehend von diesen Texten findet

	Auswertungsmethode
Vorbereitung	Transkription der Interviews nach Kruse/Deppermann
Offene Annäherung an den Text	Erste Annäherung an den Text mit mikrosprachlich-deskriptiver Analyse (Kruse) und Fragen an den Text (Strauss)
1. Strukturierung des Textes	Erste Benennung von vorläufigen Kategorien
2. Strukturierung des Textes	Verdichtung und Sättigung der Kategorien
Zentrale Interpretation des Einzelfalles	Selektion und Strukturierung, der Einzelfälle und Herausbildung der Analyseheuristiken für die fallübergreifende Analyse
Zentrale fallübergreifende Interpretation	Fallübergreifende Interpretation, Herausarbeitung der fallübergreifenden Schlüsselkategorien

Abbildung 10: Überblick Auswertungs- und Darstellungsmethoden

Schritte der Interviewanalyse

eine ausführliche Analyse und Interpretation statt, die verschiedene Schritte beinhaltet und mit dem Text arbeitet. In der Interviewanalyse wird die erste Textbegegnung durch eine offene und mikrosprachliche Annäherung bewusst verlangsamt, sodass mögliche Interpretationen zurückgestellt werden. Es ist das Ziel, die induktive Struktur zu finden, die das Interview in sich trägt. Diese wird durch Kategorien gegliedert und weiter verdichtet, sodass am Ende zentrale Schlüsselkategorien herausarbeiten werden können, welche die Haupterkenntnisse aus der Analyse wiedergeben. Diese können ebenfalls für eine fallübergreifende Darstellung genutzt werden.

Für die Analyse und Interpretation der Interviews wurde in dieser Arbeit die Rekonstruktive Interviewanalyse nach Kruse[434] in Anlehnung an die Grounded Theory nach Glaser / Strauss gewählt. Die Abfolge der einzelnen Schritte soll zunächst mit einer Grafik[435] verdeutlicht werden. Im Anschluss daran werden diese ausführlich dargestellt.

Transkription der Interviews

Zu Beginn der Interviewanalyse steht die Transkription der aufgenommenen Interviews.[436] Dabei stellt die Verschriftlichung eines Interviews immer schon eine Konstruktion des gesprochenen Wortes dar. Dennoch kann mittels der Orientierung an bestimmten Transkriptionsregeln eine bewusste Annäherung an das gesprochene Wort gefördert werden.[437] Kruse bezieht sich auf Arnulf Deppermann, der ausführlich erklärt, welche Regeln bei der Interviewtranskription beachtet werden sollten.[438] Diese Regeln und das verwendete Transkriptionssystem (GTA nach Selting et al. 1998[439]) werden im Folgenden dargestellt. In Anlehnung an Kruse[440] und Deppermann[441] lassen sich folgende Regeln festhalten:

434 | Kruse (2011), S. 155 ff.
435 | Da die einzelnen Schritte rückbezüglich sind, findet sich dieses Merkmal auch in der visuellen Darstellung wieder.
436 | Die Transkription wurde mit dem computergestützten Transkriptions-Software F4 durchgeführt. Im Internet abrufbar: https://www.audiotranskription.de/f4.htm Letztes Abrufdatum der Software: 02.07.2012
437 | Kruse verdeutlicht anschaulich, wie inhaltlicher Sinn aus transkribierten Interviews missverstanden wird, wenn er nicht nach bestimmten Regeln dokumentiert wird. Denn schon allein durch die Veränderung einer Betonung kann ein anderes Sinnverständnis von mündlicher Sprache aufgezeigt werden. Werden diese im Transkript nicht dokumentiert, entstehen Missverständnisse. (Kruse (2011), S. 145 ff.)
438 | Deppermann (2008), S. 41 ff.
439 | Deppermann (2008), S. 119 ff.
440 | Kruse (2011), S. 148 ff.
441 | Deppermann (2008), S. 41 ff.

Regeln der lautgetreuen Transkription

1. **Verschrifte alles, was du hörst:** Ein Interview wird niemals in der deutschen Hochsprache niedergeschrieben, sondern umgangssprachliche Redewendungen und dialektische Aussprüche müssen transkribiert werden. Dies schließt alle Wortlaute auch „ähm", „mh", Stottern, Verzerrungen und Pausen mit ein.
2. **Verschrifte entgegen der deutschen Orthografie:** Großgeschriebene Wörter sind diejenigen Wörter, die der Sprecher betont, alles andere wird kleingeschrieben. Denn Betonungen verweisen auf Inhalte, die dem Sprecher wichtig sind, ebenso wie Pausen auf Momente des Nachdenkens aufmerksam machen.
3. **Pausen und Betonungen müssen transkribiert werden, alle weiteren Merkmale nur wenn nötig:** Relevante und auffällige prosodische Merkmale sollten ebenfalls verschriftet werden, dennoch nur an den Stellen, wo sie von Bedeutung erscheinen.
4. **Transkripte sollten immer als eine Konstruktion des Gespräches gesehen werden:** Besondere Aufmerksamkeit und Genauigkeit ist beim Transkribieren erforderlich, ebenfalls sind wiederholte Überprüfungen notwendig.

Im Folgenden findet sich eine Legende der verwendeten Notationssysteme in Anlehnung an die GTA-Regeln nach Deppermann[442] und Kruse.[443]

Kruse stellt einen Ansatz bereit, mit dem Interviews gemäß der genannten Prinzipien von qualitativ-rekonstruktiver Forschung ausgewertet werden können. Da jedoch aus Gründen der Kapazität[444] eine vollkommende Auswertung nach Kruse nicht umgesetzt werden konnte, wird diese dem vorliegenden Forschungsprozess gemäß dem Paradigma der Grounded Theory angepasst. Schlussfolgernd ist das vorliegende Verfahren eine sich am Forschungsgegenstand orientierende Analyse, die nicht starren, regelgeleiteten Vorgaben folgt. Kruse nennt selbst Parallelen zur Grounded Theory,[445] die eine Orientierung bei der Verknüpfung gibt. Im Folgenden werden die Abweichungen, die im Auswertungsprozess vorgenommen wurden, explizit benannt.

---

442 | Deppermann (2008), S. 119 ff.
443 | Kruse (2011), S. 150
444 | Das von Kruse vorgeschlagene Verfahren ist äußerst zeitaufwendig, weshalb es auch im Normalfall in einer Analysegruppe durchgeführt wird. Dies konnte in vorliegender Arbeit nicht umgesetzt werden, womit Verkürzungen unausweichlich waren.
445 | So benennt Kruse sein Verfahren auch als integrativen Ansatz, der verschiedene Anteile von Analyseverfahren mit einschließt. In diesem Zusammenhang nennt er die Grounded Theory, Dokumentarische Analyse, Objektive Hermeneutik und auch die Inhaltsanalyse. (Kruse (2011), S. 171)

I. Pausen und verlaufsstrukturelle Notationen:		
	(.)	Mikropause (< 1sec)
	(1), (2), (3)...	Pausen in Sekundenlänge
	=	Verschleifungen, schnelle Anschlüsse, Stottern
	-	Wort- oder Satzabbruch
	{{gleichzeitig}...}	Gleichzeitige Rede, Überschneidungen über zwei und mehr Zeilen
Beispiel: I: und WIE {{gleichzeitig} fanden sie das?} P: {{gleichzeitig} also ICH mein} (1) dass war-war SO, (.) NICH in ordnung einfach.		

II. Akzentuierung (Betonungen):		
	AkZENT	Primärakzent
	Ak!ZENT!	extra starker Akzent
Beispiel: I: und DANN hab ich gesagt, (.) das ist doch !VÖLL!ig un!MÖ!glich,		

III. Endintonationen (Tonhöhenbewegungen):		
	?	hoch steigend
	,	mittel steigend/schwebend
	;	mittel fallend
	.	tief fallend
	:	Dehnung
Beispiel: I: u:nd=äh inSOfern: wÖrd ich: unter ARbeit ä:hm einfach eine (.) eine TÄtigkeit verstehen eben wie (.) äh vorher geSAGT, äh:m in DER man eben spezifische FÄhigkeiten [mhm] EINbringt ANWENdet, mit dem (.) ZIEL eben ein: ähm einen vorher defiNIERten Zustand zu erREIchen.		

IV. Sonstige Konventionen:		
	((lacht)), ((hustet))	außersprachliche Handlungen/Ereignisse/Störungen, sprachbegleitende Handlungen
	<<lachend> ...>	Vermuteter Wortlaut
	(?meint?)	Unverständlicher Redebeitrag
	(??)	
	[...]	Auslassungen im Transkript
	[mhm, ahja]	Redebeitrag des anderen Kommunikanten an der jeweiligen Stelle innerhalb des Redebeitrags des Kommunikationspartners
	mhm, hmhm	Bejahung, Verneinung
	(Name, Ort1)	Anonymisierung (s.u.)
Beispiel: I: und wie WAR das, können SIE {{gleichzeitig} mir das geNAUer erzählen?} P: {{gleichzeitig} das war ge!NIAL!} [mhm] ((lacht)) ich bin dann <<lachend> nach HAUse gegangen, und> da sagt mir meine frau [mhm], GEhst du mal zu der (Name der Nachbarin) rüber [...] und da hab ICH (?gemeint?),		

Abbildung 11: Transkriptionssystem in Anlehnung an Kruse und Deppermann

Offene Annäherung an den Text

Offenes Kodieren der Interviewtranskription

Zu Beginn wurde der Text in Abschnitte segmentiert, die sich aus der Strukturierung des Sprechers[446] ergaben. Eine erste Annährung wurde mittels eines offenen Kodierens,[447] wie von Strauss vorgeschlagen, vollzogen.[448] Demzufolge wurde mit dem inhaltlichen Befragen des Texts begonnen, bei dem eine verlangsamte, aufmerksame, detailreiche und selbstbefremdende Haltung im Zentrum stand.[449] Besonders dichte Stellen des Textes wurden mittels der mikrosprachlich-deskriptiven Analyse nach Kruse betrachtet,[450] welche mit ihren drei Aufmerksamkeitsebenen einen variierenden Blick auf das Material einforderte. So stellte sich mit der Aufmerksamkeit auf Pragmatik, Semantik und Syntax[451] eine bewusste Verlangsamung der Durchsicht ein. Da bei der gesamten Analyse ein sequentielles Vorgehen eingehalten wurde, waren Vorgriffe auf spätere Stellen im Interview nicht erlaubt. Rückgriffe hingegen wurden essentiell, da sie eine Sättigung der ersten Interpretationen ermöglichten. Auf der Basis von diesen ersten reichhaltigen Analysen wurden thematische Kategorien formuliert, die wie lose Fäden in den Händen gehalten und im weiteren Text verfolgt wurden.[452]

Mikrosprachlich-deskriptive Analyse

Verdichtung und Sättigung der gewonnenen Kategorien

Zentrale Kategorien

Nach dem Prinzip der Sättigung nach Strauss und nach dem Prinzip des rückgreifenden Vergleiches mit vorherigen Textstellen nach Kruse wurden zentrale Kategorien herausgearbeitet und gesättigt. Das von Strauss vorgeschlagene Kodier-Paradigma stellte dabei eine hilfreiche Orientierung dar.[453] Es wurde im Forschungsprozess bewusst nach den Bedingungen, der Interaktion, den Strategien, und den Konsequenzen einer Kategorie gefragt. Durch diese konnten Verbindungen zu ande-

446 | Strukturierungen im Interview ergeben sich durch längere Pausen, inhaltliche Wechsel oder neue Themen, die durch den Interviewten angesprochen werden.
447 | Ein offenes Kodieren in der Grounded Theory meint nach Strauss einen detailreichen Blick auf einzelne Textstellen zu entwickeln, die sequentiell befragt werden. Der Forscher stellt sich Wort-für-Wort und Zeile-für-Zeile während der Analyse assoziative Fragen zum Text und notiert diese. (Strauss (1998), S. 92 ff.)
448 | Kruse (2011), S. 176
449 | Strauss (1998), S. 58 f.
450 | Kruse (2011), S. 173 f.
451 | Pragmatik: Die intersubjektive Gestaltung des Sinnes durch die soziale Beziehung im Interview. Semantik: Besonderheiten der Wortwahl oder Metaphern. Syntax: Sprachlich-grammatische Besonderheiten. (Kruse (2011), S. 165)
452 | Kruse (2011), S. 173 ff.
453 | Strauss (1998), S. 56 f.

ren Kategorien hergestellt werden.[454] Ebenfalls kamen die Thematisierungsregeln nach Kruse zum Einsatz. Diese fokussieren sich nicht auf den Inhalt, sondern beschreiben die Art und Weise, wie der Interviewte den Inhalt thematisiert, und beachten damit Erzählfiguren und Muster.[455] Durch die Notation der Thematisierungsregeln nach Kruse konnten Rückschlüsse über die Inhalte, die nicht ausgesprochen wurden, angestellt werden.[456] Abschließend ergaben sich durch die Verdichtung der Kategorien und den selektiven Umgang mit ihnen die zentralen Schlüsselkategorien der Einzelfälle.

Thematisierungsregeln

Strukturierung für die fallübergreifende Interpretation

In Bezug auf die fallübergreifende Ausrichtung der Forschungsstudie erwiesen sich Analyseheuristiken[457] für eine Strukturierung der Einzelfälle als sinnvoll. Kruse bezeichnet Analyseheuristiken als einen strukturierten Zugang zum Text. Diese sollten offen formuliert sein, damit sie die Analyse wie ein Gerüst gliedern und durch den Interviewtext konkretisiert werden. Analyseheuristiken dienen damit auf der einen Seite zur Strukturierung des Einzelfalles und ermöglichen auf der anderen Seite eine fallübergreifende Darstellung.[458]

Da die vorliegende Arbeit eine übergreifende Darstellung der Einzelfälle zum Ziel hatte, wurden Analyseheuristiken induktiv aus dem Text herausgearbeitet und im fortlaufenden Forschungsprozess immer wieder verändert.[459] Abschließend ergaben sich zwei Hauptheuristiken: ***Wirkungen des Forschungsthemas*** (WAS) und ***Wirkungen der Forschungsmethode*** (WIE). Auf der Basis dieser Analyseheuristiken wurde eine Strukturierung der Einzelfallinterpretationen möglich, infolge derer die fallübergreifende

Fallübergreifende Analyseheuristiken

454 | Muckel (2010), S. 345
455 | Kruse (2011), S. 179 ff.
456 | Kruse verdeutlicht dieses Phänomen mit der Thematisierungsgrenze, die auf das verweist, was sich hinter dem Gesagten verbirgt, nämlich milieubezogene, konventionelle Thematisierungstabus oder persönliche Grenzen (darüber spreche ich nicht) und diskursive Grenzen (das kann ich nicht in Worten wiedergeben). (Kruse (2011), S. 179 f.)
457 | Die Analyseheuristiken sind vergleichbar mit den soziologisch formulierten Kodes, die auf ein theoretisches Vorwissen rückschließen lassen. (Strauss (1998), S. 64 f.)
458 | Kruse (2011), S. 226 f.
459 | So begann die erste Herausarbeitung möglicher Analyseheuristiken mit der Betrachtung des ersten Einzelfalles und wurde im Verlauf der fortschreitenden Analyse der anderen Fälle verändert und angeglichen. Für eine ausführliche Darstellung der fallübergreifenden Analyseheuristiken, siehe S. 197

Analyse durchgeführt wurden.[460] Die ausführliche Einzelfalldarstellung diente dabei als Grundlage und Sicherung einer transparenten fallübergreifenden Forschungsdarlegung. Denn nur durch die Rückkoppelung an direkte Interviewstellen und direkte Beispiele wird eine abstrakte Darstellung möglich.

Fallübergreifende Interpretation

Auf Basis der Einzelfallanalysen wurde in der vorliegenden Arbeit eine fallübergreifende Interpretation abgeleitet, mit der allgemeine Aussagen generiert werden konnten. Ziel war es, die grundlegenden Wirkungen der Performativen Künstlerischen Forschung darzustellen. Sowohl Glaser und Strauss[461] als auch Kruse[462] stellen die fallübergreifende Interpretation als wichtiges Analysekriterium heraus.

Vergleichende Interpretation

In der vorliegenden Arbeit wurden deswegen die Einzelfälle mit Hilfe der Analyseheuristiken in Beziehung zueinander gesetzt. In ihrer Verdichtung ergaben sich zwölf zentrale fallübergreifende Schlüsselkategorien, die am häufigsten in den Einzelfällen vorkamen.[463]

460 | Kruse (2011), S. 227 f.
461 | Nohl (2005), S. 5
462 | Kruse (2011), S. 227
463 | Im Verlauf der Interpretation wurden die einzelnen Schlüsselkategorien begrifflich so verändert, dass sie für das übergreifende Verständnis verwendbar waren. Diese wurden nachträglich bei jeder Einzelfalldarstellung eingefügt, sodass der Leser Bezüge zu den fallübergreifenden Schlüsselkategorien herstellen kann.

III. Fallübergreifende Analysen

Aufbau des Kapitels

Im Folgenden werden die Ergebnisse der Forschungsstudie vorgestellt. Ausgehend von der Interpretation des Einzelfalles wurden fallübergreifende Interpretationen durchgeführt. In der folgenden Darlegung wird dabei anders als im Auswertungsprozess mit den fallübergreifenden Ergebnissen begonnen, da sie einen übersichtlichen Einstieg in die Forschungsergebnisse ermöglichen. So werden zu Beginn die zwölf fallübergreifenden Schlüsselkategorien, die in der Interpretation herausgearbeitet werden konnten, dargestellt. Erst im Anschluss daran erfolgt die Präsentation der Einzelfälle. Diese belegen mit ihren konkreten Interviewstellen und den Beispielen der künstlerischen Arbeiten die fallübergreifende Interpretation.

Zwölf Kategorien der fallübergreifenden Analyse

Die zwölf Kategorien der fallübergreifenden Interpretation betreffen vorrangig die Wirkungen der kunstpädagogischen Anwendung der Performativen Künstlerischen Forschung und orientieren sich an den beiden Analyseheuristiken[464] der Arbeit. Sieben Schlüsselkategorien betreffen die Wirkungen des Forschungsthemas (WAS), die anderen fünf die Wirkungen der Forschungsmethode (WIE). Dabei kann zusammenfassend aufgezeigt werden, dass die zwölf Kategorien sich durch ihr häufiges und vernetzendes Vorkommen in den einzelnen Fallanalysen auszeichnen. Sie bilden damit das Kernstück der Wirkungen der intersubjektiv-künstlerischen Methode der Performativen Künstlerischen Forschung.

Der folgende grafische Gesamtüberblick soll einen übersichtlichen Einstieg ermöglichen.

464 | Siehe Kapitel: Rekonstruktive Interviewanalyse, ab S. 173

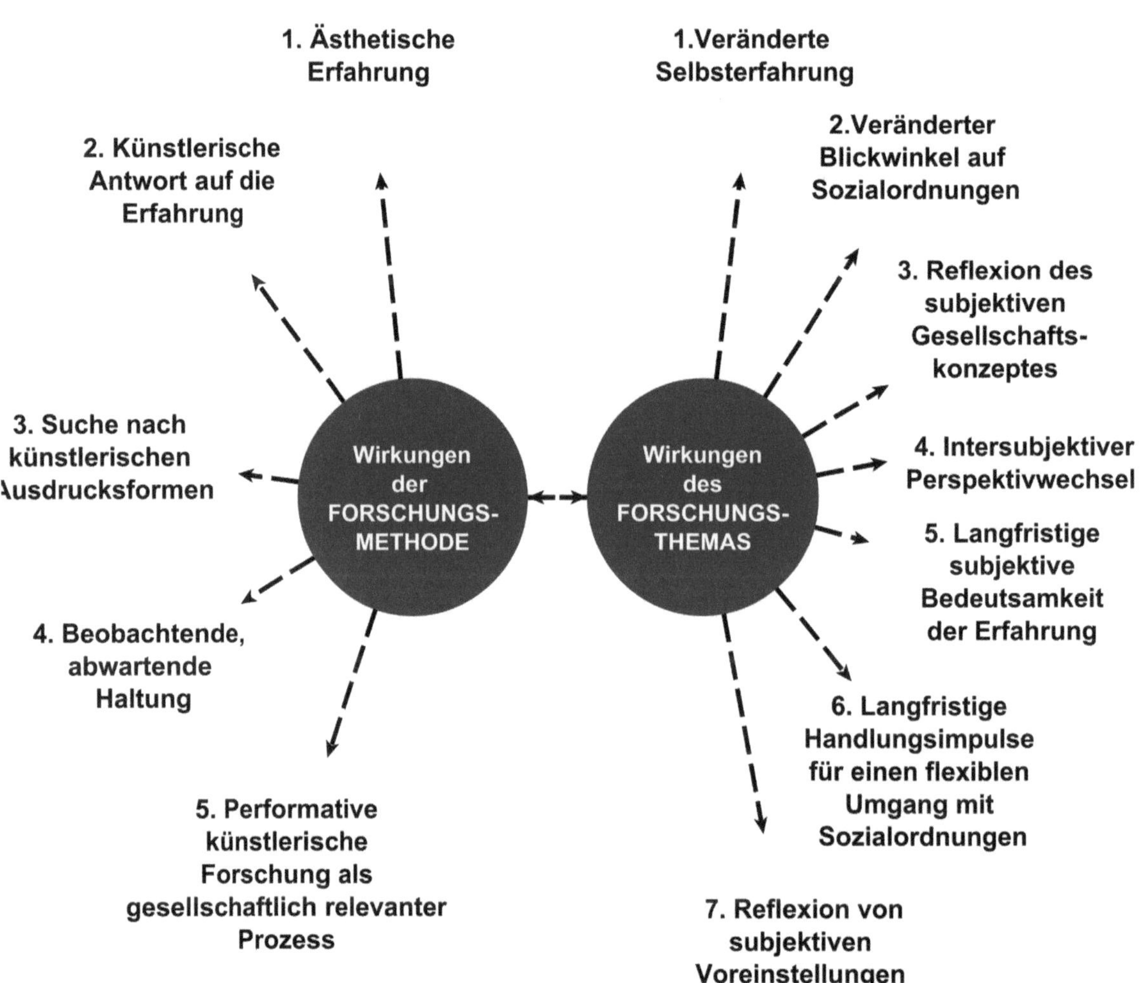

Abbildung 12: Übersicht der zwölf zentralen fallübergreifenden Schlüsselkategorien der Forschungsstudie

III.I. Wirkungen des Forschungsthemas

Sieben Kategorien des Forschungsthemas

Im folgenden Kapitel wird mit den fallübergreifenden Wirkungen des Forschungsthemas begonnen. Dabei werden die sieben Kategorien, die sich in der Analyse am häufigsten abzeichneten, näher betrachtet. Neben diesen sieben Kategorien gab es weitere fünf, die an dieser Stelle in der Überblicksgrafik beachtet werden, jedoch in der nachfolgenden Darstellung nicht ausgeführt werden. Sie zeigen sich erst wieder in der Betrachtung der Einzelfälle.

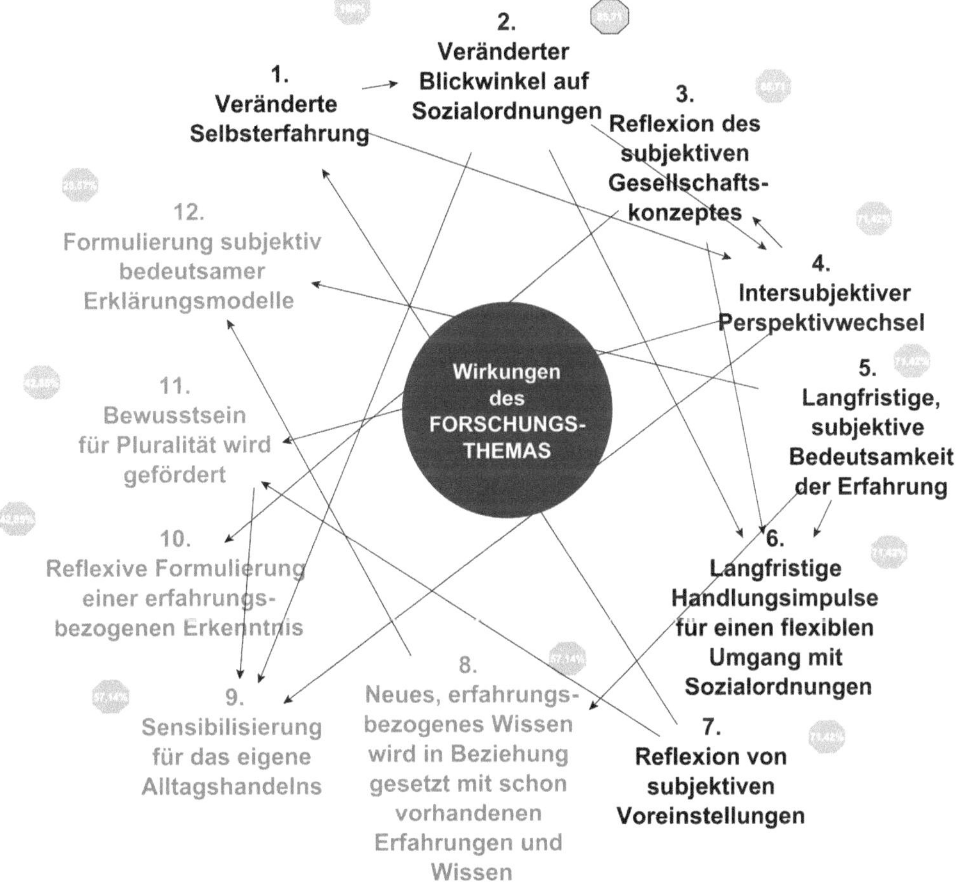

Abbildung 13: Wirkungen des Forschungsthemas

Wie in der visuellen Übersicht deutlich wird, lassen sich bei den fallübergreifenden Schlüsselkategorien unterschiedliche Häufigkeiten feststellen. Aufgrund der geringen Fallzahl in der qualitativen Forschung entsprechen diese Häufigkeiten zwar keinem statistischen Kriterium der Repräsentation, jedoch ermöglichen sie einen vergleichenden Überblick auf die Einzelfälle. So werden im Folgenden die sieben häufigsten Schlüsselkategorien, die die Wirkungen des Forschungsthemas betreffen, charakterisiert. Als erster Überblick dient eine tabellarische Zusammenfassung.

Kategorien Forschungsthemas

Zentrale Schlüsselkategorie	Zusammenfassung der Wirkung
1. Veränderte Selbsterfahrung	Die rollengeprägte Erfahrung ermöglicht es den Forschenden, sich bewusst wahrzunehmen und neue, vielfältige, erfahrungsbezogene Perspektiven auf sich selbst zu erlangen. Diese werden durch die forschende Tätigkeit künstlerisch und sprachlich zum Ausdruck gebracht.
2. Veränderte Blickwinkel auf Sozialordnungen	Durch die Darstellung des performativen Bruches werden veränderte Blickwinkel auf die beobachtbaren gesellschaftlichen Strukturen begünstigt, welche die Forschenden in den Interviews sprachlich reflektieren.
3. Reflexion des subjektiven Gesellschaftskonzeptes	Die veränderten intersubjektiven Begegnungen im öffentlichen Raum tragen zu einer bewussten Wahrnehmung der alltäglichen subjektiven Gesellschaftskonzepte bei und regen zu langfristigen, reflexiven Blickwinkeln an.
4. Intersubjektiver Perspektivwechsel	Durch die performative Darstellung des Bruches werden intersubjektive Perspektivwechsel befördert. Diese sind mit einem spielerischen Loslassen der subjektiven Perspektive verbunden und stärken die Qualität der intersubjektiven Begegnung.

Zentrale Schlüssel-kategorie	Zusammenfassung der Wirkung
5. Langfristig, subjektive Bedeutsamkeit der Erfahrung	Es lassen sich subjektiv bedeutsame Wirkungen der Erfahrung durch die detailgenaue Erinnerung und die Verbindungen zu schon vorhandenen Erfahrungen aufzeigen.
6. Langfristige Handlungsimpulse für einen flexiblen Umgang mit Sozialordnungen	Durch den spielerischen Umgang mit der performativen Darstellung des Bruches werden Impulse für einen langfristigen, flexiblen Umgang mit gesellschaftlichen Sozialordnungen befördert.
7. Reflexion von subjektiven Voreinstellungen	Die performative Darstellung des Bruches befördert eine Reflexion von subjektiven Voreinstellungen und Erwartungen.

Tabelle 5: Überblick über die zentralen Schlüsselkategorien der Wirkung des Forschungsthemas

In diesem Kapitel erfolgt die ausführliche Beschreibung der sieben zentralen fallübergreifenden Schlüsselkategorien. Die Formulierung bleibt dabei bewusst auf einer allgemeinen Ebene, da sich die spezifischen Wirkungen in den individuellen Fallbeispielen zeigen.

Veränderte Selbsterfahrung

Die rollengeprägte Erfahrung ermöglicht es den Forschenden, sich bewusst wahrzunehmen und neue, vielfältige, erfahrungsbezogene Perspektiven auf sich selbst zu erlangen. Diese werden durch die forschende Tätigkeit künstlerisch und sprachlich zum Ausdruck gebracht.

Performative Darstellung als veränderte Selbsterfahrung

Eine veränderte Selbsterfahrung zeigte sich bei allen Teilnehmenden individuell unterschiedlich, wie sich in den einzelnen Fallbeispielen verdeutlichen wird. Dennoch ist es möglich, übergreifend Aussagen zu machen, welche die veränderte Erfahrung hervorheben und deren Potenzial aufdecken. Grundlegend kann aufgezeigt werden, dass die Forschenden sich ihrer spezifischen Rolle des Erforschens bewusst waren, wobei die Gestaltung und das Agieren in der Rolle in Abhängigkeit zur Persönlichkeit unterschiedlich ausfielen. Vor allem die performative Darstellung des Bruches ermöglichte es den Teilnehmenden, neue Blickwinkel auf ihr subjektives Erleben und Handeln zu erlangen, denn die Erfahrung in eine andere Rolle zu schlüpfen, beförderte veränderte subjektive Perspektiven. Durch den wechselseitigen Austausch mit der Umwelt und der intersubjektiven Herstellung des Forschungsergebnisses wurde die eigene Erfahrung ebenfalls in Abhängigkeit zum Umfeld reflektiert. Übergreifend manifestierte sich die Erfahrung in zwei Ausdrucksformen; erstens in der künstlerischen Verarbeitung und zweitens in den sprachlich formulierten Aussagen. Beide Ausdrucksformen weisen reflexive Momente einer veränderten Selbsterfahrung auf, die unterschiedliche Dimensionen widerspiegeln und in der Darstellung der Fallbeispiele ausdifferenziert werden.

Veränderte Blickwinkel auf Sozialordnungen

> Durch die Darstellung des performativen Bruchs werden veränderte Blickwinkel auf die beobachtbaren gesellschaftlichen Strukturen begünstigt, welche die Forschenden in den Interviews sprachlich reflektieren.

Darstellende Erforschung alltäglicher Sozialordnungen

Mit der Performativen Künstlerischen Forschung wurde spezifisch der Blick auf die beobachtbaren Strukturen, welche die alltäglichen Sozialordnungen prägen, gelenkt. Durch das anfängliche Beobachten der Strukturen im öffentlichen Raum und das anschließende Entwickeln einer performativen Darstellung des Bruches erfuhren die Forschenden die alltäglichen Sozialordnungen aus einem veränderten Blickwinkel. In der Forschung zeigte sich, dass die Darstellung des performativen Bruches einen veränderten Blickwinkel auf unterschiedliche alltägliche Sozialordnungen herbeiführte und sich die Forschenden mit ihren sprachlichen Reflexionen nicht ausschließlich auf das Thema der äußerlichen Erscheinung, sondern auf unterschiedliche lebensweltliche und gesellschaftliche Themen bezogen. So ließen sich in den Interviews veränderte Sichtweisen und Reflexionen auf kulturell gefestigte Strukturen aufweisen, welche des Weiteren durch die künstlerisch gestaltenden Tätigkeiten zum Ausdruck kamen. Die sich daraus ergebenden, langfristigen Wirkung zeigten sich vor allem ein Jahr später, im zweiten Interview, Hier berichteten die Forschenden über die langfristigen und individuellen Wirkungen der Forschung. Daraus erfolgt der Rückschluss, dass die Performative Künstlerische Forschung das Potenzial aufweist, einen veränderten Blickwinkel auf die verschiedenen Formen der alltäglichen und gesellschaftsrelevanten Strukturen zu eröffnen und dadurch langanhaltende Wirkungen zu vermitteln.

Reflexion des subjektiven Gesellschaftskonzeptes

> Die veränderten intersubjektiven Begegnungen im öffentlichen Raum tragen zu einer bewussten Wahrnehmung der alltäglichen subjektiven Gesellschaftskonzepte bei und regen zu langfristigen, reflexiven Blickwinkeln an.

Die Forschenden äußerten im Interview veränderte Perspektiven und spezifische Reflexionen über ihre subjektiven Gesellschaftskonzepte, welche sie sowohl in ihren sprachlichen Formulierungen wie auch in ihren künstlerischen Darstellungen zum Ausdruck brachten. Im Zuge dieses Reflektierens formulierten sie ebenfalls veränderte Sichtweisen, subjektive Erkenntnisse und Handlungsimpulse, wodurch sich abzeichnete, dass durch die Tätigkeit des Forschens veränderte Wahrnehmungen des alltäglichen öffentlichen Gesellschaftslebens angeregt wurden. Damit zeigte sich, dass die Forschenden reflexive Überlegungen in den Interviews und den künstlerischen Dokumentationen zum Ausdruck bringen konnten und diese ebenfalls im zweiten Interview, ein Jahr nach der Performativen Künstlerischen Forschung, langfristige Auswirkungen auf das subjektive Gesellschaftskonzept aufwiesen. Die veränderten intersubjektiven Begegnungen im öffentlichen Raum spielten dabei eine bedeutende Rolle, durch welche die Forschenden mit ihren eigenen Vorannahmen, Einstellungen und Gesellschaftskonzepten konfrontiert wurden.

Potenzial der intersubjektiven Begegnungen

Intersubjektive Perspektivwechsel

> Durch die performative Darstellung des Bruches werden intersubjektive Perspektivwechsel befördert. Diese sind mit einem spielerischen Loslassen der subjektiven Perspektive verbunden und stärken die Qualität der intersubjektiven Begegnung.

Die Forschenden benannten in den Interviews konkrete Momente des intersubjektiven Perspektivwechsels. In ihren Beschreibungen verdeutlichten sie, dass die Perspektivwechsel durch das veränderte Erleben ausgelöst wurden. Das Rollenbewusstsein in der performativen Darstellung des Bruches trug dazu bei, dass die Forschenden sich von ihrer subjektiven Blickweise auf eine spielerische Art und Weise lösen konnten und die eigenen Themen und Vorerfahrungen momenthaft loslassen konnten, um sich in andere Menschen hineinzuversetzen. Mit den Beschreibungen im Interview ließen sich dabei individuelle Qualitäten des Perspektivwechsels nachvollziehen, bei denen sich zeigte, dass diese über eine reine Imagination hinausgingen und emotionale, körperliche und sinnliche Anteile des Perspektivwechsels eine Rolle spielten.

Loslassen der subjektiven Perspektive

Langfristige subjektive Bedeutsamkeit der Erfahrung

> Es lassen sich subjektiv bedeutsame Wirkungen der Erfahrung durch die detailgenaue Erinnerung und die Verbindungen zu schon vorhandenen Erfahrungen aufzeigen.

Vor allem mit dem zweiten Interview sollte überprüft werden, ob die Erfahrung eine langfristige Wirkung auf die Forschenden hatte. In den einzelnen Fällen zeigten sich unterschiedliche Formen der Wirkungen, die sich individuell stark unterscheiden und sich in den Fallbeispielen verdeutlichen. Dennoch konnte übergreifend aufgezeigt werden, dass sich durch die Erfahrung der Performativen Künstlerischen Forschung bei den meisten Forschenden langfristige subjektive Bedeutsamkeiten entwickelten. Diese zeigten sich durch die detailreichen Erinnerungen und Bezüge, welche die Forschenden zu ihrem alltäglichen Erleben nach der Performativen Künstlerischen Forschung herstellten. Insgesamt deuteten diese langfristigen Bedeutsamkeiten darauf hin, dass das subjektive Erleben in der Forschung sowohl an bereits vorhandene als auch an nachfolgende Erinnerungen angebunden wurde.

Langfristige Auswirkungen

Langfristige Handlungsimpulse für den Umgang mit Sozialordnungen

> Durch den spielerischen Umgang mit der performativen Darstellung des Bruches werden Impulse für einen langfristigen, flexiblen Umgang mit gesellschaftlichen Sozialordnungen befördert.

Mit dem zweiten Interview ließen sich langfristige Handlungsimpulse für einen flexiblen Umgang mit Sozialordnungen aufweisen. Es zeigten sich unterschiedliche Wirkungen der Erfahrung der performativen Darstellung des Bruches auf Umgangsformen mit ähnlichen Situationen im Alltag. Übergreifend konnte festgehalten werden, dass die Forschenden aus ihren Erlebnissen während der Performativen Künstlerischen Forschung schon im ersten Interview subjektive Schlussfolgerungen zogen, welche sich im zweiten Interview, ein Jahr später, als langfristige, reflexive Gedanken vertieften hatten und mit Handlungsimpulsen verbunden waren. In beiden Interviews beschrieben die Forschenden analoge Situationen aus ihrem Alltag, die im Unterschied zur Forschung zumeist von negativen Emotionen bestimmt waren, da sie im Alltag nicht in einer geschützten Rolle stattfanden. So zeigte sich, dass der Schutzraum der Rolle einen spielerischen und flexiblen Umgang mit Erfahrungen des Bruches ermöglichte und zu reflexiven Überlegungen sowie Handlungsorientierungen anregte.

Langfristige Handlungsimpulse

Reflexion von subjektiven Voreinstellungen

> Die performative Darstellung des Bruches befördert eine Reflexion von subjektiven Voreinstellungen und Erwartungen.

Die Forschenden brachten im ersten Interview direkt nach der Performativen Künstlerischen Forschung die soeben gemachte Erfahrung mit Situationen aus ihrem alltäglichen Erleben in Verbindung. Bei diesem Transfer verwiesen sie vor allem auf Unterschiede, die das emotionale Erleben betrafen, wovon ausgehend sie die Grundbedingungen eines gemeinsamen gesellschaftlichen Lebens reflektierten. Vor allem im zweiten Interview ein Jahr nach der Forschung formulierten die Forschenden langfristige Überlegungen zu ihren subjektiven Voreinstellungen, die für sie Anhaltspunkte und Orientierungen im Alltag darstellten. Sie hinterfragten ihre Handlungen

Reflexive Selbstbefragung

in alltäglichen Situationen, rekonstruierten die dahinterliegenden Motive und formulierten darüber hinaus ihre Erwartungen und Voreinstellungen zur Performativen Künstlerischen Forschung, die sie im Anschluss an die gemachte Erfahrung ebenfalls kritisch betrachteten. Infolgedessen konnte aufgezeigt werden, dass die Teilnehmer nicht nur gesellschaftliche, sondern auch subjektive Voreinstellungen und Erwartungen reflektierten.

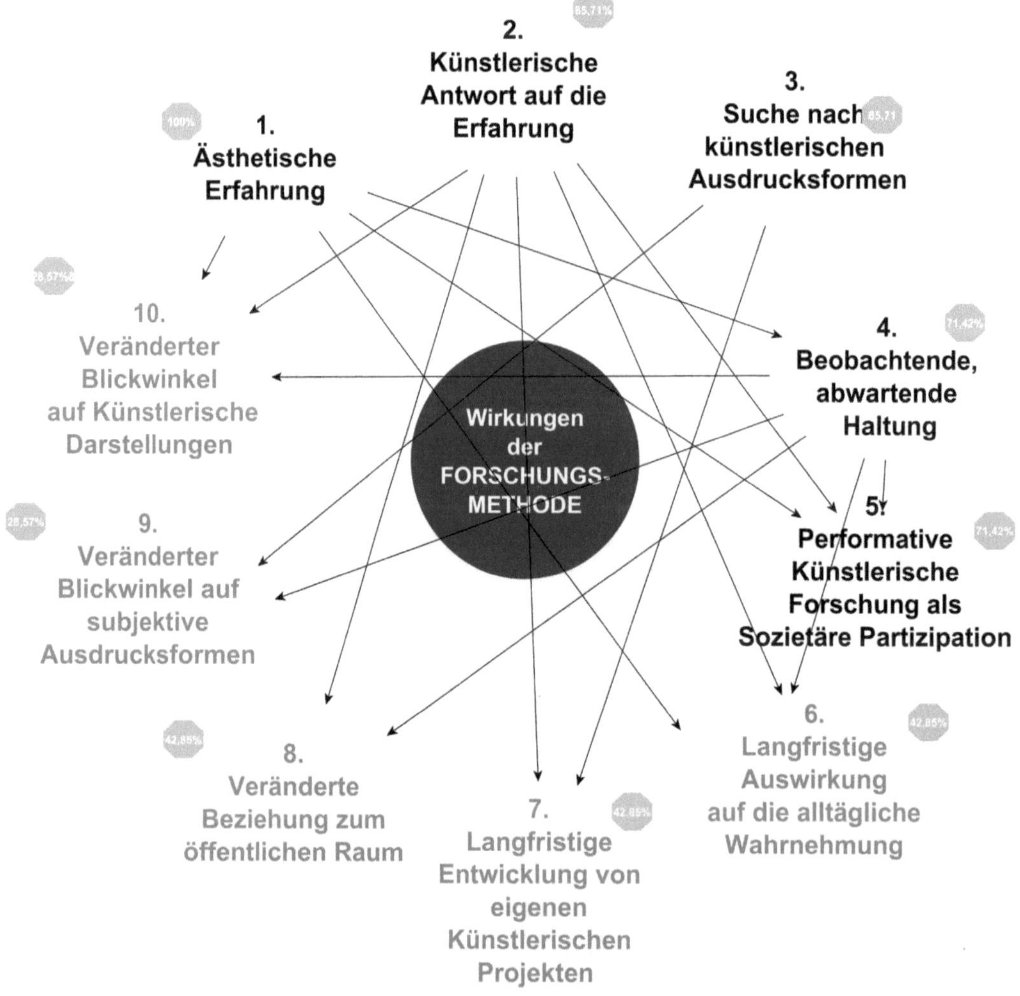

Abbildung 14: Übersicht der Wirkungen der Forschungsmethode

III.II. Wirkungen der Forschungsmethode

Fünf Kategorien der Forschungsmethode

Wurden bisher die Wirkungen des Forschungsthemas dargestellt, folgen in diesem Abschnitt die Wirkungen der Forschungsmethode. Um einen Überblick über die fallübergreifenden Schlüsselkategorien zu geben, dient folgende Grafik.

Wie sich veranschaulichen lässt, konnten in der fallübergreifenden Interviewauswertung insgesamt zehn übergreifende Schlüsselkategorien des Bereiches der Wirkungen der Forschungsmethoden herausgearbeitet werden. Dabei heben sich im Besonderen fünf dieser Schlüsselkategorien aufgrund ihrer Häufigkeit[465] als zentrale fallübergreifende Kategorien ab. Als erster Überblick dient eine tabellarische Übersicht.

Kategorien Forschungsmethode

Zentrale Schlüsselkategorie	Zusammenfassung der Wirkung
1. Ästhetische Erfahrung	Eine Steigerung der sinnlichen Erfahrung und ein Aufmerksamwerden auf die ästhetische Struktur der Erfahrung werden verstärkt.
2. Künstlerische Antwort auf die Erfahrung	Bei den Forschenden werden auf die Erfahrung hin künstlerische Antworten hervorgerufen.
3. Suche nach künstlerischen Ausdrucksformen	Die Suche nach eigenständigen künstlerischen Ausdrucksformen wird durch die Kombination der Forschungsmethoden befördert.
4. Beobachtende, abwartende Haltung	Durch die Rolle der performativ künstlerisch Forschenden wird eine bewusst abwartende Haltung gefördert, deren Potenzial sich in den Reflexionsprozessen zeigt.

465 | Die Angaben der Häufigkeiten entsprechen ebenfalls keiner statistischen Repräsentation.

Zentrale Schlüsselkategorie	Zusammenfassung der Wirkung
5. Performative Künstlerische Forschung als Sozietäre Partizipation	In der Performativen Künstlerischen Forschung steht die intersubjektive Begegnung im Zentrum, in der gesellschaftlich relevante Prozesse erfahrbar werden.

Tabelle 6[466]: Überblick über die zentralen Schlüsselkategorien der Wirkung der Performativen Künstlerischen Forschungsmethoden

Nach der einführenden Auflistung der fünf zentralen Schlüsselkategorien werden diese im Folgenden ausführlicher dargestellt. Auch hier erfolgt die Darstellung bewusst auf einer allgemeinen Ebene, da sich die spezifischen Wirkungen in den individuellen Fallbeispielen zeigen.

Ästhetische Erfahrung

Eine Steigerung der sinnlichen Erfahrung und ein Aufmerksamwerden auf die ästhetische Struktur der Erfahrung werden verstärkt.

Steigerung der ästhetischen Aufmerksamkeit

Bei den Forschenden zeigten sich veränderte sinnliche Erfahrungen durch die Performative Künstlerische Forschung. Die Forschenden verdeutlichten dies einerseits durch sprachliche Äußerungen in den Interviews und andererseits durch ihre künstlerischen Darstellungen. Es bestätigte sich, dass die vorbereitende Erprobung der Aufzeichnungsstrategien eine bedeutende Rolle für die unerfahrenen Teilnehmer einnahm und so wendeten fast alle Forschenden die erprobten Strategien an. Wie sich in den Interviewaussagen mit den Umschreibungen der gesteigerten sinnlichen Erfahrungen zeigte, trugen diese zu einer Öffnung der sinnlichen Erfahrung bei, befördern ein bewusstes Aufmerksamwer-

466 | Der Begriff der Sozietären Partizipation, welche Veränderung von politischen, sozialen, ökologischen und institutionellen Zusammenhängen durch künstlerische Darstellung vorantreibt, ist auf Silke Feldhoff zurückzuführen. (Feldhoff (2011), S. 120 f.)

den auf die ästhetische Struktur der Erfahrung und ermöglichten eine subjektive Verortung der Erfahrung. Diese Tätigkeiten standen ebenfalls in einem engen Zusammenhang mit der körperlichen Darstellung des performativen Bruches, welcher im Besonderen die intersubjektive Erfahrung des Forschungsgegenstandes ermöglichte. Damit legten die Forschenden ihr Augenmerk bewusst auf die ästhetischen Strukturen, die sie selbst und ihre intersubjektiven Begegnungen im Raum betrafen, sodass ihre Aufmerksamkeit für die ästhetische Struktur der intersubjektiven Erfahrung erhöht war.

Künstlerische Antwort auf die Erfahrung

Bei den Forschenden werden auf die Erfahrung hin künstlerische Antworten hervorgerufen.

Künstlerische Responsivität

Übergreifend konnte festgestellt werden, dass alle Forschenden auf ihre Erfahrung hin subjektive künstlerische Antworten formulieren. Diese verdeutlichten sich sowohl in den performativen Handlungen als auch in den künstlerischen Aufzeichnungen. Die Forschenden beschrieben die performative Darstellung als resonanzhafte Handlung mit Bezug auf die intersubjektiven Begegnungen im öffentlichen Raum, die ebenfalls Formen des empathischen Perspektivwechsels und des sozialen Interagierens beinhaltete. In der Verwendung der Aufzeichnungsstrategien deutete sich an, dass die Forschenden die erlernten Strategien verändern oder anpassen, um ihrem Erleben einen persönlichen Ausdruck zu geben. Ein hoher Motivationsgrad, die eigene Erfahrung durch künstlerische Darstellung zum Ausdruck zu bringen, deutete sich trotz bestimmter Schwierigkeiten ab, welche die Forschenden mit persönlichen Schwierigkeiten in der Ausdrucksfindung, der Unzufriedenheit mit den eigenen künstlerischen Fähigkeiten oder in der unerfüllten Suche nach einem nicht sprachlichen Ausdruck benannten. Damit deutete sich an, dass die Tätigkeit des Aufzeichnens reflexive Momente der subjektiven Gestaltungsmöglichkeiten vergegenwärtigte und die Wechselbewegung von performativer Darstellung und Aufzeichnung unterschiedliche Antwort- und Reflexionsmöglichkeiten auf die Ästhetische Erfahrung hin ermöglichte.

Suche nach künstlerischen Ausdrucksformen

Die Suche nach eigenständigen künstlerischen Ausdrucksformen wird durch die Kombination der Forschungsmethoden befördert.

Die Forschenden führten in ihren Interviewaussagen aus, wie sie während der Performativen Künstlerischen Forschung die Forschungsstrategien angepasst und verändert hatten. Gerade die performative Darstellung des Bruches entwickelte sich spontan in der Realisierung der Forschung und der intersubjektiven Begegnungen im öffentlichen Raum, durch welche die Forschenden zu neuartigen performativen und künstlerischen Ausdrucksformen angeregt wurden. Diese zeigten sich vor allem auf körperlicher, gestaltender und sprachlicher Ebene in veränderten Formen der körperlichen Darstellung, die sich durch Bewegung, Mimik, Gesten, Interaktionen und dem sprachlichen Austausch mit Passanten ereigneten und in den gestaltenden Formen der Aufzeichnung. Die Kombination der beiden Forschungsmethoden beförderte demzufolge einen experimentellen Zugang und einer Suche nach künstlerischen Ausdrucksformen, was ebenfalls in den künstlerischen Darstellungen sichtbar wurde. Der Versuch, sich mit veränderten Darstellungsformen mitzuteilen, stellte damit auf der einen Seite eine Erweiterung des subjektiven Ausdrucksvermögens dar und fordert auf der anderen Seite zur eigenständigen Gestaltung auf. Diese Aufforderung stellte sich als Anregung und Motivationsquelle für die Forschenden dar, mit der sie sich bewusst auf die Suche nach neuen Darstellungsmöglichkeiten begaben und die außerdem langfristig zu weiteren Überlegungen über künstlerische Ausdrucksformen im öffentlichen Raum führten.

Eigenständige Entwicklung von künstlerischen Ausdrucksformen

Beobachtende, abwartende Haltung

Durch die Rolle der performativ künstlerisch Forschenden wird eine bewusst abwartende Haltung gefördert, deren Potenzial sich in den Reflexionsprozessen zeigt.

Bei genauerer Betrachtung der Interviewaussagen ließ sich trotz der breiten Variation der subjektiven Ausdrucksformen ein übergreifendes Merkmal aufzeigen, was die Forscherhaltung betraf. Diese äußerte sich vor allem in einer bewusst abwartenden und beobachtenden Haltung im Forschungsprozess. Wie sich in den Aussagen der Forschenden abzeichnete, beeinflussten die Forschungsmethoden ebenfalls die intersubjektive Begegnung im öffentlichen Raum und die Gestaltung des Forschungsthemas, sodass direkte Wertungen, Kategorisierungen oder Systematisierungen bewusst verzögert wurden. Das damit verbundene Aufmerksamwerden auf die ästhetische Struktur der Erfahrung verstärkte eine zurückhaltende Haltung, die wiederum einen flexiblen Umgang mit den subjektiven Rückschlüssen und Erkenntnissen ermöglichte, sodass im Forschungsprozess das momenthafte, beobachtende und abwartende Aufmerken im Vordergrund stand, welches eine verlangsamte Einordnung der Ästhetischen Erfahrung ermöglichte.

Veränderte Wahrnehmung

Performative Künstlerische Forschung als Sozietäre Partizipation

> In der Performativen Künstlerischen Forschung steht die intersubjektive Begegnung im Zentrum, in der gesellschaftlich relevante Prozesse erfahrbar werden.

Bei den Forschenden zeichneten sich durch das Rollenbewusstsein veränderte intersubjektive Begegnungen und Handlungen ab, die sie als Teil des künstlerischen Prozesses verstanden. Das Bewusstsein der Performativen Künstlerischen Forschung als sozial künstlerischer Prozess variiert bei den einzelnen Forschenden, dennoch konnte übergreifend festgehalten werden, dass die sozialen Wirkungen der Performativen Künstlerischen Forschung für die Forschenden in der intersubjektiven Begegnung erlebbar waren. In den Interviews verdeutlichte sich allgemein ein Bewusstsein für die intersubjektive Wechselseitigkeit und die gesellschaftliche Relevanz von Forschung, sodass sich die forschende Tätigkeit nicht als ein rein subjektiv selbstbestimmter Prozess darstellte, sondern das Bewusstsein für die intersubjektive Gestaltung des Forschungsthemas schärfte. Gerade im verbalen und nonverbalen Austausch, dem Erblicken und Erblickt-Werden oder dem veränderten intersubjektiven Agieren im öffentlichen Raum wurde die intersubjektive Gestaltung des Forschungsthemas erfahrbar und gestaltbar, sodass die resultierenden relationalen Erkenntnisse deutlich durch die intersubjektiven Begegnungen geprägt waren.

Gesellschaftliche Relevanz der Forschung

IV. Individuelle Fallanalysen

Mit den Einzelfalldarstellungen kann das individuelle, erfahrungsbezogene Wissen, das sich durch die Forschung ereignet hat, aufgezeigt werden. Mit den unterschiedlichen Wirkungen des Forschungsthemas und der Forschungsmethode wird ersichtlich, dass die Forschenden sehr individuelle Themen und Methoden während der Forschung entwickelt haben und damit kein eindeutiges Forschungsergebnis, keine konkrete Definition und keine allgemeingültige Lösung für alle Fälle stehen kann. Um die vielfältigen Aspekte der Einzelfälle dennoch in eine gemeinsame Struktur überzuführen, die einen Überblick darstellt, wurden in den vorherigen fallübergreifenden Analysen die übergreifenden Schlüsselkategorien der empirischen Anwendung der Performativen Künstlerischen Forschung vorgestellt. Diese griffen direkt auf das Material der Einzelfälle zurück, jedoch forderten ihre Strukturen auch eine verkürzende und selektive Herangehensweise ein. Um die Basis dieser Darstellungen möglichst direkt zugänglich zu machen, entfalten die Einzelfälle in diesem Kapitel ihre singuläre Struktur, die auf die Pluralität der Forschungsergebnisse aufmerksam macht.

Fallübergreifende Struktur

Die Einzelfälle[467] ermöglichen damit direkte Einblicke in die wörtlichen Aussagen, die performativen Darstellungen und die Aufzeichnungen der Teilnehmer. Bei jedem Fallbeispiel werden dazu verdichtete und entscheidende Interviewstellen ausgewählt und mit Analyseheuristiken, den Wirkungen des Forschungsthemas und der Forschungsmethode, strukturiert.[468] Diese stellen ein Grundgerüst dar, das inhaltlich so offen ist, dass jeder Fall sich individuell entfalten kann. Um zugleich die im vorherigen Kapitel vorgestellten fallübergreifenden Interpretationen nachvollziehbar zu machen, werden bei jedem Fall die fallübergreifenden Schlüsselkategorien eingefügt,[469] sodass eine Rückkoppelung an diese möglich ist und die direkte Verbindung zwischen den Einzelfällen und den fallübergreifenden Analysen möglich wird.

Aufbau der Einzelfall-darstellungen

In den einzelnen Falldarstellungen werden die ausgewählten Interviewstellen schriftlich kommentiert und erhalten eine konkrete Interpretation und Zu-

467 | Die einzelnen Fälle werden anonymisiert dargestellt. Von den sieben Fallanalysen sind sechs Teilnehmer weiblich und ein Teilnehmer männlich.

468 | Diese Struktur dient vorrangig zur Leserorientierung und ist ebenfalls die Ausgangsbasis für die fallübergreifenden Schlüsselkategorien im Forschungsprozess gewesen.

469 | Diese befinden sich immer zu Beginn der Einzelfalldarstellungen in einer tabellarischen Übersicht.

ordnung zur Analyseheuristik. Das Bildmaterial zu den Forschungsmethoden, der Aufzeichnung und der performativen Darstellung, wird dabei durch die Aussagen der Forschenden selbst interpretiert. Es geht nicht um eine analytische oder kompositorische Interpretation der Bilder, sondern um die individuellen Bedeutungen, die jene Aufzeichnungen und performativen Darstellungen für die Forschenden haben, da die subjektive Reflexion der Ästhetischen Erfahrung für die kunstpädagogische Perspektive von besonderem Interesse ist.[470] Da die Ästhetische Erfahrung nicht vollständig durch die sprachlichen Formulierungen der Interviews erfassbar ist, wird sie durch die visuellen Spuren der Aufzeichnung vertieft zugänglich. Dennoch stehen dabei die Aufzeichnungen in den einzelnen Fällen für sich und werden nur durch die sprachlichen Aussagen der Forschenden ergänzt, um deren subjektive Reflexion und Bedeutung zu verdeutlichen. So werden in den folgenden Einzelfällen die Bilder der Aufzeichnungen und performativen Darstellungen durch die sprachlichen Äußerungen der Forschenden interpretiert. Bevor jedoch die Darlegung der einzelnen Fälle folgt, werden einleitend noch die Analyseheuristiken des Forschungsthemas und der Forschungsmethode, die jeden Fall strukturieren, dargestellt.

Sprachliche Annäherung an die Ästhetische Erfahrung

1. Wirkungen des Forschungsthemas		
1. Analyse-heuristik	Subjektive Erfahrung	Subjektiver Blickwinkel, Beschreibung der subjektiven Erfahrung
2. Analyse-heuristik	Intersubjektive Erfahrung	Beschreibung der intersubjektiven Erfahrung, vollzogene Perspektivwechsel, Sensibilisierungen für intersubjektives Handeln als Forschungsdarstellung
3. Analyse-heuristik	Relationale Erkenntnis	Formulierte Erkenntnisse, die in Verbindung mit den subjektiven Erfahrungen stehen, Abstraktionen der Erfahrung, Reflexionen des subjektiven Gesellschaftskonzeptes, langfristige Bedeutungen und Handlungsimpulse

Analyse-heuristiken des Forschungsthemas

Abbildung 15: Übersichtsgrafik zur Wirkung des Forschungsthemas

470 | Sabisch (2009), S. 28 f.

Analyse-heuristiken der Forschungsmethode

2. Wirkungen der Forschungsmethode		
1. Analyse-heuristik	Forschungs-strategien	Beschreibungen der sinnlichen Erfahrung, Formen der künstlerischen Umsetzung, verwendete künstlerische Strategien, Suche nach eigenen künstlerischen Ausdrucksformen
2. Analyse-heuristik	Künstlerischer Ausdruck	Künstlerische Darstellungsformen, sprachliche Beschreibungen des künstlerischen Ausdruckes, Dokumentation der Forschungstätigkeit
3. Analyse-heuristik	Ästhetische Erkenntnis	Veränderte Struktur von Erfahrung, Aufmerken auf die ästhetische Struktur von Erfahrung, veränderte Blickwinkel auf Möglichkeiten des künstlerischen Ausdruckes und auf soziale Begegnungen im öffentlichen Raum

Abbildung 16[471]: Übersichtsgrafik zur Wirkung der Forschungsmethode

471 | Die Ästhetische Erkenntnis verweist auf Ästhetische Erfahrungen. Damit ist sie im eigentlichen Sinne ungreifbar. Dennoch können im Interview veränderte sinnliche Erfahrungen und Momente des Aufmerkens auf veränderte Strukturen von Erfahrung aufgezeigt werden. Diese Aussagen gleichen sprachlichen Annäherungen und Umschreibungen von Ästhetischer Erfahrung und meinen damit eine subjektive Bedeutsamkeit und keine allgemeingültigen Erkenntnisse.

FALL 1

Bei der Interviewten sind deutliche Auswirkungen des Forschungsthemas bemerkbar. Die Darstellung des Bruches der äußerlichen Erscheinung ist ihr auch noch ein Jahr nach der Performativen Künstlerischen Forschung präsent. Dies spiegelt sich in ihrem detailgenauen Erinnerungsvermögen und im Verknüpfen mit vorhandenen Erfahrungen wider. Die Erfahrung, die durch die Performative Künstlerische Forschung ausgelöst wurde, befördert bei ihr vor allem ein bewusstes Wahrnehmen des Entzuges im Selbstbezug. Ebenfalls schildert sie konkrete Situationen des intersubjektiven Perspektivwechsels, der bei ihr eine Sensibilität für die beobachtbaren Strukturen von gesellschaftlichen Sozialordnungen herbeiführt. Darauf aufbauend formuliert sie Handlungsimpulse für einen flexiblen Umgang mit gesellschaftlichen Strukturen. Vor allem im zweiten Interview beschreibt sie ihre reflexiven Überlegungen zu einem veränderten Blickwinkel auf alltägliche Gesellschaftsstrukturen und verweist damit auf eine langfristige Sensibilisierung ihres Alltaghandelns.

Subjektive Erfahrung

Intersubjektive Erfahrung

Relationale Erkenntnis

Die Interviewte erlangt durch die Forschungsmethoden einen veränderten Blickwinkel auf künstlerische Ausdrucksformen. Während der Forschung nimmt sie eine beobachtende und abwartende Haltung ein, die mit einem veränderten körperlichen Erleben in Zusammenhang steht. Sie experimentiert mit unterschiedlichen künstlerischen Ausdrucksformen und entwickelt eigenständige Ideen für die Aufzeichnungsstrategien der Erfahrung. Dabei schildert sie ebenfalls konkrete Momente des Aufmerkens auf die ästhetischen Strukturen ihrer Erfahrung. Mit unterschiedlichen künstlerischen Ausdrucksformen antwortet sie darauf und ebenso auf die erlebten intersubjektiven Begegnungen. Im zweiten Interview äußert sie sich zu ihrem erweiterten Kunstbegriff und gibt an, einen veränderten Zugang zu moderner Kunst gefunden zu haben. Dieser Zugang ist von einem bewussten Aufmerken auf die Zwischenräume in der Begegnung mit Kunstwerken und dem Bewusstsein für künstlerische Prozesse geprägt.

Forschungsstrategien

Künstlerischer Ausdruck

Wirkungen des Forschungsthemas Fall I[472]

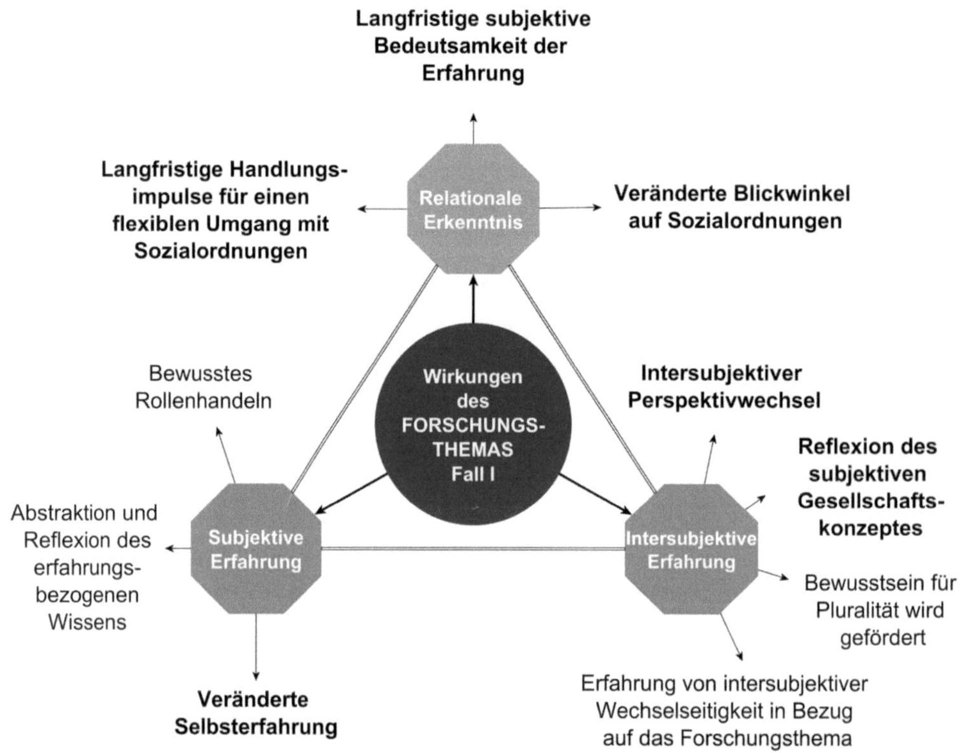

Abbildung 17: Wirkungen des Forschungsthemas, Fall 1

Subjektive Erfahrung

Die veränderte subjektive Erfahrung der Interviewten ist vordergründig bestimmt durch die forschende Rolle und die damit verbundene Darstellung des performativen Bruches, die eine veränderte Erfahrung auslösen. Diese umschreibt sie als eine Fremdheit, die jedoch gleichzeitig mit einer angenehmen Anonymität verbunden ist. Denn die performative Darstellung ermöglicht ihr eine Erfahrung, die von gesellschaftlichen Konventionen befreit ist.

472 | Bei der grafischen Darstellung werden die Schlüsselkategorien aus der Textanalyse verwendet, wobei die fallübergreifenden Schlüsselkategorien fett hervorgehoben sind. Die angegebene Reihenfolge (im Uhrzeigersinn) der Schlüsselkategorien in der Übersicht entspricht der Reihenfolge in der Darstellung des Fallbeispiels, sodass der Leser die Zuordnung der Schlüsselkategorien nachvollziehen kann.

> „also ich fühlte mich fremd; (.) ähm, mir war der mund zugeBUNDEN und durch den ANzug (.) ähm (2) gehörte ich irgendWIE (.)nicht dazu. (.) zu den anderen."[473]

> „ich fühlte mich entspannt; ohne ohne zeitDRUCK und auch mal ohne ähm (.) MODEbewusstsein ohne dass einen die leute anschauen und beurteilen (mhm) In gewisserweise annonym"[474]

Die beschriebene Erfahrung der Fremdheit tritt für sie in der Forschung verstärkt auf. Ihre daraus resultierende Erkenntnis formuliert sie im ersten Interview wie folgt:

> „dass äh ich überhaupt in so eine situation komm die mich dann STRESST (2) ((mhm)) also von MIR SELBER war des ne neue erkenntnis (2) ((mhm)) ähm das es DES auch in mir GIBT dass es mich äh stresst"[475]

Intersubjektive Erfahrung

Die intersubjektiven Erfahrungen der Interviewten sind deutlich beeinflusst durch ihre Rolle der performativen Darstellung. Sie nimmt sich selbst von der Umwelt getrennt wahr und gibt an, sich nicht zugehörig zur Gesellschaft zu fühlen.

> „und mich dann mich dann einfach so wie ein WAHNSINNIGER AUßENSEITER gefühlt habe in diesem ANZUG (1) (…)ABER es war auch eher so ne (1) wirklich ne SICHT von AUßEN auf die stadt (.) und gar nicht mehr als würdest DU so dazu gehören (2)"[476]

Sie beschreibt unterschiedliche Situationen, die das Verhalten und die Reaktionen des Umfeldes auf die Darstellung des performativen Bruches der äußerlichen Erscheinung verdeutlichen. Dabei gibt sie an, dass die Formen des Angeblickt-Werdens Einfluss auf sie haben und ihr Gefühl der Nichtzugehörigkeit bestärken. Das bewusste Erfahren der direkten Verwobenheit von Zuschauer und Akteur in der performativen Darstellung wird mit folgender Aussage deutlich:

473 | Interview 1.1 Z. 3-5
474 | Interview 1.1 Z. 7-10
475 | Interview 1.1, Z. 141-143
476 | Interview 1.2 Z. 26-33

> „also SIE haben mir alle (.) hinterhergesehen: ABer angesprochen wurde ICH eigentlich= nur von Wenigen (.) also (.) da waren wirklich nur EIN ZWEI Leute. die sich bisschen mehr zugehörig gefühlt haben. aber ich sag mal die die schickeren (.) Leute hatten nen RIEsen (.) Abstand von mir."[477]

Die Interviewte reflektiert bestimmte intersubjektive Begegnungen. Eine wichtige Schlüsselsituation ist die Begegnung mit einem Obdachlosen, durch die sie einen konkreten Perspektivwechsel vollzieht und daran anknüpfend gesellschaftliche Sozialordnungen hinterfragt.

> „von nem PENNER der sich dann bisschen ZUGEHÖRIG fühlte und sagte ah: ICH bin einer von euch (.) ICH gehör= auch nicht hin."[478]
> „diese zugehörigkeit von dem Penner war auch ganz SELTSAM da merkt man erst wie (1) wie ER sich scheinbar fühlen muss (.) also (2)"[479]

Relationale Erkenntnis

Bei der Interviewten werden langfristige Erkenntnisse und Reflexionen über ihre subjektiven Gesellschaftskonzepte angeregt. Diese zeigen sich spezifisch in ihren Überlegungen zu unterschiedlichen Sozialgruppen in der Gesellschaft.

> „MAN wird dann WIRKlich auch so ein bisschen (1) POLITISCH oder WIRTSCHAFTLICH äh kriegt man dann so ANstöße dass man dann oft bisschen= über diese ganze GesellSCHAFT nachdenkt die jetzt da (.) rumläuft und (.) man stellt sich da auch so Fragen dann. ((mhm)) so (1) durch die künstlerische= Arbeit irgendwie"[480]

Sie sucht nach Begründungen und Erklärungsmustern für das Verhalten einzelner Personen in der Maximilianstraße und entwickelt ein langfristiges Bedürfnis, auf das Erlebte zu reagieren, womit sich eine Sensibilisierung für ihr Alltagshandeln andeutet. Dabei äußert sie ebenfalls konkrete künstlerische Umsetzungsmöglichkeiten für ihr verändertes Bewusstsein von gesellschaftlichen Strukturen.

477 | Interview 1.1 Z. 19-23
478 | Interview 1.1 Z. 32-34
479 | Interview 1.1 Z. 170-171
480 | Interview 1.1 Z. 161-165

> „ALSO ich denk SICHERLICH dass das PROJEKT ähm mich da eben (1) ähm (3) anders hat werden lassen und dass ich mich da auch fast bisschen (2) eben teilweise (1) gegen bestimmte gesellschaftliche Sachen so ein bisschen DAGEGEN (2) ähm stellen möchte auch (1) und des versuch über die KUNST auch oft zu machen“481

> „ich hätte jetzt öfters mal das BEDÜRFNIS gehabt nach diesem augen- also (1) MOMENT und dem ERLEBNIS DORT mal nen BRUCH zu machen und DORT mal hin zu gehen und dann mit ner WIRKLICH irgend einer krassen PERFORMANCE die mal RICHTIG ZU ERSCHRECKEN oder zu schocken (.) also das wäre (1) nach dem PROJEKT so meine IDEE gewesen (.) hat hat aber irgendwie nicht geklappt (.)“482

Ein Jahr später abstrahiert die Interviewte ihre erfahrungsbezogenen Erkenntnisse und verallgemeinert sie als langfristige Handlungsorientierung. Sie verdeutlicht, dass der Fokus in ihrem resultierenden Konzept auf einem individuellen Selbstbewusstsein liegt und sich die veränderte Selbsterfahrung in Abhängigkeit dazu entwickelt.

> „da muss man sag ich mal schon (1) nen gewissen MUT haben und vielleicht auch ein gewisses SELBSTBEWUSSTSEIN dann nicht sich anzupassen (.) also man kann sich ja immer in der SITUATION weiterhin fremd verhalten (.) oder man kann den ANZUG AUSZIEHEN und gehört wieder dazu so so ungefähr (.)“483

Sie formuliert abschließend das Potenzial der Performativen Künstlerischen Forschung aus ihrer Sicht und betont dabei, dass diese einen veränderten Blickwinkel auf alltägliche Sozialordnungen der Gesellschaft befördert.

> „also des muss man machen und ähm auch mal den MUT haben mal nicht dazuzugehören zu IRGENDWAS und ähm da mal- (.) und aus ner FREMDEN aus nem

481 | Interview 1.2 Z. 162-167
482 | Interview 1.2 Z. 124-126
483 | Interview 1.2 Z. 250-255

FREMDEN BLICKWINKEL (2) sieht man vielleicht auch manchmal mehr oder kriegt man BESSERE ähm besseres FEEDBACK auch oder so (.) als wenn man einfach dazugehört und so mit dem STROM fließt (.)"[484]

Wirkungen der Forschungsmethode

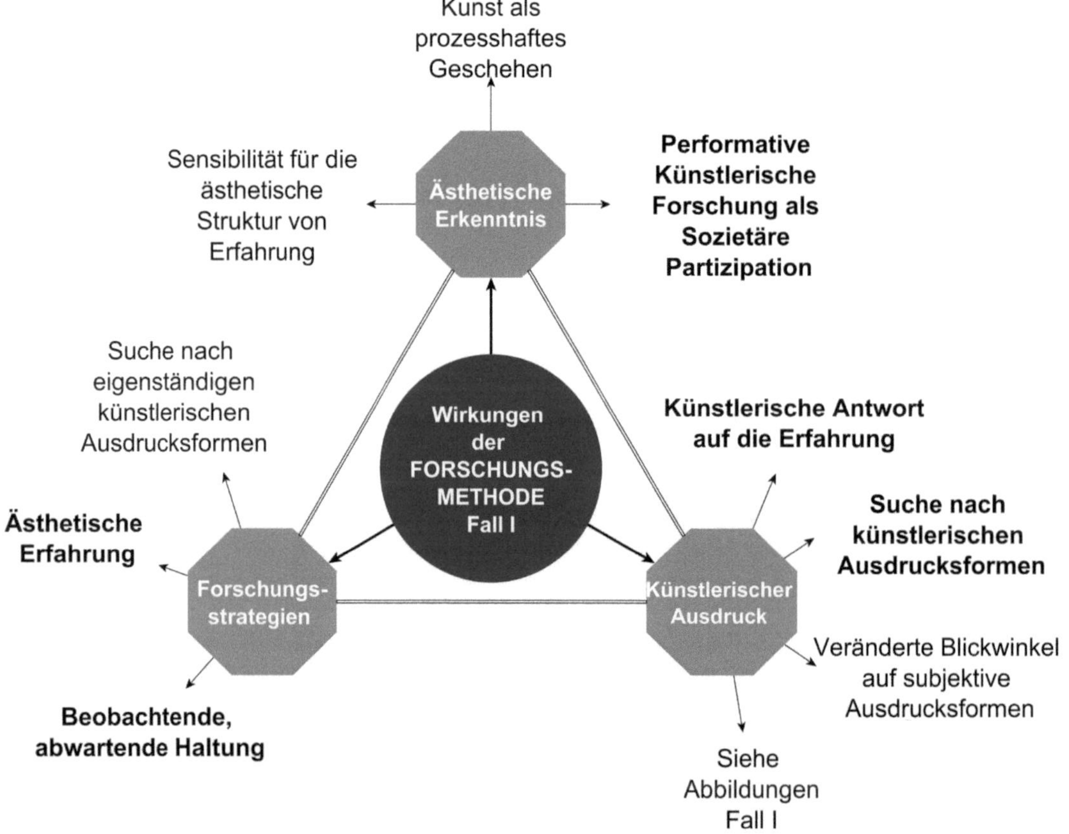

Abbildung 18: Wirkungen der Forschungsmethode, Fall 1

484 | Interview 1.2 Z. 259-264

Forschungsstrategien

Die künstlerischen Forschungsstrategien beeinflussen die sinnliche Wahrnehmung der Interviewten. Sie gibt an, ihre Umwelt befreit von alltäglichen Wahrnehmungsstrukturen zu betrachten und dadurch eine veränderte Detailgenauigkeit zu entwickeln.

> „ähm besser, als sonst (.) also WEIL (.) mein ZIel war es ja diesmal auf die umgebung zu achten, und nicht einfach die strAßE zu benutzen UM von a nach b zu kommen; und so hab ich viele SAchen (.) wesentlich genAUer wahrgenommen"[485]

Vor allem in Bezug auf ihre körperliche Wahrnehmung verweist sie auf Erfahrungen, die sie selbst betreffen und überraschen. Die Rolle der performativen Darstellung zeichnet sich damit als Erfahrung ab, die einen Umgang mit veränderten intersubjektiven Begegnungen einfordert.

> „wenn ich jetzt EINFACH an mich SELBER denke ich ähm (1) steh normalerweise ähm GERNE vor (1) publikum (1) ALSO ich mache auch beruflich teilweise (1) sachen wo man vor publikum STEHT (.) und ähm= da fühl ich mich eigentlich sehr WOHL (2) ((mhm)) UND deshalb hats mich jetzt eigentlich SCHON erstaunt dass ich es anfänglich lustig FAND aber dass ich trotzdem (1) dass äh ich überhaupt in so eine situation komm die mich dann STRESST"[486]

Bei ihren künstlerischen Aufzeichnungsstrategien beginnt sie mit dem Sammeln von Gegenständen, die ihre Ästhetische Erfahrung symbolisch repräsentieren. Daran anknüpfend fängt sie an, zu zeichnen. Letztendlich schreibt sie ihre Erfahrungen mit Worten auf. Es ist ihr dabei wichtig, eine selbstständige Ausdrucksform zu finden, die eine Darstellung ihrer Emotionen ermöglicht.

> „hm (3) also ICH hab am Anfang begonnen sehr viel zu sammeln? eher (.) mit den TÜTCHEN (.) und hab am ENDE eigentlich= mehr (1) ähm (2) WÖRTER benutzt und mehr gezeichnet. weils mir DANN (1) SCHWER viel die Gefühle noch ((mhm)) ähm zu sam-

485 | Interview 1.1 Z. 13-16
486 | Interview 1.1 Z. 136-142

> meln. was aber dann fast intensiver war (1) ((mhm,mhm)) also ich HÄTTS nicht mehr sammeln können es ham es ham EIGENTLICH nur noch WORTE ausgereicht um des noch zu beschrieben"[487]

Die Wahrnehmung der Interviewten ist zu Beginn auf die gesamte Umgebung gerichtet. Im zeitlichen Verlauf zieht sie sich zurück und konzentriert sich auf Details. Damit weist ihre Wahrnehmung zugleich eine Weite und eine Detailgenauigkeit auf, die also einen abwartenden und beobachtenden Charakter hat.

> „JA ich denk schon (1) es wurde IMMER intensiver und immer mehr ins Detail (1) also (1) bei dem ersten schritten achtete ich so auf die GANZE umgebung und auf auf die FERNE und am schluss bin ich wirklich an jedem kleinen GRAßHALM und BLÄTTCHEN hängen geblieben oft (.) UND deshalb hab ich dann auch ähm (.) gegen ENDE war ich viel produktiver als am anfang."[488]

Sie gibt an, durch die Erfahrung der Forschung positiv bestärkt worden zu sein und auf spielerisch experimentelle Art und Weise nach weiteren künstlerischen Antworten zu suchen.

> „und des war dann irgendWIE – es war ganz SPANNEND man hat sich mehr getraut (.) ich hab dann auch was ABGEZEICHNET von ner SCHEIBE und hab an den SCHAUFENSTERN gemalt und so (1) des würde ich sonst NICHT (1) also ich kam mehr aus mir RAUS"[489]

Ebenfalls variiert sie in ihren künstlerischen Antworten und sucht nach unterschiedlichen Darstellungsformen. Die sinnliche Wahrnehmung ihrer Umgebung verändert sich und sie beschreibt ein Aufmerken auf die ästhetischen Strukturen ihrer Erfahrung und die damit verbundenen Problematiken der Darstellung.

> „AUCH des (2) auch des (1) weil dadurch dass man sich (.) also (2) man möchte IRGENDWAS= umsetzen (1) und ähm dadurch schaut man sich die ganzen- auch die HAPTIKEN von den GEBÄUDEN vielmehr an

487 | Interview 1.1 Z. 84-90
488 | Interview 1.1 Z. 61-66
489 | Interview 1.2 Z.27-33

> weil man vielleicht was (.) damit abpausen will oder so (2) und man achtet VIELMEHR ich hab auch vielmehr auf die FARBEN geachtet mir ist aufgefallen wie BUNT plötzlich alles IST (.) WEIL mein eigenes stifte repertoire begrenzt WAR (.) und dann wollte ich irgendetwas abzeichnen und dann haben mir die FARBEN gefehlt (1)"[490]

KÜNSTLERISCHER AUSDRUCK[491]

In der künstlerischen Formsprache finden sich drei zentrale Themen wieder. Zum Ersten der Ausdruck für das körperliche Erleben der empfundenen Hitze, was die Interviewte durch ein getrocknetes Blatt darstellt.

> „also VON von sammeln am ANFANG der der TROCKENHEIT (1) hab ich ähm trockene gegenstände gesammelt dann hab ich angefangen ähm WASSER in ne tüte auch abzufüllen WEIL mir dann (.) dieser aspekt= (1) MIR kam auch ALLES so bisschen wie in sonem WESTERNfilm vor (.) so so trocken in der Straße (1)"[492]

Zweitens der reflexive Blick auf die gesellschaftlichen Sozialordnungen. Denn die performative Darstellung des Bruches regt bei der Interviewten eine Sensibilität für die beobachtbaren Sozialordnungen an.

> „als ich dann mit dem WEIßEN ANZUG an den einem FENSTER irgendwie so SALE abgepaust hab und irgendwie des GEFÜHL hatte dass des reduziert ist TROTZDEM alles irgendwie sehr sehr teuer ist und im nächsten MOMENT mich der PENNER angesprochen hat (1) dass des wirklich DIESER (2) ähm krasse KONTRAST so zu zwischen dieser TEUREN welt und und dieser (1) das man einfach PLÖTZLICH durch eine OPTISCHE veränderung nicht mehr DAZUGEHÖRT (2) und irgendwie so (2) raus ist aus allem (2) so des war jetzt für mich glaub ich das SCHLÜSSELERLEBNIS"[493]

490 | Interview 1.1 Z. 152-159
491 | Siehe Abbildung 19, 20, 21, S. 210
492 | Interview 1.1 Z. 101-105
493 | Interview 1.2 Z. 48-56

Drittens die Sensibilität für das Erblicken und Angeblickt-Werden, das die intersubjektive Erfahrung in der performativen Darstellung prägt und deren Wechselseitigkeit verdeutlicht.

> „ALSO die leute (1) ähm (1) haben mich SEHR fremd. angesehen und ich HAB auch (.) auf einen meiner Zettel viele (1) BRILLEN gemalt. weil mir komischer WEISE ganz viele BRILLEN aufgefallen sind (.) weil (1) die die BLICKE scheinbar so intensiv waren das DASS gesicht (.) in den Fokus gerückt ((mhm)) also gerutscht ist ((mhm))“[494]

Ästhetische Erkenntnis

Die Interviewte beschreibt im zweiten Interview, ein Jahr später, dass sich ihre Ausdrucksmöglichkeiten durch die Performative Künstlerische Forschung erweitert haben. Das künstlerische Gestalten stellt für sie eine Form des Hervorholens von Alltäglichem dar, das häufig nicht sichtbar ist. Damit kann eine Sensibilität für die ästhetische Struktur von Erfahrung durch die Forschungstätigkeit aufgezeigt werden.

> „dass man nicht immer nur auch künstlerisch des auch umsetzen kann was vorhanden ist (.) sondern auch irgendwas ähm hervorholen kann wo man sonst mit dem AUGE vielleicht gar nichts so sieht (.)“[495]

Ebenfalls zeigt sich eine Form der Ästhetischen Erkenntnis in Bezug auf die Rezeption von Kunstwerken. Für die Interviewte steht nicht allein das Kunstwerk im Mittelpunkt, sondern die Präsenz einer künstlerischen Erfahrung durch das Kunstwerk und die damit verbundenen Möglichkeiten einer Ästhetischen Erfahrung für die Betrachtenden.

> „GENAU DES überhaupt auch ne ERFAHRUNG auch KUNST sein kann also nicht nur das ENDPROJEKT dess hab ich auch erst gelernt die letzten JAHRE des des überhaupt (1) ähm das des das das ENDEREGEBNIS oft gar nichts mehr besonderes ist (.)

494 | Interview 1.1 Z. 38-43
495 | Interview 1.2 Z. 277-280

> oder so was heißt nicht nichts besonderes nichts ähm (1) nichts AUFFÄLIGES sein muss oder so WEIL einfach die ERFAHRUNG dahinter steckt“[496]

Die veränderte Erfahrung aus der Performativen Künstlerischen Forschung hilft ihr dabei, Zugänge zu Kunstwerken herzustellen, die sie selbst als ungreifbar bezeichnet. Dabei ist dieser Zugang ein aufmerksamer und offener, der nicht zielführend darauf aus ist, das Kunstwerk zu verstehen, sondern sich ihm anzunähern. Sie umschreibt ein Bewusstsein und einen spielerischen Umgang mit den Offenheiten, die sich in ihren Begegnungen mit Kunstwerken ereignen.

> „ALSO (.) man ist in dem MOMENT also mit den anderen KÜNSTLERN auch (1) nicht mehr so fremd (.) also des ist= (1) man kann sich da besser in SACHEN reindenken ODER man hat zumindest den MUT (2) zu denken man VERSTEHT ((mhm)) ob mans wirklich versteht- ABER man hat den MUT ne INTERPRETATION abzugeben zur irgendetwas oder so ((ja)) des ist voll gut“[497]

496 | Interview 1.2 Z. 423-429
497 | Interview 1.2 Z. 411-416

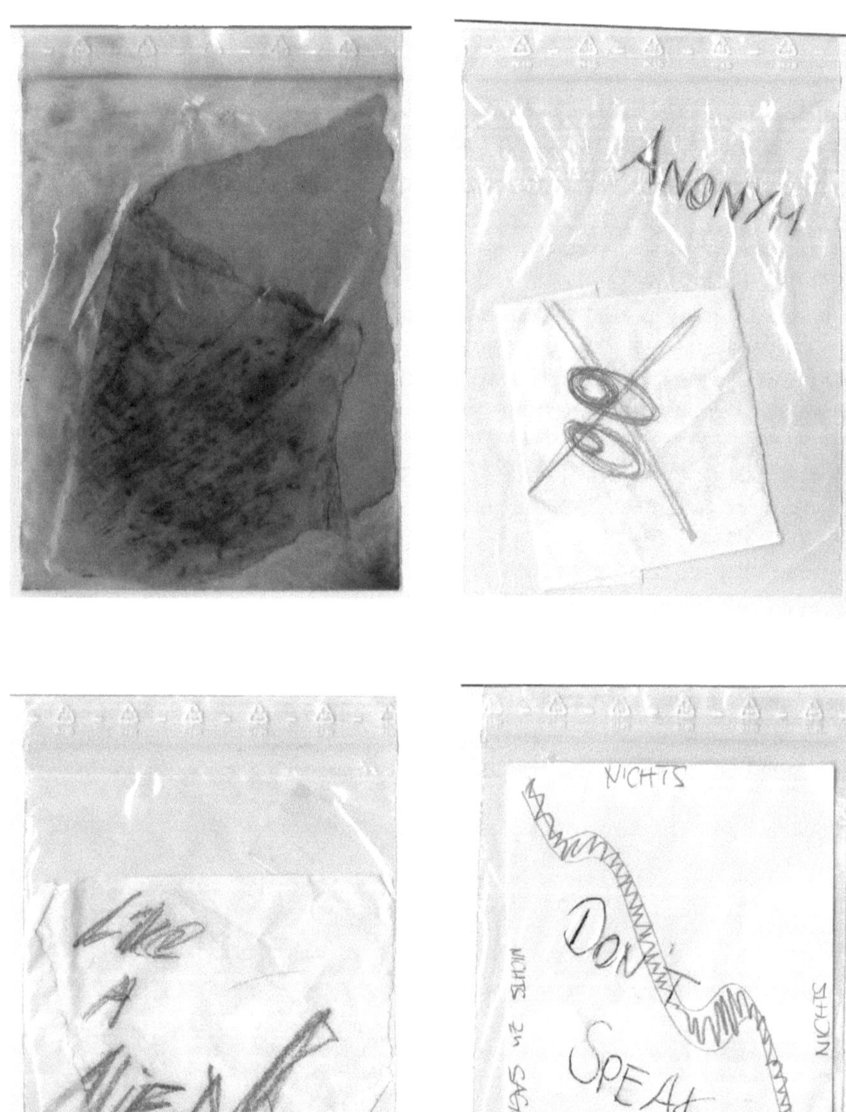

Abbildung 19: Künstlerischer Ausdruck, Fall 1

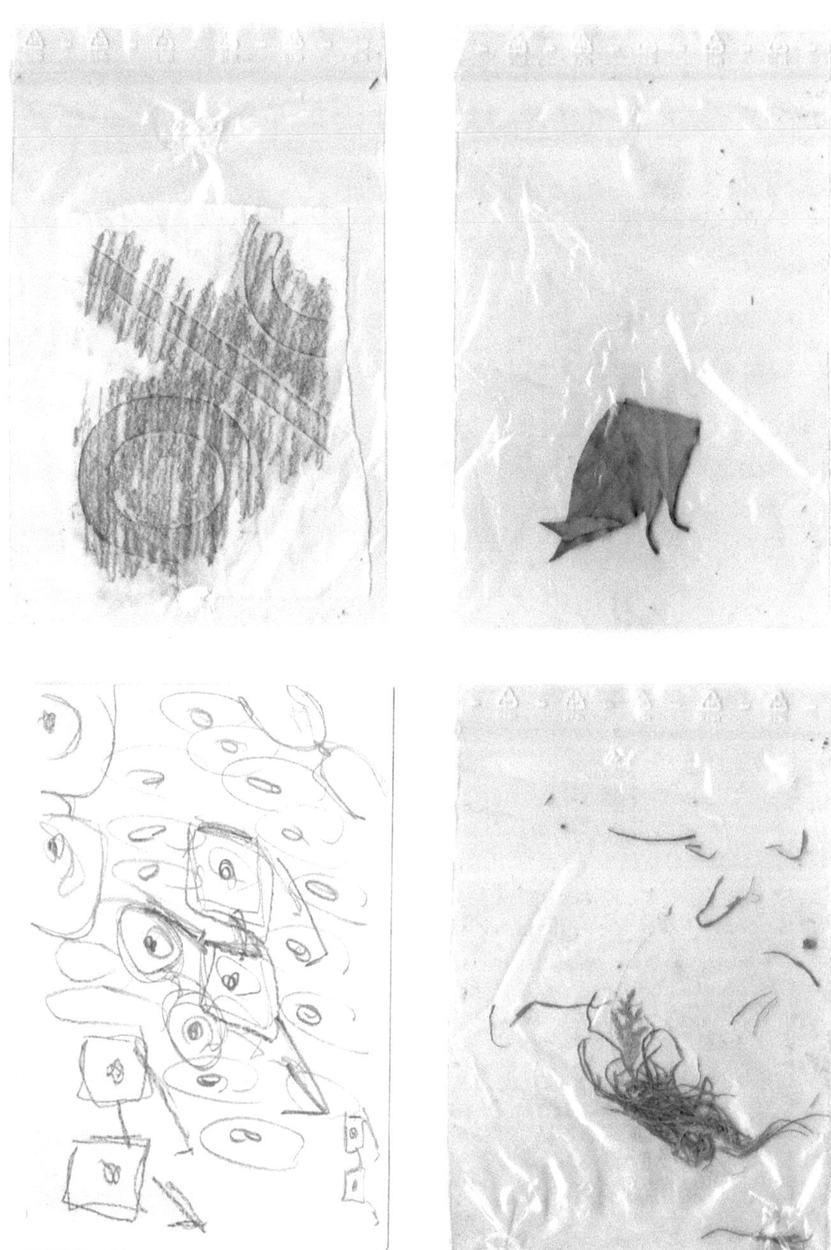

Abbildung 20: Künstlerischer Ausdruck, Fall 1

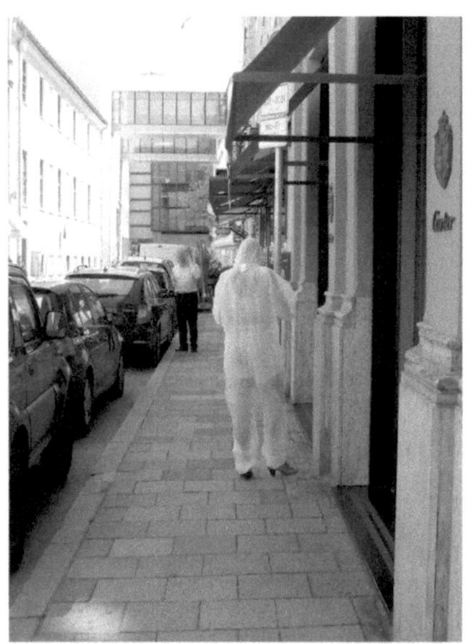

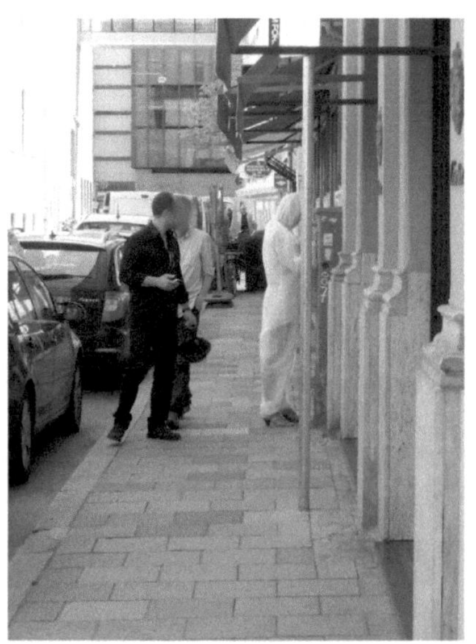

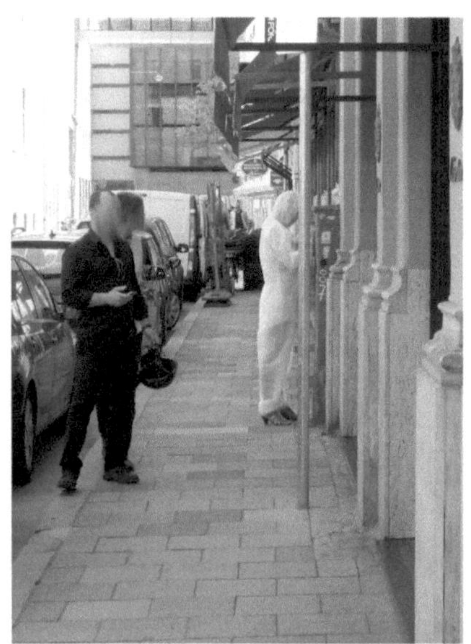

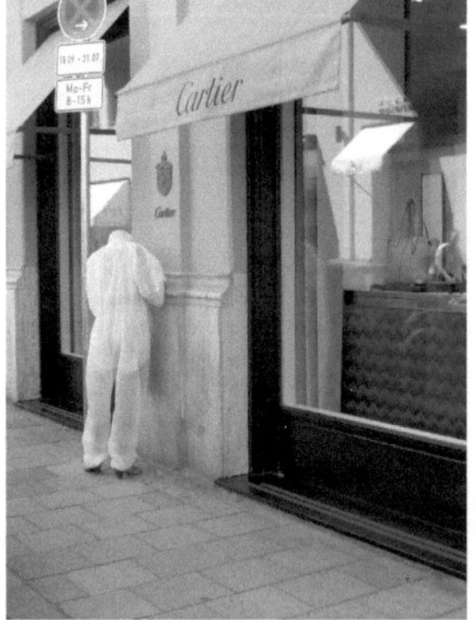

Abbildung 21: Künstlerischer Ausdruck, Fall 1

FALL 2

Die zentrale Wirkung der Performativen Künstlerischen Forschung ist das Bewusstsein der Interviewten für ihre eigene Rolle, die sie selbst als wertfrei bezeichnet. Denn für sie ist die Erfahrung der performativen Darstellung in der Maximilianstraße größtenteils befreit von gesellschaftlichen Normen und Vorannahmen. Sie zeigt auf, dass ihr subjektives Erleben neu und verändert zum Alltag ist und sie durch die performative Darstellung des Bruches einen veränderten Blickwinkel auf intersubjektive Begegnungen im öffentlichen Raum erlangt. Sie reflektiert ihre Konzepte, die sie selbst und die Gesellschaft betreffen und stellt dabei die intersubjektiven Erfahrungen in den Mittelpunkt ihrer Reflexionen. Dabei bezieht sie die Perspektive des Gegenübers mit ein und versucht, sich von einer selbstzentrierten Sichtweise zu lösen. Dieses Bemühen zeigt sich vor allem in Passagen des zweiten Interviews; hier umschreibt die Interviewte ihre Fähigkeiten des Perspektivenwechsels und des Verständnisses für die Handlungsweisen ihres Umfeldes. Ebenfalls schildert sie ihr verändertes Verständnis von verbaler und nonverbaler Kommunikation im öffentlichen Raum. Dies regt sie langfristig zu veränderten Sichtweisen und Handlungen im Alltag an.

Subjektive Erfahrung

Intersubjektive Erfahrung

Relationale Erkenntnis

Die Forschungsmethoden holen bei der Interviewten veränderte Formen der sinnlichen Erfahrung hervor, die ein bewusstes Aufmerken auf die ästhetischen Strukturen der Erfahrung ermöglichen. Dabei weist sie eine Haltung auf, die beobachtend und abwartend ist, sodass sie sich bewusst von ihrer subjektiven Perspektive lösen kann, um sich sensibel in ihr Gegenüber einzufühlen. Ebenfalls beschreibt sie Erfahrungen mit Wechselseitigigkeit in den intersubjektiven Begegnungen im öffentlichen Raum. Die Interviewte vollzieht demzufolge künstlerische Ausdrucksprozesse, die von einem veränderten Blickwinkel auf intersubjektive Begegnungen zeugen. Im zweiten Interview berichtet sie, die erlernten Aufzeichnungsstrategien langfristigen in ihrem Alltag anzuwenden, da diese für sie ein bewusstes Wahrnehmen des Umfeldes unterstützen. So nutzte sie diese ebenfalls während eines Auslandaufenthaltes. Für die Interviewte steht das prozessbezogene soziale Handeln, das durch die Performative Künstlerische Forschung in der Gesellschaft wirksam wird, im Vordergrund. Sie formuliert davon ausgehend ein verändertes Verständnis von Kommunikation und Begegnung im öffentlichen Raum.

Forschungsstrategien

Künstlerischer Ausdruck

WIRKUNG DES FORSCHUNGSTHEMAS

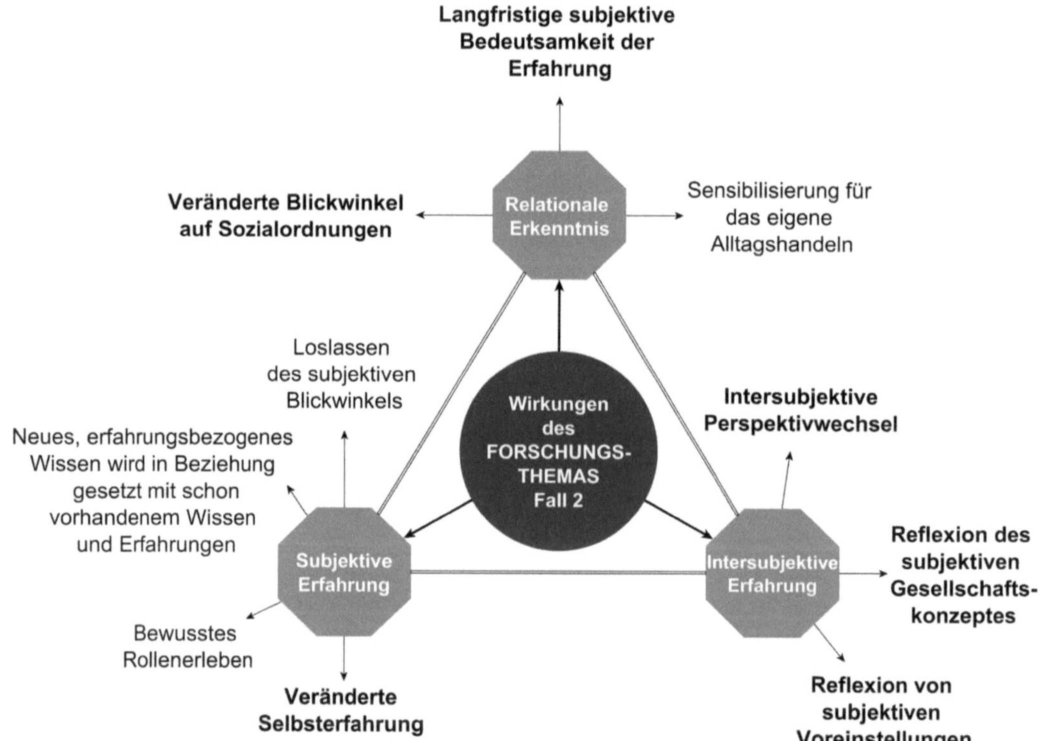

Abbildung 22: Wirkungen des Forschungsthemas, Fall 2

SUBJEKTIVE ERFAHRUNG

Die Erfahrung der Interviewten ist von der performativen Darstellung des Bruches geprägt und weicht von ihren alltäglichen Erfahrungen ab. Sie schildert, dass die Erfahrung für sie die Möglichkeit bietet, alltägliche Sozialordnungen der Gesellschaft wertfrei und rollenbewusst wahrzunehmen.

> „also ich hab da so mehr positives bekommen als wenn ich jetzt ne Stunde normal durch die straße gelaufen wäre (lacht)“[498]

498 | Interview 2.1 , Z. 25-27

> „ich fand mich heute besser EINGEGLIEDERT als normalerweise (.) weil wenn man so normalerweise ein bisschen anders herumläuft (.) ich weiß nicht ICH fühl MICH- ich weiß nicht wie sagt man des (2) JA WENN ich abends rum gehe und in irgendwelchen GOTHIC OUTFITS rumlaufe (2) dann reagieren die leute da irgendwie ABFÄLLIGER als wenn ich in so einem komischen weißen STRAHLENSCHUTZANZUG gedöns stecke (lacht) und das ist auch irgendwie da fühlt man sich auch selber angreifbarer weil das ist ja seine eigene PERSÖNLICHKEIT“[499]

Die veränderte Erfahrung der Interviewten steht in Abhängigkeit zum Erblicken und Angeblickt-Werden der Passanten im öffentlichen Raum. Diese Wechselseitigkeit reflektiert sie und zeigt auf, dass diese von ihren Vorannahmen abweicht.

> „ICH war SEHR überrascht weil ich dachte man kriegt vielleicht eher hier (2) mal nen abfälligen kommentar oder wird BLÖD angekuckt (.) aber wenn man ANGEKUCKT wurde die waren eher nur NEUGIERIG und gar nicht so WERTEND gleich (2) also das fand ich sehr ERSTAUNLICH (.) hätte ich mir jetzt nicht so vorgestellt (.) ABER ich hab mich eigentlich erstaunlich gut gefühlt (lacht)“[500]

Ebenfalls weist sie ein ausgeprägtes Rollenbewusstsein auf, das es ihr ermöglicht, in der Rolle der Forschenden zu handeln. Sie reflektiert ihre veränderte Erfahrung in Bezug auf die performative Rolle und verweist auf ihren offenen Umgang mit den Reaktionen des Umfeldes.

> „man konnte das relativ WERTFREI annehmen- so nach dem MOTTO (.) weil normalerweise wenn man auf der STRAßE lang geht und man wird irgendwie kommentiert (.) man nimmt das natürlich GLEICH PERSÖNLICH (.) aber (.) in dem MOMENT war man einfach in diesem anonymen weißen ANZUG (.)sag ich jetzt

499 | Interview 2.1, Z. 105-113
500 | Interview 2.1, Z. 3-8

mal WUSSTE JA dass ich bin jetzt hier da um dieses PROJEKT zu machen und STEHE jetzt nicht grad als (3) ICH das INDIVIDUUM auf der straße“[501]

Im zweiten Interview, ein Jahr nach der Performativen Künstlerischen Forschung stellt sie Bezüge zu ihrem Auslandsaufenthalt her und knüpft an ihre Erfahrungen an. Sie verdeutlicht Parallelen zwischen ihrem subjektiven Erleben im Projekt und dem Auslandsjahr. Der Fokus liegt einerseits auf der bewusst sinnlichen Erfahrung des Umfeldes und andererseits auf dem veränderten Angeblickt-Werden durch das Umfeld.

„irgendwie hat das ganze AUSLANDSJAHR so viele parallelen zu dem PROJEKT generell einfach wie schon gesagt mit der WAHRNEHMUNG selber weil es ist alles neu und man nimmt alles wahr und man selber WIRD ja- ich war ja in JAPAN- da wird man als EUROPÄER- man sticht RAUS aus der MASSE“[502]

Intersubjektive Erfahrung

Die Interviewte veranschaulicht die Wirkungen der performativen Darstellung des Bruches auf ihr intersubjektives Verhalten. Sie befördert eine offene und positive Begegnung mit den Passanten und sucht anch einer erhöhten Interaktion.

„irgendwie (4) auch selber zwangloser als sonst (.) WEIL man war irgendwie so anonym in dem teil da DRIN (.) und konnte die leute auch wirklich so mal ankucken und auch mal den ZU LÄCHELN wenn sie mal komisch gekuckt haben (lacht) und die meisten haben dann auch zurück gelächelt“[503]

Neben den positiven Begegnungen gibt es eine Situation, in der die Interviewte von einer Verkäuferin aufgefordert wird, den Straßenbereich vor dem Verkaufsladen zu verlassen. Durch das bewusste Rollenerleben fühlt sie sich nicht persönlich angegriffen und vollzieht einen intersubjektiven Perspektivwechsel. Sie reflektiert in der Situation bewusste die Interaktion.

501 | Interview 2.2 , Z. 46-53
502 | Interview 2.2 , Z. 238-242
503 | Interview 2.1 , Z. 11-15

> „es war schon so ein bisschen (4) SEI doch mal OFFEN gute frau (1) aber ok wer weiß wie die von ihrem JOB die regelungen hatte (.) deswegen war ich da dann auch nicht so (2) streng dass ich da jetzt gesagt hätte dass kann doch nicht sein dass hier mein PROJEKT unterbrochen wird (lacht)“[504]

Auf der Basis ihrer Erfahrungen beschreibt die Interviewte im zweiten Interview das intersubjektive Erleben als überraschend und vom Alltäglichen abweichend. Die intersubjektive Erfahrung ruft bei ihr eine Reflexion über Kommunikationsformen im öffentlichen Raum auf und weist Auswirkungen auf ihr alltägliches Handeln in der Gesellschaft auf.

> „ABER (.) so auf offener STRAße einfach angesprochen (.) dann einfach gleich in dem kurzen ZEITRAUM so OFT mit leuten über so etwas geredet (2) das hat sich dann so richtig weiter gesponnen das PROJEKT (1) das GESPRÄCH (4) dass das einfach funktioniert das war auch so ein bisschen so eine EREKNNTNIS“[505]

RELATIONALE ERKENNTNIS

Die Interviewte erklärt, dass die Erfahrung der performativen Darstellung für sie größtenteils von gesellschaftlichen Strukturen und Bewertungen befreit ist. Durch diese veränderte Ausgangslage erkennt sie Veränderungen in ihrem eigenen Verhalten und dem der Passanten. Sie entwickelt eine veränderte Perspektive auf Sozialordnungen, die ihr einen offenen und flexiblen Umgang damit ermöglicht.

> „normalerweise ist es ja so ja man sieht LEUTE dann keiner- kuckt man die an dann (.) dann hat man irgendeine MEINUNG zu den klamotten die die tragen (.) oder zu der art wie sie reden oder sonst was (.) aber wenn da nur die LEUTE- jetzt relativ (4) UND (2) OHNE ETWAS wo man sie dran schon so ein bisschen beurteilt könnte (.) da rum laufen (.) ich glaub dass hat- vielleicht sind die LEUTE deshalb auch so offen teilweise auf

504 | Interview 2.2 , Z. 82-86
505 | Interview 2.2 , Z. 167-172

mich zugegangen und haben einfach so gefragt (2) weil ja man hatte im wahrsten SINNE des WORTES so eine WEIẞE WESTE einfach an"[506]

Im zweiten Interview lässt sich aufzeigen, dass die Forschung einen langfristigen Einfluss auf das Aufmerksamwerden der Interviewten für die ästhetische Struktur ihrer Erfahrung hat.

„noch nach dem PROJEKT noch in münchen war (4) das weiß ich noch (2) ich bin irgendwie (.) also das lag vielleicht daran dass da die LEUTE so offen waren ich bin auch selber auch ein bisschen offener und (4) durch die STRAẞEN gegangen hatte ich das gefühl (4) und AUFMERKSAMER vor allem auch (2) also jetzt nicht nur wenn ich mich drauf konzentriert hab jetzt mal aufmerksam zu SEIN (8)"[507]

Das bewusste Rollenerleben steigert die Qualität des intersubjektiven Perspektivwechsels der Interviewten. Sie entwickelt ein Verständnis für die Motive und Handlungsweisen ihres Gegenübers durch ein Loslassen ihres subjektiven Blickwinkels.

„man hat die blicke auch nicht so persönlich genommen weil man (2) dachte sich (.) ok das gibt es hier nicht alle TAGE und dann gucken die leute halt (.) und genau so war des in dem (2) in dem ANZUG (.)"[508]
„ich hab einfach dadurch das man da so einmal so ein bisschen (3) außerhalb des geschehens stand durch diesen anzug eben (4) hab ich irgendwie schon gelernt dass man sich selber teilweise schon auch ein bisschen (4) ja aus dem MITTELPUNKT rücken sag ich mal"[509]

Die Interviewte gibt ein Jahr nach der Performativen Künstlerischen Forschung an, dass die Erfahrung ihr Selbstbewusstsein gestärkt hat. Dabei zeigt sie auf, dass Selbstbewusstsein für sie in einem engen Zusammenhang mit einem Bewusstwerden des subjektiven Erlebens steht und nicht vorrangig eine Stärkung der eigenen Position meint.

506 | Interview 2.1, Z. 145-154
507 | Interview 2.2, Z. 197-203
508 | Interview 2.2, Z. 266-269
509 | Interview 2.2, Z. 351-355

> „und ich weiß nicht wenn ich das projekt vielleicht früher gehabt hätte wäre ich vielleicht (3) keine ahnung es hat dann auch schon ein bisschen selbstbewusstsein dazugegeben (3) weil man eben ja sich selber auch BEWUSSTER wurde (.) auch dadurch (2) und ich denk mir so so eine ERFAHRUNG ist eigentlich (2) die würde ich mehreren menschen auch wünschen“[510]

Ebenfalls entwickelt die Interviewte Überlegungen zu den Wirkungsmöglichkeiten des Projektes in einem kunstpädagogischen Kontext.

> „die ersten klassen der weiterführenden SCHULEN so fünfte sechste klasse ich find so ein projekt sollte man einfach auch mal (3) vielleicht generell eher ins PROGRAMM aufnehmen weil ich find dass ist es ist einfach eine ganz wichtige erfahrung dass man sich mal selber so anders WAHRNIMMT (4)“[511]

510 | Interview 2.2, Z. 443-448
511 | Interview 2.2, Z. 438-443

WIRKUNGEN DER FORSCHUNGSMETHODE

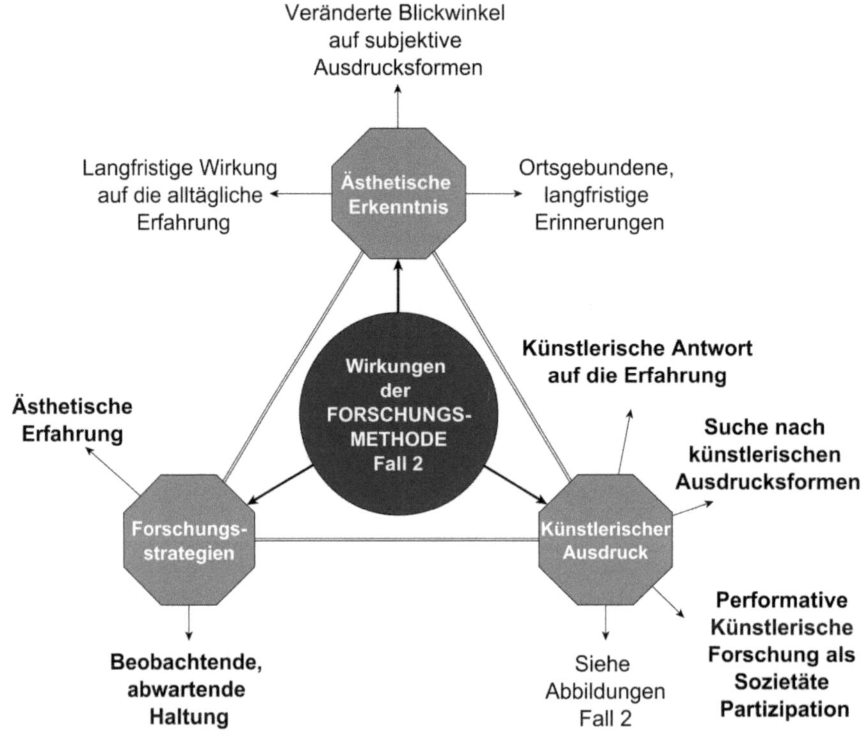

Abbildung 23: Wirkungen der Forschungsmethode, Fall 2

FORSCHUNGSSTRATEGIEN

Die performativen künstlerischen Strategien tragen dazu bei, dass die Interviewte bewusst auf ästhetischen Strukturen ihrer Erfahrung aufmerksam wird. Ausgehend von diesem bewussten Wahrnehmen entwickelt sie spielerische Formen der subjektiven Wahrnehmung.

> „wenn ich mich auf einen speziellen sinn zu konzentrieren versucht habe (.) und nicht mehr auf das GESAMTE konzept grad geachtet habe dann war das eher so ein bisschen man war eher noch mal ein stück ANONYMER und nochmal ein STÜCK weil man sich selber auch aus seiner eigenen wahrnehmung bisschen

> rausgenommen hat (2) das war eigentlich irgendwie so (2) ganz lustig als wären da die leute gar nicht (1) also das war ein bisschen OFF (lacht)"[512]

Die Interviewte reflektiert ihre Ästhetische Erfahrung und versucht, während der Performativen Künstlerischen Forschung eigenständige Ausdrucksformen zu finden. Dabei verweist sie im zweiten Interview auf die Ungreifbarkeit der Erfahrung, die für sie erst nachträglich erkennbar wurde.

> „ne die zettel waren eher eher so ein wirklich nur des (3) des rein äußerliche- also wirklich so die emotionen die kamen auch so ein bisschen später so ein bisschen mit verzögerung also (3) die waren auf meinen zetteln wirklich kaum vertreten"[513]

Dennoch zeigt sie auf, dass sie mittels der Aufzeichnungsstrategien Antworten auf ihre Erfahrung formulieren konnte. Sie gibt an, dass sich ihre Aufmerksamkeit für die ästhetischen Strukturen der Erfahrung gesteigert hat und diese Erfahrung sie langfristig begleitet.

> „WÖRTER einfach aufgeschrieben oder SÄTZE aufgeschrieben weil mit von anfang an einfach die LEUTE ständig auf mich ZU gekommen (.) und haben mit MIR GEREDET und das war einfach das was mich da am meisten (.) BEEINFLUSST hat"[514]
> „dieses wie nehme ich WAHR das haben ich mir WIRKLICH mitgenommen und das mache ich manchmal immer noch (lacht) weil das ist einfach ich WEIß nicht das ist- man hat ein bisschen MEHR von seiner UMGEBUNG wenn man sich mal auf die anderen sachen konzentriert"[515]

512 | Interview 2.1, Z. 67-74
513 | Interview 2.2, Z. 542-545
514 | Interview 2.1, Z. 83-87
515 | Interview 2.2, Z. 173-177

Künstlerischer Ausdruck[516]

Im künstlerischen Ausdruck der Interviewten finden sich drei zentrale Themen wieder. Erstens der Ausdruck für das intersubjektive Erleben, das von ihrem alltäglichen Erleben stark abweicht. Dabei steht das Zugehen der Passanten für die Interviewte im Vordergrund. Dieses Verhalten visualisiert sie zeichnerisch.

> „ICH seh immer noch so ein paar SZENEN entweder wie ich da grad sitz und mich versuche zu konzentrieren (.) auf gerüche geräusche (.) ein blickfeld irgendwas und DANN und sieht man dann immer wieder passanten und mit manchen ist man dann ja auch ins GESPRÄCH gekommen weil sie ja dann auch gefragt haben“[517]

Des Weiteren symbolisiert die Interviewte eine Schlüsselsituation durch gesammelte Gegenstände, die sie in einer Tüte aufbewahrt. Anhand dieser reflektiert sie ihre intersubjektiven Begegnungen und vollzieht einen Perspektivwechsel, mit welchem die soziale Relevanz der Forschung fassbar wird.

> „ich glaube es war *** laden und dann kamen die leute RAUS und meinten so wie ich aussehe ich soll mich doch bitte WO anders HIN begeben (lacht) mit meinem KUNSTPROJEKT (.)“[518]
> „also ich dachte mir schon mei (3) ich meine das ist ok wenn die als schicki-micki LADEN jetzt nicht unbedingt hier den (2) STRAHLENSCHUTZANZUG (lacht) na so nach dem Motto vor ihrem laden rumsitzen haben wollen“[519]

Als dritter zentraler Aspekt des künstlerischen Ausdruckes kann die Notation des subjektiven Erlebens aufgezeigt werden. Die Interviewte hält ihre Wahrnehmung schriftlich fest. Hier verweist sie vor allem auf das veränderte und neue subjektive Erleben. Auf einen Zettel schreibt sie:

> „Mann wird angestarrt – aber nicht so wie sonst. Wertfrei – Neugier“[520]

516 | Siehe Abbildungen 24, 25, 26, S. 225
517 | Interview 2.2 , Z. 102-107
518 | Interview 2.2 , Z. 64-66
519 | Interview 2.2 , Z. 75-78
520 | Abbildung 27

Ästhetische Erkenntnis

Die Interviewte zeigt auf, dass sie die erlernten Wahrnehmungsstrategien in ihrem Alltag nach dem Projekt in unterschiedlichen Situationen anwendet. Sie bestätigt, dass die Techniken langfristig zu einem bewussten Aufmerken auf ästhetische Strukturen in ihrem Lebensalltag beitragen.

> „ich hab mich relativ OFT irgendwann mal hingestellt (.) wenn ich ZEIT hatte- keine ahnung auf den BUS gewartet hab (.) so ok was rieche ICH was höre ich (.) und dann einfach versucht ein bisschen (2) mehr die gesamtheit der SZENERIE wahrzunehmen und nicht immer nur zu kucken (6)"[521]

Die Interviewte verwendet die erlernten künstlerischen Techniken ebenfalls während ihres Aufenthaltes im Ausland und lässt sie in ihre Notationen im Tagebuch einfließen. Darin lassen sich veränderte Blickwinkel auf subjektive Ausdrucksformen aufzeigen.

> „ich hab auch im ausland einfach TAGEBUCH geführt damit ich weiß was los ist und ich hab einfach gemerkt ich bin SEHR genau in meinen aufzeichnungen auch was geräusche und gerüche auch an betrifft"[522]

Im zweiten Interview macht sie deutlich, dass die performative Darstellung sie langfristig beeinflusst hat. Im Besonderen führt sie aus, dass sich ihr Blickwinkel auf Formen der intersubjektiven Kommunikation verändert hat. Sie verweist dabei auf die Unschärfen, die sich in intersubjektiven Begegnungen ereignen.

> „jetzt fehlen mir ein bisschen die WORTE- aber ich glaub ich hab einfach in der HINSICHT schon dazu gelernt (.) jetzt auch weniger in der SACHE wie ich (2) die WELT wahrnehme sondern auch in der sache wie die LEUTE mich wahrnehmen können (.) weil normalerweise (4) hat man ja nur seine eigene WAHRNEHMUNG und kann nicht in anderer LEUTE köpfe gucken (.) aber so ein bisschen (3) hat mir das näher gebracht (.) ein

521 | Interview 2.2, Z. 126-131
522 | Interview 2.2, Z. 418-421

> bisschen und ich glaub dass ist ist total wertvoll und bringt auch wirklich viel wenn man das ein bisschen (4) mehr nachfühlen (.) kann auch (4) glaub ich (5) ja“[523]

Eine ortsgebundene langfristige Beziehung zur Maximilianstraße wird von der Interviewten betont. Sie gibt an, langfristige Erinnerungen zu haben, die aktiv werden, sobald sie sich in der Maximilianstraße aufhält. Der veränderte Blickwinkel auf gesellschaftliche Strukturen zeigt sich dabei nicht nur in Bezug auf die Maximilianstraße, sondern auch in anderen Stadtteilen in München.

> „und deshalb war der ORT einfach so dem- hat das POSITIVE die positiven gefühle immer noch ein bisschen angehaftet und des war halt (2) ja des war dann alles gleich wieder da (6) das war jetzt recht örtlich bezogen“[524]
> „dann denk ich mir hier kenn ich ja alles- (.) man geht dann teilweise viel zu verschlossen durch die GEGEND das war (.) DURCH das projekt war das dann wieder anders DANN konnte man sich wieder öffnen“[525]

523 | Interview 2.2, Z. 476-485
524 | Interview 2.2, Z. 300-303
525 | Interview 2.2, Z. 220-223

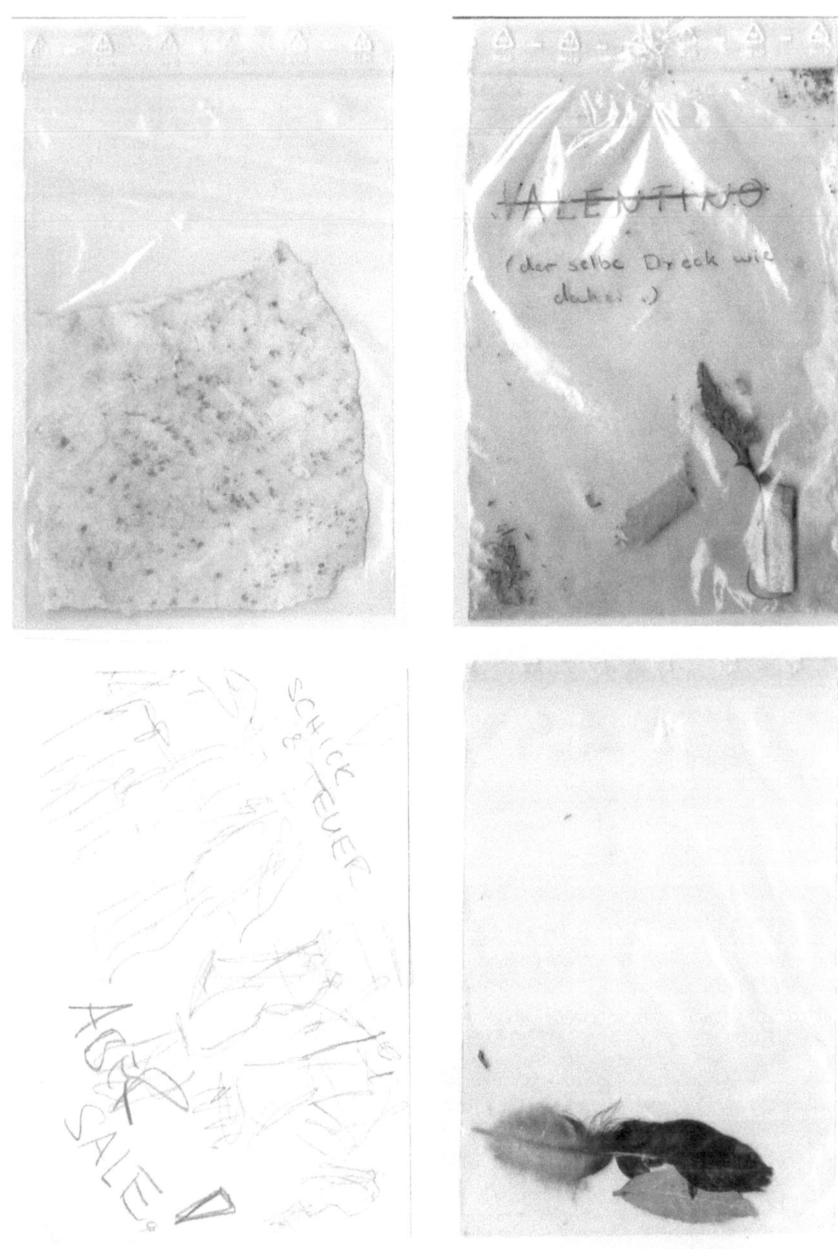

Abbildung 24: Künstlerischer Ausdruck, Fall 2

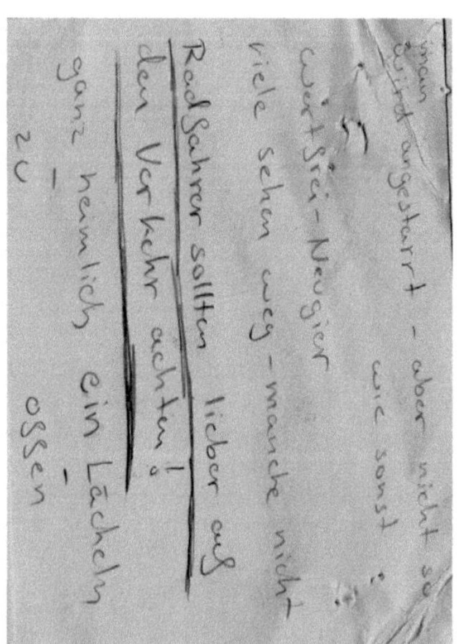

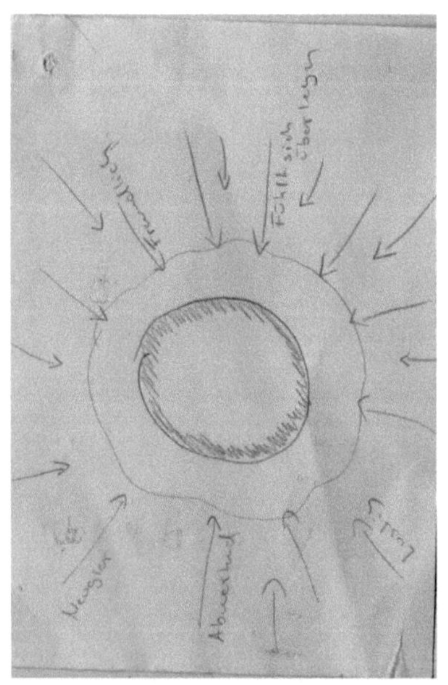

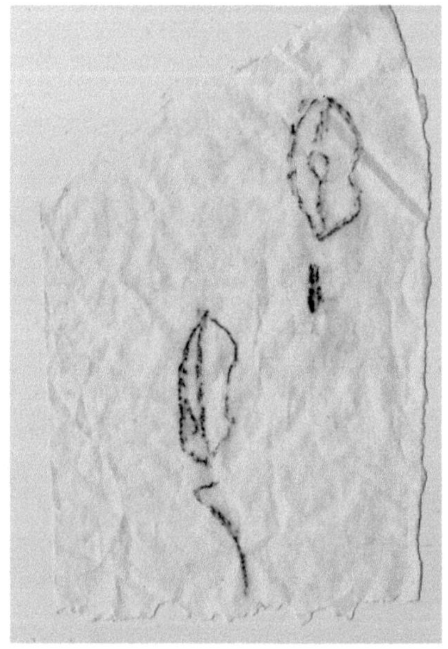

Abbildung 25: Künstlerischer Ausdruck, Fall 2

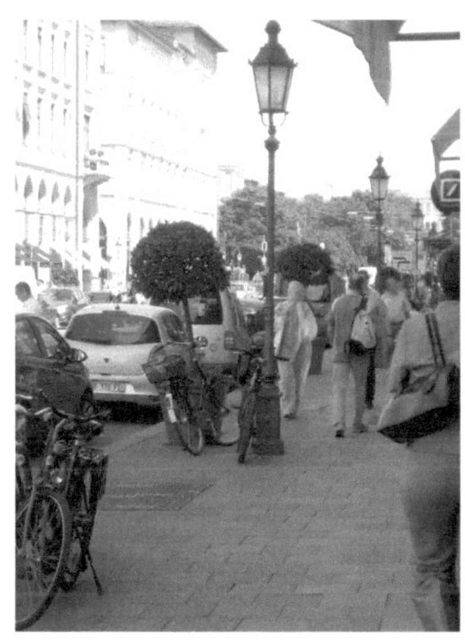

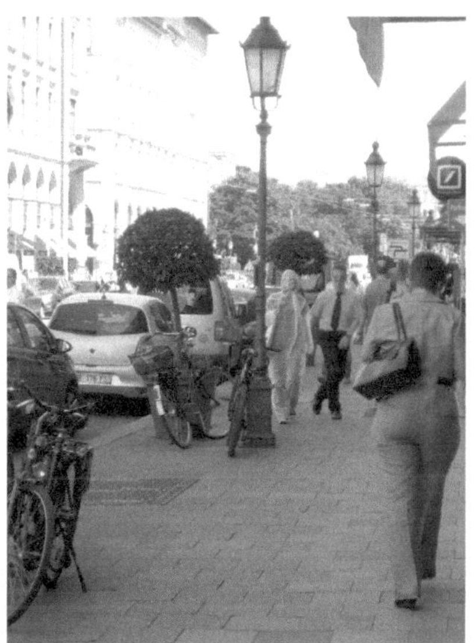

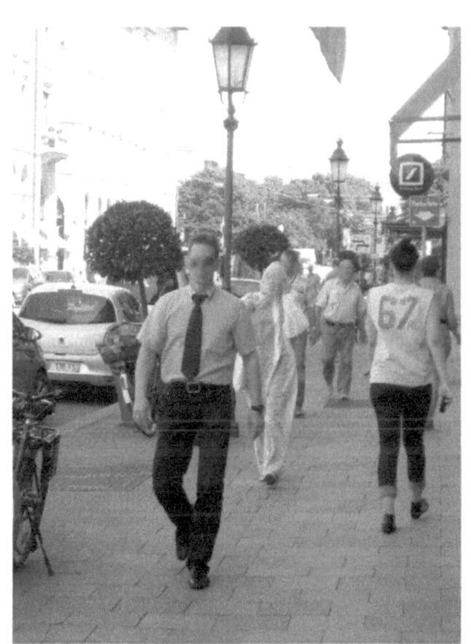

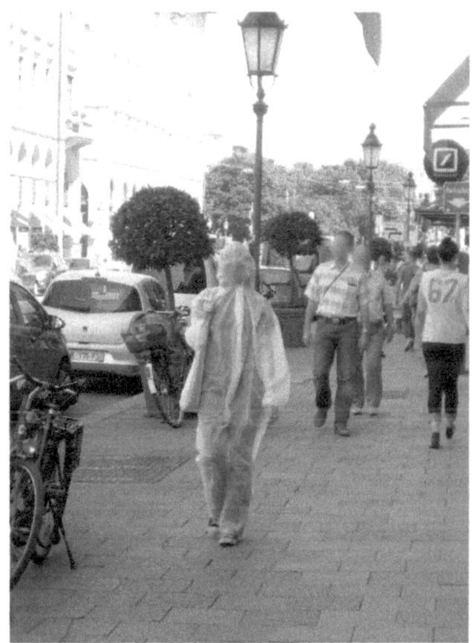

Abbildung 26: Künstlerischer Ausdruck, Fall 2

Fall 3

Subjektive Erfahrung

Intersubjektive Erfahrung

Relationale Erkenntnis

Die Interviewte ist sich während der Performativen Künstlerischen Forschung ihrer Forscherrolle sehr bewusst und achtet besonders auf die Reaktionen des Umfeldes. Ihr zentraler Schwerpunkt ist das distanzierte Beobachten und Dokumentieren der Reaktionen des Umfeldes. In den Beschreibungen verdeutlicht sie ihre zurücknehmende, aufmerksame, beobachtende und wertfreie Haltung. Bewusst beforscht sie die Vielfalt der Reaktionen des Umfeldes, ohne diese in Kategoriensysteme einzuordnen. Die performative Darstellung des Bruches ist dabei für sie eine spielerische Irritation des äußeren Erscheinungsbildes in der Maximilianstraße. Sie deutet dies als eine experimentelle Störung, die das Potenzial hat, veränderte intersubjektive Begegnungen hervorzurufen. Ihre unterschiedlichen Erfahrungen reflektiert sie im Interview und setzt sie in Beziehung zu ihren subjektiven Vorannahmen und alltäglichen Erfahrungen. Sie gibt an, dass die Performative Künstlerische Forschung bei ihr einen veränderten Blickwinkel auf intersubjektive Kommunikationsprozesse und gesellschaftliche Strukturen hervorgerufen hat.

Forschungs-strategien

Künstlerischer Ausdruck

Die Forschungsmethoden befördern bei der Interviewten unterschiedliche künstlerische Antworten auf die Erfahrungen hin. Dabei stehen im Zentrum ihrer Beobachtungen die intersubjektiven Begegnungen sowie die soziale Relevanz der Forschung. Die Interviewte richtet ihre Aufmerksamkeit vorrangig auf das beobachtende Aufzeichnen intersubjektiver Erfahrungen. Sie sucht nach künstlerischen Ausdrucksformen, welche die sozialen Begegnungen versinnbildlichen. Ausgehend von dieser Suche wird langfristig ihr Interesse für eigene Forschungsprojekte geweckt. Dabei beschäftigen sie vor allem nichtsprachliche Ausdrucksformen und ihre Wirkungsmöglichkeiten in gesellschaftlichen Sozialordnungen. Im zweiten Interview verdeutlicht sie ihr verändertes Bewusstsein für Wahrnehmungsprozesse im Alltag und sie beschreibt Ideen für eigenständige künstlerische Projekte. Beispiele, die sie in diesem Bezugskontext nennt, sind künstlerische Projekte wie *urban gardening* oder *flashmobs*. Diese weisen aus ihrer Sicht eine besondere Verbindung von Kunst und Sozialem auf.

Wirkung des Forschungsthemas

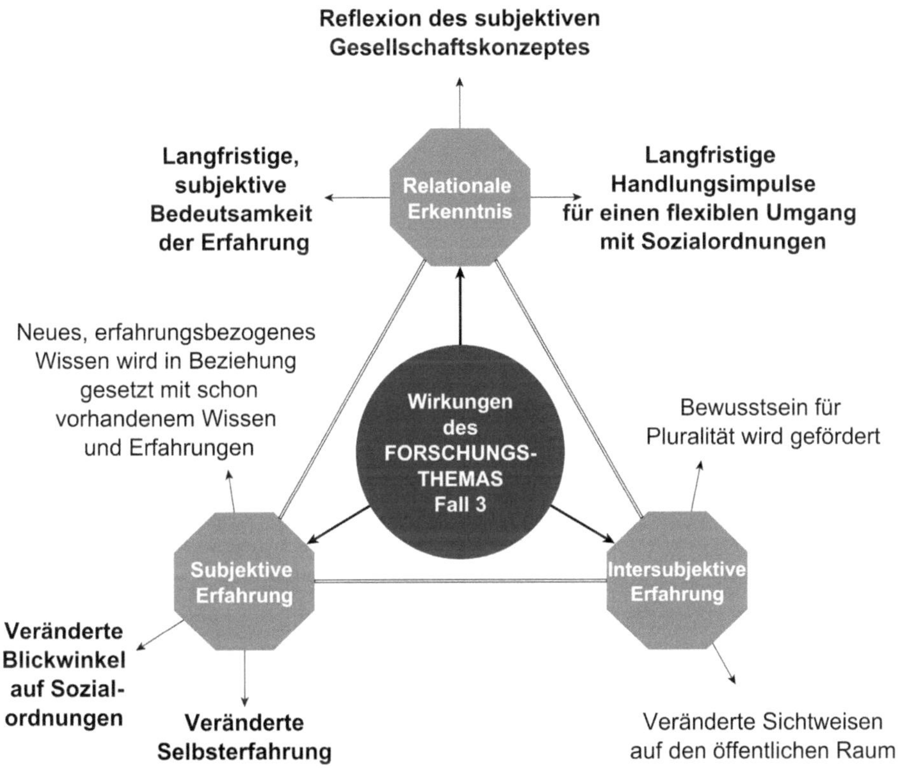

Abbildung 27: Wirkungen des Forschungsthemas, Fall 3

Subjektive Erfahrung

Bereits zu Beginn der Performativen Künstlerischen Forschung zeigt sich bei der Interviewten eine Veränderung ihrer subjektiven Erfahrung, die durch die bewusste Gestaltung der Rolle bestimmt ist. Durch die aufzeichnende Tätigkeit, die performative Darstellung und die damit verbundenen intersubjektiven Begegnungen während der Forschung stärkt sich ihr Rollenbild zunehmend.

> „JA AM ANFANG fand ichs schon (3) teilweise auch ein bisschen unangenehm (2) dann so viel aufmerksamkeit auf sich zu ziehen aber ich find irgend-

> wann hat man sich dann schon fast schon daran gewöhnt dieses TEIL anzuhaben und dann hat man es gar nicht mehr so gemerkt“[526]

Die Interviewte findet sich im zeitlichen Verlauf deutlich sichtbar in ihre Forscherrolle ein. Ihr emotionales Erleben verändert sich und sie konzentriert sich auf das Beobachten der unterschiedlichen Reaktionen. Gegen Ende der Forschung fühlt sie sich von vielen Reaktionen nicht mehr persönlich getroffen, sondern nimmt diese beobachtend wahr.

> „und manche haben halt nur komisch geschaut (1) und oder- ich weiß nicht (.) so ein bisschen die NASE gerümpft (.) also ich fand das ganz interessant zu beobachten wie die anderen LEUTE reagieren“[527]

Ein Jahr später, im zweiten Interview, reflektiert sie ihr Erleben der Forscherrolle. Sie beschreibt, dass die Erfahrung der performativen Darstellung eine veränderte Selbsteinschätzung zur Folge hatte.

> „also ich hätte jetzt vorher gesagt das macht mir überhaupt nichts aus oder so und das ist halt witzig (.) aber ich glaube es ist immer (2) schon auch etwas unangenehm wenn man so so viele BLICKE auf sich zieht (.) und dann teilweise auch (3) das gefühlt hat dass man so schief angeschaut wird oder so (.) und DAS hat mich irgendwie (ähm) ÜBERRASCHT oder das fande ich neu das mich dass mich das selber so ein bisschen gestört hat am anfang“[528]

Ihre bewusste Rolle des Beobachtens und Dokumentierens steht in engem Zusammenhang mit dem Beobachtet-Werden, wodurch sich für sie die intersubjektive Wechselseitigkeit der performativen Darstellung des Bruches verdeutlicht.

> „ja ich mach das sowieso ganz gerne irgendwie MENSCHEN BEOBACHTEN oder so aber dann wenn man dann SELBER irgendwie beobachtet wird das ist nochmal (2) besonders interessant zu sehen wie so REAKTIONEN sind (3)“[529]

526 | Interview 3.2, Z. 239-243
527 | Interview 3.2, Z. 26-29
528 | Interview 3.2, Z. 448-455
529 | Interview 3.2, Z. 82-86

Die Interviewte stellt konkrete Verbindungen zwischen ihrem alltäglichen Erleben und der Erfahrung der Forschung her. Sie beschreibt eine Situation, in der sie sich ebenfalls als Angeblickte wahrnahm, was jedoch unangenehme Empfindungen hervorrief.

> „da waren dann irgendwie so anzug TRÄGER und ich bin da (1) aber mit meinen ganz normalen alltagssachen reingelaufen (lacht) und (2) dann hatte ich auch so das gefühl das mich ALLE anschauen irgendwie (.) aber (1) ja (3) dass war mir dann manchmal auch ein bisschen UNANGENEHM (1) da so reinzulaufen"[530]

Intersubjektive Erfahrung

Die Interviewte konzentriert sich mit ihren Beobachtungen auf die veränderten intersubjektiven Begegnungen, die sich durch die Darstellung des performativen Bruches ergeben. Durch den intersubjektiven Austausch kann sie ihr eigenes Rollenbild festigen.

> „und es haben einen dann DOCH auch ein paar leute angesprochen und GEFRAGT was des ist (.) und was man DA macht und es gab nicht nur (ähm) (1) negative reaktionen (1) und dadurch (.) weiß ich nicht (1) konnte man sich dann auch so ein bisschen in seine ROLLE so REINFÜHLEN das war nicht mehr ganz so fremd"[531]

Die häufigste Form der Kommunikation während der Forschung ist nonverbal. Die Blicke, die der Interviewten während der Forschung zuteilwerden, verstärken ihr Rollenerleben. Sie nimmt sich verstärkt als Bruch der äußerlichen Erscheinung in der Maximilianstraße wahr.

> „die meisten leute haben wirklich GAR nichts GESAGT (.) haben dann komisch GESCHAUT (.) manche haben dann gelacht (.) aber die MEISTEN haben eher sehr (ähm) (3) ja entweder ÜBERRASCHT und dann wirklich so ein bisschen (2) ja fast ANGEWIEDERT oder einfach (2) so so ablehnend geschaut

530 | Interview 3.1, Z. 144-149
531 | Interview 3.1, Z. 15-19

> (1) und nur so ein PAAR waren dabei (.) das waren AUCH meistens touristen DIE einen dann auch angesprochen haben (1) die NEUGIERIG waren"[532]

Von dieser Erfahrung ausgehend zeigt sie konkrete Reflexionen über Bedingungen von nonverbalen intersubjektiven Begegnungen im öffentlichen Raum. Als besonderen Moment verweist sie auf ein Loslassen der egozentrischen Perspektive und ein Einlassen auf das Gegenüber.

> „ja ich glaube dass man sich vielleicht auch nicht oft genug GEDANKEN macht wie es anderen MENSCHEN ergeht (.) die was weiß ich vielleicht irgendwelche BEEINTRÄCHTIGUNGEN haben oder so (.) oder sich nicht auskennen (.) weil sie (2) meinetwegen von wo anders kommen oder so (.) und man das dann (3) JA zu oft einfach IGNORIERT"[533]

Im Interview, ein Jahr später, verdeutlicht sie ihr ausgeprägtes Interesse für gesellschaftliche Pluralität. Denn für sie steht die Vielfalt der Reaktionen im Zentrum ihrer Erinnerung. Dabei bewertet sie diese nicht im Nachhinein, sondern beschreibt sie.

> „wie unterschiedlich offen LEUTE sind für so- so NEUES oder keine ahnung des fand ich ganz interessant also (2) das manche damit gar nichts anfangen konnten oder (1) ja sich so ein bisschen abgeschreckt gefühlt haben teilweise"[534]

Relationale Erkenntnis

Die Interviewte erlebt ihre Rolle als eine bewusste Störung der äußerlichen Erscheinung in der Maximilianstraße. Dabei erfährt sie die Darstellung des performativen Bruches als gewinnbringend für sich und ihr Umfeld. Sie schreibt ihm das Potenzial einer veränderten Sichtweise auf gesellschaftliche Sozialordnungen zu.

> „ich find irgendwie (2) dass es so etwas auch ÖFTER geben sollte (1) einfach dass man auch so ein bisschen (1) diese- (3) diese ROUTINE STÖRT oder

532 | Interview 3.1, Z. 36-42
533 | Interview 3.2, Z. 265-271
534 | Interview 3.2, Z. 108-111

> einfach mal ein bisschen was (ähm) witziges macht (.) gerade da wo die leute dann alle sehr GLEICH aussehen ja"[535]

Mit dieser Erfahrung zeigt sich bei der Interviewten das Bedürfnis, sich mit den anderen Forschenden auszutauschen und die Erfahrungen intersubjektiv zu teilen. Die Gespräche tragen zu einer bewussten Reflexion des Erlebten bei.

> „ich fand des auch irgendwie immer ganz spannend sich auszutauschen mit den anderen und die sind ja meistens nur in so kleinen GRÜPPCHEN rumgelaufen und das man sich dann irgendwie so zusammen gesetzt hat und so (2) (ähm) so gegenseitig so ein bisschen erzählt hat wo man jetzt war und was wie die LEUTE reagiert haben"[536]

Sie gibt im zweiten Interview an, dass die gemachte Erfahrung für sie eine langfristige Bedeutsamkeit erlangt hat, da sie Reflexionen über ihre eigenen Vorannahmen anregte und einen flexiblen Umgang mit diesen ermöglichte.

> „ja ich glaub dass zeigt einfach nochmal dass man (2) nicht das so pauschalisieren kann (.) da laufen halt auch ganz normale LEUTE herum und das sind nicht nur einfach irgendwelche (3) reichen MENSCHEN die dann auf einen herab schauen sondern oder so (.) keine ahnung (2) ich weiß nicht (.) ich fand das irgendwie SCHÖN zu sehen wie unterschiedlich das (2) also die LEUTE reagiert haben (4) genau"[537]

> „also ich fühl mich da ja nicht irgendwie (2) großartig anders und (1) jeder ist ja unterschiedlich (2) also keine ahnung"[538]

535 | Interview 3.1, Z. 158-163
536 | Interview 3.2, Z. 58-63
537 | Interview 3.2, Z. 351-357
538 | Interview 3.2, Z. 273-275

Von diesen Überlegungen ausgehend zieht sie langfristige Handlungsimpulse für einen flexiblen Umgang mit gesellschaftlichen Strukturen.

> „aber vielleicht zeigt das nochmal dass man eigentlich (2) nicht so viel WERT drauf geben soll (1) also nicht so viel (2) drauf geben sollte wie LEUTE einen anschauen oder wie sie einen sehen (.) oder keine AHNUNG (.) ja dass man sich da eigentlich nicht so (2) viele gedanken machen sollte"[539]

WIRKUNGEN DER FORSCHUNGSMETHODE

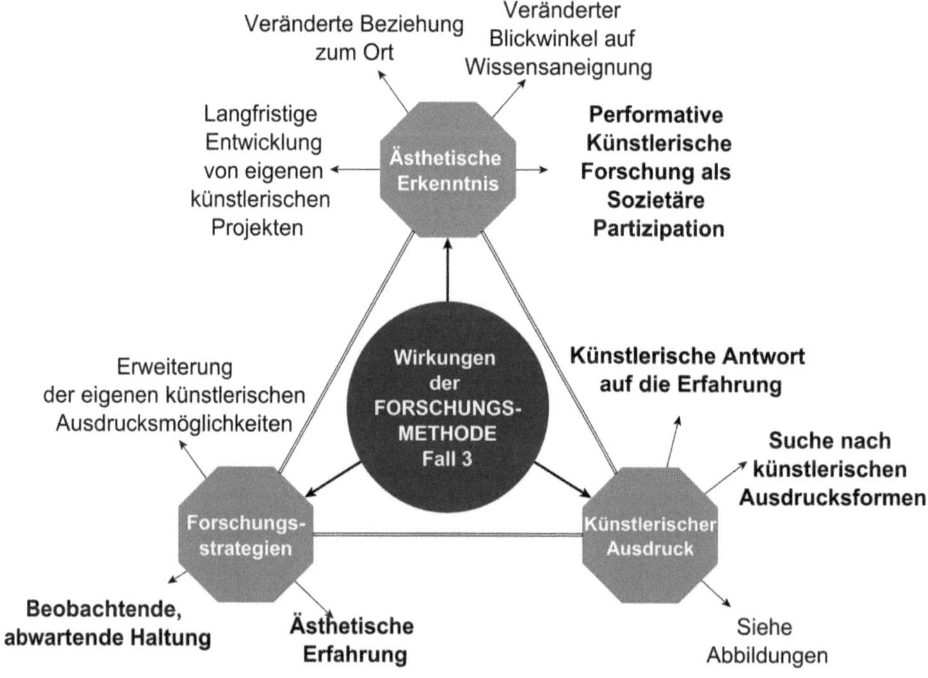

Abbildung 28: Wirkungen der Forschungsmethode, Fall 3

539 | Interview 3.2, Z. 477-481

FORSCHUNGSSTRATEGIEN

Die Interviewte betont, dass die Forschung detailgenaue, beobachtende und abwartende Momente befördert. Ihre Aufmerksamkeit für die ästhetische Struktur von Erfahrung wird damit bewusst geöffnet und bringt einen veränderten Blickwinkel auf die intersubjektiven Begegnungen zu Tage.

> „naja also ich hab MEHR auf die Leute geachtet als sonst (.) wenn ich durch die (.) straße laufen würde (1) und natürlich auch um zu sehen was SIE für Reaktionen haben“[540]

> „und weiß nicht wollte einfach so ein bisschen die straße erkunden und ein bisschen so schauen was da so PASSIERT (.) und ich hab auch VIEL mehr gesehen als (ähm) wenn ich da sonst da durchgehe durch die maximilianstraße (1) einfach dadurch dass ich mich jetzt darauf konzentriert habe (3) ja“[541]

In der Performativen Künstlerischen Forschung ist die zentrale Forschertätigkeit der Interviewten das Beobachten und das künstlerische Aufzeichnen intersubjektiver Begegnungen. Beides steht für sie im Vordergrund und leitet ihr Interesse.

> „ja ich glaub für mich zentral war gar nicht mal so sehr diese eigenen EINDRÜCKE (3) von der stadt zu sammeln oder so des was man so künstlerisch festgehalten hat (1) sondern (2) tatsächlich mehr so die anderen leute einfach nur so zu beobachten (.) irgendwie und das so (3) keine ahnung diese reaktionen (3) (ähm) so ein bisschen einzusammeln“[542]

Durch die künstlerischen Aufzeichnungstechniken verändert sich die sinnliche Wahrnehmung und die Interviewte sucht daraufhin nach eigenständigen Ausdrucksmöglichkeiten. Sie berichtet von den Schwierigkeiten dabei.

540 | Interview 3.1, Z. 22-24
541 | Interview 3.1, Z. 102-106
542 | Interview 3.2, Z. 73-78

„ja (.) ich musste wirklich (ähm) (2) versuchen mehr auf die reaktion von leuten zu achten dass ist was ich eben SONST nicht so mache (.) außer es ist irgendwas ganz auffälliges und (ähm) ja also das ÜBERTRAGEN in wohl künstlerische formen ist mir schon ein bisschen schwer gefallen aber (4) ja bei der letzten übung fand ich es einfacher weil es so die eigenen wahrnehmung war und dann jetzt so auch die REAKTIONEN vom umfeld festzuhalten fand ich (2) nicht so leicht“[543]

Sie verdeutlicht an einer weiteren Stelle ihren Wunsch, nichtsprachliche Ausdrucksformen zu finden und diese in ihre alltäglichen Beobachtungen einzubinden. Die performativen Handlungen und die künstlerischen Aufzeichnungstätigkeiten stellen dabei für sie eine Erweiterung der eigenen Ausdrucksmöglichkeiten dar.

„dass man so ein bisschen versucht auch verschiedene TECHNIKEN zu nutzen und so (.) ja so beobachtungen und irgendwelche EINDRÜCKE festzuhalten (3) und ja (.) keine ahnung (.) dass man nicht vielleicht einfach nur aufschreibt in ein tagebuch ODER SO (.) SONDERN auch ja so ein bisschen (3) spontaner oder kreativer irgendwie umzusetzen (2) ICH weiß nicht ich mach so etwas viel zu selten ich würde des glaub ich gerne öfters machen“[544]

Die Interviewte reflektiert dabei über die Herausforderungen einer künstlerischen Ausdrucksfindung. Sie verweist auf die Brüche im eigenen künstlerischen Ausdruck.

„man erzwingt dann so ein bisschen was (1) erzwingt des dann das man irgendwie versucht so was aufzumalen aber irgendwie gibt das nicht so richtig das gefühl wieder was man hat (2) und ich glaub das kann man schon so ein bisschen üben indem man das einfach oft macht und dann“[545]

543 | Interview 3.1, Z. 168-175
544 | Interview 3.2, Z. 319-326
545 | Interview 3.2, Z. 622-626

KÜNSTLERISCHER AUSDRUCK[546]

Die Interviewte gibt an, unterschiedliche Techniken ausprobiert zu haben, um ihr Ausdrucksgeschehen experimentell zu erproben. In ihrem künstlerischen Ausdruck finden sich drei zentralen Themen wieder. Erstens das bewusste Aufmerken auf das Angeblickt-Werden und die damit verbundene Wechselseitigkeit des eigenen Rollenerlebens. Dieses Empfinden visualisiert sie mit einer symbolhaften Zeichnung.

> „hab ICH auf einem blatt (1) ganz viele AUGEN gemalt (1) weil das so das ERSTE war was mir aufgefallen ist DASS einen (.) die leute von allen seiten ANSCHAUEN und man eben immer (.) so den leuten in die augen kuckt wie die jetzt- (.) was die wohl JETZT denken gerade“[547]

Als zweites Thema zeigt sich die Erfahrung des Nicht-Angesprochen-Werdens. Diese Erfahrung weicht von den Vorannahmen der Interviewten ab und führt zu einem überraschenden, subjektiven Erleben. Dies symbolisiert sie ebenfalls mit einer Zeichnung.

> „ich war fast ein bisschen enttäuscht dass einen so wenig leute drauf angesprochen haben das waren wirklich nur so ein PAAR“[548]

Drittens notiert sie Aussagen von Passanten und sammelt Gegenstände, welche die verbalen Interaktionen und die Begegnungen für sie vergegenwärtigen.

> „ja ein paar worte hab ich auch geschrieben die ich gehört hab von den PASSANTEN aber (3) es wurde wirklich recht WENIG gesagt (.) deswegen (3) ja und dann hab ich noch (ähm) (2) versucht gegenstände zu sammeln die jetzt in diesen kontext passen“[549]

546 | Siehe Abbildung 29, 30, 31, S. 241
547 | Interview 3.1, Z. 111-115
548 | Interview 3.1, Z. 93-95
549 | Interview 3.1, Z. 118-121

Ästhetische Erkenntnis

Die Interviewte gibt an, durch die Forschung langfristige Veränderungen ihres sinnlichen Erfahrens erlangt zu haben. Sie beschreibt im zweiten Interview, dass das Aufmerken auf die ästhetischen Strukturen von Erfahrung einen veränderten Blickwinkel im Alltag befördert hat.

> „JA wie gesagt ich glaub dass hat schon noch einmal so ein bisschen so einen ANREIZ gegeben (ähm) sich auch genauer mit der UMGEBUNG zu beschäftigen (.) dass man da auch ein bisschen genauer auch hinschaut oder mehr auch so auf DETAILs achtet“[550]

Darüber hinaus stellt sie fest, einen veränderten Blickwinkel auf die Maximilianstraße erlangt zu haben. Denn diese stellt für sie vor der Forschung einen eher unbekannten Ort dar. Die Gestaltung und Interaktion führt zu einer veränderten Beziehung zum Ort.

> „aber ich meine ich geh da sowieso nicht einkaufen oder so (5) keine ahnung ich war da vielleicht mal im THEATER (2) ich weiß es nicht (ähm) (5) dass hab ich glaub ich schon immer meistens eher umgangen“[551]

Durch die Performative Künstlerische Forschung wird die Interviewte zu eigenständigen Forschungsprojekten angeregt. Im Zentrum ihrer Ideen steht der veränderte Blickwinkel auf eine Stadt.

> „also die ich GERNE machen würde des sind dann halt einfach so IDEEN ich hab zum beispiel wirklich (1) auch den-(2) also ich möchte gerne in in ***(Name der Stadt) auch fotos machen also mal irgendwie so einen TAG durch die stadt gehen (.) und mich interessieren zum beispiel auch einfach so so HÄUSER FASSADEN“[552]

---

550 | Interview 3.2, Z. 329-333
551 | Interview 3.2, Z. 374-377
552 | Interview 3.2, Z. 395-400

Die Interviewte gibt an, durch die Forschung neue Ausdrucksmöglichkeiten entdeckt zu haben. Diese sind für sie ein Anreiz, nach weiteren künstlerischen Ausdrucksformen zu suchen.

> „ja ich hab mir schon auch oft vorgenommen dass auch wirklich KÜNSTLERISCH dann irgendwie FESTZUHALTEN dass ich mal mehr FOTOS mache oder irgendwie etwas zeichne oder so aber (2) JA (lacht) das habe ich natürlich noch nicht geschafft (2) genau aber es hat schon so ein bisschen so einen ANREIZ gegeben irgendwie sich damit auch so auseinander zu setzen"[553]

Sie entwickelt einen veränderten Blickwinkel auf künstlerische Prozesse und ihr Interesse für die Verbindung von Kunst und sozialen Prozessen wird gestärkt.

> „dadurch dass ich diese- ja dieses LEUTE beobachten auch so wichtig fand und so (.) ich finde dass irgendwie interessant wie man so so KUNST mit (ähm) (3) ja mehr so solchen sozialwissenschaftlichen- sag ich mal so oder soziologischen BEOBACHTUNGS sachen verbinden kann"[554]

Mit der gemachten Erfahrung steigert sich ihr Interesse für die gesellschaftliche Relevanz von Kunst. Ihre Überlegungen verbindet sie mit bereits vorhandenem Wissen über Kunst im öffentlichen Raum.

> „mich interessieren sowieso so AKTIVITÄTEN in der STADT auch so urban gardening oder so und das hat das wahrscheinlich noch ein bisschen verstärkt dass man mehr auf so etwas achtet"[555]

Die Interviewte gibt an, dass die Wissensaneignung über Performative Künstlerische Forschung nur durch die intersubjektive Erfahrung möglich ist. Davon ausgehend spricht sie sich für ein erfahrungsbezogenes Lernen auch im Universitätskontext aus.

> „und ich finde so etwas kann man gar nicht so richtig nur theoretisch bearbeiten also wenn wir jetzt da noch irgendwie gesprochen hätten und so

553 | Interview 3.2, Z. 147-153
554 | Interview 3.2, Z. 183-187
555 | Interview 3.2, Z. 131-134

(2) dann versteht man gar nicht so richtig was damit gemeint ist (.) wie funktioniert dieses mapping oder diese künstlerische FELDFORSCHUNG in der stadt quasi"[556]

„ich weiß nicht ich finde man könnte des (4) tatsächlich (.) wenn man das jetzt noch weiter führen würde an der UNI (.) dann könnte man das eigentlich noch mehr ausbauen"[557]

556 | Interview 3.2, Z. 418-422
557 | Interview 3.2, Z. 599-601

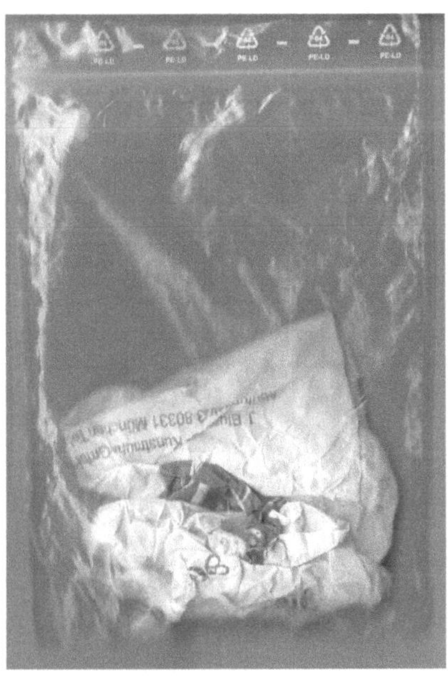

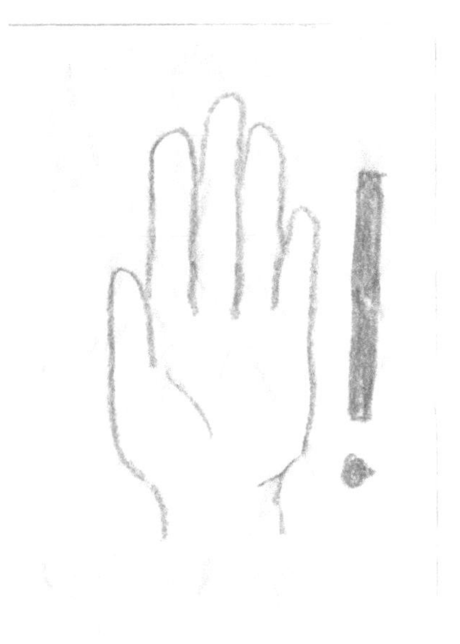

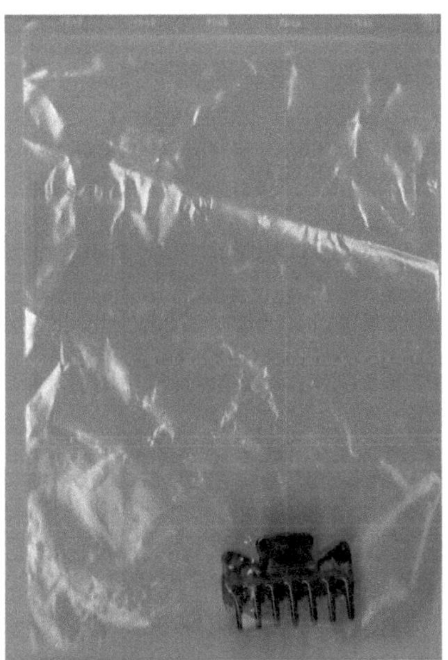

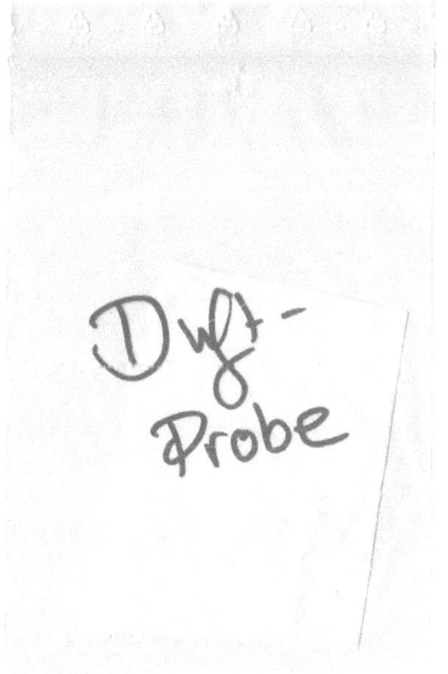

Abbildung 29: Künstlerischer Ausdruck, Fall 3

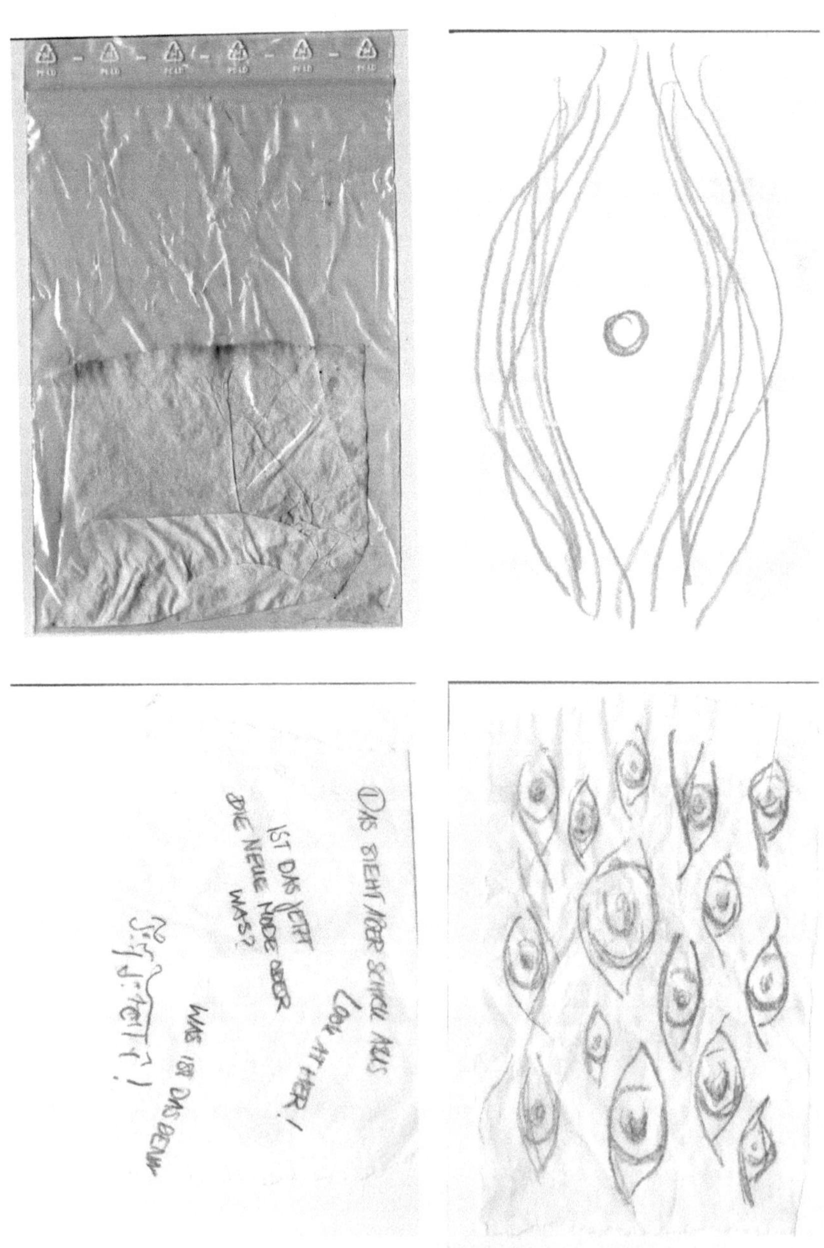

Abbildung 30: Künstlerischer Ausdruck, Fall 3

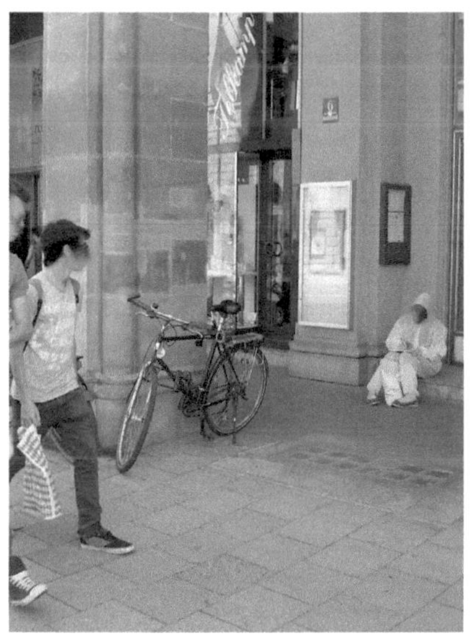

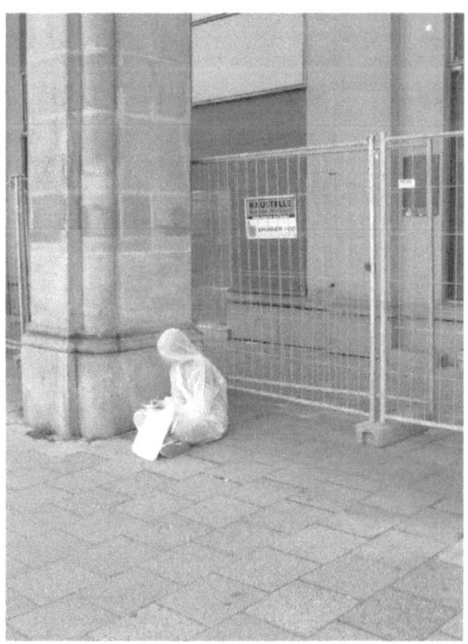

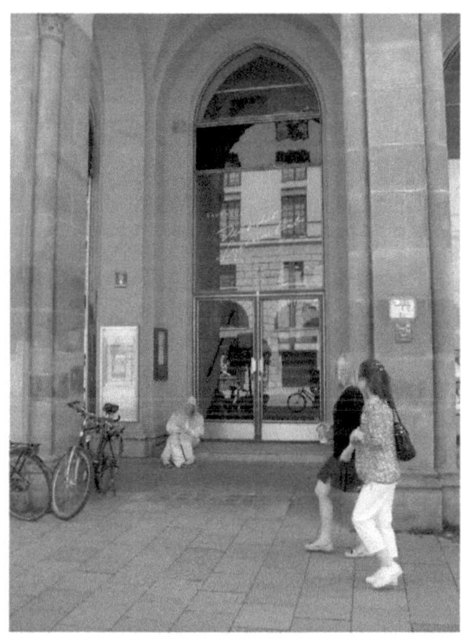

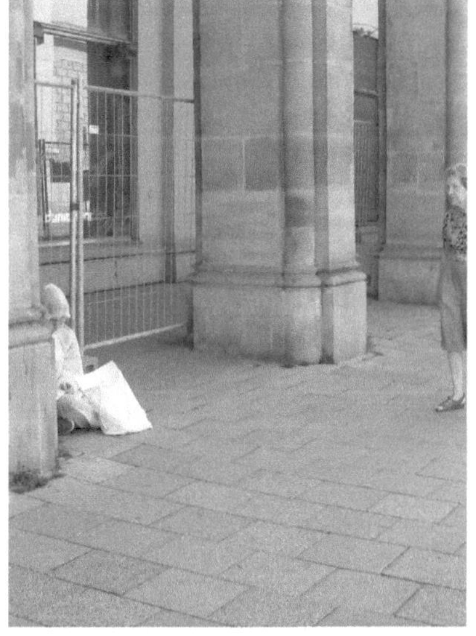

Abbildung 31: Künstlerischer Ausdruck Fall, 3

Fall 4

Subjektive Erfahrung

Intersubjektive Erfahrung

Relationale Erkenntnis

Die Erfahrung in der Forschung weicht stark von den Vorannahmen der Interviewten ab und löst Reflexionen über ihre eigenen gesellschaftlichen Konzepte aus. Die Reflexionen sind eng mit den intersubjektiven Begegnungen während der performativen Darstellung verbunden. Die Abweichungen von ihren Erwartungen führen dabei zu einem Aufmerken auf die Offenheiten und Gestaltungsmöglichkeiten der gesellschaftlichen Sozialordnungen. Davon ausgehend stellt sie ihre eigenen Vorannahmen infrage. Vor allem im zweiten Interview formuliert sie konkrete Erkenntnisse aus der Erfahrung heraus und verweist auf ein verändertes Bewusstsein für ihre Sichtweisen, Voreinstellungen und Erwartungen. Der veränderte Blickwinkel auf sie selbst regt sie zu langfristigen, reflexiven Gedanken über ihre subjektiven Sichtweisen und Gesellschaftskonzepte an.

Forschungsstrategien

Künstlerischer Ausdruck

Bezüglich der Forschungsmethoden verdeutlicht sich in diesem Fallbeispiel der Einfluss der Vorübung mit künstlerischen Aufzeichnungsstrategien, da die Interviewte bei der Vorübung nicht anwesend war. Sie hatte keine Möglichkeit die Aufzeichnungstechniken im Vorfeld experimentell auszuprobieren. Deswegen verwendet sie während der Forschung eigenständige Methoden, bei der sie ihre Wahrnehmung auf bestimmte Ausschnitte richtet und mit assoziativen Schreibtechniken kombiniert. Im Interview veranschaulicht sie, dass diese Methoden ihr Wahrnehmungsfeld bewusst einschränken und ihren Blick über einen gewissen Zeitraum nur auf einen Ausschnitt richten, sodass die Relevanz der Vorübungen von Aufzeichnungsstrategien sich besonders in diesem Fallbeispiel verdeutlicht. Denn der räumliche Rückzug und die zurückgenommene Wahrnehmungsausrichtung haben einen deutlichen Einfluss auf ihre sinnlichen Wahrnehmungen.

WIRKUNGEN DES FORSCHUNGSTHEMAS

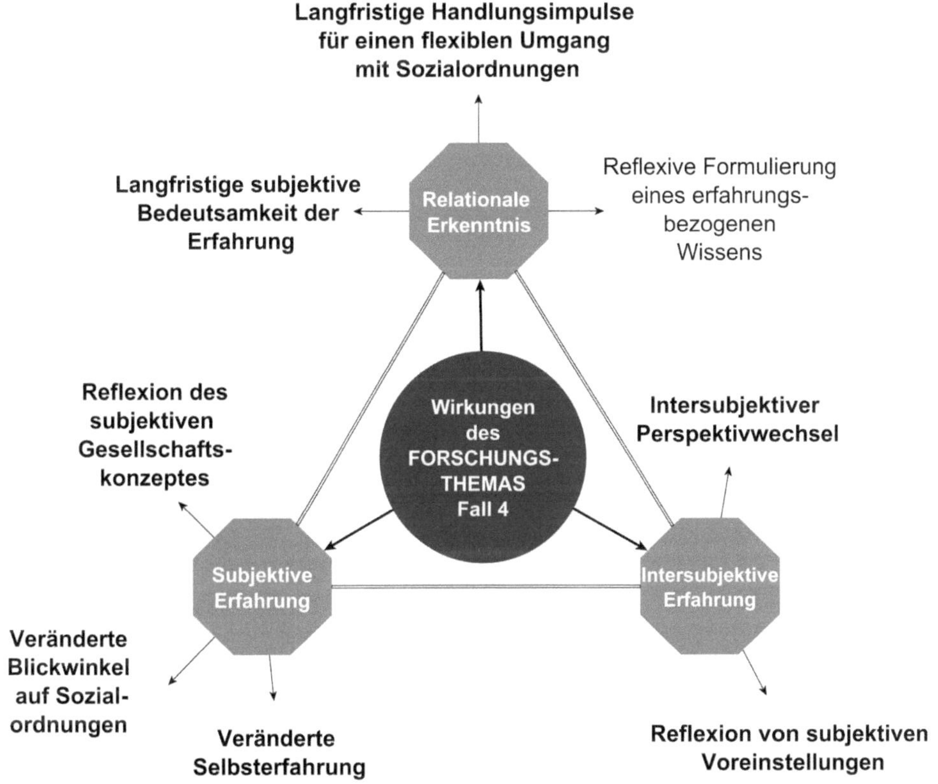

Abbildung 32: Wirkungen des Forschungsthemas, Fall 4

SUBJEKTIVE ERFAHRUNG

Die Erfahrung der Interviewten ist von unerfüllten Erwartungen bestimmt und sie ist durch diese Abweichungen emotional getroffen. Der Austausch mit den anderen Forschenden stellt eine weitere Irritation dar, da diese von anderen Erfahrungen berichten.

> „(6) (hm) (2) also (2) ich bin (1) eigentlich sehr ÜBERRASCHT (1) und auch ein bisschen enttäuscht weil ich mir so (1) (ähm) (2) gro- große ERWARTUNGEN in anführungsstrichen gemacht habe

> das halt REAKTION kommt (.) und (hm)(.) ich hab von den ANDEREN zwar andere SACHEN GEHÖRT aber (ähm) (5) mir hat die reaktion total GEFEHLT also"[558]
> „ALSO ICH hab gedacht ICH löse FASSUNGSLOSIGKEIT aus letztendlich war ich dann FASSUNGSLOS (lacht)"[559]

Ein Jahr später äußert sich die Interviewte über ihre enttäuschende Erfahrung und zeigt auf, dass diese einen veränderten Blickwinkel auf ihre subjektiven Vorannahmen ermöglicht hat.

> „also ICH denke es hätte mehr (.) UNWOHLSEIN ausgelöst wenn (5) mehr REAKTION gekommen wäre? (6) so war es natürlich dann nicht so viel (2) emotionen ausgelöst (2) oder ZUMINDEST jetzt nicht so stark"[560]
> „des war natürlich schon AUCH (.) irgendwie schon ein bisschen berührend dann irgendwie SO (2) so eine SELBSTERKENNTNIS dann daraus zu ziehen"[561]

Die erfahrungsbezogene Selbsterkenntnis, welche die Interviewte reflexiv formuliert, bezieht sich im Besonderen auf das Bewusstwerden auf die eigenen Vorannahmen, Erwartungen und Gesellschafskonzepte.

> „im NACHHINEIN (4) würde ICH mir jetzt eher selbst denken dass (3) dadurch das ich mit der ERWARTUNG hingegangen bin ICH (2) rege da jetzt AUFMERKSAMKEIT (6) (hm) weil ich eben NICHT normal gekleidet bin (ähm)(6)eigentlich festzustellen dass ich anscheinend DANN doch auch genauso viel WERT auf äußeres lege WIE ich mir von den anderen erwartet hab (.) dadurch dass die REAKTION nicht kam (4) ist einem das erstmal so bewusst geworden"[562]

558 | Interview 4.1, Z. 3-8
559 | Interview 4.1, Z. 31-33
560 | Interview 4.2, Z. 81-84
561 | Interview 4.2, Z. 177-180
562 | Interview 4.2, Z. 119-126

Die intersubjektive Wechselseitigkeit und ihr Einfluss auf die performative Darstellung werden für die Interviewte spürbar und sie verliert durch das Nicht-Angeblickt-Werden im Verlauf der Forschung das Gespür für die Rolle.

> „durch DIESE (ähm) ausbleibende REAKTION eigentlich (1) nicht WIRKLICH selber jetzt wahrgenommen das ich jetzt irgendwie (2) (ähm) nen weißen ANZUG grade anhabe“[563]

INTERSUBJEKTIVE ERFAHRUNG

Im Mittelpunkt der intersubjektiven Erfahrung steht für die Interviewte die ausbleibende Reaktion des Umfeldes. Dadurch erlebt sie die Wechselseitigkeit der performativen Darstellung. Sie äußert, dass sie von sich aus nicht auf andere Menschen zugehen konnte und sich in kleine Seitengassen zurückzog.

> „das EINZIGSTE was mich total überrascht ist dass die ANDEREN so eben so (ähm) (3) sie meinen sie hätten so viel AUFMERKSAMKEIT bekommen (2) UND des überrascht mich halt jetzt irgendwie (1) SEHR (3) weil (2) ich jetzt- (1) KLAR wir haben alle andere methoden ich hab mich nicht vor nem laden direkt HINGEHOCKT und bin auf der straße gehockt im weißen ANZUG (.) sondern halt eher so langsam GESCHLENDERT so aber- (ähm) durch die GASSEN“[564]

In unterschiedlichen Abschnitten verdeutlicht sich die erwartungsgeprägte Haltung der Interviewten, welche ihre Offenheit für intersubjektive Begegnungen im Forschungsprozess bestimmt. So geht sie davon aus, dass die einzige Kommunikation, die stattfand, auf einen Zufall zurückzuführen ist, und nicht auf das Interesse an ihrer Rolle.

> „ich denke dass DES auch eher so zufall war dass wir da EBEN ALLEINE grade SAßEN und beide halt so gegenüber (.) sonst kann ich mir auch gut vorstellen dass sie mich wahrscheinlich NICHT angesprochen hätte so direkt (.)“[565]

563 | Interview 4.1, Z. 45-47
564 | Interview 4.1, Z. 190-196
565 | Interview 4.1, Z. 119-122

Auf der Basis dieser Erfahrung sucht die Interviewte nach neuen Möglichkeiten, die gemachte Erfahrung greifbar zu machen und die intersubjektiven Erfahrung in Bezug auf ihre Vorannahmen zu reflektieren.

> „komplette gleichgültigkeit und auch irgendwie so ein bisschen (ähm) (2) so ein bisschen IGNORANT schon FAST (2) kam mir das so vor so habe ich DAS GEFÜHLT ich weiß es natürlich NICHT (ähm) (2) ob es dann letztendlich (1) vielleicht demjenigen nur UNANGENEHM war (2) und PEINLICH (3) und (ähm) (2) ich eben dadurch durch meine konfrontation vielleicht in VERLEGENHEIT gebracht habe oder sonst irgendwas“[566]

Relationale Erkenntnis

Es kann aufgezeigt werden, dass die Reflexionsprozesse über die eigenen Voreinstellungen, Erwartungen und Gesellschaftskonzepte für die Interviewte im Vordergrund stehen. Sie erwirbt dadurch ein erfahrungsbezogenes Wissen und formuliert es sprachlich wie folgt:

> „wichtig ist halt vor allem dass man nicht immer nur die anderen hinterfragt sondern auch (2) mal auf sich selbst (3) und was halt durch das projekt irgendwie auch ganz gut war (1) dass (.) dadurch dass ich erst (.) eigentlich erstmal so die anderen hinterfragt hab in dem ich dieses experiment gemacht hab und im NACHHINEIN dann erstmal (.) MICH hinterfragen musste (2) ja was hast du dir denn da eigentlich ERWARTET wie denkst denn eigentlich? (4)“[567]

> „DASS es nicht nur das GEFÜHL war das andere einen so sehen (.) SONDERN dass man sich selbst halt auch irgendwie auch so ein bisschen gefühlt hat“[568]

Durch die performative Darstellung des Bruches entwickelt sie einen veränderten Blickwinkel auf gesellschaftliche Sozialordnungen und reflektiert diese.

566 | Interview 4.1, Z. 15-21
567 | Interview 4.2, Z. 219-226
568 | Interview 4.2, Z. 458-460

„hab ICH mir halt so irgendwie diesen schluss daraus gezogen dass (1) einfach (1) des auch irgendwie kein WUNDER ist (3) weil einfach (2) wir menschen einfach schon so SEHR überhäuft sind (.) von so vielen extremitäten oder sonst (ähm) welchen sachen und (ähm) (2) diese ÜBERLADUNG der wir tag täglich AUSGESETZT sind (2) dass so ein weißer anzug eigentlich gar nicht mehr viel ausmacht. (3) ((hm)) hm“[569]

WIRKUNGEN DER FORSCHUNGSMETHODE

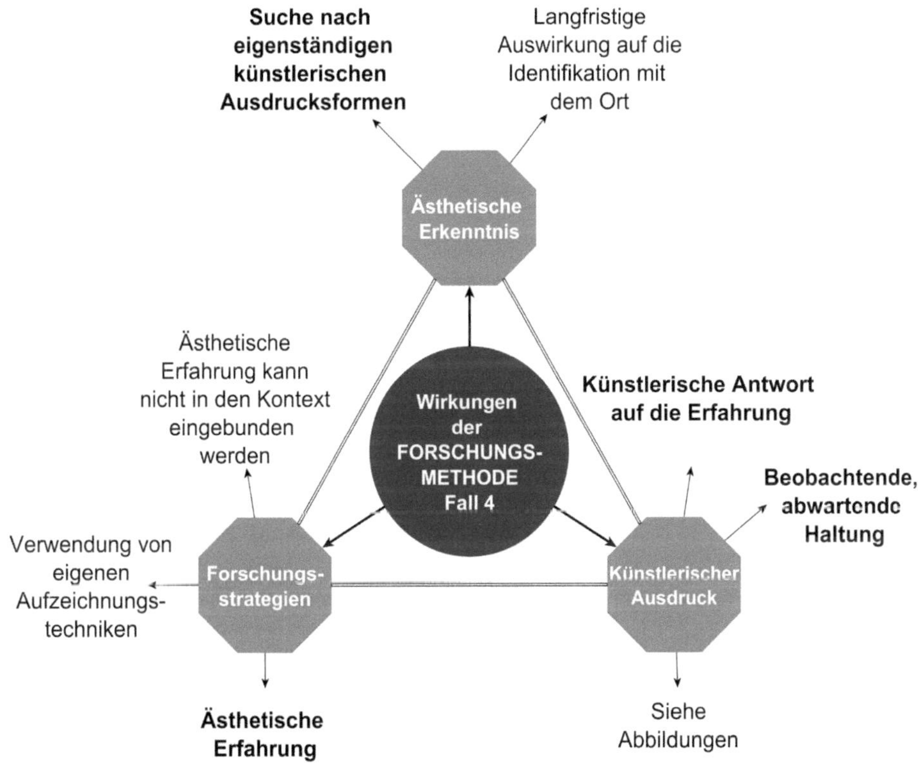

Abbildung 33: Wirkungen der Forschungsmethode, Fall 4

569 | Interview 4.1, Z. 35-41

FORSCHUNGSSTRATEGIEN

Sowohl im ersten als auch im zweiten Interview betont die Interviewte, dass sie bei der Vorübung zu den Aufzeichnungstechniken nicht anwesend war. Sie gibt an, dass diese Ausgangslage für sie eine Unsicherheit bezüglich des Vorgehens während der Forschung darstellte.

> „ja aber wie gesagt das davor mit den SINNESWAHRNEHMUNGEN da war ich bei dem seminar nicht dabei deswegen war ich bei DER (.) bei dem dann auch ein bisschen (.) als ihr uns dann gesagt habt wir sollen (lacht) da war ich dann auch so ein bisschen AUFGESCHMISSEN weil ich nicht genau wusste was jetzt (.)“[570]

Von dieser Grundproblematik ausgehend beschreibt sie ihre Forschungsmethoden. Neben assoziativen Aufschriften fertigt sie Zeichnungen an, um künstlerisch auf ihre Erfahrung zu antworten. Zudem wendet sie eine selbstentwickelte Wahrnehmungsmethode an, bei der sie sich konkrete Fixpunkte sucht, sich länger auf diese konzentriert und damit bewusst ihre sinnliche Erfahrung verändert.

> „ICH glaub ich hab das halt damals ge- (.) also das mach ich halt (2) oft halt eigentlich also wenn ich dann (2) irgendwie INPUT suche oder sodass ich eigentlich mich dann (1) irgendwo hinhocke und mich dann auf irgendwas fixiere“[571]

So beschreibt sie, dass sie ihre visuelle Aufmerksamkeit während der Forschung über einen längeren Zeitraum auf eine Gruppe Tauben richtet. Dabei studiert sie die Bewegungen der Tauben und die sich ereignenden Interaktionen mit Passanten. Durch ihre beobachtende und abwartende Haltung schult sie ihre Aufmerksamkeit für die ästhetischen Strukturen der Erfahrung.

> „und dann (3) waren da so ganz viel TAUBEN und (2) es war total (1) lustig die (2) ganzen LEUTE (.) manche sind halt total ignorant vorbeigelaufen und ich hab einfach nur auf diese TAUBEN gekuckt (3) und (ähm) und nicht speziell auf irgendeinen MENSCHEN aber wie die reaktion immer war“[572]

570 | Interview 4.2, Z. 277-282
571 | Interview 4.2, Z. 348-351
572 | Interview 4.2, Z. 268-272

Es verdeutlicht sich, dass die Methode der Interviewten auf der einen Seite die Aufmerksamkeit für die ästhetische Struktur von Erfahrung befördert und auf der anderen Seite aber ihren Wahrnehmungsradius für die gesamte Situation reduziert.

> „es war in dem MOMENT interessant (2) sich auf etwas zu konzentrieren und auch schön zu sehen was dabei rauskommt (2) und und vor allem dem (2) auch einfach schön zu merken dass (2) wenn man sich mal genau auf etwas fixiert (2) was man dann nicht alles entdecken kann also wären das halt für mich jetzt einfach TAUBEN gewesen (.) sonst hätte ich halt einfach so in der STADT umgeguckt wahrscheinlich die LEUTE angekuckt (.) die drum rum laufen (2) und so (2)"[573]

Die Wahrnehmungsmethode der Interviewten befördert bei ihr eine intensive ästhetische Erfahrung, jedoch bleibt diese isoliert vom Gesamtkontext. In Bezug auf die Aufzeichnungstechniken kann schlussfolgernd behauptet werden, dass Techniken, welche die sinnliche Wahrnehmung auf unterschiedlichen Kanälen öffnen, von Vorteil sind, da sie eine Veränderung der Aufmerksamkeit befördern und die unterschiedlichen Sinne aktivieren.

Künstlerischer Ausdruck[574]

Die Interviewte verwendet hauptsächlich schriftliche Methoden der Ausdrucksgestaltung. Zeichnerisch visualisiert sie die irritierenden intersubjektiven Begegnungen.

> „ich hab dann auch ein (.) auge so= ein zwinker AUGE gemalt (.) so das (1) stellt eigentlich- das sagt für mich eigentlich so diese ganze SITUATION wie ich sie erlebt habe (.) das flüchtige AUGE das gegenüber und (ähm) (1) das einfach (3) (ähm) das KURZ gekuckt wird (1) man regt schon GANZ FÜR NEN GANZ KURZEN MOMENT aufmerksamkeit aber dann (.) komplette GLEICHGÜLTIGKEIT"[575]

573 | Interview 4.2, Z. 291-298
574 | Siehe Abbildungen 34,35,36, ab S. 254
575 | Interview 4.1, Z. 8-14

Auch im schriftlichen Ausdruck nähert sie sich auf poetische Weise jener irritierenden intersubjektiven Erfahrung an, die bei ihr eine emotionale Erfahrung auslöst.

> „also ICH hab mich selber nicht wirklich FREMD gefühlt ((hm)) das ist auch WEG gegangen (.) also das hab ich auch aufgeschrieben weil (ähm) (2) und- (2) und mir kann dann eben auch diese- ich hab so ein kleines gedichtlein dann geschrieben (.) wo auch am ende dann (ähm) steht (.) was ist denn dem menschen auch heute noch FREMD (.) also (4) des war jetzt eigentlich so der SCHLUSS von dieser aktion den ICH (.) gezogen hab so (2) ja“[576]

Mit einer Mindmap visualisiert sie den zeitlichen Verlauf ihres Erlebens und die Veränderungsprozesse. Hier verdeutlicht sich die Diskrepanz zwischen ihren subjektiven Erwartungen und den Reaktionen des Umfeldes.

> „map (2) CLUSTER DING gemacht (.) eben ((kartografie?)) WO ich eben so einfach nur so pfeile erst am anfang war DIESES dann kams zu DEM und so dann so (2) und dann halt die- das Ende hab ich halt dann (.) der ENDPFEIL geht dann halt zu dem wort ÜBERLADUNG“[577]

Ästhetische Erkenntnisse

In Bezug auf die künstlerischen Ausdruckformen betont die Interviewte ihr Fehlen bei den Vorübungen zu den künstlerischen Aufzeichnungstechniken erneut.

> „und ich glaub dadurch DASS ich das seminar davor mit den SINNESWAHRNEHMUNGEN die sitzung davor nicht teilgenommen habe (1) war es halt für MICH (2) leichter (1) jetzt so quasi da bei meinem (1) DING zu bleiben“[578]

576 | Interview 4.1, Z. 52-59
577 | Interview 4.1, Z. 129-133
578 | Interview 4.2, Z. 255-358

Sie beschreibt ihre künstlerischen Antwortformen auf die Erfahrung hin. Ihre abwartende und beobachtende Aufmerksamkeit liegt auf den irritierenden Erfahrungen, die sich in der intersubjektiven Begegnung ereignen.

> „also ich hab halt DES was ich WAHRGENOMMEN hab (.) jetzt speziell im bezug auf den anzug WAS jetzt ANDERS da für mich ist eben (.) (ähm) oder was jetzt grad so in meinem KOPF eben (2) durchgeht (ähm) des hab ich festgehalten (.)“[579]
> „ICH hab eigentlich eben NUR auf die reaktion von den MENSCHEN und wie es MIR selber dabei ergangen ist (.) des konnte ich halt direkt auf diesen weißen anzug BEZIEHEN und deswegen auch das festgehalten ((hm)) (3) (hm)“[580]

Durch die intensive Ästhetische Erfahrung während des Beobachtens einiger Tauben erlangt sie ebenfalls eine langfristige Bindung an den Ort der Beobachtung.

> „im speziellen an die tauben und den JUNGEN (2) den ich da beobachtet hab (lacht) der so goldig mit den gespielt hat (1) ja IMMER (1) also IMMER wenn ich da vorbei gehe“[581]

579 | Interview 4.1, Z. 85-88
580 | Interview 4.1, Z. 97-101
581 | Interview 4.2, Z. 310-312

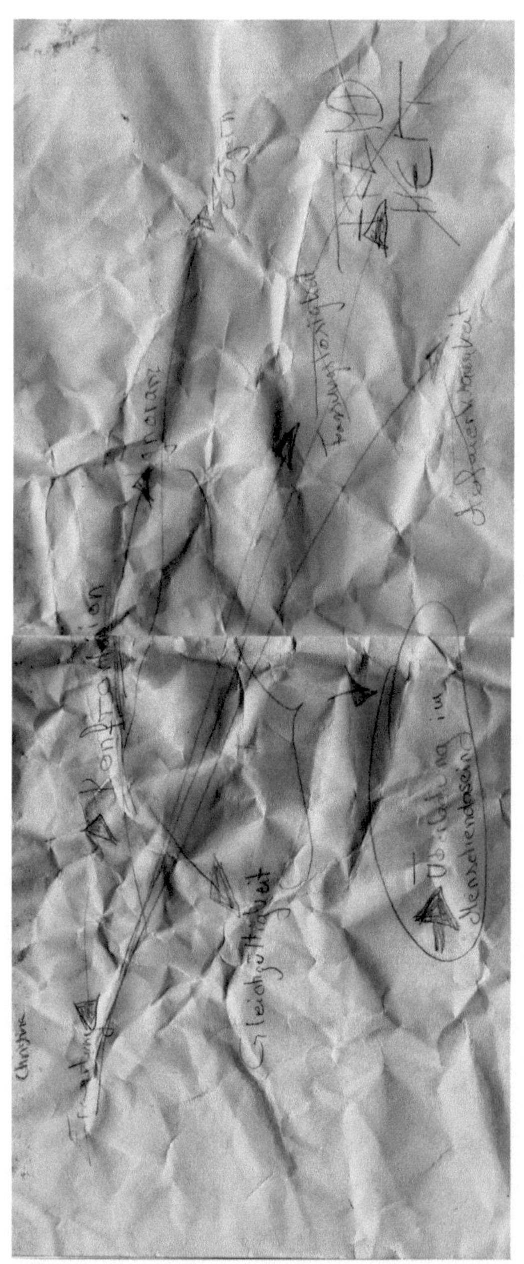

Abbildung 34: Künstlerischer Ausdruck, Fall 4

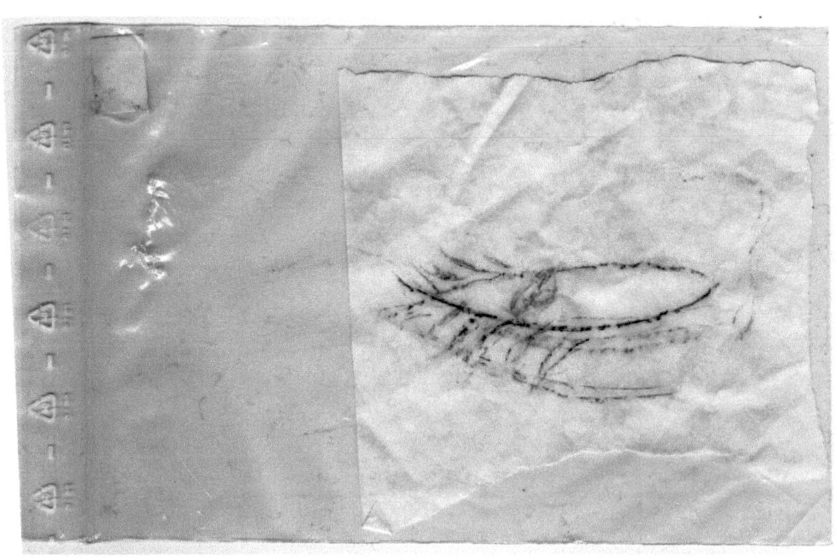

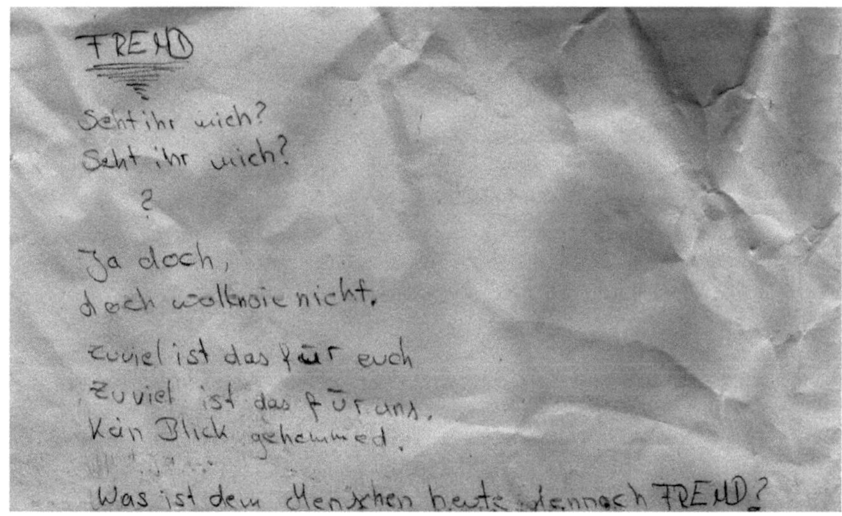

Abbildung 35: Künstlerischer Ausdruck, Fall 4

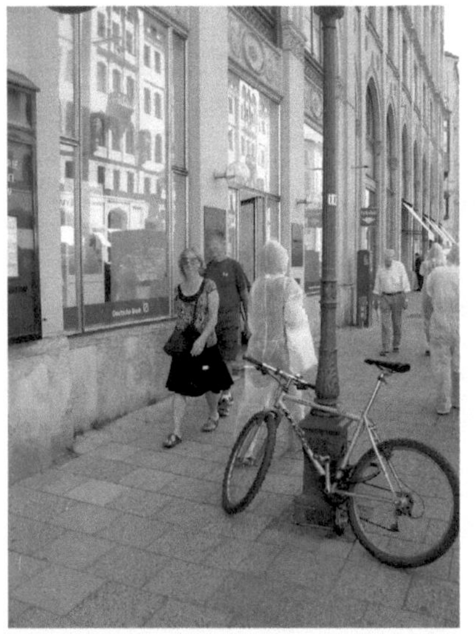

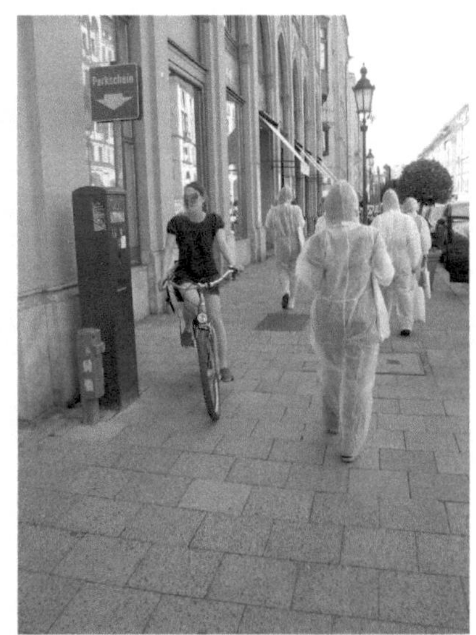

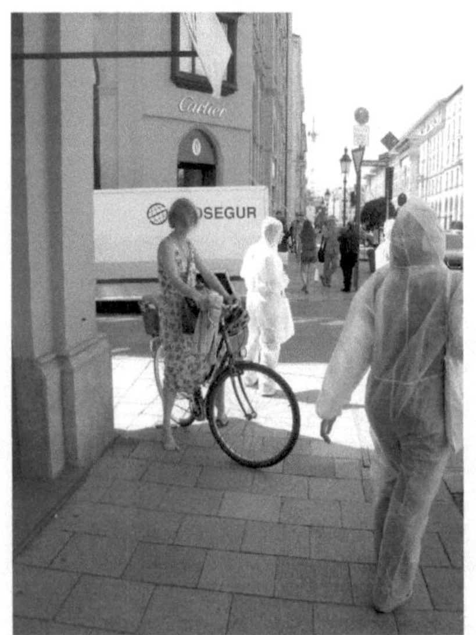

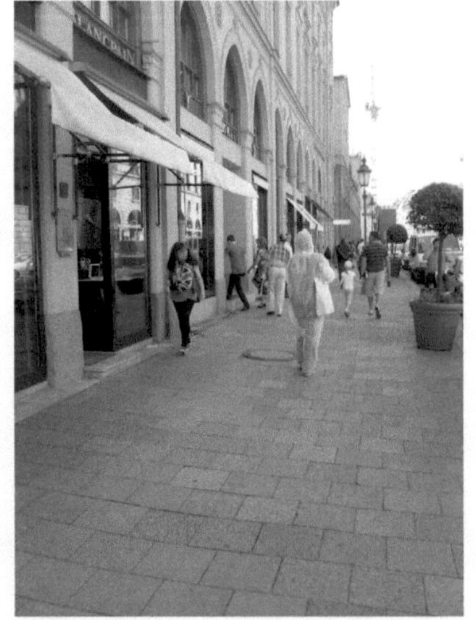

Abbildung 36: Künstlerischer Ausdruck, Fall 4

FALL 5

Der Interviewte ist sich seiner Rolle während der performativen Darstellung des Bruches mit der äußerlichen Erscheinung in der Maximilianstraße besonders bewusst. Auf spielerische und experimentelle Weise sucht er intersubjektive Begegnungen mit Passanten. Er begibt sich in Situationen, in denen er alleine ist, Reaktionen von Passanten herausfordert und seine persönlichen Grenzen austestet. In diesen Begegnungen verdeutlicht sich die intersubjektive Herstellung des Forschungsgegenstandes, die er im Interview reflektiert. Durch den empfundenen Schutz der Rolle ist es ihm möglich, sich in prekären Interaktionen von einer egozentrischen Sichtweise zu lösen und einen Perspektivwechsel zu vollziehen und seine Gesellschaftskonzepte und Vorannahmen durch seine Erfahrungen zu reflektieren. In seinen Überlegungen knüpft er ebenfalls an Erfahrungen aus seinem Alltag an und entwickelt eine Sensibilisierung für den Umgang mit Sozialordnungen.

Subjektive Erfahrung

Intersubjektive Erfahrung

Relationale Erkenntnis

Die Forschungsmethoden befördern bei ihm eine beobachtende und abwartende Haltung. Sie stellen für ihn die Möglichkeit dar, künstlerische Ausdrucksformen für die performative Darstellung und die damit verbundenen intersubjektiven Erfahrung zu finden. Er nutzt bewusst die verschiedenen Wahrnehmungsstrategien, um sich auf seine sinnliche Erfahrung zu konzentrieren und auf die ästhetischen Strukturen der Erfahrungen aufmerksam zu werden. So gibt er an, dass die Forschungsmethoden eine langfristige Wirkung auf seine alltägliche Wahrnehmung haben und sie sich auf sein künstlerisches Gestalten auswirken. Im zweiten Interview reflektiert er im Besonderen die Möglichkeiten von Kunst als Kommunikationsmedium und soziale Praxis. Er überlegt, wie die gemachte Erfahrung für Menschen, die nicht während der Forschung anwesend waren, nachvollziehbar werden kann. Auf Grund seiner individuellen Erfahrung stellt er damit allgemeine Überlegungen zu künstlerischen Kommunikationsformen an und denkt über deren Wirkungsmöglichkeiten nach.

Forschungsstrategien

Künstlerischer Ausdruck

WIRKUNGEN DES FORSCHUNGSTHEMAS

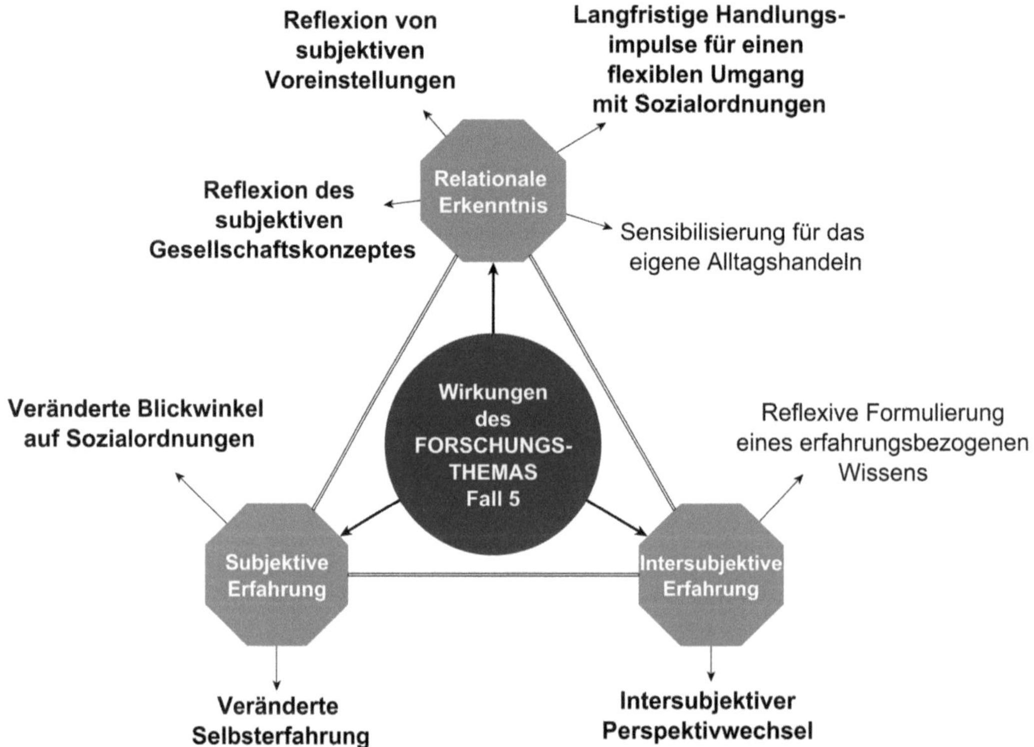

Abbildung 37: Wirkungen des Forschungsthemas, Fall 5

SUBJEKTIVE ERFAHRUNG

Der Interviewte ist sich seiner Rolle und den damit verbundenen, performativen Handlungen bewusst. Er richtet seine Aufmerksamkeit auf die beschreibende Beobachtung dieser, wodurch seine abwartende Haltung deutlich sichtbar wird.

> „WIE erfahre ICH quasi meine umwelt und wie erfährt die UMWELT mich wenn ich mich (ähm) (2) auffällig verändere (2) so ein bisschen (.) also so hab ich das irgendwie verstanden"[582]

582 | Interview 5.2, Z. 33-36

Die performative Rolle erweist sich für ihn als Möglichkeit einer intersubjektiven Begegnung, die mit einer subjektiven Grenzerfahrung verbunden ist.

> „ich hab mich ja dann auch gleich ABGEGRENZT bin alleine rumgelaufen (ähm) so da sind die eindrücke ganz anders“[583]
> „ICH wollte es erst AUSSITZEN und kucken was passiert ob sie mich ansprechen oder (ähm) ob ich vielleicht auch irgendwie vielleicht agieren muss“[584]

Dabei knüpft er an Erfahrungen aus seinem alltäglichen Erleben an und reflektiert über intersubjektive Begegnungsformen und Sozialordnungen.

> „ich grüße halt dann (.) doch auch schon alle die man sieht sich (.) man kennt sich ja irgendwie ja doch (1) ABER wenn man dann halt nicht zurückgegrüßt wird oder so (.) DANN ist das schon ähnlich also (.) das man sich so- das man so eine art FREMDKÖRPER im eigenen land ist irgendwie so“[585]

INTERSUBJEKTIVE ERFAHRUNG

Die intersubjektiven Erfahrungen sind von der Wechselseitigkeit der performativen Darstellung geprägt, wobei das lockere und spielerische Agieren des Interviewten Einfluss auf seine intersubjektiven Begegnungen hat.

> „anfangs (1) wars mir so EGAL? (1) dacht ich mir so ja ich mach das MAL (1) (ähm) dann fand ichs ein bisschen lustig weil die meisten leute haben doch fröhlich reagiert (2)“[586]

Dennoch ereignen sich Situationen, in denen die sonst spielerische Interaktion kippt. Hier verlässt der Interviewte seine Rolle und fühlt sich durch die aggressive Reaktion des Gegenübers emotional getroffen.

583 | Interview 5.1, Z. 181-183
584 | Interview 5.2, Z. 75-77
585 | Interview 5.1, Z. 151-156
586 | Interview 5.1, Z. 3-5

> „also ich hatte dann eine situation ich hab mich so (2) an so nen hauseingang hingesetzt (.) und dann kam ein MANN raus (1) und der hat sich dann auch da hinter mich gesetzt und dann hab ich mich mal umgedreht und der hat mich ganz BÖSE angeschaut (1) (ähm) und dann noch mehrere LEUTE haben sich dann DAZUGESTELLT und ich saß dann so da und ich dachte irgendwie (1) DIE sprechen mich nicht an die ignorieren die mich jetzt finden die es scheiße was ich jetzt mache (.) da hab ich mich richtig RICHTIG unwohl gefühlt irgendwie (.) des war dann schwierig (1) also ja"[587]

In einer anderen Situation vollzieht er einen intersubjektiven Perspektivwechsel mit Frauen, die Burkas tragen, was ihn zu weiterführenden Reflexionen anregt. Im zweiten Interview bezeichnet er diese Situation als den Schlüsselmoment für die veränderte Form von intersubjektiver Begegnung.

> „ja eine situation fand ich schwierig (.) weil (1) ich bin in so nem pulk mit so menschen langgelaufen und dann waren halt um mich herum auch frauen mit burka und dann (1) hab ich mich ein bisschen doof gefühlt (.) also dass die LEUTE mich jetzt irgendwie- das die leute jetzt denken ich verarsche die oder (1) ich provozier jetzt hier indem ich mich jetzt auch so vermumm irgendwie (1) (ähm) wahrscheinlich KAMS gar nicht so rüber aber so hab ich das irgendwie EMPFUNDEN das ich jetzt hier so (.) PROVOZIERE dann habe ich auch die STRAßENSEITE gewechselt und (1) also das war so ein so- so ein auschlaggebender MOMENT"[588]

Relationale Erkenntnis

Durch die Erfahrungen wird sich der Interviewte seines subjektiven Gesellschaftskonzeptes bewusst, was den Aspekt von Egalität, die sich aus seiner Sicht sowohl im alltäglichen Erleben als auch in der Forschung zeigt, stark verdeutlicht.

587 | Interview 5.1, Z. 6-15
588 | Interview 5.1, Z. 59-69

„ja eher so BESTÄTIGT würd ich fast sagen also (.) GRAD jetzt auffälliger (ähm) (1) nicht zu passen oder nicht gleich (ähm) hat mich das quasi nur so bestätigt (.) also die leute nehmen einen nicht ernst die LEUTE schauen doof manche grinsen keine ahnung (.) den meisten ist es EGAL also ja (1) die sind da in ihrer WELT und ja“[589]

Im zweiten Interview, ein Jahr nach der Forschung, knüpft er an diese Reflexion an und formuliert sie weniger wertend. Er äußert seine Vorstellung von Sozialordnungen und damit verbundenen Grenzziehungen in der Gesellschaft.

„unter dem BEGRIFF STRUKTUR kann man ja auch dieses mapping verstehen? dass man sich ja in einem (2) (ähm) RAUM quasi bewegt (2) der ja STRUKTUREN vorgibt und die haben wir ja so ein bisschen GEBROCHEN (2) mit unseren outfits“[590]
„oder grad münchen halt einfach in seinen strukturen lebt DIE (.) die so (2) irgendwie kodiert sind das du sofort auffällst wenn du (2) wenn irgendwas nicht stimmt“[591]

Der Interviewte formuliert ausgehend von seinem Erleben ein verändertes Verständnis für intersubjektive Beziehungen durch Performative Künstlerische Forschung.

„also (ähm) generell ist es natürlich leichter wenn man des in der GRUPPE macht (ähm) ich hab mich ja dann auch gleich ABGEGRENZT bin alleine rumgelaufen (ähm) so da sind die eindrücke ganz anders also wenn man ALLEINE- zu ZWEIT ist (ähm) dann reagieren die leute auch ANDERS (.)“[592]

Er zeigt auf, dass die Erfahrung eine langfristige Wirkung auf seine alltäglichen Erfahrungen hat. Sie sensibilisierte ihn für einen veränderten Umgang mit alltäglichen irritierenden intersubjektiven Begegnungen in der Gesellschaft.

589 | Interview 5.1, Z. 84-89
590 | Interview 5.2, Z. 29-32
591 | Interview 5.2, Z. 128-131
592 | Interview 5.1, Z. 180-184

> „ABER es hat sich (ähm) insofern verändert dass ich (.) wenn ich da lang lauf (2) mich gar nicht mehr so arg als FREMDKÖRPER fühl weil ich schon mal so der ÜBERFREMDKÖRPER war quasi (.) also da kommen dann einfach die ERINNERUNGEN an das projekt wieder und dass es halt einfach SCHÖN war und SPAß gemacht hat und dann (.) fühlt man sich gar nicht mehr so schlecht (.) also es hat- also ich verbinde jetzt quasi mit dem PLATZ (ähm) ne gute ERINNERUNG und (ähm) die macht es einem leichter (2)"[593]

WIRKUNGEN DER FORSCHUNGSMETHODE

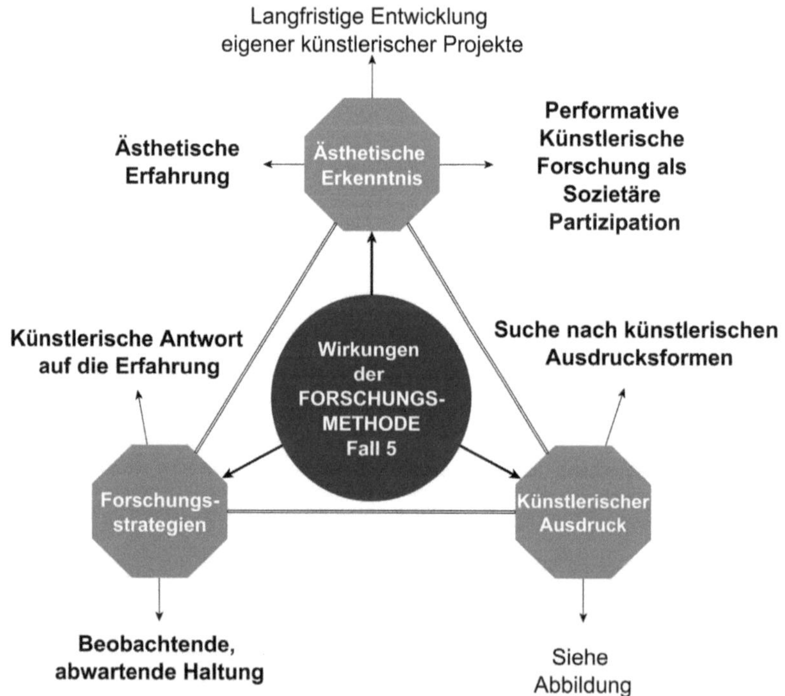

Abbildung 38: Wirkungen der Forschungsmethode, Fall 5

593 | Interview 5.2, Z. 297-305

FORSCHUNGSSTRATEGIEN

Der Interviewte verwendet unterschiedliche Forschungsmethoden. Dabei liegen der Einsatz des eigenen Körpers und das bewusste Agieren in der Rolle im Vordergrund. Er erforscht seine Wirkung auf die Umwelt.

> „WIE reagiert die umwelt auf MICH und wie reagiere ICH auf die umwelt (1) wenn ICH mich (.) bewusst verändere auffällig (2)“[594]

Zu Beginn der Forschung liegt sein Fokus auf den intersubjektiven Erfahrungen. Er antwortet darauf mit künstlerischen Darstellungen und versucht die Stimmung zeichnerisch einzufangen.

> „(ähm) ja so NEUNZIG prozent der leute haben dann wirklich gegrinst (.) fandens auch lustig und nett (1)(…) ja dann haben viele einen einfach ignoriert haben weggeschaut haben einen gar nicht BEMERKT zum teil (1) (ähm) aber generell waren eher positive stimmungen (.) so vom gegenüber“[595]

Darüber hinaus notiert er wörtliche Konversationen und Schlüsselaussagen von Passanten. Diese stellt er in Beziehung zu seinen Empfindungen.

> „so und dann (1) dann hab ich (ähm) (2) ich saß ja dann an diesem diesem platz mit diesem FREMDEN und dann haben die ja so geredet ja schönes wetter feierabend ja toll warm etc. und (ähm) (.) dann hab ich des einfach nur aufgeschrieben quasi diese diese schlagwörter hab mir dann noch aufgeschrieben was die FRAU mich gefragt hat“[596]

KÜNSTLERISCHER AUSDRUCK[597]

Der Interviewte ist auf der Suche nach eigenständigen künstlerischen Ausdrucksformen. Er beschreibt seine künstlerische Darstellung in Bezug auf die positiven intersubjektiven Begegnungen.

594 | Interview 5.2, Z. 112-114
595 | Interview 5.1, Z. 35-41
596 | Interview 5.1, Z. 100-105
597 | Siehe Abbildungen 39,40,41, ab S. 267

> „(ähm) (.) ich hab zu erst (ähm) (2) hab ich mir überlegt ich mach so ne art (ähm) (1) so minimalistisch ich mach so ein ein kleines bild mit smileys und also cluster DIE also wirklich aufs Papier und (ähm) (1) drück dadurch aus dass die meisten wirklich freundlich eingestellt waren und ich hab halt einen traurigen smiley mit reingemalt (.) so um das VERHÄLTNIS so zu haben dass da eigentlich nur grinsende gesichter waren aber dann auch mal ein BÖSER (.)“[598]

Die emotionale Betroffenheit einer intersubjektiven Situation, in der er seine Rolle verlassen wollte, verdeutlicht er durch stichwortartige Notationen.

> „dann hab ich mir aufgeschrieben wies mir dabei ging also unwohl missverstanden beobachtet (ähm) (1) ja des ist quasi so eine kleine WORTCOLLAGE geworden (2)“[599]

Das Aufmerken auf die ästhetische Struktur von Erfahrung verdeutlicht sich in seinen Hörzeichnungen. Darin bringt er eine veränderte, sinnliche Wahrnehmung des räumlichen Umfeldes klar zum Ausdruck.

> „JA ich hab dann noch einmal mich in die straßenecke gesetzt und mit AUGEN zu so diesen- diese GEBÄUDE quasi mit kreide ABGEMALT (ähm) und hab dann danach (1) des so angeschaut und des hat auch gut GEPASST weil das alles so WEIß und CLEAN ist irgendwie (.) und hab dann da drum mit graphitstift quasi nen schwarzen rahmen gezogen weil das dann doch alles da so EINGEENGT ist und darüber ist dann mein (ähm) seismografenbild quasi (.) das nur lärmig ist nur LAUT die ganze ZEIT und genau (1) so das hab ich gemacht“[600]

598 | Interview 5.1, Z. 93-100
599 | Interview 5.1, Z. 106-109
600 | Interview 5.1, Z. 115-123

ÄSTHETISCHE ERKENNTNIS

Die Performative Künstlerische Forschung zeigt einen langfristigen Einfluss auf die alltägliche Wahrnehmung des Interviewten und er entwickelt eigenständige Ideen für künstlerische Projekte.

> „insofern dass ich schon (ähm) meine UMGEBUNG ein bisschen (ähm) konkreter wahrnehme (.) während ich arbeite (2) des war so eine SACHE (.) also ich hab (2) schon oft quasi des probiert aber dann- oder OFT dran gedacht aber oft dann auch nicht (.) quasi also das ich während dem arbeiten ein bisschen auf meine UMGEBUNG achte bisschen auf den SOUND irgendwie auf den GERUCH (ähm) (3) aber (2) erst danach hab ich des so ein bisschen konkreter immer gemacht irgendwie (.)"[601]

Angeregt durch die Forschung macht sich der Interviewte Gedanken zur grundlegenden Unwiederholbarkeit einer Erfahrung. Diese reflektiert er im zweiten Interview und formuliert sein erfahrungsbezogenes Wissen auf einer abstrakten und allgemeinen Ebene.

> „WOBEI da find ich wird es dann SCHWIERIG weil die ERFAHRUNG eigentlich nur einmalig sein kann (1) weil du beim zweiten mal an die SACHE schon anders ran gehst weil du es ja schon mal erlebt hast DANN (2) dann wird es schon schwer (2) also ich glaub (2) des ist auch so eine SACHE oder was natürlich gut und gleichzeitig schade ist dass das so ein einmaliges ERLEBNIS ist dass es halt einfach nicht wiederholbar ist (.)"[602]

Von seinen Gedanken zur Einmaligkeit von Erfahrung ausgehend überlegt er, wie die Erfahrung für Menschen, die nicht an der performativen Darstellung des Bruches beteiligt waren, nachvollziehbar wird. Der Interviewte stellt grundlegende Fragen nach den Formen der menschlichen Kommunikation und legt sein Augenmerk auf die Schwierigkeiten eines emotionalen intersubjektiven Perspektivwechsels.

601 | Interview 5.2, Z. 314-321
602 | Interview 5.2, Z. 517-523

„ich mein (ähm) MAPPING ist ja nicht nur (2) in dem MOMENT (2) sondern ja auch (1) für dann danach (.) also man- wir haben ja dann auch ausgestellt was wir gemacht haben (1) (ähm) KANN ich die ERFAHRUNG die ich gemacht hab einerseits auch wirklich so darstellen das jemand anderes es verstehen KANN? und kann der dann auch indem er es dann zwar nicht macht (.) aber sieht (ähm) was passiert ist irgendwie auch nachvollziehen (.) und (1) fühlen so- das wäre so eine FRAGE ob das funktioniert oder WIE des vielleicht funktionieren könnte (3) aber es ist vielleicht- (3) zu schwierig die FRAGE (lacht) also (.) nicht so einfach zu beantworten (2) aber generell ist es schon so (.) also (2) kann mein gegenüber (2) (ähm) der des jetzt nicht gemacht hat irgendwie auch fühlen? (2) so“[603]

603 | Interview 5.2, Z. 202-215

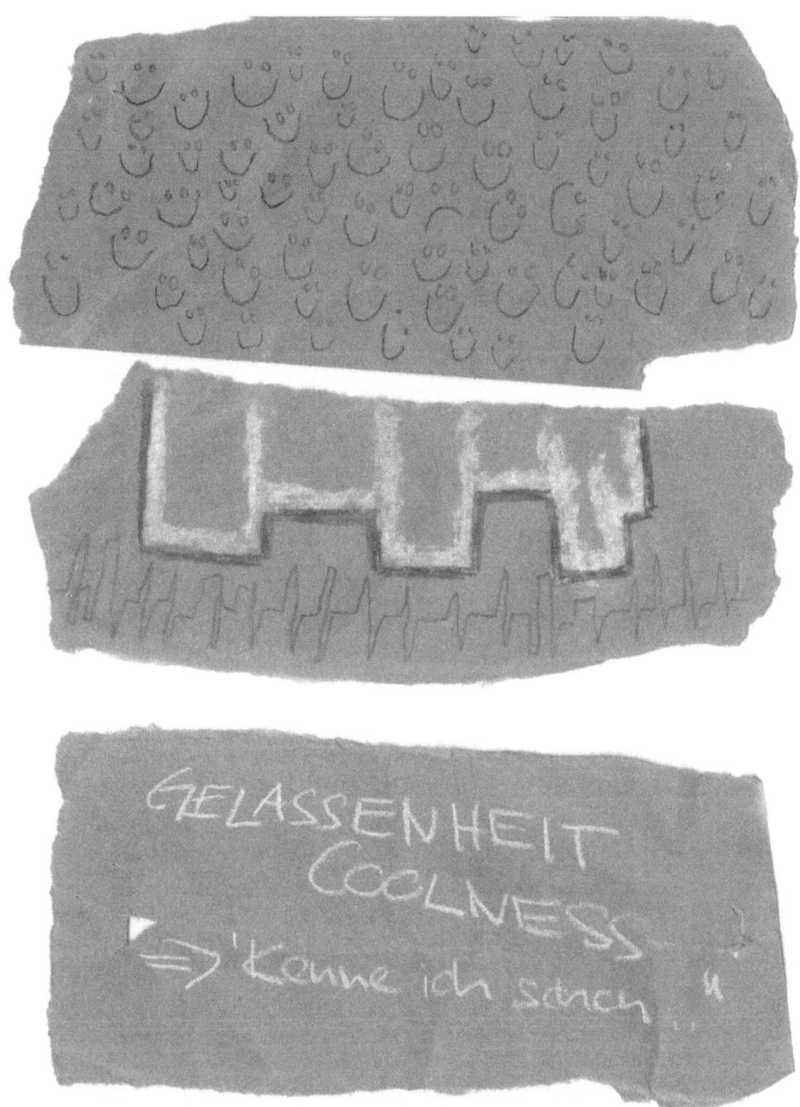

Abbildung 39: Künstlerischer Ausdruck, Fall 5

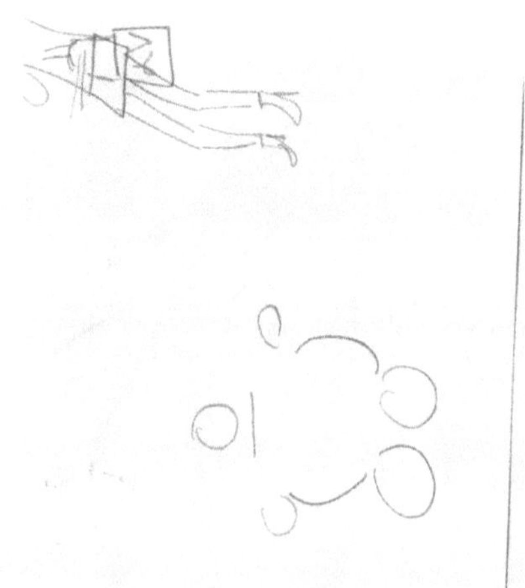

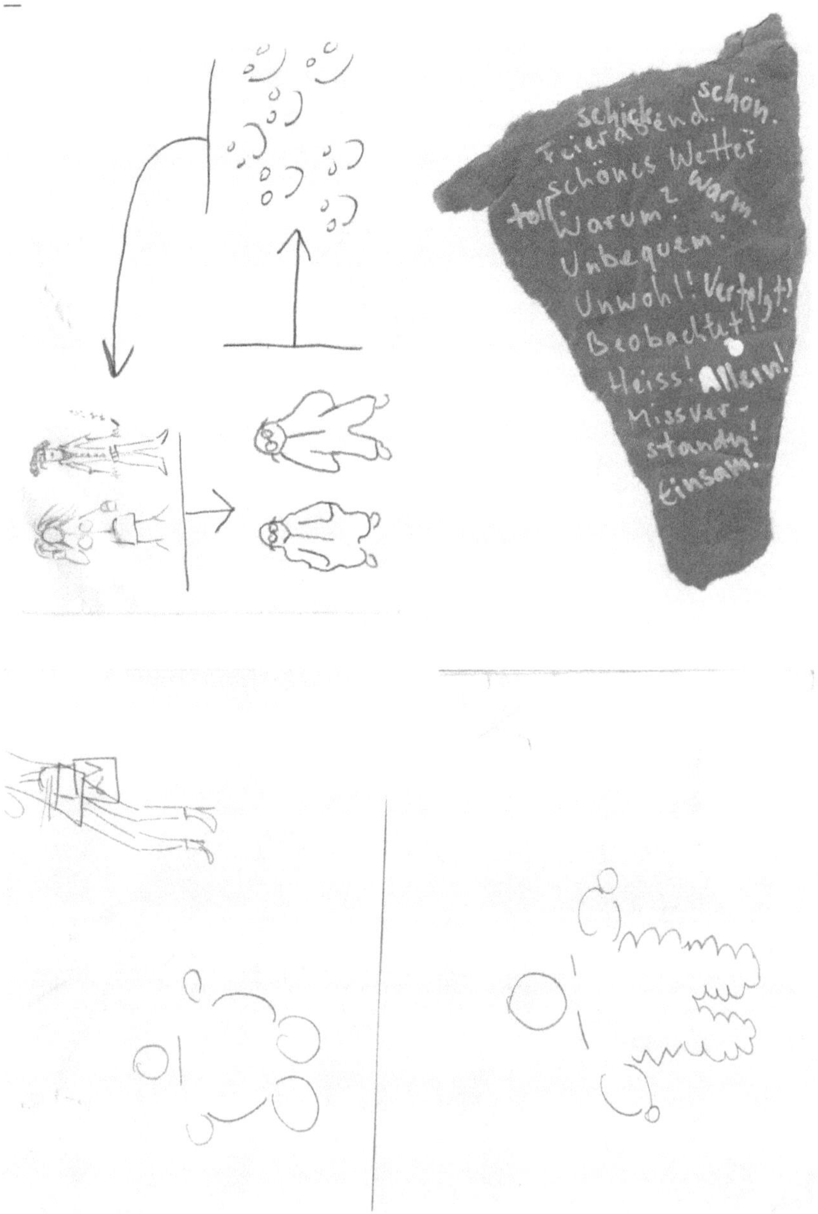

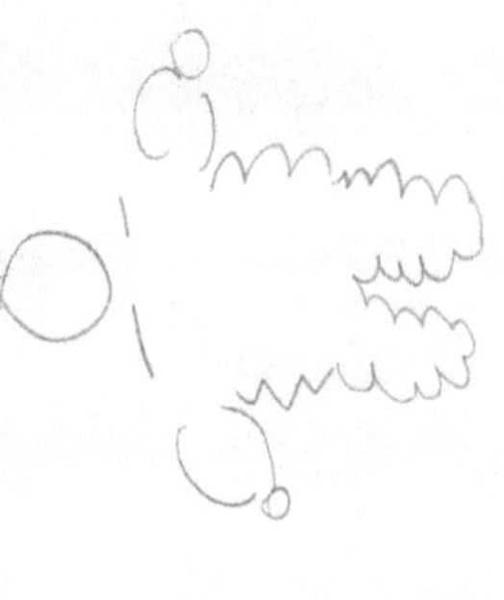

Abbildung 40: Künstlerischer Ausdruck, Fall 5

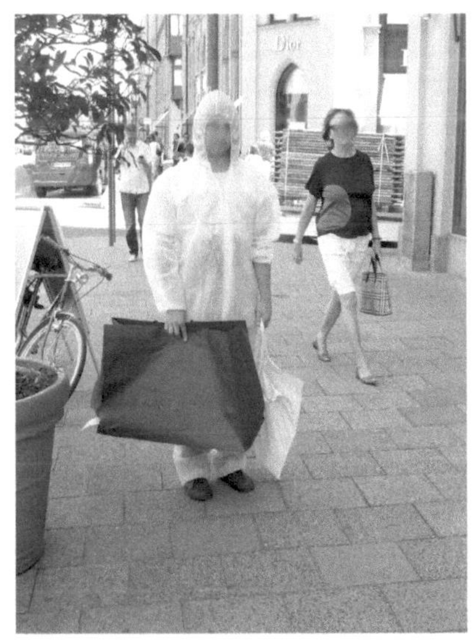

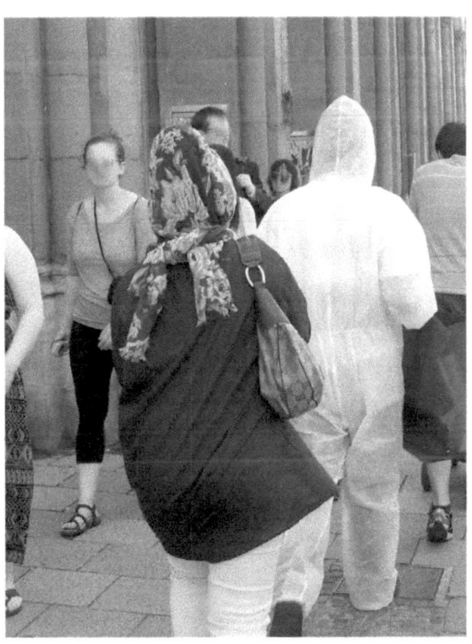

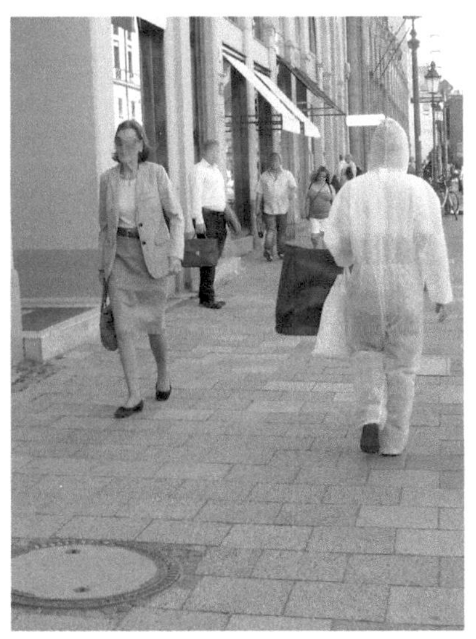

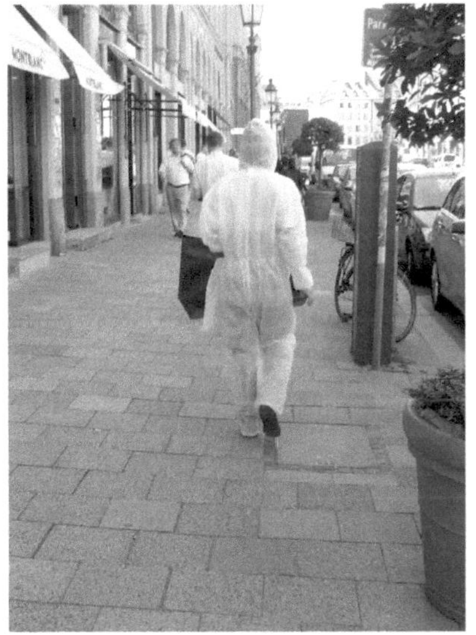

Abbildung 41: Künstlerischer Ausdruck, Fall 5

FALL 6

Subjektive Erfahrung

Intersubjektive Erfahrung

Relationale Erkenntnis

Die Interviewte gibt an, durch die Performative Künstlerische Forschung eine Sensibilisierung für ihr alltägliches Handeln und einen flexiblen Umgang mit Sozialordnungen gewonnen zu haben. In Bezug auf ihren Auslandsaufenthalt führt sie aus, ein erfahrungsbezogenes Wissen mit einer langfristigen Bedeutung erlangt zu haben. Mit ihrer emotionalen Erfahrung während der Forschung reflektiert sie ihre Gesellschaftskonzepte. Denn sie erlebt während der Forschung die gesellschaftliche Sozialordnung als hierarchisch stark geprägt. Im zweiten Interview, ein Jahr später, formuliert sie einen veränderten Blickwinkel auf gesellschaftliche Sozialordnungen aufgrund dieser Erfahrung und berichtet von damit verbundenen intersubjektiven Perspektivwechseln. Ihre Überlegungen stehen in engem Zusammenhang mit einem Infragestellen von gesellschaftlichen Sozialordnungen, die hierarchische Strukturen herausbilden. Davon ausgehend entwickelt sie eine Sensibilität für einen Umgang mit Sozialordnungen und formuliert ihren Wunsch nach einer wertschätzenden Pluralität als Ausgangsbasis für intersubjektive Begegnungen.

Forschungs-strategien

Künstlerischer Ausdruck

Im Zentrum der Forschungsmethoden steht für die Interviewte die Veränderung ihrer sinnlichen Wahrnehmung. Sie schildert Momente des Aufmerkens auf die ästhetische Struktur der Erfahrung und ihre künstlerische Antwort. Dabei nimmt sie sich Zeit, ihre Umgebung wahrzunehmen, und sammelt Gegenstände, die vor allem ihre intersubjektiven Begegnungen symbolisieren. Durch die performative Darstellung und die künstlerische Aufzeichnung entwickelt sie eine hohe Motivation, weitere Ausdrucksmöglichkeiten zu finden. Die Ästhetischen Erfahrungen, die sich während der Forschung ereignen, haben dabei einen langfristigen Einfluss auf ihre alltägliche Wahrnehmung und ihre Suche nach künstlerischem Ausdruck. So beschreibt sie konkrete Veränderungen ihrer Erfahrungen im Alltag und Momente des Aufmerkens auf ästhetische Strukturen. Sie widmet sich in der Zeit nach der Performativen Künstlerischen Forschung dem Medium der Fotografie und erhält durch die Forschung konkrete Impulse für ihre künstlerische Gestaltung.

WIRKUNGEN DES FORSCHUNGSTHEMAS

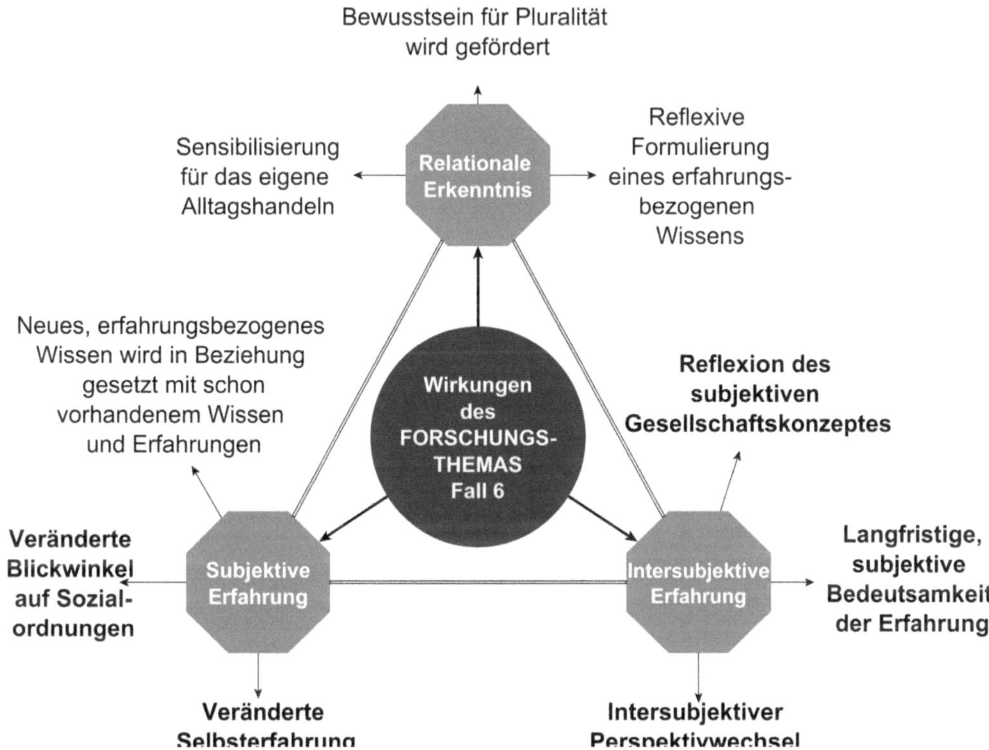

Abbildung 42: Wirkungen des Forschungsthemas, Fall 6

SUBJEKTIVE ERFAHRUNG

Als zentrales Thema in der Forschung zeichnet sich bei der Interviewten das Gefühl der Nicht-Akzeptanz ab. Davon ausgehend entwickelt sie einen veränderten Blickwinkel auf hierarchisch geprägte Sozialordnungen.

> „ICH gehör nicht mehr DAZU ICH bin irgendwie ANDERS ich (.) gehör da nicht richtig rein und (ähm) bin der der ABGEGRENZTE UNTERGEORDNETE“[604]

604 | Interview 6.2, Z. 262-264

Als Schlüsselsituation für die performative Darstellung des Bruches des äußerlichen Erscheinungsbildes in der Maximilianstraße beschreibt sie eine intersubjektive Begegnung, bei der die Reaktion ihres Gegenübers bei ihr eine emotionale Betroffenheit ausgelöst.

> „JA ich glaub das war schon das mit der FRAU als die gemeint- als die da so arrogant geantwortet hat IHR MEINT das *** (.) und so (2) quasi (.) das könnt ihr euch sowie so nicht LEISTEN warum wollt IHR den WEG wissen? (.) Des war schon (1) ein schlag ins GESICHT irgendwie (4) OBWOHL des ja gar nichts drüber aussagt nur weil wir jetzt den ANZUG anhaben das wir uns da kein KAFFEE leisten können“[605]

Im zweiten Interview bringt sie diese Erfahrung in Zusammenhang mit ihren Erfahrungen im Ausland. Zwischen beiden Erfahrungen stellt sie Analogien her und verdeutlicht ihre emotionale Betroffenheit durch die erfahrene Ausgrenzung.

> „also in Italien war es zumindest schon sodass ICH mir dann dachte (ähm) ok die LEUTE akzeptieren die (2) also die ITALIENER da an der UNI akzeptieren die erasmus LEUTE da ÜBERHAUPT NICHT“[606]

Langfristig lässt sich aufzeigen, dass die Forschung eine neue Selbsterfahrung für die Interviewte ermöglichte, die sie aus ihrem alltäglichen Leben nicht kannte. Davon ausgehend entwickelt sie Reflexionen über Gesellschaftskonzepte.

> „Ja dass man irgendwie versteht wie sich (ähm) (2) andere LEUTE fühlen (2) DIE (2) wie gesagt irgendwie ANDERSARTIG sind (lacht) wie wir eben in diesem komischen ANZUG und (ähm) des hatte ich vorher so nie erfahren weil (ähm) (2) ich glaub (5) weil ich jetzt in der HINSICHT irgendwie nicht nicht auffällig ANDERS bin oder so“[607]

605 | Interview 6.2, Z. 177-183
606 | Interview 6.2, Z. 525-528
607 | Interview 6.2, Z. 253-258

INTERSUBJEKTIVE ERFAHRUNG

Die intersubjektiven Erfahrungen der Interviewten sind vorrangig von Abgrenzungen geprägt. Dies lösen bei ihr emotionale Gefühle aus, die auf hierarchisch geprägte Sozialordnungen verweisen.

> „JA schon irgendwie BELEIDIGEND also so (ähm) (3) des sie halt so HERABLASSEN zu uns spricht (ähm) (3) obwohl sie vielleicht auch nichts besseres IST (.) ALSO das WAR (3) irgendwie (9) ICH weiß auch GAR NICHT warum sie dann ÜBERHAUPT geantwortet hat wenn SIE eh schon sich so gedacht hat (lacht) ja (2) IHR passt da nicht rein in den LADEN was wollt ihr da überhaupt (ähm) (8) Ja des war schon so ein GEFÜHL der (2) IHR gehört da nicht dazu ihr seid ABGEGERENZT (ähm) und (4) irgendwie ERNIEDRIGEND (1)“[608]

Durch diese intersubjektiven Begegnungen reflektiert sie ihre veränderten Blickwinkel auf ihre subjektiven Gesellschaftskonzepte. Sie betont ihr Bewusstsein der Grenzen, die gezogen werden, um sozialhierarchische Abgrenzungen zu produzieren, und distanziert sich von diesen.

> „aber irgendwie wenn man da (ähm) (3) dann mit dabei ist und und irgendwie sieht wie die EIGENTLICH drauf sind dass man dann sich denkt WAS soll DES was SIND das FÜR LEUTE? also KANN ich jetzt natürlich auch NICHT sagen weil ich die LEUTE nicht persönlich im einzelnen KENNE aber (ähm) (2) ich glaub schon dass da viele irgendwie= gleich (.) gleich sind (3) und halt ein völlig falsches WERTESYSTEM haben“[609]
> „das des halt so ne so ne (2) geschlossene GESELLSCHAFT ist die (3) ja dies vielleicht auch gar nicht WERT ist (ähm) genauer (ähm) zu erforschen und da (ähm) (2) irgendwie teilzunehmen (.) sag ich jetzt mal (5) ja“[610]

608 | Interview 6.2, Z. 191-189
609 | Interview 6.2, Z. 443-449
610 | Interview 6.2, Z. 454-458

Während der Forschung vollzieht sie einen intersubjektiven Perspektivwechsel. Der veränderte Blickwinkel, der durch die Begegnung geöffnet wird, sensibilisiert sie langfristig in ihrem Alltagshandeln.

„ABER (1) wenn man dann (2) irgendwie die FRAUEN mit den BURKAS sieht dann (1) (ähm) kann man DA IRGENDWIE versuchen (2) !JA! sich DA IRGENDWIE also (ähm) einem wird DANN erst mal BEWUSST (1) was die EIGENTLICH die ganze Zeit (ähm) (3) ja aushalten MÜSSEN mit der HITZE (.)"[611]
„im NACHHINEIN hab ich mir dann schon gedacht JA (ähm) (4) ob sich vielleicht andere LEUTE immer so fühlen (.) auch wenn sie keinen Anzug ANHABEN sondern weil sie halt einfach irgendwie eine andere nationalität andere RELIGION"[612]

Relationale Erkenntnis

Von ihren Erfahrungen ausgehend reflektiert die Interviewte den Umgang mit den Grenzen innerhalb der Sozialordnungen. Sie formuliert ihren Wunsch nach einer akzeptierenden und offenen Haltung, die von einer Pluralität ausgehen sollte.

JA und eine (1) Dame haben wir dann (2) im *** auf der TOILETTE getroffen die meinte dann auch- WAS macht ihr denn INTERESSANTES? SIEHT ja lustig aus und dann haben wir gemeint das ist ein KUNSTPROJEKT und die (.) war ziemlich OFFEN und meinte ja das findet sie (2) das findet sie ganz cool und (ähm) was wir versuchen dabei rauszufinden und so- also die ist da (.) richtig drauf eingegangen[613]

Sie zeigt im zweiten Interview auf, dass in der Forschung der Gruppenzusammenhalt für sie von Bedeutung ist, da dieser ihr einen Halt für die subjektiven Grenzerfahrungen gibt.

„in dem projekt ist man ja dann dann (2) ja hat halt immer geschaut das man immer in ner GRUPPE

611 | Interview 6.1, Z. 26-30
612 | Interview 6.2, Z. 159-162
613 | Interview 6.2, Z. 108-114

unterwegs ist WEIL allein wär des TOTAL (3) noch als BLAMAGE gewesen (ähm) (2) weil man dann halt noch mehr AUßENSEITER ist und (ähm) (3) wenn die LEUTE dann sehen da laufen ja noch mehr davon herum dann= ist es für den EINZELNEN nicht mehr so unangenehm irgendwie"[614]

WIRKUNGEN DER FORSCHUNGSMETHODE

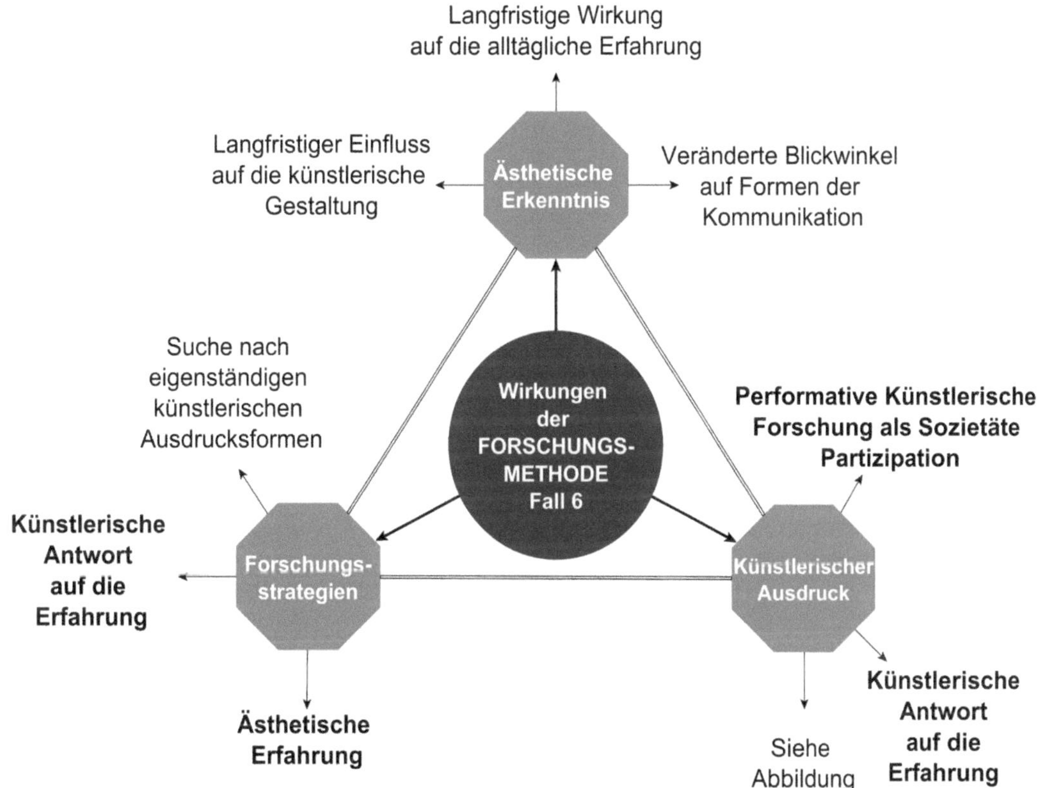

Abbildung 43: Wirkungen der Forschungsmethode, Fall 6

614 | Interview 6.2, Z. 793-799

Forschungsstrategien

Die Interviewte erläutert, dass ihre sinnliche Wahrnehmung durch die Forschungsstrategien beeinflusst ist und sich daher von ihrer alltäglichen Wahrnehmung unterscheidet. Eine Umschreibung des bewussten Aufmerkens auf die ästhetische Struktur der Erfahrung wird deutlich artikuliert.

> „(ähm) (1) schon irgendwie so auch auf kleine (2) DETAILS mehr achtet dass man irgendwie auch mal (ähm) in den ECKEN schaut und und und da dann mal SCHMUTZ sieht oder (2) dass einem so kleinere DETAILS (.) eher auffallen dass man da ein bisschen (3) bewusster irgendwie das SIEHT (.)“[615]
> „ABER so GEZIELT auf der SUCHE ist- (2) dann (2) klar dann (.) fallen einem schon ganz andere Sachen- (2) auf“[616]

Zu Beginn sammelt die Interviewte Gegenstände, die ihr Rollenerleben und die damit verbundenen körperlichen Empfindungen darstellen. Vor allem die intersubjektiven Begegnungen prägen ihre Suche nach künstlerischen Antworten auf die Erfahrung hin.

> „da war so ne schwarze KLEBESTREIFEN so am boden schon von der hitze total irgendwie geschmolzen und das sollte halt allgemein erstmal die HITZE irgendwie darstellen weil des ist schwierig (.) des irgendwie zu (1) ja in eine Form zu bringen (ähm) und irgendwie (2) ja auch find ich so dieses VERBUNDENHEIT mit den FRAUEN in den burkas (1)“[617]

Neben der sammelnden Tätigkeit skizziert sie Szenen und Aussagen der intersubjektiven Begegnungen, die von irritierenden Momenten geprägt sind.

> „ja und die SACHEN die die leute zu mir gesagt haben die habe ich irgendwie (3) skizziert und aufgeschrieben (1) weil des ist auch schwierig des (1) in irgendwie anderer form darzustellen (3)“[618]

615 | Interview 6.2, Z. 576-580
616 | Interview 6.1, Z. 110-117
617 | Interview 6.1, Z. 210-216
618 | Interview 6.1, Z. 228-231

> „da haben wir uns dann hingesetzt und haben noch LEUTE abgemalt (2) während wir einen KAFFE getrunken haben (1) genau in den ANZÜGEN (.) JA (2) des war ein bisschen KOMISCH (3)"[619]

KÜNSTLERISCHER AUSDRUCK[620]

Es zeichnen sich drei zentrale Schlüsselsituationen in der Forschung ab, welche die Interviewte durch Gegenstände und Schrift symbolisiert. Die erste Situation ist die körperliche Identifikation mit Frauen in Burkas.

> „dann hab ich die vielen muslimischen FRAUEN gesehen mit ihrer BURKA und dachte mir wie die sich FÜHLEN wenn wir in den weißen ANZUG schon so schwitzen und das ist so heiß- wie die sich dann fühlen wenn die das so tag täglich tragen müssen und bei der HITZE (.) und des hat mich irgendwie so mit dem STÜCK schwarzen KLEBEBAND in verbindung gebracht"[621]

Die zweite Situation ist eine irritierende Erfahrung in einer intersubjektiven Begegnung, die von einer Ausgrenzung geprägt ist. Die Interviewte notiert ein Zitat aus der Konversation.

> „und (ähm) ich weiß nur noch einmal da haben wir dann eine PASSANTIN mit ganz aufgetakelte mit einem kleinen Hündchen ist langgegangen (.) und die haben wir gefragt (ähm) wo das *** ist (1) und wir haben irgendwie der *** gesagt (1) und sie meinte dann nur (verstellte Stimme) das *** MEINT IHR? JA da müsst ihr da und da lang gehen- also es war so (2) was wollt ihr denn in so nem RESTAURANT?"[622]

Die dritte Situation ist eine intersubjektive Begegnung in einem Laden, bei der ebenfalls das Thema der Ausgrenzung im Vordergrund steht. Die Interviewte nimmt eine Duftprobe als Symbol für die Erfahrung mit.

619 | Interview 6.2, Z. 183-186
620 | Siehe Abbildungen 44,45,46, ab S. 280
621 | Interview 6.2, Z. 89-94
622 | Interview 6.2, Z. 68-74

„also DIE haben uns versucht uns ganz normal- (1) ABER die haben WAHRSCHEINLICH auch gewusst das das irgend so nen (2) projekt ist oder so- ALSO ich denke mal (.) wenn man jetzt eher (.) wie wie nen OBDACHLOSER oder so verkleidet wär dann würde (ähm) (1) dann wissen SIE JA nicht ob des jetzt ein projekt IST und würden des dann (2) würden dann wahrscheinlich einen gar nicht rein lassen (.) weil das ja auch FÜR den ruf von dem geschäft irgendwie schadend ist und“[623]

Ästhetische Erkenntnis

Die Interviewte betrachtet den Forschungsprozess unter gesellschaftlichen Aspekten und äußert ihre erfahrungsbezogenen Erkenntnisse. Eine enge Verbindung des sozial-künstlerischen Prozesses und der formulierten Erkenntnisse kann aufgezeigt werden.

„JA des glaub= ich schon ja des man halt (2) jetzt ja besser versteht oder nachvollziehen kann wie sich jemand der anders aussieht (ähm) (2) fühlt und des man da (2) klar immer wenn mal in der SITAUTION mal selber gewesen ist ist man da eben sensibler und= (ähm) (2) deswegen ist das eigentlich ne ganz gute ERFAHRUNG und (ähm) (5) ja hilft dann glaub ich schon den= anderen besser zu verstehen und zu versuchen dem jetzt irgendwie (3) weiter zu helfen weil man ja jetzt das GEFÜHL kennt und (4) ja denk schon dass des durch die erfahrung ganz gut (7) mhm (5) ja“[624]

Sie zeigt auf, dass die Ästhetischen Erfahrungen während der Forschung einen langfristigen Einfluss auf ihre alltägliche Erfahrung haben, da sie durch das Projekt die Fotografie als künstlerischen Ausdruck für sich entdeckt.

„mhm (7) JA des (2) ganze PROJEKT also mit der= des ist für mich sehr wichtig gewesen weil eben dann (2) des mit der FOTOGRAFIE (2) rausgekom-

623 | Interview 6.1, Z. 70-77
624 | Interview 6.2, Z. 852-869

> men ist dass des mir des eigentlich wahnsinnig SPAß gemacht hat und (ähm) SPAß macht und ich nicht weiß warum ich das nicht schon vorher gemacht HAB"[625]

Ebenfalls beschreibt sie konkrete Wahrnehmungserlebnisse, die durch die Forschung ausgelöst werden, in denen sich die Strukturen der Wahrnehmung verändern. Diese Beschreibung gleicht einer sprachlichen Annäherung an die Ästhetische Erfahrung.

> „danach hab ich glaub ich gar nicht mehr die LEUTE gesehen sondern nur noch (ähm) die KOMPOSITION irgendwie des jetzt so= ob des jetzt (1) ein gutes SET ist um da jetzt ein FOTO von zu machen (ähm) (2) und (1) ich glaub ich war da voll irgendwie in meinem ELEMENT dann und nur noch mit der KAMERA und hab gar nicht mehr so das drum rum gesehen (.) sondern (ähm) (3) hab dann irgendwie total auf die DETAILS irgendwie bei der FASSADE oder wie ist das im SCHAUFENSTER und (ähm) DES schärft glaub ich schon ziemlich den BLICK"[626]

Die Forschungsmethoden haben einen langfristigen Einfluss auf ihre alltägliche Wahrnehmung und befördern Ideen für eigene künstlerische Projekte.

> „ist das immer noch irgendwie so im HINTERKOPF und wenn ich in der STADT entlangfahre dann denk ich mir ah ja das GEBÄUDE wäre super gewesen um eben darzustellen dass auch ähm MÜNCHEN so ein bisschen ein VERFALL oder halt irgendwie (ähm) (2) was ärmliches hat (2) oder irgendwie so KRITZELEIEN da denk ich dann so manchmal dran ja dass des wär irgendwie schon wieder was für das PROJEKT"[627]

625 | Interview 6.2, Z. 683-687
626 | Interview 6.2, Z. 581-589
627 | Interview 6.2, Z. 646-652

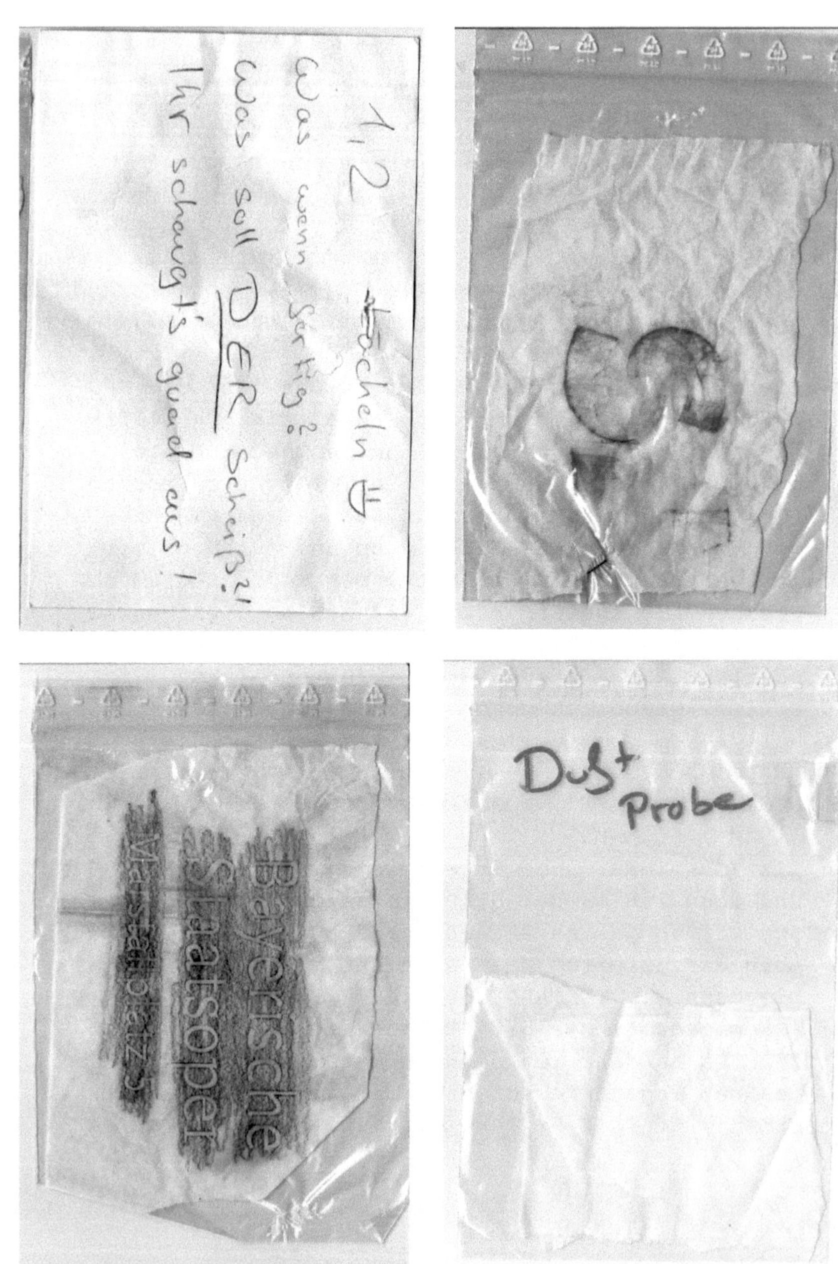

Abbildung 44: Künstlerischer Ausdruck, Fall 6

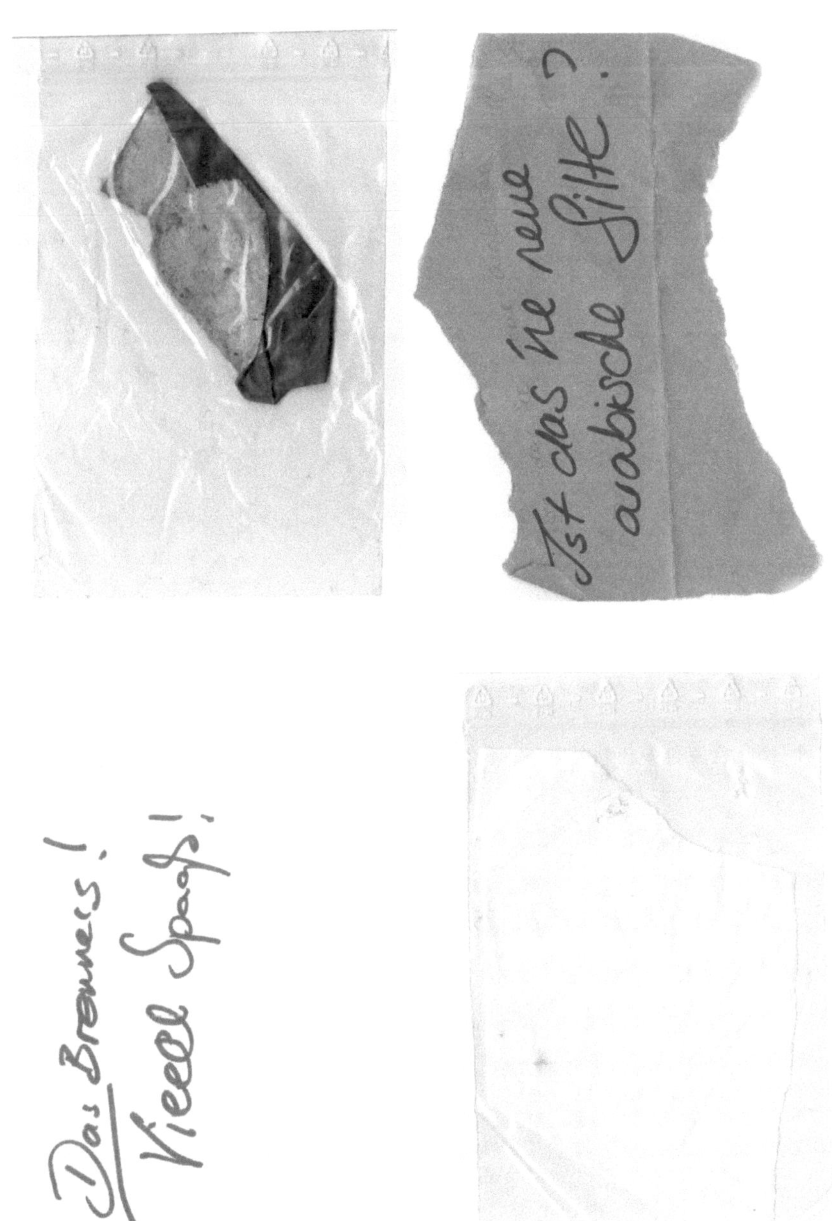

Abbildung 45: Künstlerischer Ausdruck, Fall 6

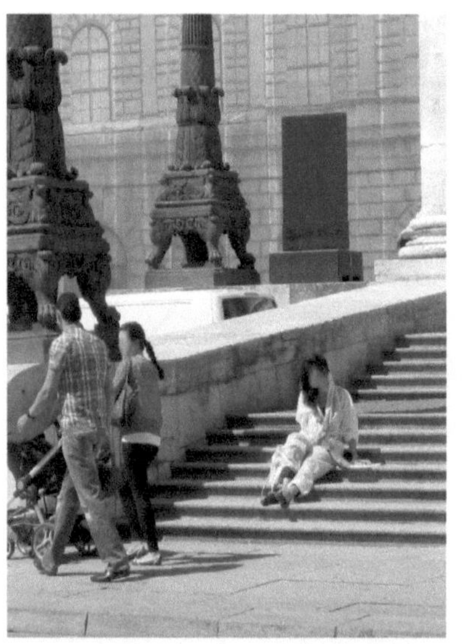
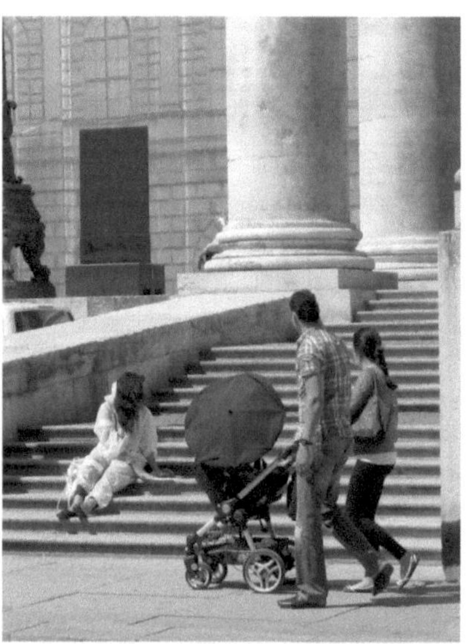
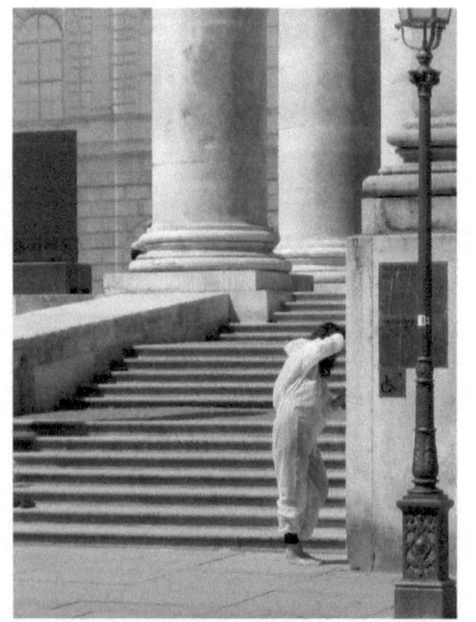
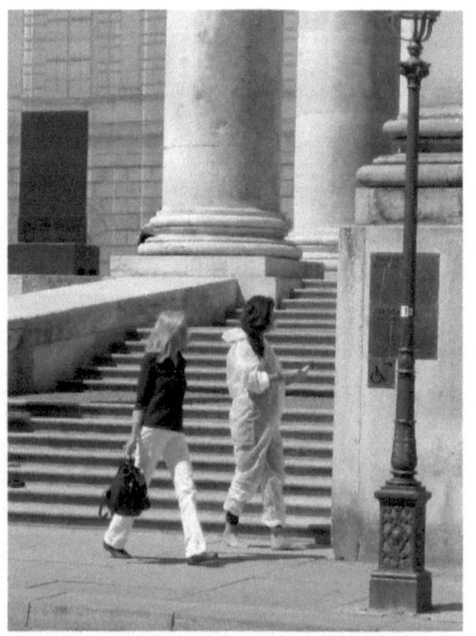

Abbildung 46: Künstlerischer Ausdruck, Fall 6

FALL 7

Die Interviewte kann sich nur geringfügig mit der Performativen Künstlerischen Forschung identifizieren. In beiden Interviews verdeutlicht sie dies durch ihre distanzierte Haltung und ihre Äußerungen. Vor allem im zweiten Interview schwächt sie ihre Erfahrung ab. In der Analyse der Thematisierungsregeln, welche die Art und Weise der Kommunikation betreffen, kann ein bewusstes Ablehnen bestimmter Fragestellungen aufzeigt werden. Dies sind im Speziellen Fragen, in denen es um emotionale Wirkungen, persönliche Schlüsse oder auch eine Positionierung geht. Aus ihrem Kommunikationsverhalten lässt sich schlussfolgern, dass die Interviewte aus ungenannten Gründen nicht persönlich Stellung beziehen möchte. Gründe für eine Identifizierungsproblematik, die sich durch ihre Aussagen aufzeigen lassen, sind die empfundene Fremdbestimmung und die Unklarheit bezüglich der Aufgabenstellung.

Subjektive Erfahrung

Identifikations-problematik

Die erlernten künstlerischen Aufzeichnungsstrategien verwendet die Interviewte nur sekundär, für sie stehen die performativen Darstellungen im Vordergrund. Sie sucht aktiv Situationen, in denen sie auf Passanten und Angestellte zugeht, um intersubjektive Begegnungen anzuregen. Dabei handelt sie bewusst in der Rolle und verstärkt den Bruch der äußerlichen Erscheinung, indem sie sich gegensätzlich zu ihrem äußerlichen Erscheinungsbild verhält. Sie fokussiert sich vorrangig auf den performativen Ausdruck und nicht auf die künstlerischen Aufzeichnungsstrategien. Dabei lässt sich aufzeigen, dass durch dieses Verhalten ein bewusstes Aufmerken auf die ästhetischen Strukturen der Erfahrung gehemmt wird. So kann durch folgendes Fallbeispiel das Potenzial der wechselseitigen Methodenkombination veranschaulicht werden.

Forschungs-strategien

Künstlerischer Ausdruck

WIRKUNGEN DES FORSCHUNGSTHEMAS FALL 7

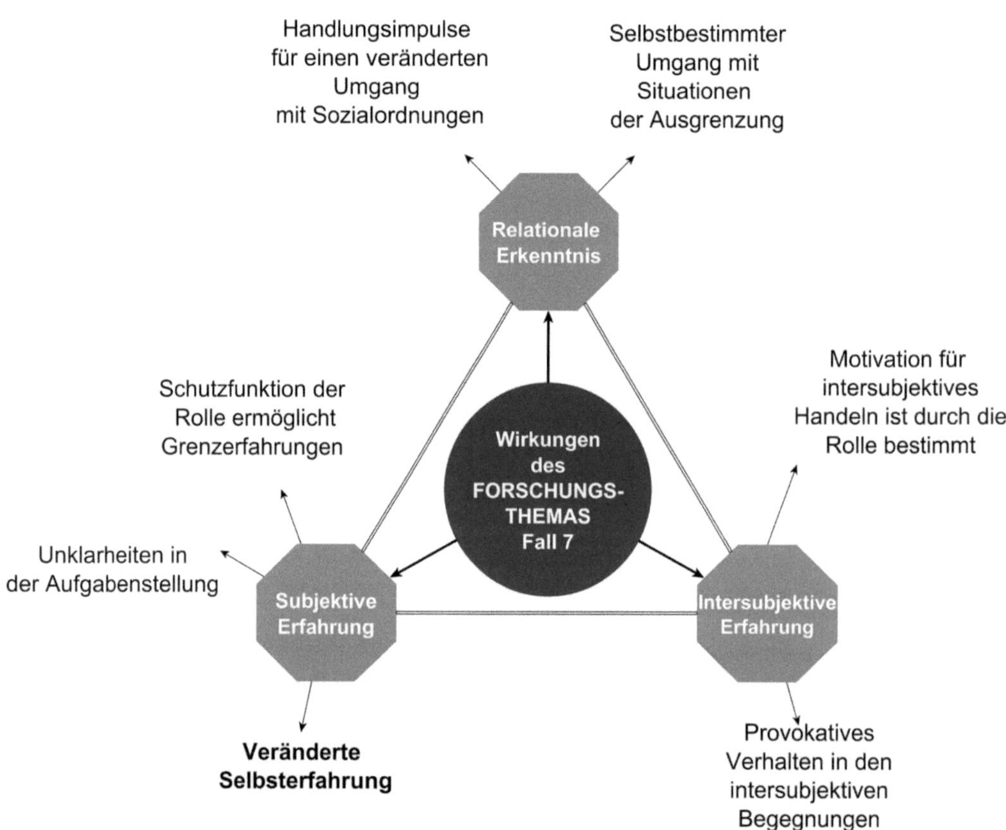

Abbildung 47: Wirkungen des Forschungsthemas, Fall 7

SUBJEKTIVE ERFAHRUNG

Die Interviewte zeigt im ersten Interview auf, dass die körperliche Erfahrung während der Forschung von ihrer alltäglichen Erfahrung abweicht und sie einen veränderten Blickwinkel auf sich erlangt. Durch die performative Darstellung nimmt sie konkrete Veränderungen in ihrer Körpersprache wahr.

> „ICH glaube es hat sich so ein bisschen VERÄNDERT (ähm) (.) dadurch dass wir (.) die ANZÜGE anhat-

> ten (.) hat sich auch die eigene (1) WAHRNEHMUNG (1) verändert und man hat sich selber- oder ICH HAB mich selber anders GEFÜHLT (.) also zum Beispiel hab ich gemerkt (1) ich bin anders GELAUFEN (.) weil man irgendwie so diesen schutz hat (.) kann man sich so ein bisschen mehr GEHEN lassen (1) also ich bin so bisschen legerer gelaufen“[628]

In der performativen Darstellung zeigt sich eine veränderte Selbsterfahrung durch das Rollenbewusstsein, das für die Interviewte ein selbstbewusstes Verhalten fördert.

> „ich hätte das selber nicht gedacht dass man oder dass ICH meine ART irgendwie so verändere- dass man sich- oder ich hab mich einfach viel mehr GETRAUT (.) dadurch dass ich so diesen anzug anhatte und und IMMUN war“[629]

Die Schutzfunktion der Rolle ermöglicht es ihr, Grenzerfahrungen bewusst zu forcieren und sich in intersubjektiven Begegnungen verändert zu verhalten.

> „EINFACH in dem anzug weil man so den SCHUTZ hatte also (.) des war irgendwie- man WUSSTE des ist nicht real (.) man würde so was jetzt vielleicht nicht in wirklichkeit MACHEN (.) sondern das hat mit dem projekt zu tun“[630]

Dennoch verdeutlicht sich die Identifikationsproblematik mit der Performativen Künstlerischen Forschung an unterschiedlichen Stellen. Vor allem im zweiten Interview distanziert sich die Interviewte von ihrer Erfahrung. Sie verweist darauf, dass die Rolle für sie fremdbestimmt ist.

> „macht des jetzt nicht aus eigenen STÜCKEN sondern (.) es war ja dieses PROJEKT (.) deswegen haben wir ja dass gemacht deswegen sind wir ja SO über die maximilianstraße gelaufen (3) UND (ähm) dann HAT man so (3) quasi einen VORWAND warum man dinge tut“[631]

628 | Interview 7.1, Z. 3-9
629 | Interview 7.1, Z. 126-129
630 | Interview 7.1, Z. 11-14
631 | Interview 7.1, Z. 86-89

Neben der Fremdbestimmung zeigt sie auf, dass ihr die Aufgabenstellung der Forschung unklar war.

> „Interviewte: (7) naja GEFRAGT hab ich mich schon bisschen was der SINN von dem projekt war ? (2) und was so (4) was eigentlich der Gedanke dahinter war dass wir das gemacht haben? (3) des schon ja
>
> Interviewerin: hast du da so eine AHNUNG? bekommen? oder eine ANTWORT für dich? gefunden?
>
> Interviewte: NICHT wirklich ne“[632]

Die Identifikationsproblematik zeigt sich besonders mit Blick auf die Thematisierungsregeln der Kommunikation. So antwortet die Interviewte zumeist knapp und aufzählend. Sie schneidet keine persönlichen Themen an und schwächt die Wirkungen der Forschung ab. Die folgende Einstiegspassage des zweiten Interviews kann dies exemplarisch verdeutlichen.

> „Interviewerin: erzähl einfach mal aus deiner erinnerung HERAUS über das projekt vor einem JAHR
>
> Interviewte: hm (2) (ähm) also wir sind über die (ähm) maximilianstraße gelaufen hatten diese (ähm) maler overalls an (pff) (.) ICH bin mit der *** eben (.) zusammen gewesen (3) (ähm) wir sind halt mit rumgeschlendert haben noch einen kaffee getrunken (3) JA (lacht) (5) sind in ein paar LÄDEN rein haben uns SCHUHE angeschaut und (3) ja das wars eigentlich“[633]

Intersubjektive Erfahrung

Die Interviewte verhält sich in den intersubjektiven Begegnungen aktiv, sie geht gemeinsam mit einer anderen Forscherin bewusst auf Menschen zu und spricht diese an. Ihr Verhalten verändert sich im Laufe der Forschung von einem zögerlichen hin zu einem direkten und provozierenden Verhalten.

632 | Interview 7.2, Z. 111-116
633 | Interview 7.2, Z. 6-13

„waren wir auch beide (4) (ähm) ZÖGERLICHER weil ich glaube das war die erste STATION quasi die wir angelaufen sind (.) da wusste man noch nicht so genau (3) also dass wir beide gesagt haben und WAS machen wir da drin? und (mhm) HIN und HER und dann sind wir (3) ja nicht so FORSCH rangegangen (3) wie vielleicht dann SPÄTER“[634]

Die Fremdbestimmung des Rollenbildes zeichnet sich ab, wenn die Interviewte über ihre Handlungsmotivationen spricht. Dabei steht das aktive und provokative Verhalten in den intersubjektiven Begegnungen im Vordergrund ihrer Aufmerksamkeit.

„wir sind einfach auf die leute ZUGEGANGEN und haben die angequatscht (3) weil man eben wusste des ist (.) für das projekt“[635]
„ALSO ich wäre jetzt auch nicht auf die IDEE gekommen diesen portier zu fragen ob wir jetzt da mal rein können weil (4) was sollen wir darin (.) ABER dann hatten- MUSSTE man halt irgendwas tun DANN hat man sich überlegt ja was kann man jetzt machen? (3) JA dann gehen wir halt mal da hin gehen wir halt mal dahin“[636]

In den intersubjektiven Begegnungen spitzen sich die irritierenden Erfahrungen durch das provokative Verhalten der Interviewten zu und sie testet auf spielerische Weise ihre Grenzen.

„also der ANZUG hats besonders gemacht (2) ohne den Anzug wärs (3) nicht so gut gewesen also es war einfach (2) es war auch total witzig wie die menschen einfach REAGIERT haben zum beispiel wollten wir in ein HOTEL rein und haben gefragt ob wir auf toilette DÜRFEN (.) hat er gemeint ne nur für HOTELGÄSTE (1) und dann haben wir gefragt und wenn wir ANDERS angezogen wären JA JA DANN natürlich dürftet ihr rein (1) SO also die reaktionen waren schon INTERESSANT (4) ja“[637]

634 | Interview 7.2, Z. 251-256
635 | Interview 7.1, Z. 15-17
636 | Interview 7.2, Z. 90-94
637 | Interview 7.1, Z.130-137

Relationale Erkenntnis

Die Interviewte formuliert im zweiten Interview langfristige Schlussfolgerungen aus der Erfahrung. Sie reflektiert, inwiefern Sichtweisen auf Sozialordnungen Gesellschaftskonzepte bestimmen. Dabei schreibt sie dem Individuum die Fähigkeit zu, die subjektiven Blickweisen auf diese Konzepte zu steuern.

> „dass man sich auch selber nicht so FREMD macht (.) sondern auch wenn man FREMD ist sich sich trotzdem in die SITUATION begibt und dadurch nicht mehr so fremd ist“[638]

Von diesen Überlegungen ausgehend zeigt sie Handlungsimpulse für einen selbstbestimmten Umgang mit Sozialordnungen auf. Dieser bezieht sich vor allem auf Situationen des Ausgegrenzt-Werdens.

> „naja dass man VIELLEICHT irgendwann sich selber wenn man sich dessen BEWUSST ist dass man FREMD ist dass man vielleicht trotzdem einfach so tun (3) ODER ja eben mit dieser SELBSTVERSTÄNDLICHKEIT an die SACHE gehen sollte und dann ist man auch gar nicht mehr so fremd (3)“[639]

Die Interviewte verdeutlicht in Überlegungen zum intersubjektiven Verhalten in Situationen der Ausgrenzung, dass die selbstbestimmte Form des Umganges für sie eine entscheidende Rolle spielt.

> „es ist ja auch wie man in den RAUM reingeht so verhält (2) sich das gegenüber OFT also wenn man mit einer SELBSTVERSTÄNDLICHKEIT in diesen diesen LADEN reingeht (2) dann ist das eigentlich eher unwahrscheinlich dass da jemand herkommt und einen darauf anspricht warum man jetzt so aussieht“[640]

638 | Interview 7.2, Z. 237-239
639 | Interview 7.2, Z. 230-234
640 | Interview 7.2, Z. 205-209

WIRKUNGEN DER FORSCHUNGSMETHODE

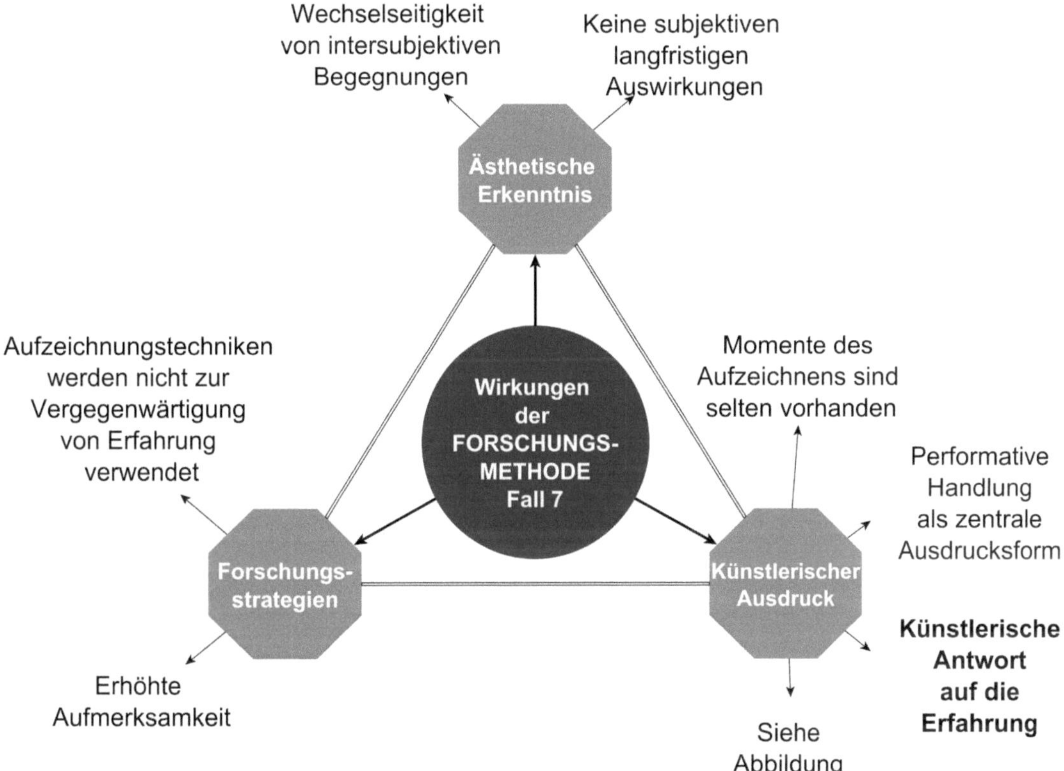

Abbildung 48: Wirkungen der Forschungsmethode, Fall 7

FORSCHUNGSSTRATEGIEN

Die Interviewte veranschaulicht, wie sie ihre Aufmerksamkeit bewusst öffnet und sich auf die Wirkungen der performativen Darstellung konzentriert. Ihr Fokus liegt auf der intersubjektiven Wechselseitigkeit der Begegnungen.

> „ich hab vielleicht ein bisschen mehr darauf GE-ACHTET wie (3) die umwelt auf MICH reagiert weil man EBEN (1) so auffällig war (1) und sich dessen ja auch dann BEWUSST ist (ähm) (3) dann denk ich

> achtet- also PROVOZIERT man ja auch eine REAKTION und achtet dann halt auch darauf (2) wie jetzt die menschen reagieren"[641]

Als vorrangige Forschungsstrategie zeigt sich die performative Darstellung bei der Interviewten. Sie experimentiert mit ihrer Rolle und sucht bewusst Situationen der intersubjektiven Begegnung.

> „und das war schon eine coole ERFAHRUNG also der ANZUG hats besonders gemacht (2) ohne den Anzug wärs (3) nicht so gut gewesen also es war einfach (2) es war auch total witzig wie die menschen einfach REAGIERT haben"[642]

Sie gibt an, dass sich ihre Wahrnehmung der Umgebung verändert und sie sich bezüglich der Aufzeichnungstechniken auf das Sammeln von Gegenständen fokussiert. Sie verwendet die Aufzeichnungstechniken dabei jedoch nicht, um sich die gemachten Erfahrungen zu vergegenwärtigen.

> „na ich denk ich hab SO (ähm) (3) die maximilianstraße bisschen (ähm) mit anderen AUGEN gesehen (.) weil man natürlich (3) NICHT wie man vielleicht SONST kuckt man kuckt in schaufenster und kuckt was GEFÄLLT einem oder so (.) sondern (2) man kuckt eben DANACH was man passendes raussuchen kann (.) was man eben in seine tüten packen kann oder so (.)"[643]

Im zweiten Interview kann sich die Interviewte nicht mehr an die Aufzeichnungsstrategien (im Interview Mapping-Strategien genannt) erinnern. Es kann aufgezeigt werden, dass diese für sie keine langfristige Bedeutung haben, da sie keine subjektive Vergegenwärtigung angeregt haben.

> „Interviewerin: also ihr habt ja da auch konkrete so mapping STRATEGIEN angewendet (3) während dem im ANZUG rum laufen und (ähm) dadurch war ja auch so ein FOKUS auf der wahrnehmung und?

641 | Interview 7.1, Z. 53-58
642 | Interview 7.1, Z. 129-133
643 | Interview 7.2, Z. 70-74

Interviewte: ich weiß es schon gar nicht mehr so genau? was wir alles gemacht haben?"[644]

Künstlerischer Ausdruck[645]

Neben der vorrangig performativen Darstellung der Interviewten zeichnet sich die Methode des Sammelns ab. Hier sammelt sie einen Gegenstand in einer intersubjektiven Begegnung.

„ich war in einem LADEN und dann (3) hab ich so parfüm auf auf- (2) ein BLATT gesprüht und (2) (ähm) handcreme auf ein blatt getan und so (1)"[646]

Eine weitere intersubjektive Begegnung, in der sie bewusst ihre Rolle erprobt, visualisiert sie mit einer Zeichnung.

„weil ich das am beeindruckendsten fand einfach (4) ja und zum beispiel war ich auch bei *** drinnen- war ich davor noch NIE DRINNEN (3) und (ähm) (3) des war auch (.) ganz witzig weil die- man hat voll GEMERKT die verkäuferin findet das jetzt total KOMISCH (2) wie wir aussehen und war aber trotzdem sehr nett und so (.) und (ähm) (4) da hab ich dann einen Schuh gemalt (lacht) ja (5) ja (6)"[647]

Ebenfalls hält die Interviewte die wörtlichen Aussagen der Passanten schriftlich fest.

„ich hab- (ähm) (2) die menschen hatten manchmal echt so witzige sprüche DRAUF (2) oder HABEN auch so ganz komisch REAGIERT (3) und (ähm) die aussagen habe ich dann aufgeschrieben (2)"[648]

644 | Interview 7.2, Z. 154-158
645 | Siehe Abbildungen 49, 50, 51, ab S. 294
646 | Interview 7.1, Z. 74-76
647 | Interview 7.1, Z. 94-100
648 | Interview 7.1, Z. 83-86

ÄSTHETISCHE ERKENNTNISSE

In Bezug auf die Forschungsstrategien fokussiert sich die Interviewte vorrangig auf die performative Darstellung. Die Aufzeichnungsstrategien nennt sie nur auf Nachfrage, da diese keine subjektive Bedeutung für sie erlangt haben. Es kann festgehalten werden, dass die Momente des bewussten Vergegenwärtigens oder Aufzeichnens nur geringfügig vorhanden sind.

> „(10) also es war irgendwie mal ne (4) ganz witzige ERFAHRUNG (4) aber es war jetzt nicht irgendwie tiefer gehend (.) also (3) wir haben es gemacht und damit war es auch abgeschlossen (.) also es war jetzt nicht dass mich danach noch beschäftigt hätte (4) oder das ich mir GEDANKEN gemacht habe warum haben die sich so verhalten warum haben die sich so verhalten? (.) das war eigentlich nicht (5)“[649]

In Bezug auf die performative Darstellung formuliert die Interviewte ihr Bewusstsein für die Wechselseitigkeit von intersubjektiven Begegnungen und sie reflektiert ihre veränderte Handlung.

> „(9) schwer zu sagen (.) also (16) also (1) besonders an der Sache war halt dass wir diese overalls anhatten (2) und dadurch ja sicher auch AUFMERKSAMKEIT erregt haben (3) ABER (ähm) ich weiß nicht dadurch das man weiß dass man so etwas anhat reagiert man auch schon von sich aus ANDERS auf die LEUTE (3) die einem BEGEGNEN (4)“[650]

Im zweiten Interview drückt sie bewusst aus, dass die Forschung keine langfristigen Wirkungen auf sie hat.

> „Interviewerin: JETZT (ähm) wären wir bei der zweiten größeren FRAGE angelangt ((mhm)) die wäre (ähm) dass du einfach mal so ganz assoziativ erzählst wie es dir NACH dem projekt ergangen ist? also in der ZEIT danach

649 | Interview 7.2, Z. 191-197
650 | Interview 7.2, Z. 46-51

Interviewte: GUT (lacht) (3) (ähm) meinst du ob es AUSIRKUNGEN hatte?

Interviewerin: (mhm) genau

Interviewte: ich glaub nicht wirklich (3) also (2) es war dieses projekt und nach dem projekt war das auch für mich abgeschlossen (1) also es hatte jetzt keine AUSWIRKUNGEN auf mich"[651]

Die genauen Gründe für die geringfügigen Wirkungen sind mit der Interviewanalyse nicht darstellbar. Dennoch lassen sich drei zentrale Themen aufzeigen: Das Gefühl der Fremdbestimmung, die Unklarheit der Aufgabenstellung und die reduzierte Verwendung der Aufzeichnungsstrategien.

651 | Interview 7.2, Z. 95-103

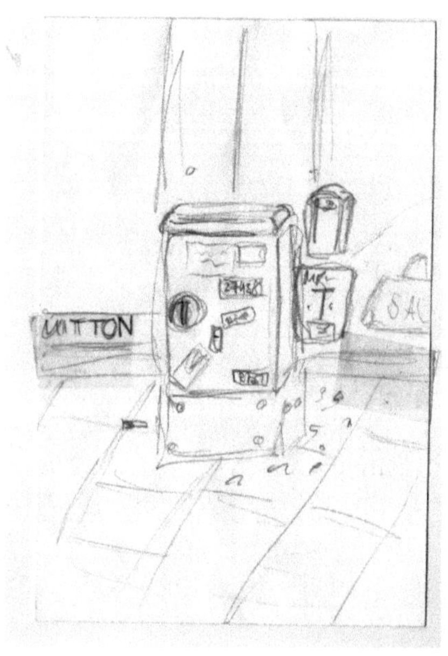

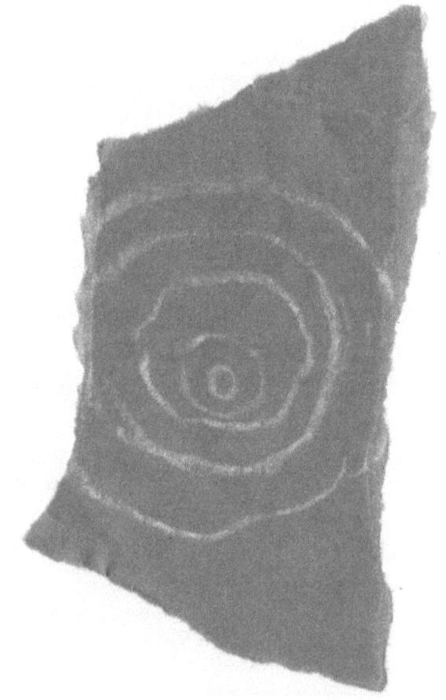

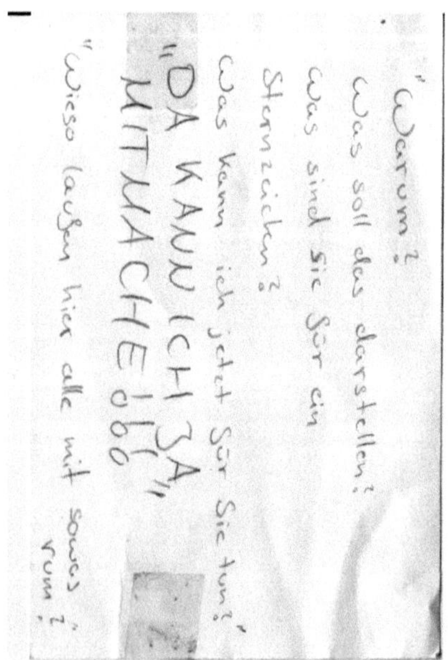

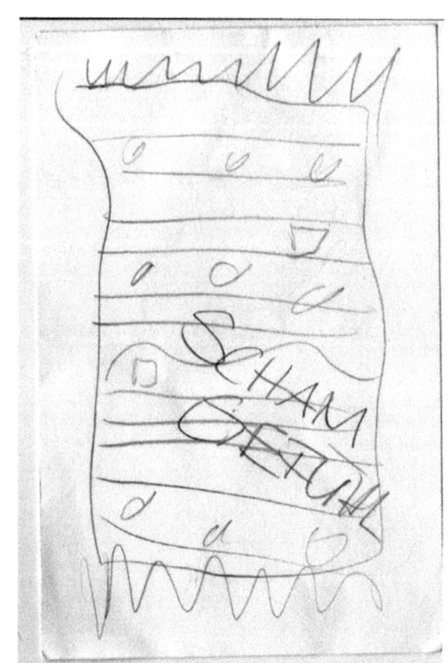

Abbildung 49: Künstlerischer Ausdruck, Fall 7

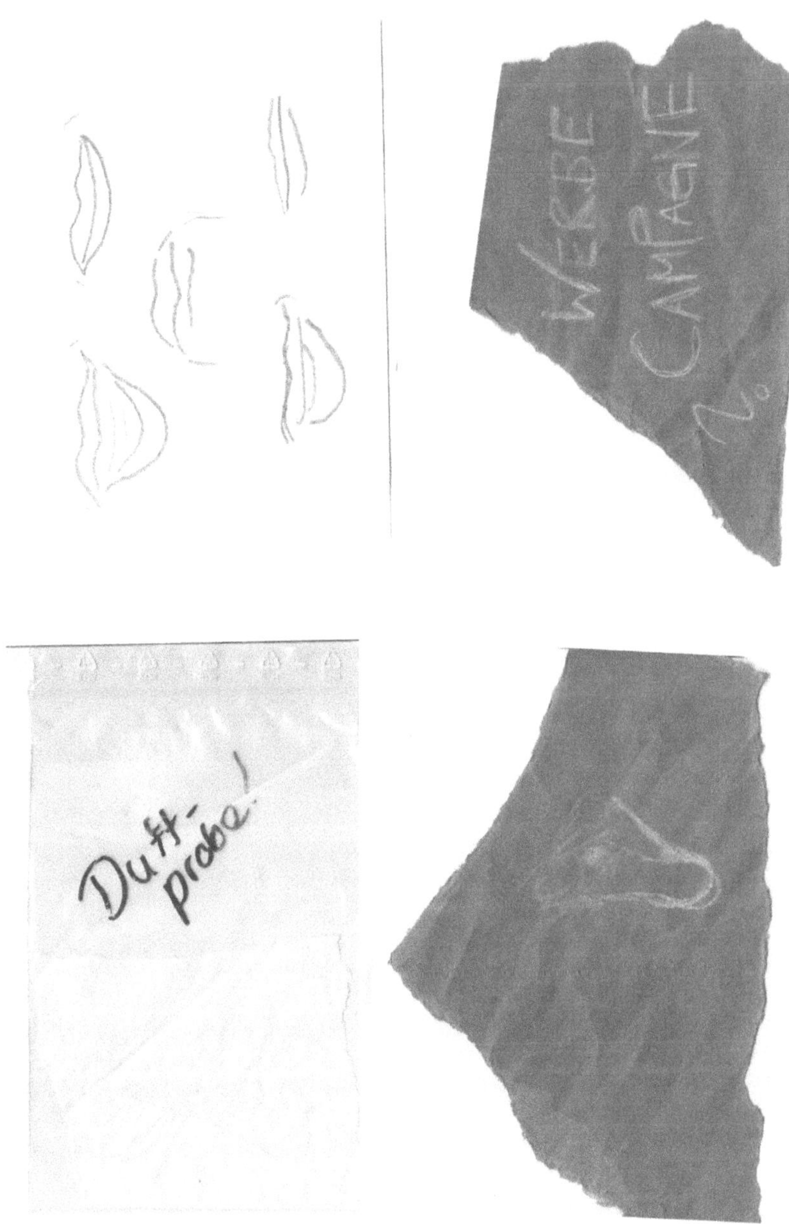

Abbildung 50: Künstlerischer Ausdruck, Fall 7

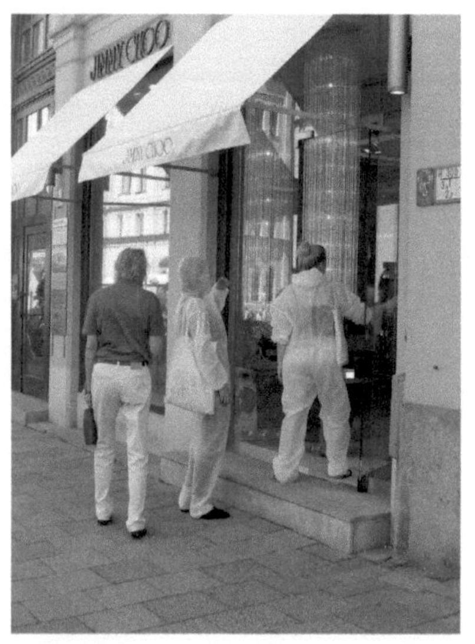

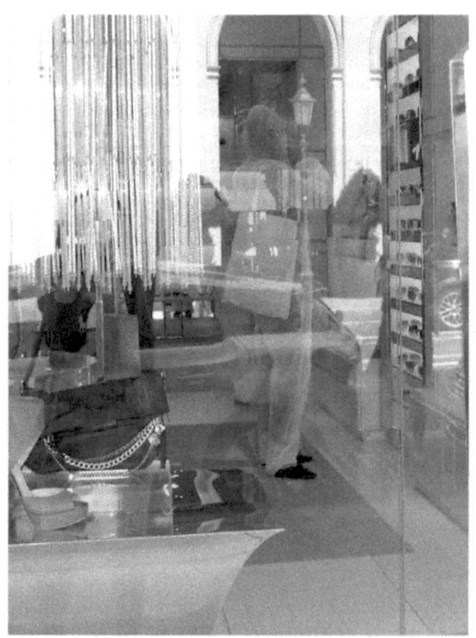

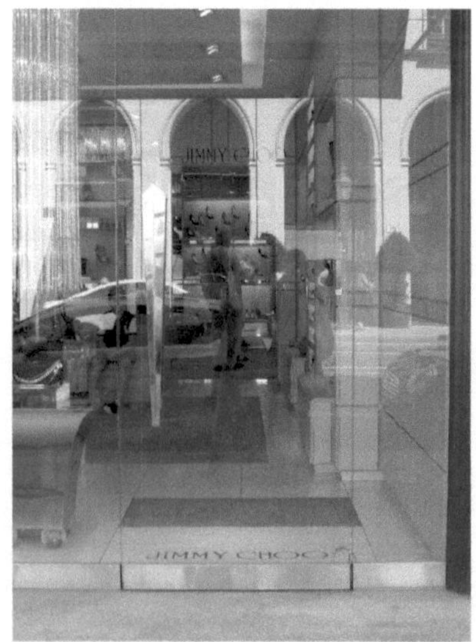

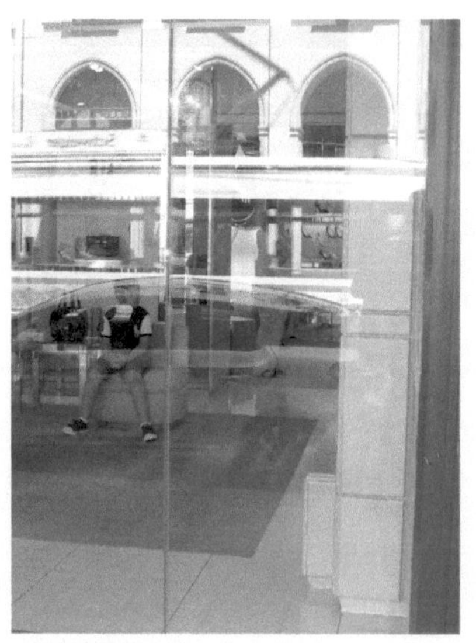

Abbildung 51: Künstlerischer Ausdruck, Fall 7

Der Schluss

Künstlerische Forschung in der Kunstpädagogik

Künstlerische Forschung als Suche nach Darstellungsmöglichkeiten

Zu Beginn der Arbeit stand die Frage, wie sich Künstlerische Forschung als Tätigkeit der Teilhabe entwickeln kann und dabei eigenständige Formen der Darstellung finden kann, die sich in einem Raum zwischen Wissenschaft, Kunst und Gesellschaft bewegen. Im Zuge der theoretischen Überlegungen des ersten Teiles der Arbeit zeigte sich, dass Künstlerische Forschung keine eindeutige Methode ist, die einem starren Muster folgt, sondern eine reflexive Denk- und Handlungsform, die Kategorisierungen von Kunst, Gesellschaft und Wissenschaft infrage stellt und sich kritisch gegenüber Abgrenzungsmechanismen positioniert. Künstlerische Forschung wurde dementsprechend nicht als eine neue künstlerische Praxis beschrieben, stattdessen zeigte sie sich als ein Weg, Darstellungsmöglichkeiten von Wissen reflexiv zu befragen und neue Formen der intersubjektiv bedeutsamen Darstellung zu entwickeln. So zeigte sich bereits im ersten Teil dieser Arbeit das spezifische Anliegen, Künstlerische Forschung nicht mehr kategorisch zu denken, sondern vielmehr Verbindungen zwischen Wissensweisen, Disziplinen, Forschungsmethoden und Darstellungsformen zu schaffen und die epistemischen Bedingungen von Wissen, die sich durch gesellschaftliche, historische, intersubjektive und situative Einflüssen abzeichnen, wieder in den Vordergrund zu rücken.

Intersubjektive Bedeutsamkeit

Auf Basis der Suche nach eigenständigen künstlerischen Darstellungsformen, die eine intersubjektive Teilhabe im Sinn haben, erwiesen sich die performativen und partizipativen Darstellungsverfahren als besonders geeignet. Denn diese rücken durch ihre Hinwendung zur darstellenden Herstellung von Wirklichkeit intersubjektive Prozesse ins Zentrum ihres Interesses. Darüber hinaus verabschieden sie sich von den Prinzipien einer monologischen Kommunikationsstruktur und suchen nach dialogischen Darstellungen, die politische, soziale, ökologische und institutionelle Fragen berücksichtigen. So zeigte sich, dass Formen der Darstellungen, welche die dialogischen und demokratischen Strukturen des sozialen öffentlichen Lebensraums mitgestalten, bereits in der künstlerischen Praxis etabliert sind und Künstlerische Forschung, wenn sie sich an jenen Formen der Darstellung orientiert, ebenfalls Formen der intersubjektiven Teilhabe entwickeln kann.

Mit diesen Überlegungen wurde im zweiten Teil der Arbeit die Frage gestellt, wie Künstlerische Forschung in einer kunstpädagogischen Vermittlungssituation zur Anwendung kommen kann und welche Potenziale sich dabei entwickeln können. Um diese Potenziale nicht aus theoretischen Überlegungen zu generieren, wurde die kunstpädagogische Anwendung einer Künstlerischen Forschung empirisch beforscht und im vorliegenden wissenschaftlichen Format zur Darstellung gebracht. Durch die Verwendung qualitativ-rekonstruktiver Forschungsmethoden konnte dabei eine induktive Forschung umgesetzt werden, die durch eine methodisch gestützte Beobachtung und eine analytische Interpretation strukturiert wurde. Wurden die Schlussfolgerungen dieser empirischen Studie, die auf die fallübergreifenden Aussagen und damit auf die Interpretationen der Einzelfälle zurückführen sind, bereits als Abschluss des zweiten Teiles dieser Arbeit vorgestellt, so sollen in diesem abschließenden Kapitel die Eckpfeiler einer praktischen Anwendung von Künstlerischer Forschung knapp zusammengefasst werden. Denn diese bilden die Basis, die als Anleitung dienetund die Neugier für das eigenständige Forschen wecken kann.

Empirische Beforschung einer kunstpädagogischen Anwendung

Eckpfeiler der Praxis

Die Neugier

Die gemeinsame soziale Lebenswelt ist Beginn der Suche, Raum der Forschung und Ort der Ergebnispräsentation. Denn Performative Künstlerische Forschung wirkt in der öffentlichen Lebenswelt und vollzieht ihre Darstellung mit und in dieser Lebenswelt. Damit handelt es sich um einen gesellschaftlich relevanten Prozess, der sich durch die intersubjektive Beteiligung aller Anwesenden vollzieht und von der Neugier, die soziale Lebenswelt zu erforschen, abhängt. Jene Neugier kann nicht als garantierte Ausgangsbasis aller Forschenden vorausgesetzt werden, jedoch schaffen eine wertschätzende Umgebung, ein gegenseitiges Ernstnehmen und der Wunsch, gemeinsam in Austausch zu kommen, die Grundlage für den Beginn einer gemeinsamen Forschung.

Selbstbestimmte Beforschung der Gesellschaft

Das forschende Beobachten der alltäglichen Lebenswelt ist damit der Ausganspunkt eines neugierigen, selbstbestimmten, erfahrungsorientierten und gestaltenden Zuganges zur Lebenswelt, in dem soziale Vernetzungen erfahren werden und subjektive Bezüge zu kulturellen und gesellschaftlichen Strukturen handelnd gestärkt werden. In dieser Suche sind Anleitende und Forschende in gleicher Weise Unwissende, die gemeinsam einer Neugier nachgehen, sodass die Rahmenbedingungen der Performativen Künstlerischen Forschung immer nur eine Orientierung darstellen, die ein selbstverantwortliches Suchen, Problematisieren, Erkennen und Darstellen einfordern.

Die soziale Lebenswelt

Performative Künstlerische Forschung versteht kunstpädagogisches Handeln als Mitgestalten der sozialen Lebenswelt. Es gleicht einer Suchbewegung, die sich den beobachtbaren Strukturen der sozialen Lebenswelt widmet, diese kritisch befragt und davon ausgehend mitgestaltet. Denn durch das aktive Handeln, das sich zentral mit der performativen Darstellung des Bruches im öffentlichen Raum zeigt, werden Strategien entwickelt, die veränderte Blickwinkel auf die soziale Lebenswelt zulassen und zu langfristigen Handlungsimpulsen anregen. Performative Künstlerische Forschung ist damit eine gesellschaftlich relevante Forschung, die Erkenntnisse in einer intersubjektiven Begegnung erfahrbar machen will und sich nicht auf einer rein theoretischen Ebene entwickelt. Wie sich in den Darstellungen der Einzelfälle zeigte, werden aus den intersubjektiven Begegnungen individuelle Erkenntnisse gezogen, die subjektive Bedeutungszuweisungen und individuelle Handlungsimpulse auslösen. Weshalb es in der Performativen Künstlerischen Forschung nicht mehr um ein eindeutiges Forschungsergebnis geht, sondern um vielfältige Ergebnisse, welche die unterschiedlichen Akteure und Handlungen wiederspiegelt.

Mitgestaltung der Gesellschaft

Aufgabe der kunstpädagogischen Anleitung ist es damit, einen forschenden Zugang zur sozialen Lebenswelt zu begleiten, der einen flexiblen, spielerischen Umgang mit gesellschaftlichen Strukturen anregt und nicht von statischen Regeln bestimmt ist. So ereignet sich die Themenfindung in der gemeinsamen Forschung nicht als geradliniger oder statischer Prozess, vielmehr entpuppt sie sich häufig als unkontrollierbar, widerständig und in Abhängigkeit zu den Interessen der Gruppe.

Die Performativität

Das Forschungsergebnis ist kein Produkt, das direkt darstellbar ist, sondern zeigt sich als Forschungsprozess, der situativ und in ständiger Bewegung ist. Die intersubjektive wechselseitige Bewegung im öffentlichen Raum und der Austausch der Anwesenden stellt die ständige Weiterentwicklung des Forschungsthemas dar. Damit erweisen sich sowohl Forschungsthema als auch Forschungsprozess durch performative Strukturen geprägt und deuten an, dass Forschung nur eine Bedeutung für mehrere Menschen erlangen kann, wenn sie von mehreren Menschen mitgestaltet wird. Das Performative verweist im Besonderen auf das Veränderliche, das Bewegliche und das Wechselseitige in der intersubjektiven Herstellung von Wissen und zeigt auf, dass Darstellungen die Wirklichkeit nicht mehr objektiv abbilden. Schlussfolgernd beanspruchen die Ergebnisse der Performativen Künstleri-

Potenzial der performativen Wissenspraxis

schen Forschung keine Allgemeingültigkeit, die durch statische Repräsentationsmittel veranschaulicht werden, sondern verweisen auf eine gesellschaftliche Bedeutung von Forschung durch Prozesse der Mitgestaltung.

Die Suche nach künstlerischen Ausdrucksformen, die auf jene performativen, flüchtigen und veränderlichen Prozesse reagieren, stellt dabei eine wichtige kunstpädagogische Herausforderung dar. Denn sie ermöglichen es, Darstellungsformen zu finden, die zwar keine allgemeingültige Repräsentation schaffen, jedoch Reflexionen und subjektive Erkenntnisse anregen. Demzufolge werden Momente der Vergewisserung der Ästhetischen Erfahrung, des bewussten und gestalterischen Antwortens, der subjektiven Reflexion und des angeleiteten intersubjektiven Gespräches zu einem festen Bestandteil der Anleitung von Performativer Künstlerischer Forschung.

DIE ÄSTHETISCHE ERFAHRUNG

Das bewusste Aufmerksamwerden auf die ästhetische Struktur von Erfahrung, das sich in jeder Erfahrung ereignen kann, gleicht einem veränderten Zugang zu dieser. Jedoch fordert dieser Zugang gleichzeitig einen Vertrauensvorschub. Denn jedes Aufmerksamwerden auf die ästhetische Struktur einer Erfahrung ist bereits eine nachträgliche Tätigkeit, die nie vollständig abgebildet werden kann. So zeigt sich, dass die Forschenden einen ähnlichen Vertrauensvorschub während des Forschungsprozesses benötigen. Denn auch in den subjektiven und den intersubjektiven Reflexionen zeigen sich jene Darstellungsproblematiken, welche besondere Kommunikationsstrategien über die Ästhetische Erfahrung einfordern. So ist es notwendig, vertrauensvolle Situationen zu schaffen, in denen ein Austausch möglich wird, der kein sprachliches Erfassen von Ästhetischen Erfahrungen darstellt, sondern vielmehr eine intensive Begleitung von individuellen Suchbewegungen ermöglicht. Damit ereignen sich ebenfalls Brüche der Kommunikation, Irritationen und Widerstände, die nicht als Störung oder Irritation der Forschung zu verstehen sind, denn sie sind das Potenzial, um vielfältige Zugänge zur Kommunikation über Ästhetische Erfahrung zu finden. Denn der Austausch, das intersubjektive Reflektieren, das Aufzeichnen und die performative Darstellung sind Prozesse, die nicht vollständig planbar, sondern nur erfahrbar sind.

Kommunikation über Ästhetische Erfahrung

Anhang

I: Begriff Performance

II: Begriff Performanz

III: Begriff Kunstperformance

IV: Begriff Performativ

V: Historische Vorläufer der Kunstperformance

VI: Beispiele für die Vorläufer von partizipativen Darstellungen im deutschsprachigen Raum

VII: Künstlerische Beispiele für die Individual-Partizipation

VIII: Künstlerische Beispiele für die Systemische Partizipation

IX: Künstlerische Beispiele für die Konjunktivische Partizipation

X: Künstlerische Beispiele für die Sozietäre Partizipation

XI: Die erhöhte Reflexivität

XII: Begriff Performative Künstlerische Forschung

XIII: Beispiele für eine performative Darstellung

I: Begriff Performance

Der Begriff stammt aus dem englischen Sprachgebrauch, wo er die Aus- oder Durchführungen von etwas bezeichnet oder auch die Leistung, die Erfüllung eines Vertrages oder eines Versprechens meinen kann. So meint *performance* auf Maschinen oder technologische Vorgänge bezogen auch deren Leistungs- oder Arbeitsweise, in Bezug auf Finanzmärke eine Wertsteigerung. Im Rahmen der Darstellungskünste (Theater, Show und Musik) hingegen bedeutet *performance* Aufführung, Vorstellung oder künstlerische Darbietung. Schlussfolgernd werden häufig Schauspieler, Darsteller, Musiker oder Künstler allgemein als *performer* bezeichnet.[652] Das Englische Wort der *performance* wurde im Deutschen zur Performance und bezeichnet eine künstlerische Aktion, die einem Happening ähnlich ist.[653]

II: Begriff Performanz

Der Begriff bezieht sich auf die Anwendung von Sprache, also das Sprechen. Dennoch zeigt sich in Bezug auf das gedachte Verhältnis von Sprache und Sprechen, dass es unterschiedliche Theorien gibt, die das Verhältnis der beiden beschreiben. So kann mit Bezug auf Noam Chomsky in Gegenüberstellung zu Austin das unterschiedliche Theorieverständnis ausdifferenziert werden. So setzt Chomsky den Begriff der Performanz(1) dem der Kompetenz(2) gegenüber und trennt dadurch Sprachgebrauch(1) und Sprachkompetenz(2). Dabei verhält sich die Kompetenz zur Performanz wie eine Regel zu ihrer konkreten Anwendung. Die Kompetenz stellt eine Art Regelsystem der Sprache (grammatisches Wissen, Diskurswissen und Vokabeln) dar, welches in der Performanz erst tatsächlich angewandt wird.[654] Es zeigt sich mit der klaren Trennung von Performanz und Kompetenz, dass dieses Modell einem Zwei-Welten-System entspricht, bei dem es eine universelle Sprache gibt, die der Ausführung zugrunde liegt. Bei Austin hingegen verschiebt sich der Fokus auf die eigene Wirkkraft des Sprechens. Denn so kann die Performanz eine eigene Dynamik entwickeln, die das Schema in ihrem Vollzug verändert. Es kann vergleichend festgestellt werden, dass Chomsky die Frage stellt, was Sprache ist, wohingegen Austin die Frage stellt, wozu wir Sprache brauchen?[655] Damit wird im Besonderen mit Bezug auf Austin deutlich, dass die Handlung des Sprechens ihre zugrunde liegenden Inhalte übersteigen kann und damit eine Form von Eigenleben entwickelt.

652 | vgl. Redaktion Langenscheidt (2014)
653 | vgl. Wissenschaftlicher Rat der Dudenredaktion (2007)
654 | Krämer (2001), S. 52 f.
655 | Krämer (2001), S. 12 f.

III: Begriff Kunstperformance

Der Begriff Kunstperformance verweist auf den spezifischen Bereich der Kunst und kann als eine Art Sammelbegriff für künstlerische Darstellungsformen verstanden werden. Dazu zählen beispielsweise Formen des Happenings, des Fluxus, der partizipativen und der öffentlichen Darstellung. Übergreifend geht es dabei um eine Live-Aufführung, die einmalig ist und durch ihre Prozessbezogenheit das Kunstwerk in seiner statischen Werkform infrage stellt. Eine weitgefasste Definition für Kunstperformance ist: *„Performance bezeichnet gegenwärtig eine Reihe unterschiedlicher Praktiken und Konzepte und zugleich einige übergreifende Merkmale dieser Praktiken und Konzepte. Die bestimmenden Bedeutungen sind Machen, Aufführung, Ausstellen, Darstellen, wobei das Machen jeweils die wesentliche Dimension ist."*[656]

IV: Begriff Performativ

Der Begriff des Performativen wurde ursprünglich im Kontext der Sprachwissenschaft durch John Austin geprägt, welcher im Rahmen seiner Sprechakttheorie in den 1960er Jahren mit seinem Buch „How to do things with words"[657] auf die Performativität von Sprechakten verwies. Er zeigt auf, dass sprachliche Äußerungen die Wirklichkeit nicht nur beschreiben oder darstellen, sondern gleichzeitig Wirklichkeitszustände hervorbringen und herstellen. Nämlich durch den Vollzug der sprachlichen Handlung, welcher in einer intersubjektiven Begegnung stattfindet. Sprechen steht für Austin nicht nur für ein Beschreiben, Deuten, Verweisen oder Benennen, sondern auch für ein Hervorbringen, Erschaffen oder Vollziehen.[658]

In den Kulturwissenschaften wurde der Begriff des Performativen in den 1990er Jahren vor allem durch Judith Butler geprägt. Sie verwies mit ihm darauf, dass die Konstitution von Geschlechtsidentität ein performativer Prozess ist, welcher sich auf körperliche Handlungen bezieht. In ihrem Buch Gender Trouble: Feminism and the Subversion of Identity[659] eröffnet sie die Perspektive, dass geschlechtliche Identität nicht biologisch vorgegeben ist, sondern eine gesellschaftliche Konstruktion ist. Butler versteht damit Geschlechteridentität ebenfalls als einen performativen Akt, bei dem das Geschlecht des menschlichen Körpers durch gesellschaftliche Konventionen konstruiert wird. Damit ist der Begriff des Performativen nicht mehr ausschließlich nur auf Sprache anwendbar, sondern wird für unterschiedliche Kontexte geöffnet.

656 | Barck u.a. (2002), S. 740
657 | Austin (1986)
658 | Krämer (2004), S. 14 f.
659 | Butler (1990)

V: HISTORISCHE VORLÄUFER DER KUNSTPERFORMANCE

Die Kunstperformance entwickelte sich vorrangig in den 60er Jahren. Sie kann verstanden werden als direkte Nachfolge von Fluxus, Happening, dem avantgardistischen Theater der 50er und 60er und in der Nachbarschaft zu Formen wie Body- und Demonstrationsart, Aktion, Aktionismus, Activity, Aufführungskünste, Event, Live-Art, Non Static Art, Piece, Land-Art, Action Painting oder Living Sculpture. Die Art der ausgeführten Handlungen ist sehr breit gefächert und die körper- und handlungsbezogenen Arbeiten von Kunstschaffenden, Tanzenden, Musizierenden, Komponierenden oder Dichtenden verfolgen das Ziel, den bis dahin geltenden bürgerlichen Kunst- und Ästhetikbegriff infrage zu stellen. Sie knüpfen teilweise an Tänze, Gesängen oder Weitergabe von Mythen innerhalb von kulturellen Ritualen oder auch religiösen Zeremonien an. So treffen unterschiedlichste Ausdrucksformen aus der bildenden Kunst, Theater, Tanz, Musik, Literatur, Fotografie, Zirkus, Pantomime, Film, Varieté oder auch Kabarett aufeinander, die Darstellungen beinhalten, die an Rituale erinnern, und spielerische, alltägliche, situative, schmerzhafte oder mutige Handlungen genauso bedenken, wie tänzerische, akrobatische und theatrale Choreographien.[660]

In den 70er Jahren steht vorrangig die körperliche Präsenz der Kunstschaffenden im Zentrum der Performance, die damit als lebendiges Bild verstanden wird. Dieses Bild wird durch die unmittelbare und einmalige Darbietung der Künstlerpersönlichkeit, die bewusst als Ich-Erzählende auftritt, einem Publikum vorgeführt. Die Kunstwerke und die Betrachtenden werden demzufolge als getrennt verstanden und die Teilhabe ist hier rein gedanklich und ereignet sich durch eine mimetische Deutung von Körpersprache.[661]

Erst in den 80er Jahren lösen sich viele Kunstschaffende von einem Verständnis, dass die Performance ein Kunstwerk ist, mit dem einem Publikum eine intentionale, subjektive Bedeutung präsentiert wird. Schlussfolgernd wird intersubjektiv bedeutsamen Themen mehr Beachtung geschenkt und eine Wendung hin zu sozialen, ökologischen, politischen und kulturellen Fragen findet statt. Mit einzelnen Personen wie Joseph Beuys und seinem Modell der Sozialen Plastik, bei dem die Kunst als ein gesellschaftsveränderndes, formendes und bildendes Mittel agiert, deuten sich bereits zu diesem Zeitpunkt Tendenzen der intersubjektiv bedeutsamen Gestaltung im öffentlichen Raum an.[662]

660 | Lange (2002), S. 27 ff.
661 | Lange (2002), S. 32 f.
662 | Lange (2002), S. 235 f.

VI: Beispiele für die Vorläufer von partizipativen Darstellungen im deutschsprachigen Raum

Die partizipativen Darstellungen entwickeln sich in den 70er Jahren verstärkt durch die Einflüsse von neuartigen Kunstformen; vor allem des Environments und des Happenings. Eine wesentliche Erweiterung erfahren die partizipativen Darstellungen in den 80er Jahren, in denen sich Forderungen nach demokratischeren Strukturen und Beteiligungsmöglichkeiten am öffentlichen Leben auch mit künstlerischen Anliegen und Praxen verweben, sodass sich in den 90er Jahren die künstlerisch partizipativen Praxen mit einer Vielzahl von Veröffentlichungen, Ausstellungsbetitelungen oder auch künstlerischen Darstellungen vollständig etablieren.[663]

So kuratierte Harald Szeemann 1968 die erste europäische Überblicksausstellung zum Environment. Im Zuge dieser Ausstellung wurde von Bazon Brock die Rolle des Betrachters diskutiert. Denn vielen Künstlern der Ausstellung kam es darauf an, eine Beteiligung des Betrachters im Sinne einer aktiven Handlung anzuregen. Parallel äußert Arnold Bode als Wunsch für seine vierte Documenta (1968) an, dass der Besucher durch die Kunstwerke aktiviert werden solle, um zu einem Teilnehmenden zu werden. Auch einzelne künstlerische Arbeiten hatten einen Einfluss, wie beispielsweise die von Allan Kaprows, der mit seinen Objektassemblagen und seinen so genannten Participatory Happenings seit Beginn der 1960er Jahre spezifisch die Rolle des Betrachters veränderte. So auch die Veröffentlichung von Gerhard Graulich zur leiblichen Selbsterfahrung des Rezipienten (1989), in der er anhand der Werke von Franz Erhard Walther, Bruce Nauman und Richard Serra vor allem Formen physischer Partizipation untersuchte.[664]

VII: Künstlerische Beispiele für die Individual-Partizipation

Spezifische zeichnerische Handlungsanweisungen: Marcel Duchamps Brief an seine Schwester: Readymade malheureux (1919) ist eine der ersten schriftliche Handlungsanweisung zur Ausführung einer künstlerischen Arbeit. Matthias Berthold: Anweisung (1998); bei seinen Arbeiten finden sich Handlungsanweisungen in Leuchtkästen, auf kleine Papierschnipsel gedruckt oder auf anderen Gegenständen angebracht, die sich immer direkt an den Rezipienten richten.[665]

663 | Feldhoff (2011), S. 31 f.
664 | Feldhoff (2011), S. 30
665 | Feldhoff (2011), S. 51 f.

Spezifische Beispiele für ausgestellte Objekte: Allan Kaprow: Objektassemblagen (1950), bei welchen der Rezipient Teile verschieben, herausnehmen, hineinlegen soll. Oder Franz Erhard Walther: Handlungsobjekte (1963), die man umlegen, -schnallen, -hängen kann oder sich auf sie legen und bedecken kann. Ebenso Franz West: Passstücke (1970); Objekte aus Alltagsmaterialien, die niedrigschwellig präsentiert wurden und dazu einluden, sie zu berühren, sie auszuprobieren und damit zu spielen.[666]

Spezifische Beispiele für soziale Praxen: Beispiel für dieses Format: Rirkrit Tiravanija: o.T. (Café Deutschland), 1993/ Untitled (The Zoo Society), 1997/ Untitled (Demo Station No. 1), 2001, bei welchen das gemeinsame Reden, Essen und Trinken zum Kunstwerk wird.[667]

VIII: Künstlerische Beispiele für die Systemische Partizipation

Allan Kaprow: Objekt-Assemblagen, participatory happenings (1950). Franz Erhard Walthers: 9 Platten für Hamburg (1989); hier werden strategische Objekte im öffentlichen Raum platziert, um Handlungen anzuregen. Franz West: Etude de couleur (1997)/ Tobias Rehberger: Padre de la fontana (2003)/ Hans Peter Feldmann: Toilette (2007).[668]

IX: Künstlerische Beispiele für die Konjunktivische Partizipation

Thomas Rehberger: Padre de la Fontana (2003) kann als Partizipation des Als-ob oder mit der Vielleicht-Partizipation beschrieben werden, da der Rezipient die zur Verfügung stehend Dusche wohl kaum benutzt.[669] Andy Warhol: Do It Yourself Painting (1962). Diese ist als kritische Arbeit über Handlungsanweisungen zu verstehen und fordert explizit keine Handlung des Rezipienten ein, obwohl sie formal so wirkt. Denn Warhol macht mit seiner Malen-nach-Zahlen-Provokation darauf aufmerksam, dass die Ausführung von Anleitungen oftmals nicht eine Mitbeteiligung am Kunstwerk ist, sondern ein stumpfer Gehorsam.[670]

666 | Feldhoff (2011), S. 54
667 | Feldhoff (2011), S. 136 f.
668 | Feldhoff (2011), S. 231
669 | Feldhoff (2011), S. 41
670 | Feldhoff (2011), S. 52

X: Künstlerische Beispiele für die Sozietäre Partizipation

Stephen Willats: Zahlreiche Projekte, die unter dem Label New Genre Public Art (NGPA) zusammengefasst werden. Mit dem Label NGPA ist ein argumentatives Konstrukt geschaffen, mit dem bestimmte künstlerische Praxen legitimiert werden, und zwar jene, die gemeinschafts-orientiert, kollaborativ, sozial und politisch engagiert sind. Sigrid Sigurdsson: Vor der Stille (seit 1988); hier werden in einem Raum etwa 30.000 persönliche, offizielle, private und veröffentlichte Dokumente zur deutschen Geschichte präsentiert. Dabei können diese Dokumente von den Besuchern des Museums wie ein Archiv genutzt werden, sie können beliebige Bücher aus den Regalen nehmen und betrachten, Dinge hinzufügen, etwas ins Besucherbuch schreiben oder sich aus dem offenen Archiv ein leeres Buch ausleihen und zu Hause darin arbeiten.[671]

Spezifische Beispiel für politische Formate der Sozietären Partizipation: Künstlerkollektiv GROUP MATERIAL (seit 1979); sie beschäftigten sich mit politischen, künstlerischen und methodischen Themen, wobei sie kollektive Recherche- und Präsentationsprojekte erforschten und an experimentellen Orten mit Einbezug des Publikums ausstellten und diskutierten, wie beispielsweise in Ladenlokalen als Showroom, öffentlichen Plätzen oder Läden. Ebenfalls Adrian Piper: Funk Lessons (1982-84); hier versammelte Piper verschiedene Arbeiten zum Thema Funk, wie beispielsweise Diskussionen, Tanzperformances und Dokumentationsvideos, die in diversen Ausstellungszusammenhängen gezeigt wurden. Ihr Ziel war es, Funk als kollektives Medium der Selbstüberschreitung didaktisch dazu einzusetzen, um kulturelle und rassische Barrieren zu überwinden. Auch Joseph Beuys: Honigpumpe am Arbeitsplatz (1977); im Zuge dieser Arbeit stellte sich Beuys für Gespräche zur Kunst im Allgemeinen oder zu Themen wie Kapitalismuskritik, Liberalisierung, Ökologie, Ideen für eine Freie Universität für Kreativität etc. zur Verfügung.[672] Auch die Künstlergruppe Reinigungsgesellschaft, bestehend aus Martin Keil und Henrik Mayer, versuchen in ihrer Arbeit „Wie könnte oder sollte Grambow in 50 Jahren aussehen?" (2009) gemeinsam mit der Gemeinschaft des Dorfes Grambow eine Perspektive für den Ort zu entwickeln. Oder Frank Bölter, der mit seiner provokativen, partizipatorischen, künstlerischen Praxis „Kunst fürs Dorf. Dörfer für Kunst" (2013) in Sachsenberg eine politische Sensibilisierung und Aktivierung aller Beteiligten erreichte. Wie auch Stephan Kurr, der sich in seinem partizipativen Kunst-am-Bau-Projekt „...höher, weiter" die Frage stellte, was passiert, wenn Kinder über die Gestaltung und Nutzung ihrer Schulräume bestimmen können.[673] Oder auch Jochen Gerz, der mit seinen partizipatorischen Arbeiten direkt in und mit der Öffentlichkeit arbeitet. So wird beispielsweise im Fall des Harburger „Mahnmals gegen Faschismus" (1986) die Öffentlichkeit Bestandteil des Kunstwerks.

671 | Feldhoff (2011), S. 120
672 | Feldhoff (2011), S. 69 f.
673 | Feldhoff (2016), S. 32 ff.

XI Die erhöhte Reflexivität

Reflexivität meint nicht nur eine reflexive Interpretation des erhobenen Datenmaterials, sondern ein Bewusstsein für die unterschiedlichen Stufen der Wirklichkeitsaneignung, die bereits vor der Interpretation des Forschers liegen. Dies kann mit einem einfachen Beispiel verdeutlicht werden: Jedes Individuum eignet sich die Wirklichkeit interpretativ an, womit die direkte Aneignung der Wirklichkeit schon immer eine Interpretation ersten Grades ist. Diese wird beispielsweise in einer Textdarstellung, einem Kunstwerk oder auch einem Interview zum Gegenstand der empirischen Forschung und äußert sich in der sozialen Interaktion mit einem anderen Menschen. Durch die intersubjektive Kommunikation wird sie zu einer Interpretation zweiten Grades. Wenn der Forscher im Anschluss an diesen Prozess versucht, eine Interpretation dessen zu vollziehen, produziert er wiederum eine Interpretation, die als Interpretation dritten Grades bezeichnet werden kann. Denn er interpretiert die intersubjektive Erfahrung und bringt bei dieser Tätigkeit seine eigenen Ordnungen der Wirklichkeit ein. Die Notwendigkeit einer Selbstreflexion und der eigenen Relevanzsysteme lässt sich in diesem Prozess nicht abstreiten. Dabei wird diese Selbstreflexion des Forschers als Interpretation vierten Grades bezeichnet. Sie verweist darauf, dass der Forscher nicht nur sein Forschungsthema und den intersubjektiven Kommunikationsprozess mit einem anderen Menschen oder einem Gegenstand untersuchen muss, sondern auch seine eigenen Relevanzsysteme.[674]

XII: Begriff Performative Künstlerische Forschung

Der Begriff zeigt sich in unmittelbarer Nähe zu dem Konzept des performative research von Hanne Seitz. Sie verweist darauf, dass sich das empirische Interesse der Forschung auf gesellschaftliche Alltagspraktiken und deren implizites Wissen richten muss, da es sich um ein Wissen handelt, das für mehrere Menschen von Bedeutung ist. Das implizite Wissen der Alltagspraktiken kann mit quantitativen Verfahren, die vor allem Statistiken und deduktive Theorien beinhalten, nicht erschlossen werden. Deswegen geht der Ansatz des performative research einen Schritt weiter, da er den Forschungsgegenstand als solchen aufgibt und ihn nur noch als eine Praxis versteht. So zeigt sich mit diesem Ansatz das Anliegen, ein Erfahrungswissen zu produzieren, das sich im Vollzug entwickelt.[675]
Jedoch zeichnet sich ebenfalls ein zentraler Unterschied zur vorliegenden Entwicklung von Performativer Künstlerischer Forschung ab, der den Rahmen betrifft, in dem jene Erfahrungen produziert werden. So ist bei Seitz das Ziel der Umsetzung des performative research eine subjektive Reflexion von Teilnehmern in Hinblick auf ihre Erfolge innerhalb der eigenen Lebensführung, der Entwicklung der Persönlichkeit und persönlicher Kom-

674| (Kruse (2009a), S. 19 ff.)
675| Seitz (2012), S. 4 f.

petenzen. Denn in ihrem praxisbezogenen Beispiel des performative research-Projektes inVolve des Internationalen Jugend Kunst- und Kulturhauses Schlesische27 in Berlin geht es vorrangig darum, Jugendlichen mit schwierigen Bildungsbiografien eine Möglichkeit bereitzustellen, die eigenen Ziele zu formulieren und durch diese Formulierungen wieder eine Schulfähigkeit zu erlangen.[676] Damit zeigt sich der Ansatz des performative research in unmittelbarer Nähe zu den vorliegenden Ausführungen, unterscheidet sich jedoch zentral in dem Punkt, dass er um eine subjektive Auseinandersetzung mit der eigenen Lebensgeschichte bemüht ist.

XIII: Beispiele für eine performative Darstellung

Aus kunstpädagogischer Sicht ist es die Aufgabe der Anleitung, die Ideenfindung entsprechend der Vorerfahrungen der Gruppe zu gestalten. Das kann je nach Gruppe ein Begleiten im eigenständigen Suchprozess sein bis hin zu Vorgaben für die Umsetzung. Denn die Ideenfindung entwickelt sich in Abhängigkeit zur Gruppe, ihren Erfahrungen, ihrem Vorwissen, ihrer Motivation und den zeitlichen wie auch institutionellen Rahmenbedingungen.

1. Allgemeine Strategien, die helfen können, eine performative Darstellung zu finden: Die Irritation, die Dekontextualisierung, die Störung, das Auffallen, die Provokation, die Ironie, die Verfremdung und Ähnliche. Hier können ebenfalls die bereits vorgestellten Prinzipien der partizipativen künstlerischen Darstellung nützlich sein.[677]
2. Sprachbezogene Darstellungen: Wörter aussprechen, die Abgrenzungen erzeugen, wie beispielsweise Geschlechtsidentitäten,[678] Texte vortragen, Verhandlungen oder Diskussionen inszenieren.
3. Körperbezogene Darstellungen: Tanz, Ritual, Verkleidungen, Aufführen von Handlungsschemata, Pantomime oder darstellendes Theater.
4. Visuelle Darstellungen: Schrift, digitale Darstellungen, mediale Manipulationen, interaktive Medien, Hörspiele, Projektion von Videos in realen Räumen, Bilder oder bewegte Bilder.
5. Protestbezogene Darstellungen: Aktion, Intervention, Happening, Demonstration oder politisches und Aktionstheater.
6. Medial Inszenierte Darstellungen: Flashmob, Guerilla Knitting, Darstellungen, die auf Internetphänomenen basieren, wie beispielsweise Planken, Owling oder Horsemanning
7. Objektbezogene Darstellungen: Musikspiel, Figurentheater oder Objekttheater.

676 | Seitz (2012), S. 7
677 | vgl. Feldhoff (2013)
678 | vgl. Butler (2016)

Abbildungsverzeichnis

TABELLENVERZEICHNIS

LITERATURVERZEICHNIS

Anzenbacher, Arno (2002): Einführung in die Philosophie, 8. Aufl., Freiburg im Breisgau [u.a.].

Anzenbacher, Arno (2005): Einführung in die Philosophie, 5. Aufl., Freiburg im Breisgau / Wien u.a.

Austin, John L. (1986): Zur Theorie der Sprechakte. (How to do things with words), Stuttgart.

Bachmann-Medick, Doris (2008): Was heißt >Iconic / Visual Turn<?, in: Gegenworte, Nr. 20, S. 10–15.

Bachmann-Medick, Doris (2009): Cultural turns. Neuorientierungen in den Kulturwissenschaften, Reinbek bei Hamburg.

Bachmann-Medick, Doris (2010): Cultural Turns, Version: 1.0, in: Docupedia-Zeitgeschichte. Zeitschrift für Begriffe, Methoden und Debatten zeithistorischer Forschung.

Bachmann-Medick, Doris (2011): Turns und Re-Turns in den Kulturwissenschaften, in: Gubo, Michael / Öchsner, Florian (Hrsg.): Kritische Perspektiven. „Turns", Trends und Theorien, Berlin, S. 128–145.

Baecker, Dirk (2007): Zu Funktion und Form der Kunst, in: Magerski, Christine / Weller, Christiane / Savage, Robert (Hrsg.): Moderne begreifen. Zur Paradoxie eines sozio-ästhetischen Deutungsmusters, 1. Aufl., s.l., S. 13–36.

Barck, Karlheinz u. a. (Hrsg.) (2002): Ästhetische Grundbegriffe, Stuttgart.

Baumgarten, Alexander Gottlieb (2007): Ästhetik. Lateinisch-deutsch, Hamburg.

Bäuml-Roßnagl, Maria-Anna (1997): Sinnennahe Bildungswege als aktuelle Bildungsaufgabe, in: Biewer, Gottfried (Hrsg.): Pädagogik des Ästhetischen, Bad Heilbrunn.

Bäuml-Roßnagl, Maria-Anna (2005): Sozialkompetenz-Erwerb zwischen Autonomie und Fremdbestimmung., in: Glaab, Sieglinde und Hellinger, Claudia und Herdegen, Peter (Hrsg.): Emotionale, soziale und politische Kompetenz. Didaktik in Forschung und Praxis. Festschrift zum 65. Geburtstag von Prof. Dr. Klaus Köhle, Hamburg, S. 165–190.

Berger, Peter L. / Luckmann, Thomas (1995): Die gesellschaftliche Konstruktion der Wirklichkeit. Eine Theorie der Wissenssoziologie, Frankfurt am Main.

Bertram, Ursula (2012): Künstlerisches Denken und Handeln, in: Tröndle, Martin / Warmers, Julia (Hrsg.): Kunstforschung als ästhetische Wissenschaft. Beiträge zur transdisziplinären Hybridisierung von Wissenschaft und Kunst, Bielefeld, S. 293–314.

Bippus, Elke (2008): Mediale (Eigen-) Sinnigkeiten. Überlegungen zur künstlerischen Wissensbildung im Medium, in: Meyer, Torsten u. a. (Hrsg.): Bildung im neuen Medium. Wissensformation und digitale Infrastruktur, Münster / München [u.a.], S. 108–118.

Bippus, Elke (2010a): Wissenproduktion durch künstlerische Forschung, in: Egloff, Lucie Bader / Christen, Gabriela / Schöbi, Stefan (Hrsg.): research@film. Forschung zwischen Kunst und Wissenschaft, Zürich, S. 9–20.

Bippus, Elke (2010b): Zwischen Systematik und Neugierde die epistemische Praxis künstlerischer Forschung, in: Gegenworte, Nr. 23, S. 20–24.

Bippus, Elke (2011): Eine Ästhetisierungvon künstlerischer Forschung, in: Texte zur Kunst. Artistic Research, Nr. 82, S. 98–107.

Bippus, Elke (2012a): Einleitung, in: Bippus, Elke (Hrsg.): Kunst des Forschens. Praxis eines ästhetischen Denkens, 1. Aufl., Zürich, S. 7–23.

Bippus, Elke (2012b): Modellierungen ästhetischer Wissensproduktion in Laboratorien der Kunst, in: Tröndle, Martin/Warmers, Julia (Hrsg.): Kunstforschung als ästhetische Wissenschaft. Beiträge zur transdisziplinären Hybridisierung von Wissenschaft und Kunst, Bielefeld, S. 107-125.

Bippus, Elke (2016): Teilhabe am Wissen, in: p/art/icipate — Kultur aktiv gestalten, #07, S. 39-50.

Boehm, Gottfired (2003): Der Topos der Lebendigen. Bildgeschichte und ästhetische Erfahrung, in: Küpper, Joachim/Menke, Christoph (Hrsg.): Dimensionen ästhetischer Erfahrung, 1. Aufl., Frankfurt am Main.

Bohnsack, Ralf (2010): Rekonstruktive Sozialforschung. Einführung in qualitative Methoden, 8. Aufl., Opladen.

Bohr, Niels (1931): Atomtheorie und Naturbeschreibung. Vier Aufsätze mit einer einleitenden Übersicht, Berlin.

Borgdorff, Henk (2009): Die Debatte über Forschung in der Kunst, in: Rey, Anton/Schöbi, Stefan (Hrsg.): subTexte 03 : Künstlerische Forschung. Positionen und Perspektiven, 1. Aufl., Zürich, S. 23-51.

Borgdorff, Henk (2012): Künstlerische Forschung und Akademische Forschung, in: Tröndle, Martin/Warmers, Julia (Hrsg.): Kunstforschung als ästhetische Wissenschaft. Beiträge zur transdisziplinären Hybridisierung von Wissenschaft und Kunst, Bielefeld, S. 69–90.

Brandstätter, Ursula (2008): Grundfragen der Ästhetik. Bild - Musik - Sprache - Körper, Köln.

Bredekamp, Horst (2007): Galilei der Künstler. Der Mond, die Sonne, die Hand, Berlin.

Brenne, Andreas (2004): Ressource Kunst. „künstlerische Feldforschung" in der Primarstufe ; qualitative Erforschung eines kunstpädagogischen Modells, Münster.

Breton, André (1993): Die Manifeste des Surrealismus, 26. Aufl., Reinbek bei Hamburg.

Busch, Kathrin (2008): Künstlerische Forschung — Potentialität des Unbedingten, in: Mackert, Gabriele/Kittlausz, Viktor/Pauleit, Winfried (Hrsg.): Blind date. Zeitgenossenschaft als Herausforderung, Nürnberg, S. 88–97.

Busch, Kathrin (2011): Wissensbildung in den Künsten. Eine philosophische Träumerei, in: Texte zur Kunst „Artistic Research", Nr. 82, S. 70–79.

Busch, Kathrin (2012): Wissenskünste. Künstlerische Forschung und ästhetisches Denken, in: Bippus, Elke (Hrsg.): Kunst des Forschens. Praxis eines ästhetischen Denkens, 1. Aufl., Zürich, S. 141–158.

Buschkühle, Carl-Peter (2008): Künstlerische Bildung im künstlerischen Projekt, in: BDK Info Hessen. Fachverband für Kunstpädagogik. So far, so good, so what?, Nr. 1, S. 18–20.

Busse, Klaus-Peter (2007): Vom Bild zum Ort. Mapping lernen ; mit dem Bilderwerk von Holger Schnapp, Norderstedt.

Butler, Judith (1990): Gender trouble. Feminism and the subversion of identity, New York.

Butler, Judith (2016): Das Unbehagen der Geschlechter, 18. Aufl., Frankfurt am Main.

Caduff, Corina / Wälchli, Tan (2010): Vorwort, in: Caduff, Corina / Siegenthaler, Fiona / Wälchli, Tan (Hrsg.): Art and artistic research. Kunst und künstlerische Forschung, Zürich, S. 12-17.

Cobussen, Marcel (2010): Der Eindringling. Differenzierungen in der künstlerischen Forschung, in: Caduff, Corina / Siegenthaler, Fiona / Wälchli, Tan (Hrsg.): Art and artistic research. Kunst und künstlerische Forschung, Zürich, S. 50-59.

Danner, Helmut (2006): Methoden geisteswissenschaftlicher Pädagogik. Einführung in Hermeneutik, Phänomenologie und Dialektik; mit 4 ausführlichen Textbeispielen, 5. Aufl., München / Basel.

Daston, Lorraine (2001): Wunder, Beweise und Tatsachen. Zur Geschichte der Rationalität, Frankfurt am Main.

Deleuze, Gilles / Guattari, Félix (1977): Rhizom, Berlin.

Deleuze, Gilles / Guattari, Félix (1997): Tausend Plateaus. (frz. 1980: Capitalisme et schizophrénie 2. Mille plateaux. Paris: Les éditions de minuit), Berlin.

Deppermann, Arnulf (2008): Gespräche analysieren. Eine Einführung, 4. Aufl., Wiesbaden.

Dillemuth, Stephan (2011): The Hard Way to Enlightenment, URL: https://www.textezurkunst.de/82/hard-way-enlightenment/, Stand: 31. März 2017.

Dombois, Florian (2006): Kunst als Forschung, URL: http://www.kug.ac.at/fileadmin/media/dschule_k/Dokumente/ KunstAlsForschung.pdf Abrufdatum, Stand: 7. Juli 2014.

Dombois, Florian (2009): Si ceci était une pipe?, URL: http://www.hkb.bfh.ch/fileadmin/PDFs/Forschung/Jahrbuch_Forschung_2010/HKB-Jahrbuch-09_Florian_Dombois.pdf, Stand: 17. August 2014.

Eder, Johanna (2012): „The Fabric" Ausschreibung Vorlesungsverzeichnis, URL: https://lsf.verwaltung.uni-muenchen.de/qisserver/rds?state=verpublish&status=init&vmfile=no&publishid=406474&moduleCall=webInfo&publishConfFile=webInfo&publishSubDir=veranstaltung, Stand: 7. Juli 2014.

Elkins, James (2011): Sieben Fragen über Kunst als Forschung, in: Texte zur Kunst. Artistic Research, Nr. 82, S. 86-91.

Feldhoff, Silke (2011): Zwischen Spiel und Politik. Partizipation als Strategie und Praxis in der bildenden Kunst. Between Games and Politics. Participation In the Art As Strategy and Practice. Universität der Künste Berlin, Fakultät Bildende Kunst, online Veröffentlichung der Universität der Künste Berlin, Fakultät Bildende Kunst.

Feldhoff, Silke (2013): Partizipative Kunst. Genese, Typologie und Kritik einer Kunstform zwischen Spiel und Politik, 1. Aufl., Bielefeld.

Feldhoff, Silke (2016): Wozu das Ganze?. Absichten, Zwecke und Wirkungen sozietärer künstlerischer Partizipationsprojekte, in: p/art/icipate — Kultur aktiv gestalten, # 07, S. 30-39.

Feyerabend, Paul (1984): Wissenschaft als Kunst, Frankfurt am Main.

Feyerabend, Paul (1986): Wider den Methodenzwang, 1. Aufl., Frankfurt am Main.

Fischer-Lichte, Erika (2004): Ästhetik des Performativen, 1. Aufl., Frankfurt am Main.

Fischer-Lichte, Erika (2011): Performativität. Eine Einführung, 1. Aufl., Bielefeld.

Foerster, Heinz von (1985): Sicht und Einsicht. Versuche zu einer operativen Erkenntnistheorie, Heidelberg.

Foerster, Heinz von/Ollrogge, Birger (1993): KybernEthik, Berlin.

Foerster, Heinz von/Schmidt, Siegfried J./Köck, Wolfram Karl (Hrsg.) (2006): Wissen und Gewissen. Versuch einer Brücke, 1. Aufl., Frankfurt am Main.

Frayling, Christopher (1993/1994): Research in Art and Desgin, in: Royal College of Art Research Papers, 1/1, S. 1-5.

Friedrich Nietzsche (1988): Ueber Wahrheit und Lüge im aussermoralischen Sinne, in: Giorgio Colli u. Mazzino Montinari (Hrsg.): Kritische Studienausgabe (KSA) 1, Berlin, New York.

Galison, Peter (2002): Images scatter into Data. Data gather into images, in: Latour, Bruno/Weibel, Peter (Hrsg.): Jenseits von Kunst, Wien, S. 300-323.

Gergen, Kenneth J. (1991): The saturated self. Dilemmas of identity in contemporary life, New York.

Gergen, Kenneth J. (1997): Realities and relationships. Soundings in social construction, 2. Aufl., Cambridge Mass. u.a.

Glasersfeld, Ernst , von(1987): Wissen, Sprache und Wirklichkeit. Arbeiten zum radikalen Konstruktivismus, Wiesbaden.

Glasersfeld, Ernst, von (2016): Wege des Wissens. Konstruktivistische Erkundungen durch unser Denken, 3. Aufl., Heidelberg, Neckar.

Glasersfeld, Ernst, von Köck, Wolfram K. (1997): Radikaler Konstruktivismus. Ideen, Ergebnisse, Probleme, 1. Aufl., Frankfurt am Main.

Grünewald, Dietrich (2009): Orientierung: Bild, in: Kunst und Unterricht, 334/335, S. 14-21.

Grütjen, Jörg (1999): Fotos, Gegenstände, Orte. Verlorenes festhalten, in: Kunst und Unterricht, Nr. 237.

Guattari, Félix (1965): Transversalität, in: Revue de psychothérapie institutionnelle, Nr. 1, S. 91-106.

Guattari, Félix (Hrsg.) (1976): Psychotherapie, Politik und die Aufgaben der institutionellen Analyse, Frankfurt am Main.

Gumbrecht, Hans Ulrich (2003): Epiphanien, in: Küpper, Joachim/Menke, Christoph (Hrsg.): Dimensionen ästhetischer Erfahrung, 1. Aufl., Frankfurt am Main.

Haarmann, Anke (2014): Artistic Research — Künstlerische Forschung, URL: http://www.aha-projekte.de/HaarmannArtisticResearch.pdf, Stand: 7. Juli 2014.

Habermas, Jürgen (1973): Kultur und Kritik. Verstreute Aufsätze, Frankfurt am Main.

Heil, Christine (2007): Kartierende Auseinandersetzung mit aktueller Kunst. Erfinden und Erforschen von Vermittlungssituationen, München.

Heisenberg, Werner (1979): Quantentheorie und Philosophie. Vorlesungen und Aufsätze, Stuttgart.

Helfferich, Cornelia (2011): Die Qualität qualitativer Daten. Manual für die Durchführung qualitativer Interviews, 4. Aufl., Wiesbaden.

Holert, Tom (2011): Künstlerische Forschung: Anatomie einer Konjunktur, in: Texte zur Kunst. Artistic Research, S. 38-63.

Huber, Hans Dieter (2007): Kunst als soziale Konstruktion, Paderborn.

Huber, Renee Rieset/Ernst, Max (1996): Die Verdrängung des Visuellen und des Verbalen, in: Bohn, Volker (Hrsg.): Bildlichkeit. Internationale Beiträge zur Poetik, 2. Aufl., Frankfurt am Main.

Kämpf-Jansen, Helga (2001): Ästhetische Forschung. Wege durch Alltag, Kunst und Wissenschaft. Zu einem innovativen Konzept ästhetischer Bildung, Köln.

Kämpf-Jansen, Helga (2012): Ästhetische Forschung. Wege durch Alltag, Kunst und Wissenschaft. Zu einem innovativen Konzept ästhetischer Bildung, 3. Aufl., Marburg.

Kant, Immanuel (1923): Abhandlungen nach 1781, in: Königlich Preußische Akademie der Wissenschaften (Hrsg.): Gesammelte Schriften Akademieausgabe. Band V.III, Berlin.

Kirchner, Constanze (1999): Spuren suchen. Spuren sichern, in: Kunst und Unterricht, Nr. 237.

Klein, Julia/Tröndle, Martin (2012): Wie kann Forschung künstlerisch sein?, in: Tröndle, Martin/Warmers, Julia (Hrsg.): Kunstforschung als ästhetische Wissenschaft. Beiträge zur transdisziplinären Hybridisierung von Wissenschaft und Kunst, Bielefeld, S. 139-147.

Klein, Julian (2010): Was ist künstlerische Forschung?, in: Gegenworte, Nr. 23, S. 25-28.

Klein, Julian (2015): Künstlerische Forschung gibt es gar nicht. Und wie es ihr gelang, sich nicht davor zu fürchten, in: Jürgens, Anna-Sophie/Tesche, Tassilo (Hrsg.): LaborARTorium. Forschung im Denkraum zwischen Wissenschaft und Kunst. Eine Methodenreflexion, 1. Aufl., Bielefeld, S. 43-55.

Klein, Julian/Kolesch, Doris (2009): Galileis Kugel oder das absolut Relative des ästhetischen Erlebens, in: Ders., per.SPICE!, S. 7-18.

Knoblauch, Hubert (2009): Phänomenologische Soziologie, in: Kneer, Georg (Hrsg.): Handbuch soziologische Theorien, 1. Aufl., Wiesbaden, S. 299-323.

Knorr-Cetina, K. D. (1981): The Manufacture of Knowledge. An Essay on the Constructivist and Contextual Nature of Science, Burlington.

Krämer, Sybille (2001): Sprache, Sprechakt, Kommunikation. Sprachtheoretische Positionen des 20. Jahrhunderts, 1. Aufl., Frankfurt am Main.

Krämer, Sybille (Hrsg.) (2004): Performativität und Medialität, München.

Kraus, Karl: Nahe Ferne — frene Nähe? Einführung und Dokumentation, in: Gegenworte. Hefte über den Disput von Wissen, 2010. Jg., Nr. 23, S. 2-6.

Kron, Friedrich W./Jürgens, Eiko/Standop, Jutta (2013): Grundwissen Pädagogik. Mit ... 12 Tabellen, 8. Aufl., München/München [u.a.].

Kruse, Jan (2009a): Die Reflexivität Qualitativer Forschung — oder: Was erfahren wir über uns selbst, wenn wir qualitativ forschen?, in: Neises, Mechthild et al (Hrsg.): Qualitative Forschung in der Psychosomatischen Frauenheilkunde, Lengerich, S. 13-46.

Kruse, Jan (2009b): Indexikalität und Fremdverstehen: Problemfelder kommunikativer Verstehensprozesse., in: Rehbein/Saalmann (Hrsg.): Verstehen, Konstanz, S. 133-150.

Kruse, Jan (2011): Reader Einführung in die qualitative Interviewforschung, Freiburg. Bezug über: www.qualitative-workshops.de.

Kuhn, Thomas S. (1976): Die Struktur wissenschaftlicher Revolutionen, 2. Aufl., Frankfurt am Main.

Kuhn, Thomas S. (1996): The structure of scientific revolutions. International Encyclopedia of Unified Science II/2, 2. Aufl., Chicago Ill. u.a.

Lange, Marie-Luise (2002): Grenzüberschreitungen — Wege zur Performance. Körper - Handlung - Intermedialität im Kontext ästhetischer Bildung, Königstein.

Lange, Marie-Luise (Hrsg.) (2006): Performativität erfahren. Aktionskunst lehren — Aktionskunst lernen, Berlin/Milow/Strasburg.

Lange, Marie-Luise (2013): I'm here. Ästhetische Bildung als Präsenz, Ereignis, Kommunikation, Aufmerksamkeit und Teilhabe, in: Meyer, Torsten/Sabisch, Andrea / Eva, Sturm (Hrsg.). Kunstpädagogische Positionen, Hamburg.

Latour, Bruno (2010): Der vorsichtige Prometheus? Design im Zeitalter des Klimawandels, in: Arch+ Post Oil City, 196 / 197, S. 22-27.

Latour, Bruno (2012): Die Ästhetik der Dinge von Belang, in: Von der Heiden, Anne/Zschocke Nina (Hrsg.): Autorität des Wissens. Kunst- und Wissenschaftsgeschichte im Dialog, Zürich, S. 27-46.

Lefebvre, Henri (2006): Die Produktion des Raums, in: Dünne, Jörg/Günzel, Stephan (Hrsg.): Raumtheorie. Grundlagentexte aus Philosophie und Kulturwissenschaften, Frankfurt am Main, S. 330-340.

Lehnert, Gertrud (2014): Der modische Körper als Raumskulptur, in: Lehnert, Gertrud/Kühl, Alicia/Weise, Katja (Hrsg.): Modetheorie. Klassische Texte aus vier Jahrhunderten, Bielefeld/Berlin, S. 154-164.

Lehnert, Gertrud/Kühl, Alicia/Weise, Katja (Hrsg.) (2014): Modetheorie. Klassische Texte aus vier Jahrhunderten, Bielefeld/Berlin.

Leuschner, Christina/Knoke, Andreas (Hrsg.) (2012): Selbst entdecken ist die Kunst! Ästhetische Forschung in der Schule, 1. Aufl., München.

Malterud, Nina (2010): Gibt es Kunst ohne Forschung?, in: Caduff, Corina/Siegenthaler, Fiona/Wälchli, Tan (Hrsg.): Art and artistic research. Kunst und künstlerische Forschung, Zurich, S. 24-31.

Mecheril, Paul/Broden, Anne (Hrsg.) (2007): Re-Präsentationen. Dynamiken der Migrationsgesellschaft.

Meinefeld, Werner (2008): Hypothesen und Vorwissen in der qualitaiven Sozialforschung, in:

Kardorff, Ernst von / Steinke, Ines / Flick, Uwe (Hrsg.): Qualitative Forschung. Ein Handbuch, 6. Aufl., Reinbek bei Hamburg.

Mersch, Dieter (2003): Ereignis und Respons — Elemente einer Theorie des Performativen, in: Kertscher, Jens / Mersch, Dieter (Hrsg.): Performativität und Praxis, München, S. 69-96.

Mersch, Dieter / Ott, Michaela (Hrsg.) (2007a): Kunst und Wissenschaft, Paderborn.

Mersch, Dieter / Ott, Michaela (2007b): Tektonische Verschiebung zwischen Kunst und Wissenschaft, in: Mersch, Dieter / Ott, Michaela (Hrsg.): Kunst und Wissenschaft, Paderborn, S. 9-34.

Meuser, Michael (2011): Rekonstruktive Sozialforschung, in: Bohnsack, Ralf / Marotzki, Winfried / Meuser, Michael (Hrsg.): Hauptbegriffe Qualitativer Sozialforschung, 3. Aufl., Opladen [u.a.].

Meyer, Torsten (2008): Bildung im neuen Medium. Eine Einleitung, in: Meyer, Torsten u. a. (Hrsg.): Bildung im neuen Medium. Wissensformation und digitale Infrastruktur, Münster / München [u.a.], S. 12-32.

Meyer-Drawe, Käte (1986): Zähmung eines wilden Denkens? Piaget und Merleau-Ponty zur Entwicklung von Rationalität, in: Metraux, Alexandre / Waldenfels, Bernhard (Hrsg.): Leibhaftige Vernunft. Spuren von Merleau-Pontys Denken. Übergänge- Texte und Studien zu Handlung, Sprache und Lebenswelt, München.

Meyer-Drawe, Käte (2000): Illusionen von Autonomie. Diesseits von Ohnmacht und Allmacht des Ich, 2. Aufl., München.

Möntmann, Nina / Dziewior, Yilmaz (Hrsg.) (2004): Mapping a city, Ostfildern.

Muckel, Petra (2010): Die Entwicklung von Kategorien mit der Methode der Grounded Theory, in: Mey, Günter / Murck, Katja (Hrsg.): Grounded Theory Reader, 2. Aufl., Wiesbaden, S. 330-352.

Niehoff, Rolf: Bildorientierung und Kunstpädagogik. Kunstportal. Ein Angebot des Schroedelverlags, URL: http://www.schroedel.de/kunstpor-, Stand: 8. April 2017.

Nietzsche, Friedrich (1999): Die Fröhliche Wissenschaft, in: Giorgio Colli u. Mazzino Montinari (Hrsg.): Kritische Studienausgabe. Bd. 3, 2. durchgesehene Aufl., München.

Nissen, Ursula (1998): Kindheit, Geschlecht und Raum. Sozialisationstheoretische Zusammenhänge geschlechtsspezifischer Raumaneignung, Weinheim.

Nohl, Arnd-Michael (2005): Dokumentarische Interpretaion narrativer Interviews, URL: http://www.bildungsforschung.org/index.php/bildungsforschung/article/view/13/11, Stand: 10. Juli 2014.

OECD Glossary of Statistical Terms (2001): RESEARCH AND DEVELOPMENT — UNESCO, URL: https://stats.oecd.org/glossary/detail.asp?ID=2312, Stand: 27. August 2016.

Otto, Gunter / Otto, Maria (1987): Auslegen. Ästhetische Erziehung als Praxis des Auslegens in Bildern und des Auslegens von Bildern, Seelze.

Peez, Georg (2000): Qualitative empirische Forschung in der Kunstpädagogik. Methodologische Analysen und praxisbezogene Konzepte zu Fallstudien über ästhetische Prozesse, biografische Aspekte und soziale Interaktion in unterschiedlichen Bereichen der Kunstpädagogik, 1. Aufl., Hannover.

Peez, Georg (2003): Ästhetische Erfahrung -Strukturelemente und Forschungsaufgaben im erwachsenenpädagogischen Kontext, in: Nittel, Dieter / Seitter, Wolfgang (Hrsg.): Die Bildung des Erwachsenen. Erziehungs- und sozialwissenschaftliche Zugänge. Festschrift für Jochen Kade, Bielefeld, S. 249-260.

Peez, Georg (2005): Kunstpädagogik jetzt. Eine aktuelle Bestandsaufnahme, in: Bering, Kunibert / Niehoff, Rolf (Hrsg.): Bild - Kunst - Subjekt, Oberhausen, S. 75-89.

Peez, Georg (2007a): Einführung, in: Peez, Georg (Hrsg.): Handbuch Fallforschung in der Ästhetischen Bildung / Kunstpädagogik. Qualitative Empirie für Studium, Praktikum, Referendariat und Unterricht, Baltmannsweiler, S. 1-10.

Peez, Georg (Hrsg.) (2007b): Handbuch Fallforschung in der Ästhetischen Bildung / Kunstpädagogik. Qualitative Empirie für Studium, Praktikum, Referendariat und Unterricht, Baltmannsweiler.

Peez, Georg (2007c): Laras erste Kritzel. Eine phänomenologische Fallstudie zu den frühesten Zeichnungen eines 13 Monate alten Kindes, in: Peez, Georg (Hrsg.): Handbuch Fallforschung in der Ästhetischen Bildung / Kunstpädagogik. Qualitative Empirie für Studium, Praktikum, Referendariat und Unterricht, Baltmannsweiler, S. 104-117.

Peez, Georg (2008a): Einführung in die Kunstpädagogik.

Peez, Georg (2008b): Zur Bedeutung ästhetischer Erfahrung für Produktion und Rezeption in gegenwärtigen Konzepten der Kunstpädagogik, in: Greuel, Thomas (Hrsg.): Musik erfinden. Beiträge zur Unterrichtsforschung, Aachen, S. 7-26.

Peez, Georg / Setzkorn Sandra (2007): Eine ikonologisch orientierte Fotoanalyse, in: Peez, Georg (Hrsg.): Handbuch Fallforschung in der Ästhetischen Bildung / Kunstpädagogik. Qualitative Empirie für Studium, Praktikum, Referendariat und Unterricht, Baltmannsweiler, S. 175-187.

Peters, Maria (2005): Performative Handlungen und biografische Spuren in Kunst und Pädagogik, in: Pazzini, Karl-Josef u. a. (Hrsg.): Kunstpädagogische Positionen.

Peters, Sibylle (Hrsg.) (2014a): Das Forschen aller. Artistic Research als Wissensproduktion zwischen Kunst, Wissenschaft und Gesellschaft.

Peters, Sibylle (2014b): Vorwort, in: Peters, Sibylle (Hrsg.): Das Forschen aller. Artistic Research als Wissensproduktion zwischen Kunst, Wissenschaft und Gesellschaft, S. 7-22.

Przyborski, Aglaja / Wohlrab-Sahr, Monika (2014): Qualitative Sozialforschung. Ein Arbeitsbuch, 4. Aufl., München.

Quint, Rosa (2011): Mapping Florenz. Ein Projekt zur Stadterkundung., in: BDK-MItteilungen, Nr. 4.

Rebel, Ernst (2003): Orient als Reklame. Klischee und Rätsel in der Münchner Erbegrafik um 1900, in: Bayerdörfer, Hans-Peter (Hrsg.): Exotica. Konsum und Inszenierung des Fremden im 19. Jahrhundert, Münster, S. 237-259.

Redaktion Langenscheidt (2014): Langenscheidt Universal-Wörterbuch Englisch. Englisch-Deutsch, Deutsch-Englisch.

Reich, Kersten (2009): Die Ordnung der Blicke. Perspektiven des interaktionistischen Konstruktivismus. (2. Bände), Neuwied.

Reichertz, Jo (2011): Abduktion, in: Bohnsack, Ralf/Marotzki, Winfried/Meuser, Michael (Hrsg.): Hauptbegriffe Qualitativer Sozialforschung, 3. Aufl., Opladen [u.a.], S. 11-14.

Rey, Anton/Schöbi, Stefan (Hrsg.) (2009): subTexte 03 : Künstlerische Forschung. Positionen und Perspektiven, 1. Aufl., Zürich.

Royo, Victoria Pérez/Sánchez, José A./Blanco, Cristina (2014): In-definitions. Forschung in den performativen Künsten, in: Peters, Sibylle (Hrsg.): Das Forschen aller. Artistic Research als Wissensproduktion zwischen Kunst, Wissenschaft und Gesellschaft, S. 23-46.

Sabisch, Andrea (2007a): Brüche als Indiz. Rekonstruktion textueller und visueller Aufzeichnungen zur Reflexion ästhetischer Erfahrung, in: Peez, Georg (Hrsg.): Handbuch Fallforschung in der Ästhetischen Bildung/Kunstpädagogik. Qualitative Empirie für Studium, Praktikum, Referendariat und Unterricht, Baltmannsweiler, S. 198-213.

Sabisch, Andrea (2007b): Inszenierung der Suche. Vom Sichtbarwerden ästhetischer Erfahrung im Tagebuch; Entwurf einer wissenschaftskritischen Grafieforschung, Bielefeld.

Sabisch, Andrea (2009): Aufzeichnungen und Ästhetische Erfahrungen, in: Meyer, Torsten u. a. (Hrsg.): Kunstpädagogische Positionen. Aktuelle Zugänge und Perspektiven, Hamburg, S. 5-45.

Schubert, Herbert J. (2000): Städtischer Raum und Verhalten. Zu einer integrierten Theorie des öffentlichen Raumes, Opladen.

Seitz, Hanne (2012): Performative Research, URL: https://www.kubi-online.de/artikel/performative-research, Stand: 14.04.17.

Simmel, Georg (1991): Die Mode, in: Bovenschen, Silvia (Hrsg.): Die Listen der Mode, 2. Aufl., Frankfurt am Main, S. 179-207.

Smith, Keri (2011): Wie man sich die Welt erlebt. Das Kunst-Alltags-Museum zum Mitnehmen, München.

Spohn, Anna (2016): Die Idee der Partizipation und der Begriff der Praxis, in: Kauppert, Michael/Eberl, Heidrun (Hrsg.): Ästhetische Praxis, Wiesbaden, S. 37-54.

Stachelhaus, Heiner (1973): Phänomen Beuys, in: Magazin Kunst, Nr. 50.

Steiner, Theo (2006): Duchamps Experiment. Zwischen Wissenschaft und Kunst, München.

Steinke, Ines (2008): Gütekriterien qualitativer Sozialforschung, in: Kardorff, Ernst von/Steinke, Ines/Flick, Uwe (Hrsg.): Qualitative Forschung. Ein Handbuch, 6. Aufl., Reinbek bei Hamburg, S. 319-333.

Strauss, Anselm L. (1998): Grundlagen qualitativer Sozialforschung. Datenanalyse und Theoriebildung in der empirischen soziologischen Forschung, 2. Aufl., München.

Toro-Pérez, Germán (2010): Künstlerische Forschung und künstlerische Praxis, in: Caduff, Corina/Siegenthaler, Fiona/Wälchli, Tan (Hrsg.): Art and artistic research. Kunst und künstlerische Forschung, Zurich, S. 32-41.

Uwe Wirth (2013): Rahmenbrüche, Rahmenwechsel. Nachwort des Herausgebers, welches aus Versehen des Druckers zu einem Vorwort gemacht wurde, in: Wirth, Uwe/Paganini, Julia (Hrsg.): Rahmenbrüche, Rahmenwechsel, Berlin, S. 15-61.

Von den Berg, Karin/Omlin, Sibylle/Tröndle, Martin (2012): Das Kuratieren von Kunst und Forschung zur Kunstforschung, in: Tröndle, Martin/Warmers, Julia (Hrsg.): Kunstforschung als ästhetische Wissenschaft. Beiträge zur transdisziplinären Hybridisierung von Wissenschaft und Kunst, Bielefeld, S. 21-47.

Waldenfels, Bernhard (1983): Phänomenologie in Frankreich, 1. Aufl., Frankfurt am Main.

Waldenfels, Bernhard (1999): Sinnesschwellen. Studien zur Phänomenologie des Fremden 3, Frankfurt am Main.

Waldenfels, Bernhard (2000): Das leibliche Selbst. Vorlesungen zur Phänomenologie des Leibes, 1. Aufl., Frankfurt am Main.

Waldenfels, Bernhard (2002): Bruchlinien der Erfahrung. Phänomenologie, Psychoanalyse, Phänomenotechnik, 1. Aufl., Frankfurt am Main.

Waldenfels, Bernhard (2010): Sinne und Künste im Wechselspiel. Modi ästhetischer Erfahrung, 1. Aufl., Berlin.

Welsch, Wolfgang (1986): Kunst und Wissenschaft. Gedankengan zur Biennale, in: Kunstforum „Kunst und Wissenschaft", Nr. 85, S. 124-127.

Welsch, Wolfgang (1996a): Grenzgänge der Ästhetik, Stuttgart.

Welsch, Wolfgang (1996b): Vernunft. Die zeitgenössische Vernunftkritik und das Konzept der transversalen Vernunft, 1. Aufl., Frankfurt am Main.

Welsch, Wolfgang (1998): Ästhetisches Denken, 5. Aufl., Stuttgart.

Welsch, Wolfgang (2015): Wie kann Kunst der Wirklichkeit nicht gegenüberstehen, sondern in sie verwickelt sein?, in: Everts, Lotte u. a. (Hrsg.): Kunst und Wirklichkeit heute. Affirmation - Kritik - Transformation, Bielefeld, S. 179-200.

Wissenschaftlicher Rat der Dudenredaktion (Hrsg.) (2007): Duden — das große Fremdwörterbuch, 4. Aufl., Mannheim.

Wulf, Christoph/Zirfas, Jörg (2007): Performative Pädagogik und performative Bildungstehorien. Ein neuer Fokus erziehungswissenschaftlicher Forschung, in: Wulf, Christoph/Zirfas, Jörg (Hrsg.): Pädagogik des Performativen. Theorien, Methoden, Perspektiven, Weinheim, S. 7-42.

Zschocke Nina (2012): Einleitung, in: Von der Heiden, Anne/Zschocke Nina (Hrsg.): Autorität des Wissens. Kunst- und Wissenschaftsgeschichte im Dialog, Zürich, S. 11-26.